孙 政 王 夏 编著

新民事诉讼法

条文对照与重点解读

根据2023年修正的民事诉讼法
全新编写

中国法制出版社
CHINA LEGAL PUBLISHING HOUSE

序

2023年9月1日，十四届全国人大常委会第五次会议通过了《中华人民共和国民事诉讼法》（以下简称《民事诉讼法》）修改的决定。作为民事诉讼程序的基本法，本次《民事诉讼法》的修改幅度较前次修改更大，增、改条文亦较多。为更好地帮助读者朋友快速了解本次修改内容与要点，以及全面、系统掌握修改后的民事诉讼法的整体内容及相关知识点，我们特编写了《新民事诉讼法条文对照与重点解读》这本极具特色的法律图书。

透过书名可看出，本书具备了“对照”“解读”等亮点。但实际上不止于此，本书是针对修改后的《民事诉讼法》的理解与适用而编写成的一部特色鲜明、特点突出的法律实务书，内容涵盖了关于《民事诉讼法》的新旧条文对照、关联规定梳理、重点解读与案例参考等方面。其主要特点集中体现在以下四个方面：

一是直观的双栏对照。本书采用独特的双栏对照进行整体编排，修改后的《民事诉讼法》条文居左，修改前的《民事诉讼法》条文等关联规定居右。按照新《民事诉讼法》条文逐条对照，新增的内容左栏加粗处理；旧法被删除内容，右栏加删除线；表述变动内容，双栏加下画线。如此可便于读者快速了解本次《民事诉讼法》的修改与变化。

二是精炼的重点解读。在左栏下方条文内容之下，对新《民事诉讼法》条文进行精炼而不失重点的解读。解读紧密联系民事诉讼司法审判实务，同时对部分权威理论成果进行吸收参考。多数条文的解读在300字左右，条文本身款项较多或本次修改幅度较大的，解读字数相应增加一些，但一般仍控制在500字左右，以尽可能对难点与要点突出解读。

三是全面的关联规定。从事实务工作的读者朋友大都意识到，法律条文一般只是原则性规定，司法实践中与具体问题的解决联系更加紧密的多为相应的司法解释、指导意见等进一步的阐释性规定。为此，本书还梳理汇总与

《民事诉讼法》条文内容相关联的其他法律、条例、行政法规、司法解释、纪要、规范性司法文件等规定，并置于右栏，使读者尽可能直观且全面地掌握《民事诉讼法》条文涉及的现行有效规定，助力大家在全面系统学习《民事诉讼法》条文的同时，一并学习掌握其他相关规定。

四是典型的案例参考。《民事诉讼法》是民事诉讼程序的基本法，其针对的是民事司法程序中的程序性事项。不同于实体性内容，程序性条文在表述上则更为抽象，理解起来有时也不那么直观。而这也意味着，相关的权威案例或者典型案例对《民事诉讼法》条文的理解具有很好的指引、参考乃至补充价值。为此，本书将已发布的指导性案例、最高人民法院公报案例、典型案例、重要期刊收录的案例及公开的典型裁判文书的要点进行收集归纳，附在相应条文解读下面，供读者朋友参考。

当然，本书以上四大方面的特色在页面排版上并非逐一列举的叙述，而是通过科学的设计将四者“巧妙”地融于双栏表格之中，清晰直观、查学方便。最重要的是，这种表格式的设计经过了实践的检验，颇受大家欢迎，普遍反映直观、科学、便捷。

另值得一提的是，本书中的解读与指引是一种提示和引导，不能代替法律专业人士作出最终的定论。我们在编写本书过程中也尽可能以梳理整合客观材料为主，避免做过多的主观性臆测。参考材料的选择过程以及重点解读与案例参考，虽然也离不开编者的个人理解与选择，但我们仍尽力秉持客观理性标准，对照条文规定，严格案例选取，尽可能以与基础规定关联性较大的内容为主，解读部分也在参考权威资料、文献的基础上以通说观点为主。

《新民事诉讼法条文对照与重点解读》虽有上述优势与特点，但由于时间仓促，本书可能存在疏漏之处。如有不当或错误之处，敬请指正。另，对本书编写过程中给予支持与帮助的诸位朋友以及中国法制出版社，深表谢意。

编　者
二〇二三年九月

凡　例

全称	时间①	简称
《中华人民共和国宪法》	2018年3月11日	《宪法》
法　律		
《中华人民共和国民事诉讼法》	2023年9月1日	《民事诉讼法》
《中华人民共和国民法典》	2020年5月28日	《民法典》
《中华人民共和国公证法》	2017年9月1日	《公证法》
《中华人民共和国就业促进法》	2015年4月24日	《就业促进法》
《中华人民共和国劳动争议调解仲裁法》	2007年12月29日	《劳动争议调解仲裁法》
《中华人民共和国农村土地承包经营纠纷调解仲裁法》	2009年6月27日	《农村土地承包经营纠纷调解仲裁法》
《中华人民共和国人民法院组织法》	2018年10月26日	《人民法院组织法》
《中华人民共和国人民检察院组织法》	2018年10月26日	《人民检察院组织法》
《中华人民共和国法官法》	2019年4月23日	《法官法》
《中华人民共和国检察官法》	2019年4月23日	《检察官法》
《中华人民共和国立法法》	2023年3月13日	《立法法》
《中华人民共和国仲裁法》	2017年9月1日	《仲裁法》

① 所标法律文件的日期为该文件的通过、发布、修订后公布、实施日期之一，以下不再标注。

全称	时间	简称
《中华人民共和国海事诉讼特别程序法》	1999年12月25日	《海事诉讼特别程序法》
《中华人民共和国人民陪审员法》	2018年4月27日	《人民陪审员法》
《中华人民共和国消费者权益保护法》	2013年10月25日	《消费者权益保护法》
《中华人民共和国环境保护法》	2014年4月24日	《环境保护法》
《中华人民共和国律师法》	2017年9月1日	《律师法》
《中华人民共和国电子签名法》	2019年4月23日	《电子签名法》
《中华人民共和国国家赔偿法》	2012年10月26日	《国家赔偿法》
《中华人民共和国刑法》	2020年12月26日	《刑法》
《中华人民共和国全国人民代表大会和地方各级人民代表大会选举法》	2020年10月17日	《全国人民代表大会和地方各级人民代表大会选举法》
《中华人民共和国劳动合同法》	2012年12月28日	《劳动合同法》
《中华人民共和国公司法》	2018年10月26日	《公司法》
《中华人民共和国外国国家豁免法》	2023年9月1日	《外国国家豁免法》
《中华人民共和国领事特权与豁免条例》	1990年10月30日	《领事特权与豁免条例》
《中华人民共和国外交特权与豁免条例》	1986年9月5日	《外交特权与豁免条例》
《全国人民代表大会常务委员会关于司法鉴定管理问题的决定》	2015年4月24日	《司法鉴定管理决定》

全称	时间	简称
司法解释及文件		
《最高人民法院关于适用〈中华人民共和国民事诉讼法〉的解释》	2022年4月1日	《民事诉讼法解释》
《最高人民法院关于适用〈中华人民共和国民法典〉总则编若干问题的解释》	2022年2月24日	《民法典总则编解释》
《最高人民法院关于适用〈中华人民共和国民法典〉有关担保制度的解释》	2020年12月31日	《民法典担保制度解释》
《最高人民法院关于适用〈中华人民共和国公司法〉若干问题的规定（二）》	2020年12月29日	《公司法解释二》
《最高人民法院关于适用〈中华人民共和国海事诉讼特别程序法〉若干问题的解释》	2008年12月16日	《海事特别程序法解释》
《最高人民法院关于适用〈中华人民共和国人民陪审员法〉若干问题的解释》	2019年4月24日	《人民陪审员法解释》
《最高人民法院关于审理消费民事公益诉讼案件适用法律若干问题的解释》	2020年12月29日	《消费民事公益诉讼解释》
《最高人民法院关于审理环境民事公益诉讼案件适用法律若干问题的解释》	2020年12月29日	《环境民事公益诉讼解释》
《最高人民法院关于适用〈中华人民共和国民事诉讼法〉执行程序若干问题的解释》	2020年12月29日	《民事诉讼法执行程序解释》

全称	时间	简称
《最高人民法院关于民事诉讼证据的若干规定》	2019年12月25日	《民事诉讼证据规定》
《最高人民法院关于知识产权民事诉讼证据的若干规定》	2020年11月16日	《知识产权民事证据规定》
《最高人民法院关于互联网法院审理案件若干问题的规定》	2018年9月6日	《互联网法院审理案件规定》
《最高人民法院关于适用简易程序审理民事案件的若干规定》	2020年12月29日	《简易程序规定》
《最高人民法院关于人民法院民事调解工作若干问题的规定》	2020年12月29日	《民事调解规定》
《最高人民法院关于人民法院特邀调解的规定》	2016年6月28日	《特邀调解规定》
《最高人民法院关于人民法院民事执行中查封、扣押、冻结财产的规定》	2020年12月29日	《民事执行查扣冻规定》
《最高人民法院关于防范和制裁虚假诉讼的指导意见》	2016年6月20日	《防范制裁虚假诉讼意见》
《最高人民法院关于人民法院登记立案若干问题的规定》	2015年4月15日	《立案登记规定》
《最高人民法院关于审理民事级别管辖异议案件若干问题的规定》	2020年12月29日	《民事级别管辖异议规定》
《最高人民法院关于巡回法庭审理案件若干问题的规定》	2016年12月27日	《巡回法庭审理案件规定》
《最高人民法院关于人民法院在互联网公布裁判文书的规定》	2016年8月29日	《互联网公布裁判文书规定》

全称	时间	简称
《最高人民法院关于审理专利纠纷案件适用法律问题的若干规定》	2020年12月29日	《专利纠纷解释》
《最高人民法院关于民事审判监督程序严格依法适用指令再审和发回重审若干问题的规定》	2015年2月16日	《民事审判监督指令再审和发回重审规定》
《最高人民法院关于适用〈中华人民共和国民事诉讼法〉审判监督程序若干问题的解释》	2020年12月29日	《审判监督程序解释》
《最高人民法院关于规范人民法院再审立案的若干意见（试行）》	2002年9月10日	《规范再审立案意见》
《最高人民法院、最高人民检察院、公安部、司法部关于进一步加强虚假诉讼犯罪惩治工作的意见》	2021年3月4日	《加强虚假诉讼犯罪惩治意见》
《最高人民法院关于审理劳动争议案件适用法律问题的解释（一）》	2020年12月29日	《劳动争议解释一》
《最高人民法院关于审理票据纠纷案件若干问题的规定》	2020年12月29日	《票据纠纷解释》
《最高人民法院关于适用〈中华人民共和国仲裁法〉若干问题的解释》	2008年12月16日	《仲裁法解释》
《最高人民法院关于执行和解若干问题的规定》	2020年12月29日	《执行和解规定》
《最高人民法院关于人民法院执行工作若干问题的规定（试行）》	2020年12月29日	《执行工作规定》

全称	时间	简称
《最高人民法院关于严格执行案件审理期限制度的若干规定》	2008年12月16日	《执行案件审理期限规定》
《最高人民法院关于人民调解协议司法确认程序的若干规定》	2011年3月23日	《人民调解协议司法确认规定》
《最高人民法院关于正确适用〈关于人民法院对民事案件发回重审和指令再审有关问题的规定〉的通知》	2003年11月13日	《民事案件发回重审和指令再审通知》
《最高人民检察院关于贯彻执行〈中华人民共和国民事诉讼法〉若干问题的通知》	2013年1月9日	《贯彻民事诉讼法通知》
《最高人民法院关于刑事裁判涉财产部分执行的若干规定》	2014年10月30日	《刑事裁判涉财产部分执行规定》
《最高人民法院关于执行案件督办工作的规定（试行）》	2006年5月18日	《执行案件督办工作规定》
《最高人民法院关于人民法院办理执行异议和复议案件若干问题的规定》	2020年12月29日	《执行异议和复议规定》
《最高人民法院关于委托执行若干问题的规定》	2020年12月29日	《委托执行规定》
《最高人民法院关于执行担保若干问题的规定》	2020年12月29日	《执行担保规定》
《最高人民法院关于民事执行中变更、追加当事人若干问题的规定》	2020年12月29日	《民事执行中变更、追加当事人规定》
《关于民事执行活动法律监督若干问题的规定》	2016年11月2日	《民事执行活动法律监督规定》

全称	时间	简称
《关于执行案件立案、结案若干问题的意见》	2014 年 12 月 17 日	《执行案件立案、结案意见》
《最高人民法院关于人民法院办理仲裁裁决执行案件若干问题的规定》	2018 年 2 月 22 日	《仲裁裁决执行案件规定》
《最高人民法院关于公证债权文书执行若干问题的规定》	2018 年 9 月 30 日	《公证债权文书执行规定》
《最高人民法院关于民事执行中财产调查若干问题的规定》	2020 年 12 月 29 日	《民事执行中财产调查规定》
《最高人民法院关于人民法院委托评估、拍卖和变卖工作的若干规定》	2009 年 11 月 12 日	《委托评估、拍卖和变卖规定》
《最高人民法院关于人民法院网络司法拍卖若干问题的规定》	2016 年 8 月 2 日	《网络司法拍卖规定》
《最高人民法院关于人民法院民事执行中拍卖、变卖财产的规定》	2020 年 12 月 29 日	《民事执行中拍卖、变卖规定》
《最高人民法院关于公布失信被执行人名单信息的若干规定》	2017 年 2 月 28 日	《失信被执行人名单信息规定》
《最高人民法院关于限制被执行人高消费及有关消费的若干规定》	2015 年 7 月 20 日	《限制被执行人高消费及有关消费规定》
《关于严格规范终结本次执行程序的规定（试行）》	2016 年 10 月 29 日	《终结本次执行程序规定》
《最高人民法院关于适用〈中华人民共和国涉外民事关系法律适用法〉若干问题的解释（一）》	2020 年 12 月 29 日	《涉外民事关系法律适用法解释（一）》

全称	时间	简称
《最高人民法院关于涉外民商事案件诉讼管辖若干问题的规定》	2020年12月29日	《涉外民商事案件诉讼管辖规定》
《全国法院涉外商事海事审判工作座谈会会议纪要》	2022年1月24日	《涉外商事海事审判会议纪要》
《最高人民法院关于仲裁司法审查案件报核问题的有关规定》	2021年12月24日	《仲裁司法审查案件报核问题规定》
《关于加强和规范案件提级管辖和再审提审工作的指导意见》	2023年7月28日	《提级管辖和再审提审意见》
《最高人民法院关于生态环境侵权民事诉讼证据的若干规定》	2023年8月14日	《环境侵权民事诉讼证据规定》
《中华人民共和国人民法院法庭规则》	2016年4月13日	《人民法院法庭规则》

目　录

新《民事诉讼法》及解读等①	修改前《民事诉讼法》等关联规定②
第一编　总　则	
第一章　任务、适用范围和基本原则	
第一条　【立法依据】中华人民共和国民事诉讼法以宪法为根据，结合我国民事审判工作的经验和实际情况制定。 **解读：**民事诉讼，是民事争议当事人向人民法院提出诉讼请求，法院在双方当事人以及其他民事诉讼参与人的参加下，依法审理和裁判民事争议的制度和程序。民事诉讼法则是专门规定民事诉讼程序和诉讼关系主体权利义务的法律。《民事诉讼法》是我国的一项基本法律，规范了民事诉讼程序的基本规则。当然，除《民事诉讼法》外，《民法典》《公司法》《企业破产法》等实体法也有部分条文涉及民事诉讼规则。《民事诉讼法》的立法依据有两个：一是法律依据，即以《宪法》为根据，这一点并不难理解。	《民事诉讼法》（2021年修正） **第1条**　中华人民共和国民事诉讼法以宪法为根据，结合我国民事审判工作的经验和实际情况制定。

① 本书中该列为2023年9月1日修正后的《中华人民共和国民事诉讼法》，同时对常用条文进行解读或有选择地附上案例参考。

② 本书中该列所收录的《中华人民共和国民事诉讼法》为2021年12月24日修正后的《中华人民共和国民事诉讼法》。本书采用独特的双栏对照进行整体编排，新《中华人民共和国民事诉讼法》条文居左，修改前的《中华人民共和国民事诉讼法》条文等关联规定居右。按照新《中华人民共和国民事诉讼法》条文逐条对照，新增内容，左栏加粗处理；旧法被删内容，右栏加删除线；表述变动内容，双栏下画线。

为方便读者参阅，该部分相关规范性文件的排序按照与主题的关联性进行。该部分规范性文件大都为节录，以下不再标注。

新《民事诉讼法》及解读等	修改前《民事诉讼法》等关联规定
二是事实依据，即以我国民事审判工作的经验和实际情况为依据。随着社会不断发展，民事审判实践中出现的新情况和新问题越发常见，对民事诉讼制度也提出了一些新要求，需要将一些较为成熟且行之有效的审判经验上升为法律制度。近年来，《民事诉讼法》的多次修改，即是一种体现。	
第二条　【立法目的】中华人民共和国民事诉讼法的任务，是保护当事人行使诉讼权利，保证人民法院查明事实，分清是非，正确适用法律，及时审理民事案件，确认民事权利义务关系，制裁民事违法行为，保护当事人的合法权益，教育公民自觉遵守法律，维护社会秩序、经济秩序，保障社会主义建设事业顺利进行。 **解读：**《民事诉讼法》的立法目的或者说立法任务主要体现在以下三个方面：一是保护当事人行使诉讼权利。诉讼权利是自然人、法人和非法人组织享有的一项基本权利。民事诉讼权利主要包括：起诉、撤诉和变更诉讼请求的权利；反驳的权利和提起反诉的权利；委托诉讼代理人的权利；申请回避的权利；收集并提供证据的权利；陈述、质证	**《民事诉讼法》（2021 年修正）** **第 2 条**　中华人民共和国民事诉讼法的任务，是保护当事人行使诉讼权利，保证人民法院查明事实，分清是非，正确适用法律，及时审理民事案件，确认民事权利义务关系，制裁民事违法行为，保护当事人的合法权益，教育公民自觉遵守法律，维护社会秩序、经济秩序，保障社会主义建设事业顺利进行。 **《最高人民法院关于进一步推进案件繁简分流优化司法资源配置的若干意见》** 1. 遵循司法规律推进繁简分流。科学调配和高效运用审判资源，依法快速审理简单案件，严格规范审理复杂案件，实现简案快审、繁案精审。根据案件事实、法律适用、社会影响等因素，选择适用适当的审理程序，规范完善不同程序之间的

新《民事诉讼法》及解读等	修改前《民事诉讼法》等关联规定
和辩论的权利；是否接受调解的权利；自行和解的权利；申请财产保全和先予执行的权利；查阅、复制案件有关材料的权利；提起上诉的权利；申请再审、申请再审检察建议或者抗诉的权利；申请执行的权利等。二是保证法院正确行使审判权。一方面，保证法院查明事实，分清是非，正确适用法律，及时审理案件；另一方面，保证法院确认民事权利义务关系，制裁民事违法行为，保护当事人的合法权益。三是教育民事主体自觉遵守法律。借助民事诉讼活动，还可以使当事人和其他诉讼参与人受到法治教育，提高法治观念，增强遵守法律的自觉性，起到预防纠纷、减少诉讼的作用，进而达到维护社会、经济秩序的目的。 **案例参考：①《江西某电力有限责任公司与丹东某集团有限责任公司确认不侵害知识产权纠纷上诉案》②** 案例要旨：《民事诉讼法》第2条规定的任务，既包括保护当事人行使诉讼权利，保证人民法院查明事	转换衔接，做到该繁则繁，当简则简，繁简得当，努力以较小的司法成本取得较好的法律效果。 **2.** 推进立案环节案件的甄别分流。地方各级人民法院根据法律规定，科学制定简单案件与复杂案件的区分标准和分流规则，采取随机分案为主、指定分案为辅的方式，确保简单案件由人民法庭、速裁团队及时审理，系列性、群体性或关联性案件原则上由同一审判组织审理。对于繁简程度难以及时准确判断的案件，立案、审判及审判管理部门应当及时会商沟通，实现分案工作的有序高效。 **4.** 发挥民事案件快速审判程序的优势。根据民事诉讼法及其司法解释规定，积极引导当事人双方约定适用简易程序审理民事案件。对于标的额超过规定标准的简单民事案件，或者不属于民事诉讼法第一百五十七条第一款规定情形但标的额在规定标准以下的民事案件，当事人双方约定适用小额诉讼程序的，可以适用小额诉讼程序审理。依法

① 本书“案例参考”部分适用的法律法规等条文均为案件裁判当时有效，下文不再对此进行提示。

② 参见最高人民法院（2015）民申字第628号民事裁定书，载中国裁判文书网。

新《民事诉讼法》及解读等	修改前《民事诉讼法》等关联规定
实，分清是非，正确适用法律，也包括保证人民法院能够及时审理民事案件，确认民事权利义务关系，保护当事人的合法权益。请求确认不侵害知识产权诉讼，是制约权利人滥用权利或敦促权利人及时行使权利的补救性诉讼，目的是使相关民事主体主动行使诉讼权利，以排除自己是否侵犯他人知识产权处于不确定状态的干扰。权利人向他人发出侵害知识产权的警告后，却又不继续启动纠纷解决程序，这种不明状态对利害关系人十分不利，因而其可提起确认不侵害知识产权之诉。	适用实现担保物权案件特别程序。积极引导当事人将债权人请求债务人给付金钱、有价证券的案件转入督促程序，推广使用电子支付令。
第三条　【适用范围】人民法院受理公民之间、法人之间、其他组织之间以及他们相互之间因财产关系和人身关系提起的民事诉讼，适用本法的规定。 **解读：**《民事诉讼法》的适用范围，是指《民事诉讼法》在什么范围内适用，具体来讲是《民事诉讼法》对什么人适用、对哪些案件适用。本条明确公民之间、法人之间、其他组织之间以及他们相互之间因财产关系和人身关系提起的民事诉讼案件，属于本法的适用范围。需注意，《民事诉讼法》规定的三大主体为公民、法人和其他组织，而	**《民事诉讼法》（2021年修正）** **第3条**　人民法院受理公民之间、法人之间、其他组织之间以及他们相互之间因财产关系和人身关系提起的民事诉讼，适用本法的规定。 **《民法典》** **第2条**　民法调整平等主体的自然人、法人和非法人组织之间的人身关系和财产关系。 **第57条**　法人是具有民事权利能力和民事行为能力，依法独立享有民事权利和承担民事义务的组织。 **第102条**　非法人组织是不具有法人资格，但是能够依法以自己的名义从事民事活动的组织。

新《民事诉讼法》及解读等	修改前《民事诉讼法》等关联规定
《民法典》规定的民事主体则为自然人、法人和非法人组织。实际上，除中国公民、法人和其他组织外，我国《民事诉讼法》也适用于以下几类主体：1. 居住在我国境内的外国人、无国籍人以及外国企业和组织；2. 不在我国境内居住但要求在我国进行民事诉讼的外国人、无国籍人以及外国企业和组织；3. 享有外交特权和豁免权，但根据国际惯例和我国有关规定，其民事案件应受我国法院管辖的外国人。提起民事诉讼的范围，包括因财产关系和人身关系产生的民事纠纷。财产关系是建立在财产基础上的各种关系，如基于物权、债权、知识产权、股权等形成的相互关系。人身关系是基于人格和身份而形成的各种关系，如基于健康权、姓名权、名誉权、隐私权等形成的相互关系以及婚姻家庭关系。 **案例参考：《福建省某市某成品油销售有限公司诉某市国土资源局建设用地使用权出让合同纠纷案》**① 案例要旨：从合同目的上看，建设用地“毛地”出让合同并非为实现行政管理目的而订立，尽管其中	非法人组织包括个人独资企业、合伙企业、不具有法人资格的专业服务机构等。 **《公证法》** **第40条** 当事人、公证事项的利害关系人对公证书的内容有争议的，可以就该争议向人民法院提起民事诉讼。 **《就业促进法》** **第62条** 违反本法规定，实施就业歧视的，劳动者可以向人民法院提起诉讼。 **《劳动争议调解仲裁法》** **第50条** 当事人对本法第四十七条规定以外的其他劳动争议案件的仲裁裁决不服的，可以自收到仲裁裁决书之日起十五日内向人民法院提起诉讼；期满不起诉的，裁决书发生法律效力。 **《农村土地承包经营纠纷调解仲裁法》** **第48条** 当事人不服仲裁裁决的，可以自收到裁决书之日起三十日内向人民法院起诉。逾期不起诉的，裁决书即发生法律效力。

① 参见腾飞、曾学民、陈立烽：《民行交叉下“毛地”出让合同的性质》，载《人民司法·案例》2019年第23期。

新《民事诉讼法》及解读等	修改前《民事诉讼法》等关联规定
穿插了行政事务委托，因此仍然属于民事合同范畴。其中穿插的行政事务委托并没有违反法律、行政法规的强制性规定，因此合同依法成立即有效。当纠纷发生时，应当依照民事法律规范并参照行政经验或一般流程来厘清合同双方的权利义务、履行顺序，从而划分各自责任。	
第四条　【空间效力】凡在中华人民共和国领域内进行民事诉讼，必须遵守本法。 **解读：**《民事诉讼法》的空间效力，是指《民事诉讼法》适用的空间范围，即《民事诉讼法》在什么地方有效。我国《民事诉讼法》的空间效力，包括我国领土、领海和领空，及领土的自然延伸部分，如我国驻外使馆、飞行器或船舶等。在我国领域进行民事诉讼活动，无论纠纷是否发生在我国领域，都应遵守我国《民事诉讼法》。但需注意，根据外交豁免原则，发生在外国驻华使领馆以及取得了豁免权的外交机构内的民事纠纷，除符合法律规定不予豁免的情形外，我国法院并无管辖权，也就不适用我国《民事诉讼法》。此外，我国《民事诉讼法》的空间效力还有两个适用	《民事诉讼法》（2021 年修正） **第 4 条**　凡在中华人民共和国领域内进行民事诉讼，必须遵守本法。 **第 17 条**　民族自治地方的人民代表大会根据宪法和本法的原则，结合当地民族的具体情况，可以制定变通或者补充的规定。自治区的规定，报全国人民代表大会常务委员会批准。自治州、自治县的规定，报省或者自治区的人民代表大会常务委员会批准，并报全国人民代表大会常务委员会备案。

新《民事诉讼法》及解读等	修改前《民事诉讼法》等关联规定
上的例外：一是民族自治地方的适用例外。《民事诉讼法》第17条对此作了规定。二是中国香港特别行政区、澳门特别行政区的适用例外。基于"一国两制"，两个特别行政区目前不适用我国《民事诉讼法》。《香港特别行政区基本法》《澳门特别行政区基本法》对此作了规定。	
第五条　【同等原则与对等原则】外国人、无国籍人、外国企业和组织在人民法院起诉、应诉，同中华人民共和国公民、法人和其他组织有同等的诉讼权利义务。 外国法院对中华人民共和国公民、法人和其他组织的民事诉讼权利加以限制的，中华人民共和国人民法院对该国公民、企业和组织的民事诉讼权利，实行对等原则。 **解读：**涉外民事诉讼除适用各项基本原则外，还涉及同等原则与对等原则。同等原则是国际上的一个惯例，是指外国人、无国籍人、外国企业和组织在我国法院起诉、应诉的，同我国公民、法人和其他组织享有同等的诉讼权利和义务。需注意，此处的同等原则，只针对程序法上的权利与义务，而不适用实体法上的权利与义务。对等原则，是指外国法院对我国公民、法人和其	**《民事诉讼法》（2021年修正）** **第5条**　外国人、无国籍人、外国企业和组织在人民法院起诉、应诉，同中华人民共和国公民、法人和其他组织有同等的诉讼权利义务。 外国法院对中华人民共和国公民、法人和其他组织的民事诉讼权利加以限制的，中华人民共和国人民法院对该国公民、企业和组织的民事诉讼权利，实行对等原则。

新《民事诉讼法》及解读等	修改前《民事诉讼法》等关联规定
他组织的民事诉讼权利加以限制的，我国法院也对该国公民、企业和组织的民事诉讼权利进行对等限制。这种限制是对等的、相互的。同样需注意，对等原则只限于对等限制诉讼权利方面，而不能基于对等原则赋予诉讼权利。	
第六条　【法院独立审判原则】 民事案件的审判权由人民法院行使。 人民法院依照法律规定对民事案件独立进行审判，不受行政机关、社会团体和个人的干涉。 **解读：** 本条实际上包括两个方面的内容，即第1款的法院对民事案件的审判权，以及第2款的法院独立审判原则。审判权与检察权均属于司法权，它与立法权、行政权一起共同构成国家权力。民事案件审判权包括立案决定权、审理权、调解权、裁判权四个方面。人民法院独立行使审判权包括外部独立和内部独立。外部独立主要是指人民法院依照法律规定独立行使审判权，不受行政机关、社会团体和个人的干涉。内部独立包括两个方面：一是各级人民法院独立行使审判权。上级法院不能在下级法院进行具体审判活动时干涉，只能在裁决作出后依照法定程序，通过二审或再	**《宪法》** **第131条**　人民法院依照法律规定独立行使审判权，不受行政机关、社会团体和个人的干涉。 **《民事诉讼法》（2021年修正）** **第6条**　民事案件的审判权由人民法院行使。 人民法院依照法律规定对民事案件独立进行审判，不受行政机关、社会团体和个人的干涉。 **《人民法院组织法》** **第4条**　人民法院依照法律规定独立行使审判权，不受行政机关、社会团体和个人的干涉。 **《法官法》** **第7条**　法官依法履行职责，受法律保护，不受行政机关、社会团体和个人的干涉。 **《领导干部干预司法活动、插手具体案件处理的记录、通报和责任追究规定》**（“三个规定”文件之一，正文略。）

新《民事诉讼法》及解读等	修改前《民事诉讼法》等关联规定
审程序监督；二是同一法院法官之间相互独立，法官在审判活动中不受其他法官，包括担任法院领导职务的法官的干涉。需注意，法院独立审判，不是审判员也不是合议庭独立审判，而是法院作为一个整体行使审判权。	**《司法机关内部人员过问案件的记录和责任追究规定》**（“三个规定”文件之二，正文略。） **《关于进一步规范司法人员与当事人、律师、特殊关系人、中介组织接触交往行为的若干规定》**（“三个规定”文件之三，正文略。）
第七条　【审理原则】人民法院审理民事案件，必须以事实为根据，以法律为准绳。 **解读：**以事实为根据，是指以查证属实的证据并根据这些证据认定的案件事实作为审理民事案件的根据，其核心在于重证据、重调查研究；以法律为准绳，是指人民法院无论对案件进行程序处理还是实体处理，都必须以相关法律为标准，并正确适用法律对案件作出裁判，其核心是依法审判，不能以权代法、枉法裁判，也不能主观臆断、曲解法律。唯有如此，才能做到正确审理案件，作出公正裁判，这也是确保法院依法正确行使审判权的重要要求。需注意，以事实为根据和以法律为准绳联系紧密，缺一不可。前者是基础，后者是要求。不以事实为根据就不可能正确适用法律，不以法律为准绳，即使以真实可靠的案件事实为根据，也不可能正确定	**《民事诉讼法》（2021年修正）** **第7条**　人民法院审理民事案件，必须以事实为根据，以法律为准绳。 **《人民法院组织法》** **第6条**　人民法院坚持司法公正，以事实为根据，以法律为准绳，遵守法定程序，依法保护个人和组织的诉讼权利和其他合法权益，尊重和保障人权。 **《法官法》** **第6条**　法官审判案件，应当以事实为根据，以法律为准绳，秉持客观公正的立场。

新《民事诉讼法》及解读等	修改前《民事诉讼法》等关联规定
分止争。当然，这一原则不仅是民事诉讼的要求，同时也是刑事诉讼和行政诉讼的要求。	
第八条　【民事诉讼权利平等原则】民事诉讼当事人有平等的诉讼权利。人民法院审理民事案件，应当保障和便利当事人行使诉讼权利，对当事人在适用法律上一律平等。 **解读：**民事诉讼权利平等原则，主要包括以下方面：1. 当事人平等地享有诉讼权利。一是双方当事人享有相同的诉讼权利。如均享有委托代理人、申请回避、提供证据、提起上诉、申请再审等权利。二是双方当事人享有对等的诉讼权利。如原告享有起诉权，被告享有答辩权。2. 当事人的诉讼地位平等。即不因当事人的社会地位、经济状况、文化程度、国籍、性别、民族等的不同而存在差别。需注意，诉讼地位平等不仅要求平等地享有诉讼权利，也包括平等地承担诉讼义务。3. 保障和便利当事人平等地行使诉讼权利。法院依法保障当事人双方平等地行使诉讼权利，并为他们行使诉讼权利创造和提供平等的机会和便利，是应尽的职责，也是贯彻诉讼权利平等原则的重要保证，包括保障当事	**《宪法》** **第33条第2款**　中华人民共和国公民在法律面前一律平等。 **《民事诉讼法》（2021年修正）** **第8条**　民事诉讼当事人有平等的诉讼权利。人民法院审理民事案件，应当保障和便利当事人行使诉讼权利，对当事人在适用法律上一律平等。 **《民法典》** **第4条**　民事主体在民事活动中的法律地位一律平等。 **《人民法院组织法》** **第5条**　人民法院审判案件在适用法律上一律平等，不允许任何组织和个人有超越法律的特权，禁止任何形式的歧视。 **《法官法》** **第4条**　法官应当公正对待当事人和其他诉讼参与人，对一切个人和组织在适用法律上一律平等。

新《民事诉讼法》及解读等	修改前《民事诉讼法》等关联规定
人的起诉权利、履行告知义务、为当事人行使诉讼权利提供便利、对当事人适用法律上平等对待等。	
第九条　【法院调解原则】人民法院审理民事案件，应当根据自愿和合法的原则进行调解；调解不成的，应当及时判决。 **解读：**法院调解，是指在诉讼过程中，在人民法院审判人员的主持下，当事人就争议的问题，通过自愿协商而达成协议，解决民事纠纷的一种方法。法院调解是人民法院解决民事纠纷的一个重要方式。与其他调解形式相比，法院调解具有以下特点：1. 法院调解是一种重要的诉讼活动。在诉讼过程中，经法院调解达成协议并制作调解书的，调解书与法院判决具有同等的效力。2. 法院调解是法院行使审判权与当事人行使处分权的结合。3. 法院调解是民事诉讼的一种结案方式。此外需注意，法院调解应遵循自愿原则与合法原则。自愿原则包括程序上的自愿和实体上的自愿。程序上的自愿，即是否以调解的方式来解决当事人之间的争议，应当取决于当事人的意愿，法院不得未经当事人同意依职权自行调解或强迫当事人接受调解。实体上的自愿，是指经	**《民事诉讼法》（2021 年修正）** **第 9 条**　人民法院审理民事案件，应当根据自愿和合法的原则进行调解；调解不成的，应当及时判决。 **《民法典》** **第 5 条**　民事主体从事民事活动，应当遵循自愿原则，按照自己的意思设立、变更、终止民事法律关系。 **《人民法院在线调解规则》** 正文略。

新《民事诉讼法》及解读等	修改前《民事诉讼法》等关联规定
调解达成的调解协议的内容必须由当事人双方自己决定，是当事人的真实意思表示，法院不得强迫或者变相强迫当事人接受调解协议。合法原则，是指法院进行调解必须依法进行，达成的调解协议的内容应当符合法律的规定。合法原则也包括程序上的合法与实体上的合法。程序上的合法，是指法院的调解活动应当严格按照法律规定的程序进行，调解的启动，调解的方式、步骤，调解的组织形式，调解协议的形成以及调解书的送达等，都要符合民事诉讼法的规定。实体上的合法，是指当事人达成的调解协议的内容不得违背法律规定，不得损害国家、集体和其他人的合法权益。	
第十条　【民事审判基本制度】人民法院审理民事案件，依照法律规定实行合议、回避、公开审判和两审终审制度。 **解读：**民事审判基本制度，是指人民法院审判民事案件必须遵循的基本操作规程。其不同于《民事诉讼法》的基本原则。首先，基本原则具有很强的抽象性和概括性；而基本制度则是一整套规范体系，有明确具体的内容和要求。其次，基本原则对整个民事诉讼活动具有宏	**《宪法》** **第130条**　人民法院审理案件，除法律规定的特别情况外，一律公开进行。被告人有权获得辩护。 **《民事诉讼法》（2021年修正）** **第10条**　人民法院审理民事案件，依照法律规定实行合议、回避、公开审判和两审终审制度。 **《人民法院组织法》** **第11条**　人民法院应当接受人民群众监督，保障人民群众对人民法院工作依法享有知情权、参与权和

新《民事诉讼法》及解读等	修改前《民事诉讼法》等关联规定
观指导性，法院和一切诉讼参与人都应遵守；而基本制度则主要规范法院的审判行为。最后，基本原则具有较大的弹性，较为灵活；而基本制度则属于硬性规定，具有很强的可操作性。此外，民事审判基本制度也不同于民事诉讼具体制度，具体制度包括当事人制度、证据制度、诉讼代理制度、财产保全制度、期间制度、送达制度等；而基本制度范围则为本条规定的合议制度、回避制度、公开审判制度以及两审终审制度。	监督权。 **第29条**　人民法院审理案件，由合议庭或者法官一人独任审理。 合议庭和法官独任审理的案件范围由法律规定。 **第58条**　人民法院应当加强信息化建设，运用现代信息技术，促进司法公开，提高工作效率。
第十一条　【诉讼语言文字】 各民族公民都有用本民族语言、文字进行民事诉讼的权利。 在少数民族聚居或者多民族共同居住的地区，人民法院应当用当地民族通用的语言、文字进行审理和发布法律文书。 人民法院应当对不通晓当地民族通用的语言、文字的诉讼参与人提供翻译。 **解读**：我国是多民族国家，各民族公民使用本民族语言文字进行诉讼，是我国《宪法》和法律规定的一项重要诉讼原则，也是民族平等在诉讼程序中的具体体现。该原则	**《宪法》** **第139条**　各民族公民都有用本民族语言文字进行诉讼的权利。人民法院和人民检察院对于不通晓当地通用的语言文字的诉讼参与人，应当为他们翻译。 在少数民族聚居或者多民族共同居住的地区，应当用当地通用的语言进行审理；起诉书、判决书、布告和其他文书应当根据实际需要使用当地通用的一种或者几种文字。 **《民事诉讼法》（2021年修正）** **第11条**　各民族公民都有用本民族语言、文字进行民事诉讼的权利。

新《民事诉讼法》及解读等	修改前《民事诉讼法》等关联规定
主要包括三个方面的内容：一是各民族公民都有用本民族语言文字进行民事诉讼的权利。无论是作为当事人还是其他诉讼参与人，各民族公民都有权用本民族语言在法庭上发表意见、回答审判人员询问、书写证人证言等。二是若诉讼参与人不通晓当地民族通用的语言文字，法院有义务指定或聘请翻译。三是在少数民族聚居或多民族共同居住的地区，法院应用当地民族通用的语言文字审理案件。	在少数民族聚居或者多民族共同居住的地区，人民法院应当用当地民族通用的语言、文字进行审理和发布法律文书。 人民法院应当对不通晓当地民族通用的语言、文字的诉讼参与人提供翻译。
第十二条　【辩论原则】人民法院审理民事案件时，当事人有权进行辩论。 **解读：**民事诉讼辩论原则是《民事诉讼法》的一项基本原则，也是社会主义民主原则在《民事诉讼法》中的体现，具体是指法院审理民事案件时，双方当事人在法院主持下，就案件事实和适用法律等有争议的问题，陈述各自的主张意见，进行反驳、答辩。辩论的内容既可以是程序方面的问题，也可以是实体方面的问题，但双方没有争议的问题一般不属于辩论范围。辩论可以采取口头形式，也可以采取书面形式。辩论原则贯穿于民事诉讼的全过程，包括一审、二审和再审程	**《民事诉讼法》（2021年修正）** **第12条**　人民法院审理民事案件时，当事人有权进行辩论。

新《民事诉讼法》及解读等	修改前《民事诉讼法》等关联规定
序。虽然开庭审理过程中的质证和法庭辩论是辩论原则体现最明显的阶段，但辩论并不局限于这一阶段，在诉讼各个阶段，均可通过一定形式展开辩论。	
第十三条　【诚信原则与处分原则】民事诉讼应当遵循诚信原则。 当事人有权在法律规定的范围内处分自己的民事权利和诉讼权利。 **解读：**民事诉讼中的诚实信用原则是指人民法院、当事人以及其他诉讼参与人在审理民事案件和进行民事诉讼时应当诚实、守信、善意和公正。对当事人而言，诚信原则的要求主要体现在以下五个方面：一是禁止当事人不正当的诉讼行为。二是禁止滥用诉讼权利。三是禁止反言。禁止反言，即当事人在诉讼中不得故意作相互矛盾的陈述或者实施前后矛盾的行为。四是当事人不得在诉讼中作虚假陈述。五是当事人不得让证人作假证。对其他诉讼参与人的要求，体现在以下四个方面：一是诉讼代理人在诉讼中应当在代理权限范围内行使代理权，不得在诉讼中滥用或者超越代理权限；二是证人应当如实作证，不得提供虚假证词或者故意作假证；三是鉴定人应当客观公正地进行鉴定，	**《民事诉讼法》**（2021年修正） **第13条**　民事诉讼应当遵循诚信原则。 当事人有权在法律规定的范围内处分自己的民事权利和诉讼权利。 **《民法典》** **第7条**　民事主体从事民事活动，应当遵循诚信原则，秉持诚实，恪守承诺。 **第5条**　民事主体从事民事活动，应当遵循自愿原则，按照自己的意思设立、变更、终止民事法律关系。 **第8条**　民事主体从事民事活动，不得违反法律，不得违背公序良俗。 **第132条**　民事主体不得滥用民事权利损害国家利益、社会公共利益或者他人合法权益。 **《民法典总则编解释》** **第3条**　对于民法典第一百三十二条所称的滥用民事权利，人民法院可以根据权利行使的对象、目的、

新《民事诉讼法》及解读等	修改前《民事诉讼法》等关联规定
所作的鉴定意见必须以事实为依据；四是翻译人员应当如实翻译，不得窜改当事人的真实意思。诚信原则对法院的约束，主要体现在对法官行使自由裁量权的制约。处分原则，是指当事人在法律规定的范围内有权自由处分自己的民事实体权利和民事诉讼权利，其作为民事诉讼法的一项特有原则，是由民事法律关系的特点和民事权利的性质决定的。享有处分权的主体为当事人，当事人既可以处分其民事实体权利，也可以处分其民事诉讼权利。但需注意，当事人必须在法律规定的范围内行使处分权。 **案例参考：《盖某生等诉王某根公民诉讼代理合同因内容违法被判无效案》①** 案例要旨：诉讼代理是民事诉讼法规定的重要制度，其设置的目的是弥补当事人诉讼能力的不足和欠缺，以保障当事人诉讼权利的有效行使和诉讼程序的顺利推进。当事人和诉讼代理人的诉讼行为均应遵循诚实信用原则，根据事实和法律维护当事人的合法权益。诉讼代	时间、方式、造成当事人之间利益失衡的程度等因素作出认定。 行为人以损害国家利益、社会公共利益、他人合法权益为主要目的行使民事权利的，人民法院应当认定构成滥用民事权利。 构成滥用民事权利的，人民法院应当认定该滥用行为不发生相应的法律效力。滥用民事权利造成损害的，依照民法典第七编等有关规定处理。

① 参见江苏省高级人民法院编：《江苏省高级人民法院公报·总第40辑》（2015年第4辑），法律出版社2015年版。

新《民事诉讼法》及解读等	修改前《民事诉讼法》等关联规定
理人不得引导当事人在诉讼活动中歪曲事实，损害他人利益，影响人民法院对案件依法公正审理，更不得限制和阻挠当事人正当行使诉讼权利。当事人和诉讼代理人之间就公民代理所作的约定存在严重违法内容，扰乱诉讼秩序，妨碍司法公正的，应当认定无效，诉讼代理人已收取的代理费在扣除当事人依法应当承担的相关费用后，应予返还。	
第十四条　【检察监督原则】 人民检察院有权对民事诉讼实行法律监督。 **解读：**民事诉讼中的检察监督原则，是指检察机关有权对人民法院的民事诉讼活动实行法律监督。就检察监督的主要内容和方式而言，首先，人民检察院对审判人员的违法行为进行法律监督。当然，人民检察院对审判监督程序以外的其他审判程序中审判人员的违法行为，还可以向同级人民法院提出检察建议。其次，人民检察院对人民法院已经发生法律效力的判决、裁定和调解书，依照审判监督程序提出抗诉或者再审检察建议。人民法院对人民检察院提出抗诉或者再审检察建议的案件进行再审时，检察机关	**《宪法》** **第134条**　中华人民共和国人民检察院是国家的法律监督机关。 **第136条**　人民检察院依照法律规定独立行使检察权，不受行政机关、社会团体和个人的干涉。 **《民事诉讼法》（2021年修正）** **第14条**　人民检察院有权对民事诉讼实行法律监督。 **《人民检察院组织法》** **第2条**　人民检察院是国家的法律监督机关。 人民检察院通过行使检察权，追诉犯罪，维护国家安全和社会秩序，维护个人和组织的合法权益，维护国家利益和社会公共利益，保障法律正确实施，维护社会公平正义，维护国家法制统一、尊严和权

新《民事诉讼法》及解读等	修改前《民事诉讼法》等关联规定
可以派出检察官参与诉讼，出席开庭审理，并监督人民法院的审判活动。最后，人民检察院对民事执行活动进行法律监督。在民事执行过程中，人民检察院有权对民事执行的移送、人民法院不予执行的裁定、执行措施、中止执行和终结执行的裁定等进行法律监督。 **案例参考：《山东省淄博市人民检察院对A发展基金会诉B石油化工有限公司、C化工有限公司民事公益诉讼检察监督案》**① 案例要旨：人民检察院发布民事公益诉讼诉前公告后，社会组织提起民事公益诉讼的，人民检察院应当继续履行法律监督机关和公共利益代表职责。发现社会组织与侵权人达成和解协议，可能损害社会公共利益的，人民检察院应当依法开展调查核实，在人民法院公告期限内提出书面异议。人民法院不采纳书面异议而出具调解书，可能损害社会公共利益的，人民检察院应当依法提出抗诉或者再审检察建议。	威，保障中国特色社会主义建设的顺利进行。 **《检察官法》** **第7条** 检察官的职责： （一）对法律规定由人民检察院直接受理的刑事案件进行侦查； （二）对刑事案件进行审查逮捕、审查起诉，代表国家进行公诉； （三）开展公益诉讼工作； （四）开展对刑事、民事、行政诉讼活动的监督工作； （五）法律规定的其他职责。 检察官对其职权范围内就案件作出的决定负责。

① 参见《最高人民检察院第四十批指导性案例》（检例第165号），2022年9月19日发布。

新《民事诉讼法》及解读等	修改前《民事诉讼法》等关联规定
第十五条　【支持起诉原则】 机关、社会团体、企业事业单位对损害国家、集体或者个人民事权益的行为，可以支持受损害的单位或者个人向人民法院起诉。 **解读：**支持起诉原则是民事诉讼特有的一项原则，是指机关、社会团体、企业事业单位对损害国家、集体或者个人民事权益的行为，依法可以支持受损害的单位或者个人向人民法院起诉。与公益诉讼制度相比，支持起诉原则的适用范围更为广泛，公益诉讼制度的适用则要受到较多条件的限制。支持起诉的方式，主要包括：一是向受损害的单位或者个人提供法律咨询服务；二是为受损害的单位或者个人代写起诉状，帮助他们收集有关证据材料；三是接受受损害的单位或者个人的委托成为其诉讼代理人，或者推荐律师、其他法律服务工作者担任他们的诉讼代理人；四是为受损害的单位或者个人代交诉讼费、律师费或者提供其他物质帮助等。 **案例参考：《李某滨与李某峰财产损害赔偿纠纷支持起诉案》**① 案例要旨：因监护人侵害智力残	**《民事诉讼法》（2021 年修正）** **第 15 条**　机关、社会团体、企业事业单位对损害国家、集体或者个人民事权益的行为，可以支持受损害的单位或者个人向人民法院起诉。

① 参见《最高人民检察院第三十一批指导性案例》（检例第 122 号），2021 年 11 月 29 日发布。

新《民事诉讼法》及解读等	修改前《民事诉讼法》等关联规定
疾的被监护人财产权，智力残疾人诉请赔偿损失存在障碍而请求支持起诉的，检察机关可以围绕法定起诉条件协助其收集证据，为其起诉维权提供帮助。在支持起诉程序中，检察机关应当依法履行支持起诉职能，保障当事人平等行使诉权。 **《张某云与张某森离婚纠纷支持起诉案》**① 案例要旨：反家庭暴力是国家、社会和每个家庭的共同责任，检察机关应当加强与公安机关、人民法院、工会、共产主义青年团、妇女联合会、残疾人联合会、居民委员会、村民委员会等单位、组织的协作配合，形成维护家庭暴力受害人合法权益的合力。在充分尊重家庭暴力受害人真实意愿的前提下，对惧于家庭暴力不敢起诉，未获得妇女联合会等单位帮助的，检察机关可依申请支持家庭暴力受害人起诉维权。 **《胡某祥、万某妹与胡某平赡养纠纷支持起诉案》**② 案例要旨：老年人依法起诉要求成年子女履行赡养义务，但是缺乏	

① 参见《最高人民检察院第三十一批指导性案例》（检例第126号），2021年11月29日发布。

② 参见《最高人民检察院第三十一批指导性案例》（检例第123号），2021年11月29日发布。

新《民事诉讼法》及解读等	修改前《民事诉讼法》等关联规定
起诉维权能力的，检察机关可以依老年人提出的申请，支持其起诉维权。支持起诉的检察机关可以运用多元化解纠纷机制，修复受损家庭关系。案件办结后，可以开展案件回访，巩固办案效果。 **《孙某宽等78人与某农业公司追索劳动报酬纠纷支持起诉案》①** 案例要旨：劳动报酬是进城务工人员维持生计的基本保障，用人单位未按照国家规定和劳动合同约定及时足额支付劳动报酬的，检察机关应当因案制宜，通过督促人力资源社会保障等单位履职尽责、支持起诉、移送拒不支付劳动报酬罪线索等方式保障进城务工人员获得劳动报酬。 **《安某民等80人与某环境公司确认劳动关系纠纷支持起诉案》②** 案例要旨：劳动者要求用人单位补办社保登记、补缴社会保险费未果的，检察机关可以协助收集证据、提出支持起诉意见，支持劳动者起诉确认劳动关系，为其办理社保登记、补缴社会保险费提供帮助。	

① 参见《最高人民检察院第三十一批指导性案例》（检例第124号），2021年11月29日发布。

② 参见《最高人民检察院第三十一批指导性案例》（检例第125号），2021年11月29日发布。

新《民事诉讼法》及解读等	修改前《民事诉讼法》等关联规定
第十六条　【在线诉讼】经当事人同意，民事诉讼活动可以通过信息网络平台在线进行。 民事诉讼活动通过信息网络平台在线进行的，与线下诉讼活动具有同等法律效力。 **解读：**本条是《民事诉讼法》2021年修正时增加的内容，本次修正继续保留。值得注意的是，该条第1款中的“经当事人同意”并非2021年修改时最先明确的，在2021年发布的《人民法院在线诉讼规则》第2条中，即规定要给予诉讼参与人诉讼方式的选择权，不得强制或变相强制适用在线诉讼。此外，第2款在线诉讼“与线下诉讼活动具有同等法律效力”中的“诉讼活动”并非局限于狭义的“在线庭审”，立案、审判、执行等也应包括在内。就此而言，值得进一步关注的是，既然《民事诉讼法》已明确在线诉讼与线下诉讼具有同等效力，那已通过网络提交的材料，是否还需要另行提交纸质版材料的问题，实践中有不同做法，也有待于进一步明确与统一。而在此之前，上海市高级人民法院已明确无需重复提交纸质版材料。①	**《民事诉讼法》（2021年修正）** **第16条**　经当事人同意，民事诉讼活动可以通过信息网络平台在线进行。 民事诉讼活动通过信息网络平台在线进行的，与线下诉讼活动具有同等法律效力。 **《人民法院在线诉讼规则》** 正文略。

① 参见《上海市高级人民法院关于网上立案、电子送达、电子归档的若干规定》，载上海市人民政府网站，https：//www. shanghai. gov. cn/zcwjzxht/20210525/ca106fbdf6784b318d927f9e2095e7d3. html，2023年9月12日访问。

新《民事诉讼法》及解读等	修改前《民事诉讼法》等关联规定
第十七条　【变通规定】民族自治地方的人民代表大会根据宪法和本法的原则，结合当地民族的具体情况，可以制定变通或者补充的规定。自治区的规定，报全国人民代表大会常务委员会批准。自治州、自治县的规定，报省或者自治区的人民代表大会常务委员会批准，并报全国人民代表大会常务委员会备案。 **解读：**《民事诉讼法》通过本条明确民族自治地方可以制定变通或者补充规定，是《立法法》赋予民族自治地方的立法变通权在民事诉讼中的具体体现。民族自治地方对民事诉讼法制定变通或者补充规定时，有以下要求：一是应根据《宪法》《立法法》《民事诉讼法》的原则制定变通或补充规定，不得与其原则相悖。二是根据《立法法》第85条的规定，对《民事诉讼法》作变通规定时，要注意不得对《民族区域自治法》的规定作出变通规定，也不得对其他有关法律、行政法规专门就民族自治地方所作的规定作出变通规定。《民族区域自治法》的规定及其他有关法律、行政法规专门就民族自治地方所作规定已考虑民族自治地方的特殊情况和	**《宪法》** **第4条第3款**　各少数民族聚居的地方实行区域自治，设立自治机关，行使自治权。各民族自治地方都是中华人民共和国不可分离的部分。 **第99条**　地方各级人民代表大会在本行政区域内，保证宪法、法律、行政法规的遵守和执行；依照法律规定的权限，通过和发布决议，审查和决定地方的经济建设、文化建设和公共事业建设的计划。 县级以上的地方各级人民代表大会审查和批准本行政区域内的国民经济和社会发展计划、预算以及它们的执行情况的报告；有权改变或者撤销本级人民代表大会常务委员会不适当的决定。 民族乡的人民代表大会可以依照法律规定的权限采取适合民族特点的具体措施。 **第100条**　省、直辖市的人民代表大会和它们的常务委员会，在不同宪法、法律、行政法规相抵触的前提下，可以制定地方性法规，报全国人民代表大会常务委员会备案。 设区的市的人民代表大会和它们的常务委员会，在不同宪法、法律、行政法规和本省、自治区的地方性法规相抵触的前提下，可以依

新《民事诉讼法》及解读等	修改前《民事诉讼法》等关联规定
需要，是国家民族政策的具体体现，就不允许再作变通了。三是民族自治地方制定变通或补充规定，需结合当地民族经济、社会、文化发展的具体情况，符合当地民族的实际需要，做到有特色、可操作。	照法律规定制定地方性法规，报本省、自治区人民代表大会常务委员会批准后施行。 **《民事诉讼法》（2021年修正）** **第17条** 民族自治地方的人民代表大会根据宪法和本法的原则，结合当地民族的具体情况，可以制定变通或者补充的规定。自治区的规定，报全国人民代表大会常务委员会批准。自治州、自治县的规定，报省或者自治区的人民代表大会常务委员会批准，并报全国人民代表大会常务委员会备案。 **《立法法》** **第85条** 民族自治地方的人民代表大会有权依照当地民族的政治、经济和文化的特点，制定自治条例和单行条例。自治区的自治条例和单行条例，报全国人民代表大会常务委员会批准后生效。自治州、自治县的自治条例和单行条例，报省、自治区、直辖市的人民代表大会常务委员会批准后生效。 自治条例和单行条例可以依照当地民族的特点，对法律和行政法规的规定作出变通规定，但不得违背法律或者行政法规的基本原则，不得对宪法和民族区域自治法的规定以及其他有关法律、行政法规专门就民族自治地方所作的规定作出变通规定。

新《民事诉讼法》及解读等	修改前《民事诉讼法》等关联规定
第二章 管 辖	
第一节 级别管辖	
第十八条 【基层法院一审管辖】基层人民法院管辖第一审民事案件，但本法另有规定的除外。 **解读：**根据本条，民事一审案件原则上由基层人民法院管辖，除非法律另有规定。我国《民事诉讼法》实行“两审终审”制度，只有基层人民法院没有承担审理上诉案件的任务，因而其任务主要就是审理第一审民事案件。此外，基层法院基本上是根据行政区划设置的，对本辖区内的情况较为熟悉，由基层法院管辖一审民事案件，有利于当事人诉讼与申请强制执行，同时也有利于民事纠纷及时在基层化解。	**《民事诉讼法》（2021 年修正）** **第 18 条** 基层人民法院管辖第一审民事案件，但本法另有规定的除外。 **《人民法院组织法》** **第 24 条** 基层人民法院包括： （一）县、自治县人民法院； （二）不设区的市人民法院； （三）市辖区人民法院。 **第 25 条** 基层人民法院审理第一审案件，法律另有规定的除外。 基层人民法院对人民调解委员会的调解工作进行业务指导。 **第 26 条** 基层人民法院根据地区、人口和案件情况，可以设立若干人民法庭。 人民法庭是基层人民法院的组成部分。人民法庭的判决和裁定即基层人民法院的判决和裁定。 **《最高人民法院关于第一审知识产权民事、行政案件管辖的若干规定》** **第 1 条** 发明专利、实用新型专利、植物新品种、集成电路布图设计、技术秘密、计算机软件的权属、侵权纠纷以及垄断纠纷第一审民事、行政案件由知识产权法院，省、自治区、直辖市人民政府所在

新《民事诉讼法》及解读等	修改前《民事诉讼法》等关联规定
	地的中级人民法院和最高人民法院确定的中级人民法院管辖。 法律对知识产权法院的管辖有规定的，依照其规定。 **第2条** 外观设计专利的权属、侵权纠纷以及涉驰名商标认定第一审民事、行政案件由知识产权法院和中级人民法院管辖；经最高人民法院批准，也可以由基层人民法院管辖，但外观设计专利行政案件除外。 本规定第一条及本条第一款规定之外的第一审知识产权案件诉讼标的额在最高人民法院确定的数额以上的，以及涉及国务院部门、县级以上地方人民政府或者海关行政行为的，由中级人民法院管辖。 法律对知识产权法院的管辖有规定的，依照其规定。 **第3条** 本规定第一条、第二条规定之外的第一审知识产权民事、行政案件，由最高人民法院确定的基层人民法院管辖。 **第4条** 对新类型、疑难复杂或者具有法律适用指导意义等知识产权民事、行政案件，上级人民法院可以依照诉讼法有关规定，根据下级人民法院报请或者自行决定提级审理。

新《民事诉讼法》及解读等	修改前《民事诉讼法》等关联规定
	确有必要将本院管辖的第一审知识产权民事案件交下级人民法院审理的，应当依照民事诉讼法第三十九条第一款的规定，逐案报请其上级人民法院批准。 **第5条** 依照本规定需要最高人民法院确定管辖或者调整管辖的诉讼标的额标准、区域范围的，应当层报最高人民法院批准。 **第6条** 本规定自2022年5月1日起施行。 最高人民法院此前发布的司法解释与本规定不一致的，以本规定为准。 **《最高人民法院关于涉外民商事案件管辖若干问题的规定》** **第1条** 基层人民法院管辖第一审涉外民商事案件，法律、司法解释另有规定的除外。 **第2条** 中级人民法院管辖下列第一审涉外民商事案件： （一）争议标的额大的涉外民商事案件。 北京、天津、上海、江苏、浙江、福建、山东、广东、重庆辖区中级人民法院，管辖诉讼标的额人民币4000万元以上（包含本数）的涉外民商事案件； 河北、山西、内蒙古、辽宁、吉

新《民事诉讼法》及解读等	修改前《民事诉讼法》等关联规定
	林、黑龙江、安徽、江西、河南、湖北、湖南、广西、海南、四川、贵州、云南、西藏、陕西、甘肃、青海、宁夏、新疆辖区中级人民法院，解放军各战区、总直属军事法院，新疆维吾尔自治区高级人民法院生产建设兵团分院所辖各中级人民法院，管辖诉讼标的额人民币2000万元以上（包含本数）的涉外民商事案件。 （二）案情复杂或者一方当事人人数众多的涉外民商事案件。 （三）其他在本辖区有重大影响的涉外民商事案件。 法律、司法解释对中级人民法院管辖第一审涉外民商事案件另有规定的，依照相关规定办理。 **第3条** 高级人民法院管辖诉讼标的额人民币50亿元以上（包含本数）或者其他在本辖区有重大影响的第一审涉外民商事案件。 **第4条** 高级人民法院根据本辖区的实际情况，认为确有必要的，经报最高人民法院批准，可以指定一个或数个基层人民法院、中级人民法院分别对本规定第一条、第二条规定的第一审涉外民商事案件实行跨区域集中管辖。 依据前款规定实行跨区域集中

新《民事诉讼法》及解读等	修改前《民事诉讼法》等关联规定
	管辖的，高级人民法院应及时向社会公布该基层人民法院、中级人民法院相应的管辖区域。 **第5条** 涉外民商事案件由专门的审判庭或合议庭审理。 **第6条** 涉外海事海商纠纷案件、涉外知识产权纠纷案件、涉外生态环境损害赔偿纠纷案件以及涉外环境民事公益诉讼案件，不适用本规定。 **第7条** 涉及香港、澳门特别行政区和台湾地区的民商事案件参照适用本规定。 **第8条** 本规定自2023年1月1日起施行。本规定施行后受理的案件适用本规定。 **第9条** 本院以前发布的司法解释与本规定不一致的，以本规定为准。
第十九条 【中级人民法院一审管辖】中级人民法院管辖下列第一审民事案件： （一）重大涉外案件； （二）在本辖区有重大影响的案件； （三）最高人民法院确定由中级人民法院管辖的案件。 **解读：**根据本条，中级人民法院管辖的第一审民事案件，包括以下	**《民事诉讼法》（2021年修正）** **第19条** 中级人民法院管辖下列第一审民事案件： （一）重大涉外案件； （二）在本辖区有重大影响的案件； （三）最高人民法院确定由中级人民法院管辖的案件。 **《人民法院组织法》** **第22条** 中级人民法院包括：

新《民事诉讼法》及解读等	修改前《民事诉讼法》等关联规定
三大类：一是重大涉外民事案件。涉外民事案件，是指民事法律关系的主体、内容、客体三者中具有涉外因素的案件。当事人一方或双方是外国人、无国籍人、外国企业或组织，或者当事人之间民事法律关系的设立、变更、终止的法律事实发生在外国或者诉讼标的物在外国的民事案件，为涉外民事案件。所谓重大涉外案件，按照民事诉讼法解释的规定，包括争议标的额大的案件、案情复杂的案件，或者一方当事人人数众多等具有重大影响的案件。二是在本辖区有重大影响的案件。有重大影响的案件，是指案件情况较为复杂、涉及范围较广或者诉讼标的额较大，案件的发生及其处理结果的影响超出基层人民法院辖区范围的案件，其中争议金额通常属于一个容易确定的具体标准。三是最高人民法院确定由中级人民法院管辖的案件。该类情形是为了适应我国经济社会发展和法治建设的情况而为的一项授权性的规定，即授权最高人民法院根据情况确定由中级人民法院管辖的案件。多年来，最高人民法院已基于此项规定而确定由中级人民法院管辖的案件类型主要有海事海商案件、专利民事	（一）省、自治区辖市的中级人民法院； （二）在直辖市内设立的中级人民法院； （三）自治州中级人民法院； （四）在省、自治区内按地区设立的中级人民法院。 **第23条** 中级人民法院审理下列案件： （一）法律规定由其管辖的第一审案件； （二）基层人民法院报请审理的第一审案件； （三）上级人民法院指定管辖的第一审案件； （四）对基层人民法院判决和裁定的上诉、抗诉案件； （五）按照审判监督程序提起的再审案件。 **《民事诉讼法解释》** **第1条** 民事诉讼法第十九条第一项规定的重大涉外案件，包括争议标的额大的案件、案情复杂的案件，或者一方当事人人数众多等具有重大影响的案件。 **第2条** 专利纠纷案件由知识产权法院、最高人民法院确定的中级人民法院和基层人民法院管辖。

新《民事诉讼法》及解读等	修改前《民事诉讼法》等关联规定
纠纷案件、重大涉港、澳、台民事案件、著作权民事纠纷案件、商标民事纠纷案件、涉及域名的侵权纠纷案件、虚假陈述证券民事赔偿案件等。此外，《仲裁法》第58条还对由中级人民法院管辖的仲裁相关案件作了规定。 **案例参考：《准格尔旗某商贸有限责任公司与中铁某局集团有限公司铁路修建合同纠纷管辖权异议案》①** 案例要旨：级别管辖是指按照人民法院组织系统划分上下级人民法院之间受理第一审民事案件的分工和权限。根据最高人民法院《关于适用〈中华人民共和国民事诉讼法〉若干问题的意见》的相关规定，人民法院确定级别管辖的标准主要包括案件的性质和影响、案情的复杂程度以及诉讼标的额的大小等。同时，最高人民法院于2008年3月31日公布的《全国各省、自治区、直辖市高级人民法院和中级人民法院管辖第一审民商事案件标准》中规定，诉讼标的额的大小是确定当事人一方住所地不在本辖区的第一审民商事案件级别管辖的主要标	海事、海商案件由海事法院管辖。 **《最高人民法院关于调整中级人民法院管辖第一审民事案件标准的通知》** 一、当事人住所地均在或者均不在受理法院所处省级行政辖区的，中级人民法院管辖诉讼标的额5亿元以上的第一审民事案件。 二、当事人一方住所地不在受理法院所处省级行政辖区的，中级人民法院管辖诉讼标的额1亿元以上的第一审民事案件。 三、战区军事法院、总直属军事法院管辖诉讼标的额1亿元以上的第一审民事案件。 四、对新类型、疑难复杂或者具有普遍法律适用指导意义的案件，可以依照民事诉讼法第三十八条的规定，由上级人民法院决定由其审理，或者根据下级人民法院报请决定由其审理。 五、本通知调整的级别管辖标准不适用于知识产权案件、海事海商案件和涉外涉港澳台民商事案件。 六、最高人民法院以前发布的关于中级人民法院第一审民事案件级

① 参见《最高人民法院公报》2014年第3期。

新《民事诉讼法》及解读等	修改前《民事诉讼法》等关联规定
准。因此，针对上述第一审民事案件，人民法院应当以诉讼标的额为主要标准，辅之以案件的性质、影响、复杂程度等因素，综合考虑并确定其级别管辖。	别管辖标准的规定，与本通知不一致的，不再适用。 本通知自2021年10月1日起实施，执行过程中遇到的问题，请及时报告我院。 **《仲裁法》** **第58条** 当事人提出证据证明裁决有下列情形之一的，可以向仲裁委员会所在地的中级人民法院申请撤销裁决： （一）没有仲裁协议的； （二）裁决的事项不属于仲裁协议的范围或者仲裁委员会无权仲裁的； （三）仲裁庭的组成或者仲裁的程序违反法定程序的； （四）裁决所根据的证据是伪造的； （五）对方当事人隐瞒了足以影响公正裁决的证据的； （六）仲裁员在仲裁该案时有索贿受贿，徇私舞弊，枉法裁决行为的。 人民法院经组成合议庭审查核实裁决有前款规定情形之一的，应当裁定撤销。 人民法院认定该裁决违背社会公共利益的，应当裁定撤销。

新《民事诉讼法》及解读等	修改前《民事诉讼法》等关联规定
第二十条　【高级人民法院一审管辖】高级人民法院管辖在本辖区有重大影响的第一审民事案件。 **解读：**高级人民法院是在省、自治区、直辖市设立的人民法院，是全国各级人民法院序列中级别仅低于最高人民法院的一级人民法院，也是地方各级人民法院序列中级别最高的法院。本条所谓"本辖区有重大影响"，是指案情重大复杂、涉及范围广或者诉讼标的额非常大，案件的发生及其处理结果在本省、自治区、直辖市范围内有重大影响的民事案件。至于如何具体认定"有重大影响"，则需结合具体情况予以综合考虑。值得注意的是，随着最高人民法院和高级人民法院在审判监督方面职能的进一步加强，以及基层法院民事案件管辖标的额的提升，高级人民法院管辖的第一审民事案件相应减少是必然趋势，也是审级制度进一步优化的必然要求。	**《民事诉讼法》（2021年修正）** **第20条**　高级人民法院管辖在本辖区有重大影响的第一审民事案件。 **《人民法院组织法》** **第20条**　高级人民法院包括： （一）省高级人民法院； （二）自治区高级人民法院； （三）直辖市高级人民法院。 **第21条**　高级人民法院审理下列案件： （一）法律规定由其管辖的第一审案件； （二）下级人民法院报请审理的第一审案件； （三）最高人民法院指定管辖的第一审案件； （四）对中级人民法院判决和裁定的上诉、抗诉案件； （五）按照审判监督程序提起的再审案件； （六）中级人民法院报请复核的死刑案件。 **《最高人民法院关于调整中级人民法院管辖第一审民事案件标准的通知》** 一、当事人住所地均在或者均不在受理法院所处省级行政辖区的，中级人民法院管辖诉讼标的额5亿元以上的第一审民事案件。 二、当事人一方住所地不在受理法院所处省级行政辖区的，中级人

新《民事诉讼法》及解读等	修改前《民事诉讼法》等关联规定
	民法院管辖诉讼标的额1亿元以上的第一审民事案件。 **四**、对新类型、疑难复杂或者具有普遍法律适用指导意义的案件，可以依照民事诉讼法第三十八条的规定，由上级人民法院决定由其审理，或者根据下级人民法院报请决定由其审理。 **《最高人民法院关于调整高级人民法院和中级人民法院管辖第一审民商事案件标准的通知》** **一、当事人住所地均在受理法院所处省级行政辖区的第一审民商事案件** 北京、上海、江苏、浙江、广东高级人民法院，管辖诉讼标的额5亿元以上一审民商事案件，所辖中级人民法院管辖诉讼标的额1亿元以上一审民商事案件。 天津、河北、山西、内蒙古、辽宁、安徽、福建、山东、河南、湖北、湖南、广西、海南、四川、重庆高级人民法院，管辖诉讼标的额3亿元以上一审民商事案件，所辖中级人民法院管辖诉讼标的额3000万元以上一审民商事案件。 吉林、黑龙江、江西、云南、陕西、新疆高级人民法院和新疆生产建设兵团分院，管辖诉讼标的额2亿元以上一审民商事案件，所辖中级人民法院管辖诉讼标的额1000

新《民事诉讼法》及解读等	修改前《民事诉讼法》等关联规定
	万元以上一审民商事案件。 贵州、西藏、甘肃、青海、宁夏高级人民法院，管辖诉讼标的额1亿元以上一审民商事案件，所辖中级人民法院管辖诉讼标的额500万元以上一审民商事案件。 ……
第二十一条　【最高人民法院一审管辖】最高人民法院管辖下列第一审民事案件： （一）在全国有重大影响的案件； （二）认为应当由本院审理的案件。 **解读：**作为法院组织体系中最高层级的人民法院，最高人民法院是人民法院序列中级别最高的一级人民法院。最高人民法院负有监督地方各级法院和专门法院审判工作的职责，同时还承担着总结审判工作经验，指导地方法院和专门法院的工作，对具体应用法律问题进行解释，审理不服高级人民法院第一审民事案件判决、裁定的上诉案件等任务。基于此，在制度设计上，应使其管辖非常少的一审民事案件，按照本条，主要包括两种：一是在全国有重大影响的案件。在全国有重大影响的案件，是指在全国范围内有重大政治、经济影响的民事案件，以及涉及国际关系的重大涉外民	**《民事诉讼法》（2021年修正）** **第21条**　最高人民法院管辖下列第一审民事案件： （一）在全国有重大影响的案件； （二）认为应当由本院审理的案件。 **《巡回法庭审理案件规定》** **第3条**　巡回法庭审理或者办理巡回区内应当由最高人民法院受理的以下案件： （一）全国范围内重大、复杂的第一审行政案件； （二）在全国有重大影响的第一审民商事案件； （三）不服高级人民法院作出的第一审行政或者民商事判决、裁定提起上诉的案件； （四）对高级人民法院作出的已经发生法律效力的行政或者民商事判决、裁定、调解书申请再审的案件； （五）刑事申诉案件； （六）依法定职权提起再审的案件；

新《民事诉讼法》及解读等	修改前《民事诉讼法》等关联规定
事案件。二是最高人民法院认为应由其审理的案件。这也是一项授权性规定，即法律明确授权最高人民法院在民事案件的管辖上具有特殊的权力。根据这一授权规定，无论是哪一级人民法院管辖的第一审民事案件，只要最高人民法院“认为应当由本院审理的”，其都有权管辖。	（七）不服高级人民法院作出的罚款、拘留决定申请复议的案件； （八）高级人民法院因管辖权问题报请最高人民法院裁定或者决定的案件； （九）高级人民法院报请批准延长审限的案件； （十）涉港澳台民商事案件和司法协助案件； （十一）最高人民法院认为应当由巡回法庭审理或者办理的其他案件。 巡回法庭依法办理巡回区内向最高人民法院提出的来信来访事项。
第二节　地域管辖	
第二十二条　【一般地域管辖】对公民提起的民事诉讼，由被告住所地人民法院管辖；被告住所地与经常居住地不一致的，由经常居住地人民法院管辖。 对法人或者其他组织提起的民事诉讼，由被告住所地人民法院管辖。 同一诉讼的几个被告住所地、经常居住地在两个以上人民法院辖区的，各该人民法院都有管辖权。 **解读：**一般地域管辖，是指根据当事人住所地与法院辖区的关系来确定民事案件的管辖法院。之所以称为一般地域管辖，主要是因为这	**《民事诉讼法》（2021年修正）** **第22条**　对公民提起的民事诉讼，由被告住所地人民法院管辖；被告住所地与经常居住地不一致的，由经常居住地人民法院管辖。 对法人或者其他组织提起的民事诉讼，由被告住所地人民法院管辖。 同一诉讼的几个被告住所地、经常居住地在两个以上人民法院辖区的，各该人民法院都有管辖权。 **《民法典》** **第25条**　自然人以户籍登记或者其他有效身份登记记载的居所为住所；经常居所与住所不一致的，经常居所视为住所。

新《民事诉讼法》及解读等	修改前《民事诉讼法》等关联规定
是地域管辖确定的一种基本形式或者主要形式，大部分民事案件是依据该规则确定管辖法院的。一般地域管辖实行“原告就被告”原则，主要在于可以更好地提高诉讼效率、节省诉讼成本、方便裁判执行、避免诉权滥用。另需注意，本条所谓公民住所地，是指公民的户籍所在地。所谓公民经常居住地，是指公民离开住所地至起诉时已连续居住一年以上的地方，但是住院就医的除外。此外，由于案件类型多样，在一般地域管辖原则下，《民事诉讼法解释》就一些特殊案件的地域管辖情况作了较为细化的规定。 **案例参考：《某化学科技有限公司诉山西某化工有限公司破产管理人、运城某化学科技有限公司、陈某刚侵害技术秘密纠纷管辖权异议案》①** 案例要旨：管辖权的确定是人民法院可以依职权调查的程序性事项，对于影响确定案件管辖的事实，人民法院可以依职权主动调查，当事人也可以在起诉后予以补充。确定案件管辖原则上以起诉时为准，起诉时对案件具有管辖权的人民法院，	**第63条** 法人以其主要办事机构所在地为住所。依法需要办理法人登记的，应当将主要办事机构所在地登记为住所。 **《民事诉讼法解释》** **第3条** 公民的住所地是指公民的户籍所在地，法人或者其他组织的住所地是指法人或者其他组织的主要办事机构所在地。 法人或者其他组织的主要办事机构所在地不能确定的，法人或者其他组织的注册地或者登记地为住所地。 **第4条** 公民的经常居住地是指公民离开住所地至起诉时已连续居住一年以上的地方，但公民住院就医的地方除外。 **第5条** 对没有办事机构的个人合伙、合伙型联营体提起的诉讼，由被告注册登记地人民法院管辖。没有注册登记，几个被告又不在同一辖区的，被告住所地的人民法院都有管辖权。 **第7条** 当事人的户籍迁出后尚未落户，有经常居住地的，由该地人民法院管辖；没有经常居住地的，由其原户籍所在地人民法院管辖。

① 参见最高人民法院（2020）最高法知民辖终68号民事裁定书，载中国裁判文书网。

新《民事诉讼法》及解读等	修改前《民事诉讼法》等关联规定
不因确定管辖的事实在诉讼过程中发生变化而影响其管辖权，此所谓管辖权恒定原则。但是，在原审法院认定其对案件不具有管辖权的情况下，则缺乏管辖权恒定原则的适用前提。此时，如果在后续程序中出现可能使得原审法院对案件具有管辖权的新事实的，则应该根据新事实确定管辖。	**第11条** 双方当事人均为军人或者军队单位的民事案件由军事法院管辖。 **第12条** 夫妻一方离开住所地超过一年，另一方起诉离婚的案件，可以由原告住所地人民法院管辖。 夫妻双方离开住所地超过一年，一方起诉离婚的案件，由被告经常居住地人民法院管辖；没有经常居住地的，由原告起诉时被告居住地人民法院管辖。 **第13条** 在国内结婚并定居国外的华侨，如定居国法院以离婚诉讼须由婚姻缔结地法院管辖为由不予受理，当事人向人民法院提出离婚诉讼的，由婚姻缔结地或者一方在国内的最后居住地人民法院管辖。 **第14条** 在国外结婚并定居国外的华侨，如定居国法院以离婚诉讼须由国籍所属国法院管辖为由不予受理，当事人向人民法院提出离婚诉讼的，由一方原住所地或者在国内的最后居住地人民法院管辖。 **第15条** 中国公民一方居住在国外，一方居住在国内，不论哪一方向人民法院提起离婚诉讼，国内一方住所地人民法院都有权管辖。 国外一方在居住国法院起诉，国内一方向人民法院起诉的，受诉人

新《民事诉讼法》及解读等	修改前《民事诉讼法》等关联规定
	民法院有权管辖。 **第16条**　中国公民双方在国外但未定居，一方向人民法院起诉离婚的，应由原告或者被告原住所地人民法院管辖。 **第21条第2款**　因人身保险合同纠纷提起的诉讼，可以由被保险人住所地人民法院管辖。 **第23条**　债权人申请支付令，适用民事诉讼法第二十二条规定，由债务人住所地基层人民法院管辖。 **第25条**　信息网络侵权行为实施地包括实施被诉侵权行为的计算机等信息设备所在地，侵权结果发生地包括被侵权人住所地。 **第26条**　因产品、服务质量不合格造成他人财产、人身损害提起的诉讼，产品制造地、产品销售地、服务提供地、侵权行为地和被告住所地人民法院都有管辖权。
第二十三条　【一般地域管辖例外】下列民事诉讼，由原告住所地人民法院管辖；原告住所地与经常居住地不一致的，由原告经常居住地人民法院管辖： （一）对不在中华人民共和国领域内居住的人提起的有关身份关系的诉讼；	**《民事诉讼法》（2021年修正）** **第23条**　下列民事诉讼，由原告住所地人民法院管辖；原告住所地与经常居住地不一致的，由原告经常居住地人民法院管辖： （一）对不在中华人民共和国领域内居住的人提起的有关身份关系的诉讼；

新《民事诉讼法》及解读等	修改前《民事诉讼法》等关联规定
（二）对下落不明或者宣告失踪的人提起的有关身份关系的诉讼； （三）对被采取强制性教育措施的人提起的诉讼； （四）对被监禁的人提起的诉讼。 **解读：**本条是关于一般地域管辖例外的规定，或者说一般地域管辖的特别规定。“原告就被告”是一般地域管辖的原则，但实践中案件类型多样，在特殊情况下若仍坚持“原告就被告”反而会影响诉讼效率、增加诉讼成本。为此，本条明确四类民事诉讼，由原告住所地人民法院管辖；原告住所地与经常居住地不一致的，由原告经常居住地人民法院管辖：一是对不在中华人民共和国领域内居住的人提起的有关身份关系的诉讼。身份关系，是指婚姻、收养、监护等与身份有关的社会关系。二是对下落不明或者宣告失踪的人提起的有关身份关系的诉讼。下落不明，是指公民离开最后居住地后没有音信的状况；宣告失踪，是指公民下落不明满两年，利害关系人向法院申请宣告其为失踪人。三是对被采取强制性教育措施的人提起的诉讼。强制性教育措施，是指国家通过强制性教育的方式来改造违法行为人的一种措施。四是对被监	（二）对下落不明或者宣告失踪的人提起的有关身份关系的诉讼； （三）对被采取强制性教育措施的人提起的诉讼； （四）对被监禁的人提起的诉讼。 **《民法典》** **第40条** 自然人下落不明满二年的，利害关系人可以向人民法院申请宣告该自然人为失踪人。 **第41条** 自然人下落不明的时间自其失去音讯之日起计算。战争期间下落不明的，下落不明的时间自战争结束之日或者有关机关确定的下落不明之日起计算。 **《民事诉讼法解释》** **第6条** 被告被注销户籍的，依照民事诉讼法第二十三条规定确定管辖；原告、被告均被注销户籍的，由被告居住地人民法院管辖。 **第7条** 当事人的户籍迁出后尚未落户，有经常居住地的，由该地人民法院管辖；没有经常居住地的，由其原户籍所在地人民法院管辖。 **第8条** 双方当事人都被监禁或者被采取强制性教育措施的，由被告原住所地人民法院管辖。被告被监禁或者被采取强制性教育措施一年以上的，由被告被监禁地或者被采取强制性教育措施地人民法院管辖。

新《民事诉讼法》及解读等	修改前《民事诉讼法》等关联规定
禁的人提起的诉讼。被监禁的人，包括已决犯和未决犯，其人身自由已经受到限制，被集中在特定地方，离开了原住所地或经常居住地。此外，根据司法实践的实际情况，《民事诉讼法解释》还就此作了补充性规定。 **案例参考：《赵某诉王某生命权、身体权、健康权纠纷案》①** 案例要旨：根据《民事诉讼法》第22条的规定，一般地域管辖的一般原则为“原告就被告”，即由被告住所地法院管辖。而《民事诉讼法》第23条则系一般地域管辖的例外规定或者说特别规定，即存在第23条规定情形的，则优先适用该条规定。本案属于第23条第4项规定的“对被监禁的人提起的诉讼”这一例外情形，因此应由原告住所地法院管辖，排除适用第22条规定，不能由被告住所地法院管辖。因此，根据《民事诉讼法》第29条规定，本案应在一般地域管辖基础上，增加侵权行为地法院管辖，即本案可由A区或者C区法院管辖。	**第9条** 追索赡养费、扶养费、抚养费案件的几个被告住所地不在同一辖区的，可以由原告住所地人民法院管辖。

① 参见戴曙：《一般地域管辖与特殊地域管辖规定并非一般法与特别法关系》，载《人民法院报》2022年9月22日。

新《民事诉讼法》及解读等	修改前《民事诉讼法》等关联规定
第二十四条　【合同纠纷管辖】因合同纠纷提起的诉讼，由被告住所地或者合同履行地人民法院管辖。 **解读：**从本条开始的本节内容，属于《民事诉讼法》关于特殊地域管辖的规定。特殊地域管辖与一般地域管辖相对，又称特别管辖，主要以诉讼标的之所在地或者引起法律关系发生、变更、消灭的法律事实之所在地为标准确定的管辖。其具有以下特点：一是对不同种类的诉讼，分别规定相应的管辖法院。二是特殊地域管辖并非一律不采用“原告就被告”的原则。三是特殊地域管辖基本上属于共同管辖，即多个法院均享有管辖权。根据《民事诉讼法》的规定，关于合同纠纷、保险合同纠纷、票据纠纷、运输合同纠纷、侵权行为引起的纠纷、运输事故请求损害赔偿纠纷、船舶碰撞或者其他海事损害事故请求损害赔偿纠纷等提起的民事诉讼，适用特殊地域管辖就合同纠纷提起的诉讼，本条规定由被告住所地或者合同履行地人民法院管辖。所谓合同纠纷，是指因订立、履行、变更或者终止合同而产生的纠纷。合同履行地，是指当事人在合同中约	《民事诉讼法》（2021年修正） **第24条**　因合同纠纷提起的诉讼，由被告住所地或者合同履行地人民法院管辖。 《民事诉讼法解释》 **第18条**　合同约定履行地点的，以约定的履行地点为合同履行地。 合同对履行地点没有约定或者约定不明确，争议标的为给付货币的，接收货币一方所在地为合同履行地；交付不动产的，不动产所在地为合同履行地；其他标的，履行义务一方所在地为合同履行地。即时结清的合同，交易行为地为合同履行地。 合同没有实际履行，当事人双方住所地都不在合同约定的履行地的，由被告住所地人民法院管辖。 **第19条**　财产租赁合同、融资租赁合同以租赁物使用地为合同履行地。合同对履行地有约定的，从其约定。 **第20条**　以信息网络方式订立的买卖合同，通过信息网络交付标的的，以买受人住所地为合同履行地；通过其他方式交付标的的，收货地为合同履行地。合同对履行地有约定的，从其约定。 **第21条**　因财产保险合同纠纷提起的诉讼，如果保险标的物是运输

新《民事诉讼法》及解读等	修改前《民事诉讼法》等关联规定
定的履行义务和接受该义务的地点，通常是指合同约定的标的物的交接地点。实践中，由于合同种类繁多，合同履行地也千差万别，对其的确定，《民事诉讼法解释》亦作了进一步规定。 **案例参考：《杨某平与宁夏某特钢股份有限公司、黄某股权转让纠纷案》**① 案例要旨：非合同当事人作为原告依据合同提起请求给付货币的诉讼时，不应以其所在地作为合同履行地确定地域管辖。参照代位权诉讼、债权受让人向债务人提起诉讼等的规定，此类案件应当由被告住所地人民法院管辖。	工具或者运输中的货物，可以由运输工具登记注册地、运输目的地、保险事故发生地人民法院管辖。 因人身保险合同纠纷提起的诉讼，可以由被保险人住所地人民法院管辖。 **《民法典担保制度解释》** **第21条**　主合同或者担保合同约定了仲裁条款的，人民法院对约定仲裁条款的合同当事人之间的纠纷无管辖权。 债权人一并起诉债务人和担保人的，应当根据主合同确定管辖法院。 债权人依法可以单独起诉担保人且仅起诉担保人的，应当根据担保合同确定管辖法院。
第二十五条　【保险合同纠纷管辖】因保险合同纠纷提起的诉讼，由被告住所地或者保险标的物所在地人民法院管辖。 **解读：**作为合同纠纷管辖的一种特殊情形，保险合同基于其性质，其管辖亦存在一定的特殊之处。保险合同，是指投保人与保险人约定保险权利义务关系的协议。按照本条的规定，因保险合同纠纷提起的	**《民事诉讼法》（2021年修正）** **第25条**　因保险合同纠纷提起的诉讼，由被告住所地或者保险标的物所在地人民法院管辖。 **《民事诉讼法解释》** **第21条**　因财产保险合同纠纷提起的诉讼，如果保险标的物是运输工具或者运输中的货物，可以由运输工具登记注册地、运输目的地、保险事故发生地人民法院管辖。

① 参见最高人民法院（2019）最高法民辖终195号民事裁定书，载中国裁判文书网。

新《民事诉讼法》及解读等	修改前《民事诉讼法》等关联规定
诉讼，由被告住所地或者保险标的物所在地人民法院管辖。所谓保险标的物，是指作为保险对象的财产及其有关利益，如财产、人身健康或生命等。需注意，保险合同可分为财产保险合同和人身保险合同，根据不同情形，《民事诉讼法解释》在《民事诉讼法》本条规定原则下，按照财产保险合同、人身保险合同的类别，对其地域管辖分别作了细化规定。 **案例参考：《某汽车有限公司与某财产保险股份有限公司保险合同纠纷管辖权争议上诉案》①** 案例要旨：保险人确定承保条件的基础的合同与保险合同之间在实体与程序上具有法律独立性，保险合同的管辖不受其他民事合同影响。保险公司与投保人签订的分期付款购车保险协议，是双方当事人依据《保险法》的规定而成立的保险合同。在保险合同法律关系中，其他民事合同的权利义务虽是保险人确定承保条件的基础，但其不能改变两个合同在实体与程序上的法律独立性，其他民事合同与保险合同之间不存在主从关系。因此，被告住所地或者保险标的物所在地人民法院有管辖权。	因人身保险合同纠纷提起的诉讼，可以由被保险人住所地人民法院管辖。

① 参见刘德权主编：《最高人民法院裁判意见精选》（下），人民法院出版社2021年版，第1387页。

新《民事诉讼法》及解读等	修改前《民事诉讼法》等关联规定
第二十六条　【票据纠纷管辖】　因票据纠纷提起的诉讼，由票据支付地或者被告住所地人民法院管辖。 **解读：**票据，是指汇票、本票和支票。票据纠纷，是指因对票据进行签发、使用、转让的行为而产生的争议。本条明确因票据纠纷提起的诉讼，由票据支付地或者被告住所地人民法院管辖。所谓票据支付地，是指票据上载明的付款地。按照《票据纠纷解释》第6条的规定，因票据权利纠纷提起的诉讼，依法由票据支付地或者被告住所地人民法院管辖。关于票据支付地的确定，该条第2款亦作了进一步明确。	**《民事诉讼法》（2021年修正）** **第26条**　因票据纠纷提起的诉讼，由票据支付地或者被告住所地人民法院管辖。 **《票据纠纷解释》** **第6条**　因票据纠纷提起的诉讼，依法由票据支付地或者被告住所地人民法院管辖。 票据支付地是指票据上载明的付款地，票据上未载明付款地的，汇票付款人或者代理付款人的营业场所、住所或者经常居住地，本票出票人的营业场所，支票付款人或者代理付款人的营业场所所在地为票据付款地。代理付款人即付款人的委托代理人，是指根据付款人的委托代为支付票据金额的银行、信用合作社等金融机构。
第二十七条　【公司纠纷管辖】因公司设立、确认股东资格、分配利润、解散等纠纷提起的诉讼，由公司住所地人民法院管辖。 **解读：**公司诉讼大多是关于或者涉及公司的组织法性质的诉讼，存在与公司组织相关的多数利害关系人，涉及多数利害关系人的多项法律关系的变动，且胜诉判决往往产生对世效力。由于公司股东等多数利害关系人可能来自不同地区，为	**《民事诉讼法》（2021年修正）** **第27条**　因公司设立、确认股东资格、分配利润、解散等纠纷提起的诉讼，由公司住所地人民法院管辖。 **《民事诉讼法解释》** **第22条**　因股东名册记载、请求变更公司登记、股东知情权、公司决议、公司合并、公司分立、公司减资、公司增资等纠纷提起的诉讼，依照民事诉讼法第二十七条规定确定管辖。

新《民事诉讼法》及解读等	修改前《民事诉讼法》等关联规定
便利当事人以及法院审理案件，公司诉讼应实行特殊地域管辖，即与公司相关的诉讼由公司住所地人民法院管辖。所谓公司诉讼，主要是指有关公司设立、确认股东资格、分配利润、公司解散等公司组织行为的诉讼，也被称为公司组织诉讼。此类诉讼是关于公司的组织法性质的诉讼，往往存在与公司组织相关的多数利害关系人，涉及多数利害关系人的多项法律关系的变动，因此需要团体法性质的诉的程序和判决方面的统一规律。为此，本条明确因公司设立、确认股东资格、分配利润、解散等纠纷提起的诉讼，由公司住所地法院管辖。《民事诉讼法解释》第22条亦对适用本条的情形作了明确。但需注意，并非与公司有关的诉讼，都由公司住所地人民法院管辖。如公司股东与股东之间的出资违约责任诉讼、股权转让诉讼，公司与股东之间的出资纠纷等，其并不具有组织法上纠纷的性质，也不涉及多项法律关系，故应适用一般的民事诉讼程序进行受理和裁判。因此，对于与公司有关的诉讼是否由公司住所地法院管辖，要进行综合的判断和分析，包括纠纷是否涉及公司利益、对该纠纷的法律适用是否适用《公司法》等。	**《公司法解释二》** **第24条** 解散公司诉讼案件和公司清算案件由公司住所地人民法院管辖。公司住所地是指公司主要办事机构所在地。公司办事机构所在地不明确的，由其注册地人民法院管辖。 基层人民法院管辖县、县级市或者区的公司登记机关核准登记公司的解散诉讼案件和公司清算案件；中级人民法院管辖地区、地级市以上的公司登记机关核准登记公司的解散诉讼案件和公司清算案件。

新《民事诉讼法》及解读等	修改前《民事诉讼法》等关联规定
案例参考：《A 公司诉 B 公司、王某合同纠纷案》① 案例要旨：清算责任纠纷本质上属于“因侵权行为提起的诉讼”，故本案依法应由侵权行为地或者被告住所地人民法院管辖。侵权行为地包括侵权行为实施地和侵权结果发生地。侵权结果发生地通常可以理解为侵权行为直接产生结果的发生地，而非侵权结果到达地。本案中，A 公司指控 B 公司五名股东和法定代表人作为公司清算组成员，未及时履行清算义务，侵犯了其对公司享有的债权，因整个清算活动在法律上应视为在公司进行的一系列行为，故侵权行为实施地及其直接指向的侵权结果发生地应均为 B 公司住所地。故本案应由 B 公司住所地或者被告住所地人民法院管辖。	
第二十八条　【运输合同纠纷管辖】因铁路、公路、水上、航空运输和联合运输合同纠纷提起的诉讼，由运输始发地、目的地或者被告住所地人民法院管辖。 **解读：**运输合同纠纷，是指运输合同当事人即承运人与托运人之间，	**《民事诉讼法》（2021 年修正）** **第 28 条**　因铁路、公路、水上、航空运输和联合运输合同纠纷提起的诉讼，由运输始发地、目的地或者被告住所地人民法院管辖。 **《民法典》** **第 809 条**　运输合同是承运人

① 参见戴曙：《公司注销后相关诉讼如何确定案由和管辖》，载《人民法院报》2022 年 12 月 1 日。

新《民事诉讼法》及解读等	修改前《民事诉讼法》等关联规定
在履行运输合同过程中发生的权利义务争议。为适应现代交通运输具有机动性强、管理机构高度集中的特点，本法规定了较多的因各类运输合同纠纷发生诉讼的管辖法院，使当事人有较大的选择余地。本条所谓运输始发地，是指客运合同或货运合同中规定的旅客或货物的最初出发地。目的地，是指运输合同中规定的客运、货运的最终到达地。上述纠纷中的被告，一般为承运主体，即铁路、公路、水上、航空运输和联合运输部门。另外，确定运输合同纠纷的管辖时，还需注意铁路运输合同和水路运输合同纠纷的管辖。关于铁路运输合同相关纠纷的管辖，根据《最高人民法院关于铁路运输法院案件管辖范围的若干规定》第3条的规定，铁路旅客和行李、包裹运输合同纠纷、铁路货物运输合同纠纷、国际铁路联运合同和铁路运输企业作为经营人的多式联运合同纠纷由铁路运输法院管辖。水路旅客、货物运输合同纠纷的管辖，确定管辖的关键在于将水路旅客运输合同纠纷，水路货物运输合同纠纷与海上、通海水域货物运输合同纠纷，海上、通海水域旅客运输合同纠纷，海上、通海水域行李运输合	将旅客或者货物从起运地点运输到约定地点，旅客、托运人或者收货人支付票款或者运输费用的合同。 **《最高人民法院关于铁路运输法院案件管辖范围的若干规定》** **第3条** 下列涉及铁路运输、铁路安全、铁路财产的民事诉讼，由铁路运输法院管辖： （一）铁路旅客和行李、包裹运输合同纠纷； （二）铁路货物运输合同和铁路货物运输保险合同纠纷； （三）国际铁路联运合同和铁路运输企业作为经营人的多式联运合同纠纷； （四）代办托运、包装整理、仓储保管、接取送达等铁路运输延伸服务合同纠纷； （五）铁路运输企业在装卸作业、线路维修等方面发生的委外劳务、承包等合同纠纷； （六）与铁路及其附属设施的建设施工有关的合同纠纷； （七）铁路设备、设施的采购、安装、加工承揽、维护、服务等合同纠纷； （八）铁路行车事故及其他铁路运营事故造成的人身、财产损害赔偿纠纷；

新《民事诉讼法》及解读等	修改前《民事诉讼法》等关联规定
同纠纷相互区分。一般而言，属于海上、通海水域相关运输合同的，发生纠纷起诉时优先按照相关的海上、通海水域运输合同纠纷确定案由，由相应的海事法院管辖。不属于海上、通海水域相关运输合同的，则按照相关的水路运输合同纠纷确定案由，由普通法院管辖。	（九）违反铁路安全保护法律、法规，造成铁路线路、机车车辆、安全保障设施及其他财产损害的侵权纠纷； （十）因铁路建设及铁路运输引起的环境污染侵权纠纷； （十一）对铁路运输企业财产权属发生争议的纠纷。
第二十九条 【侵权诉讼管辖】 因侵权行为提起的诉讼，由侵权行为地或者被告住所地人民法院管辖。 **解读：** 侵权行为，是指行为人不法侵害他人民事权益的行为。民事权益，包括生命权、身体权、健康权、姓名权、名誉权、荣誉权、肖像权、隐私权、婚姻自主权、监护权、所有权、用益物权、担保物权、著作权、专利权、商标专用权、发现权、股权、继承权等人身、财产权益。按照本条规定，因侵权行为提起的诉讼，由侵权行为地或者被告住所地人民法院管辖。侵权行为地，则包括侵害行为实施地和侵权结果发生地。《民事诉讼法解释》以及相关法律、司法解释中，对因侵权行为提起诉讼的管辖，有着相应的具体规定，如对因产品质量侵权纠纷诉讼的管辖，产品制造地、产品销售地、侵权行为地和被告住所	**《民事诉讼法》（2021年修正）** **第29条** 因侵权行为提起的诉讼，由侵权行为地或者被告住所地人民法院管辖。 **《民事诉讼法解释》** **第24条** 民事诉讼法第二十九条规定的侵权行为地，包括侵权行为实施地、侵权结果发生地。 **第25条** 信息网络侵权行为实施地包括实施被诉侵权行为的计算机等信息设备所在地，侵权结果发生地包括被侵权人住所地。 **第26条** 因产品、服务质量不合格造成他人财产、人身损害提起的诉讼，产品制造地、产品销售地、服务提供地、侵权行为地和被告住所地人民法院都有管辖权。 **《最高人民法院关于审理著作权民事纠纷案件适用法律若干问题的解释》** **第4条** 因侵害著作权行为提起

新《民事诉讼法》及解读等	修改前《民事诉讼法》等关联规定
地的人民法院都有管辖权；与铁路运输有关的侵权纠纷，由铁路运输法院管辖；因侵犯著作权行为提起的民事诉讼，由侵权行为的实施地、侵权复制品储藏地或者查封扣押地、被告住所地人民法院管辖；侵犯专利权案件，一般由侵权行为地或者被告住所地人民法院管辖；侵犯商标权案件，由侵权行为的实施地、侵权商品的储藏地或者查封扣押地、被告住所地人民法院管辖等情形。 **案例参考：《深圳市某科技有限公司、北京某科技有限公司侵害实用新型专利权纠纷案》①** 案例要旨：在网络环境下，侵犯专利权的销售行为地原则上包括不以网络购买者的意志为转移的网络销售商主要经营地、被诉侵权产品储藏地、发货地或者查封扣押地等，但网络购买方可以随意选择的网络购物收货地通常不宜作为网络销售行为地。涉案物流信息显示，被诉侵权产品通过邮政快递大宗收寄处理班收件，故可合理推断被诉侵权产品的发货地为侵权产品的销售地，人民法院可以据此确定管辖连结点。	的民事诉讼，由著作权法第四十七条、第四十八条所规定侵权行为的实施地、侵权复制品储藏地或者查封扣押地、被告住所地人民法院管辖。 前款规定的侵权复制品储藏地，是指大量或者经常性储存、隐匿侵权复制品所在地；查封扣押地，是指海关、版权等行政机关依法查封、扣押侵权复制品所在地。 **第5条** 对涉及不同侵权行为实施地的多个被告提起的共同诉讼，原告可以选择向其中一个被告的侵权行为实施地人民法院提起诉讼；仅对其中某一被告提起的诉讼，该被告侵权行为实施地的人民法院有管辖权。 **《专利纠纷解释》** **第2条** 因侵犯专利权行为提起的诉讼，由侵权行为地或者被告住所地人民法院管辖。 侵权行为地包括：被诉侵犯发明、实用新型专利权的产品的制造、使用、许诺销售、销售、进口等行为的实施地；专利方法使用行为的实施地，依照该专利方法直接获得的产品的使用、许诺销售、销售、进口等行为的实施地；外观设计专利

① 参见最高人民法院（2021）最高法知民辖终126号民事裁定书，载中国裁判文书网。

新《民事诉讼法》及解读等	修改前《民事诉讼法》等关联规定
	产品的制造、许诺销售、销售、进口等行为的实施地；假冒他人专利的行为实施地。上述侵权行为的侵权结果发生地。 **第3条**　原告仅对侵权产品制造者提起诉讼，未起诉销售者，侵权产品制造地与销售地不一致的，制造地人民法院有管辖权；以制造者与销售者为共同被告起诉的，销售地人民法院有管辖权。 销售者是制造者分支机构，原告在销售地起诉侵权产品制造者制造、销售行为的，销售地人民法院有管辖权。 **《最高人民法院关于审理商标民事纠纷案件适用法律若干问题的解释》** **第6条**　因侵犯注册商标专用权行为提起的民事诉讼，由商标法第十三条、第五十七条所规定侵权行为的实施地、侵权商品的储藏地或者查封扣押地、被告住所地人民法院管辖。 前款规定的侵权商品的储藏地，是指大量或者经常性储存、隐匿侵权商品所在地；查封扣押地，是指海关等行政机关依法查封、扣押侵权商品所在地。

新《民事诉讼法》及解读等	修改前《民事诉讼法》等关联规定
	第7条 对涉及不同侵权行为实施地的多个被告提起的共同诉讼，原告可以选择其中一个被告的侵权行为实施地人民法院管辖；仅对其中某一被告提起的诉讼，该被告侵权行为实施地的人民法院有管辖权。
第三十条 【交通事故管辖】 因铁路、公路、水上和航空事故请求损害赔偿提起的诉讼，由事故发生地或者车辆、船舶最先到达地、航空器最先降落地或者被告住所地人民法院管辖。 **解读：**铁路、公路、水上和航空事故，是指在履行相应运输合同的过程中，因承运人的过错或者发生意外事件致使人员伤亡或者财产损失的情形。因相应事故引起的损害赔偿纠纷，本条规定事故发生地、车辆最先到达地（即事故发生后车辆第一个停靠站）、船舶最先到达地（事故发生后船舶第一个停靠港或者沉没地）、航空器最先降落地（即飞机、飞艇、卫星等最先降落地或者因事故而坠落地）、被告住所地人民法院都有权管辖，有利于查明事故原因、损害程度与应承担民事责任等，促进及时审判与赔偿。	**《民事诉讼法》（2021年修正）** **第30条** 因铁路、公路、水上和航空事故请求损害赔偿提起的诉讼，由事故发生地或者车辆、船舶最先到达地、航空器最先降落地或者被告住所地人民法院管辖。

新《民事诉讼法》及解读等	修改前《民事诉讼法》等关联规定
第三十一条　【海损事故管辖】 因船舶碰撞或者其他海事损害事故请求损害赔偿提起的诉讼，由碰撞发生地、碰撞船舶最先到达地、加害船舶被扣留地或者被告住所地人民法院管辖。 **解读：** 船舶碰撞，是指在海上、内河航行的船舶之间发生接触造成损害的事故；其他海事损害事故，是指船舶在航行过程中发生除船舶之间相互碰撞以外的其他事故，如搁浅、触礁、触岸、失火、浪损、爆炸等。本条明确因船舶碰撞或者其他海事损害事故请求损害赔偿提起的诉讼，由碰撞发生地、碰撞船舶最先到达地、加害船舶被扣留地或者被告住所地人民法院管辖。碰撞发生地，是指船舶之间相互碰撞的具体地点；碰撞船舶最先到达地，是指船舶碰撞事故发生后，受害船舶第一次停泊的港口或码头；加害船舶被扣留地，是指加害船舶实施加害行为后，被扣留的地点。值得注意的是，本条规定的被告住所地，是指加害船舶的船籍港所在地，即对船舶进行登记的登记机关所在地。	**《民事诉讼法》(2021年修正)** **第31条**　因船舶碰撞或者其他海事损害事故请求损害赔偿提起的诉讼，由碰撞发生地、碰撞船舶最先到达地、加害船舶被扣留地或者被告住所地人民法院管辖。 **《海事诉讼特别程序法》** **第4条**　海事法院受理当事人因海事侵权纠纷、海商合同纠纷以及法律规定的其他海事纠纷提起的诉讼。 **第6条**　海事诉讼的地域管辖，依照《中华人民共和国民事诉讼法》的有关规定。 下列海事诉讼的地域管辖，依照以下规定： （一）因海事侵权行为提起的诉讼，除依照《中华人民共和国民事诉讼法》第二十九条至第三十一条的规定以外，还可以由船籍港所在地海事法院管辖； （二）因海上运输合同纠纷提起的诉讼，除依照《中华人民共和国民事诉讼法》第二十八条的规定以外，还可以由转运港所在地海事法院管辖； （三）因海船租用合同纠纷提起的诉讼，由交船港、还船港、船籍港所在地、被告住所地海事法院管辖；

新《民事诉讼法》及解读等	修改前《民事诉讼法》等关联规定
	（四）因海上保赔合同纠纷提起的诉讼，由保赔标的物所在地、事故发生地、被告住所地海事法院管辖； （五）因海船的船员劳务合同纠纷提起的诉讼，由原告住所地、合同签订地、船员登船港或者离船港所在地、被告住所地海事法院管辖； （六）因海事担保纠纷提起的诉讼，由担保物所在地、被告住所地海事法院管辖；因船舶抵押纠纷提起的诉讼，还可以由船籍港所在地海事法院管辖； （七）因海船的船舶所有权、占有权、使用权、优先权纠纷提起的诉讼，由船舶所在地、船籍港所在地、被告住所地海事法院管辖。 **《海事特别程序法解释》** **第1条** 在海上或者通海水域发生的与船舶或者运输、生产、作业相关的海事侵权纠纷、海商合同纠纷，以及法律或者相关司法解释规定的其他海事纠纷案件由海事法院及其上级人民法院专门管辖。 **第2条** 涉外海事侵权纠纷案件和海上运输合同纠纷案件的管辖，适用民事诉讼法第二十四章的规定；民事诉讼法第二十四章没有规定的，

新《民事诉讼法》及解读等	修改前《民事诉讼法》等关联规定
	适用海事诉讼特别程序法第六条第二款（一）、（二）项的规定和民事诉讼法的其他有关规定。 **第3条** 海事诉讼特别程序法第六条规定的海船指适合航行于海上或者通海水域的船舶。 **第4条** 海事诉讼特别程序法第六条第二款（一）项规定的船籍港指被告船舶的船籍港。被告船舶的船籍港不在中华人民共和国领域内，原告船舶的船籍港在中华人民共和国领域内的，由原告船舶的船籍港所在地的海事法院管辖。 **第5条** 海事诉讼特别程序法第六条第二款（二）项规定的起运港、转运港和到达港指合同约定的或者实际履行的起运港、转运港和到达港。合同约定的起运港、转运港和到达港与实际履行的起运港、转运港和到达港不一致的，以实际履行的地点确定案件管辖。 **第6条** 海事诉讼特别程序法第六条第二款（四）项的保赔标的物所在地指保赔船舶的所在地。 **第7条** 海事诉讼特别程序法第六条第二款（七）项规定的船舶所在地指起诉时船舶的停泊地或者船舶被扣押地。

新《民事诉讼法》及解读等	修改前《民事诉讼法》等关联规定
第三十二条 【海难救助费用管辖】因海难救助费用提起的诉讼，由救助地或者被救助船舶最先到达地人民法院管辖。 **解读：**海难救助，是指对在海上遇难的船舶及其所载货物或者人员予以援救的行为。海难救助费用，是指对遇难的船舶及其所载的货物或者人员进行援救以后，被救援的一方向实施援救行为的一方支付的报酬。实施援救的既可以是从事海上救助业务的专业单位，也可以是邻近或者经过遇难船舶的船舶。本条规定因海难救助费用提起的诉讼，由救助地或者被救助船舶最先到达地人民法院管辖。所谓救助地，是指实施援救行为的地点或援救结果的地点；被救船舶最先到达地，是指被救助船舶被援救后，首次靠岸的港口所在地。需注意，本条未将被告住所地作为确定管辖的依据。此外，在救助作业中，除船舶外，被救助的对象可能还包括货物等其他财产，此时，还可以由被救助的船舶以外的其他获救财产所在地的海事法院管辖。	**《民事诉讼法》（2021年修正）** **第32条** 因海难救助费用提起的诉讼，由救助地或者被救助船舶最先到达地人民法院管辖。 **《海事特别程序法解释》** **第9条** 因海难救助费用提起的诉讼，除依照民事诉讼法第三十二条的规定确定管辖外，还可以由被救助的船舶以外的其他获救财产所在地的海事法院管辖。

新《民事诉讼法》及解读等	修改前《民事诉讼法》等关联规定
第三十三条 【共同海损管辖】 因共同海损提起的诉讼，由船舶最先到达地、共同海损理算地或者航程终止地的人民法院管辖。 **解读：**因共同海损提起的诉讼，由海事法院专门管辖。共同海损，是指海上运输中船舶及所载的货物遭遇海难等意外事故时，为避免共同危险而有意地、合理地作出特殊的物质牺牲和支付的特殊费用。典型如为灭火而引海水入舱。共同海损的牺牲和费用经过清算，由有关各方按比例分担。若共同海损的全体受益人对共同海损的构成与否及分担比例等问题发生争议，即为共同海损诉讼。本条明确共同海损诉讼，船舶最先到达地、共同海损理算地或者航程终止地人民法院都有管辖权。船舶最先到达地，是对遇难船舶采取挽救措施，继续航行后最初到达的港口所在地；航程终止地，是发生共同海损船舶的航程终点；共同海损理算地，是处理共同海损损失，理算共同海损费用的工作机构所在地。我国共同海损理算机构是中国国际贸易促进委员会，地点在北京。	**《民事诉讼法》（2021年修正）** **第33条** 因共同海损提起的诉讼，由船舶最先到达地、共同海损理算地或者航程终止地的人民法院管辖。

新《民事诉讼法》及解读等	修改前《民事诉讼法》等关联规定
第三十四条　【专属管辖】 下列案件，由本条规定的人民法院专属管辖： （一）因不动产纠纷提起的诉讼，由不动产所在地人民法院管辖； （二）因港口作业中发生纠纷提起的诉讼，由港口所在地人民法院管辖； （三）因继承遗产纠纷提起的诉讼，由被继承人死亡时住所地或者主要遗产所在地人民法院管辖。 **解读：** 专属管辖，是指由法律直接规定某些特定的民事案件只能由特定的法院管辖。专属管辖具有强制性、排他性的特点。强制性，是指实行专属管辖的案件及其管辖法院，由法律直接明文规定。对何种案件实行专属管辖，由法律直接明文规定，是强制性的、不可选不可变的；由何法院管辖，也由法律直接明文规定，是强制性的。排他性，是指凡属于专属管辖的案件，只能由法律规定的法院管辖，其他法院一律不得管辖，进而排除一般地域管辖和特殊地域管辖。另外，专属管辖还排除协议管辖，即不允许当事人约定选择管辖法院。本条明确实行专属管辖的案件类型：一是	**《民事诉讼法》（2021 年修正）** **第 34 条**　下列案件，由本条规定的人民法院专属管辖： （一）因不动产纠纷提起的诉讼，由不动产所在地人民法院管辖； （二）因港口作业中发生纠纷提起的诉讼，由港口所在地人民法院管辖； （三）因继承遗产纠纷提起的诉讼，由被继承人死亡时住所地或者主要遗产所在地人民法院管辖。 **《海事诉讼特别程序法》** **第 7 条**　下列海事诉讼，由本条规定的海事法院专属管辖： （一）因沿海港口作业纠纷提起的诉讼，由港口所在地海事法院管辖； （二）因船舶排放、泄漏、倾倒油类或者其他有害物质，海上生产、作业或者拆船、修船作业造成海域污染损害提起的诉讼，由污染发生地、损害结果地或者采取预防污染措施地海事法院管辖； （三）因在中华人民共和国领域和有管辖权的海域履行的海洋勘探开发合同纠纷提起的诉讼，由合同履行地海事法院管辖。 **《民事诉讼法解释》** **第 28 条**　民事诉讼法第三十四

新《民事诉讼法》及解读等	修改前《民事诉讼法》等关联规定
不动产纠纷案件由不动产所在地法院管辖。二是港口作业纠纷案件由港口所在地法院管辖。港口作业，是指货物的装卸、驳运、仓储、理货等作业。另，按照《海事诉讼特别程序法》第7条的规定，因沿海港口作业纠纷提起的诉讼，由港口所在地海事法院管辖。三是继承遗产纠纷案件由被继承人死亡时住所地或者主要遗产所在地法院管辖。主要遗产所在地，是指被继承人的遗产分散在不同法院辖区，从数量和价值等方面确定的主要遗产的所在地。另外，《海事诉讼特别程序法》第7条还明确了两类海事诉讼由该条规定的海事法院专属管辖。 **案例参考：《甲公司与乙公司建设工程合同纠纷案》**① 案例要旨：建设工程合同不应仅仅限于不动产，在不动产上安装附属设施因安装完成后与建筑物合为一体，具有不可拆分性，由此产生的纠纷也应参照建设工程合同纠纷进行处理，适用于专属管辖。	条第一项规定的不动产纠纷是指因不动产的权利确认、分割、相邻关系等引起的物权纠纷。 农村土地承包经营合同纠纷、房屋租赁合同纠纷、建设工程施工合同纠纷、政策性房屋买卖合同纠纷，按照不动产纠纷确定管辖。 不动产已登记的，以不动产登记簿记载的所在地为不动产所在地；不动产未登记的，以不动产实际所在地为不动产所在地。

① 参见周宇波：《建筑附属设施的安装应参照建设工程适用专属管辖》，载《人民法院报》2017年7月13日。

新《民事诉讼法》及解读等	修改前《民事诉讼法》等关联规定
第三十五条　【协议管辖】 合同或者其他财产权益纠纷的当事人可以书面协议选择被告住所地、合同履行地、合同签订地、原告住所地、标的物所在地等与争议有实际联系的地点的人民法院管辖，但不得违反本法对级别管辖和专属管辖的规定。 **解读：** 协议管辖，也称合意管辖、约定管辖，是指当事人在纠纷发生前或发生后，经协商，以书面协议形式约定处理纠纷的管辖法院。协议管辖更多地体现了当事人的意愿。协议管辖效力如下：一是对当事人的效力。只要管辖协议有效，原告只能向协议约定的管辖法院起诉，被告应接受该法院的管辖。二是对法院的效力。只要管辖协议有效，协议所约定的管辖法院便取得了对该纠纷案件的管辖权。当事人提起诉讼，管辖法院不能无故拒绝受理起诉或移送案件。同时，其他法院就不再对该纠纷案件享有管辖权。此外，就协议管辖适用条件而言：一是协议管辖纠纷案件的范围为“合同或者其他财产权益纠纷”，即不允许对有关身份关系的纠纷通过协议的方式约定管辖法院。此外，协议管辖限定适用于一审民事案件。	**《民事诉讼法》（2021 年修正）** **第 35 条**　合同或者其他财产权益纠纷的当事人可以书面协议选择被告住所地、合同履行地、合同签订地、原告住所地、标的物所在地等与争议有实际联系的地点的人民法院管辖，但不得违反本法对级别管辖和专属管辖的规定。 **《海事诉讼特别程序法》** **第 8 条**　海事纠纷的当事人都是外国人、无国籍人、外国企业或者组织，当事人书面协议选择中华人民共和国海事法院管辖的，即使与纠纷有实际联系的地点不在中华人民共和国领域内，中华人民共和国海事法院对该纠纷也具有管辖权。 **《民法典》** **第 507 条**　合同不生效、无效、被撤销或者终止的，不影响合同中有关解决争议方法的条款的效力。 **《民事诉讼法解释》** **第 29 条**　民事诉讼法第三十五条规定的书面协议，包括书面合同中的协议管辖条款或者诉讼前以书面形式达成的选择管辖的协议。 **第 30 条**　根据管辖协议，起诉时能够确定管辖法院的，从其约定；不能确定的，依照民事诉讼法的相关规定确定管辖。

新《民事诉讼法》及解读等	修改前《民事诉讼法》等关联规定
二是协议约定管辖法院的范围特定，即“被告住所地、合同履行地、合同签订地、原告住所地、标的物所在地等与争议有实际联系的地点的人民法院”。三是协议约定管辖法院的要求是“与争议有实际联系的地点的人民法院”。所谓与争议有实际联系，包括当事人所在地与法院辖区之间存在隶属关系，标的物所在地与法院辖区之间存在隶属关系，以及案件事实所在地与法院辖区之间存在隶属关系等情形。四是协议管辖的形式为书面。既可以是在合同中约定选择管辖法院的条款，也可以是在发生纠纷后提起诉讼前达成的选择管辖法院的书面协议。五是协议管辖的内容要求确定一个法院进行管辖，而不能含糊不清或者选择两个以上法院。此外，在禁止性要求方面，协议管辖不能变更级别管辖与专属管辖，只能选择地域管辖。 **案例参考：《莱某诉上海某商务有限公司服务合同纠纷案》**① 案例要旨：在网络服务合同中，经营者使用格式条款与消费者订立	管辖协议约定两个以上与争议有实际联系的地点的人民法院管辖，原告可以向其中一个人民法院起诉。 **第31条**　经营者使用格式条款与消费者订立管辖协议，未采取合理方式提请消费者注意，消费者主张管辖协议无效的，人民法院应予支持。 **第32条**　管辖协议约定由一方当事人住所地人民法院管辖，协议签订后当事人住所地变更的，由签订管辖协议时的住所地人民法院管辖，但当事人另有约定的除外。 **第33条**　合同转让的，合同的管辖协议对合同受让人有效，但转让时受让人不知道有管辖协议，或者转让协议另有约定且原合同相对人同意的除外。 **第34条**　当事人因同居或者在解除婚姻、收养关系后发生财产争议，约定管辖的，可以适用民事诉讼法第三十五条规定确定管辖。

① 参见最高人民法院中国应用法学研究所编：《人民法院案例选·总25辑》（2018年第7辑），人民法院出版社2018年版。

新《民事诉讼法》及解读等	修改前《民事诉讼法》等关联规定
管辖协议，未采取合理方式提请消费者注意的，该协议管辖条款对消费者不产生约束效力。格式管辖条款无效后，应根据《民事诉讼法解释》规定的一般规则由履行义务一方所在地作为合同履行地，即由网络服务经营者提供服务所在地作为合同履行地。	
第三十六条　【共同管辖】两个以上人民法院都有管辖权的诉讼，原告可以向其中一个人民法院起诉；原告向两个以上有管辖权的人民法院起诉的，由最先立案的人民法院管辖。 **解读：**所谓共同管辖，是指依照法律规定两个或两个以上法院对同一诉讼案件都有管辖权。这既可能是因诉讼主体或诉讼客体的原因发生，也可能因法律的直接规定而发生。在多个法院对同一案件均有管辖权的情况下，就形成了所谓的管辖权的冲突。而解决管辖权冲突的最主要的办法，便是赋予原告管辖选择权，即此时原告可向其中任一法院起诉。若原告向两个及两个以上有管辖权的法院起诉的，则由最先立案的法院管辖。	**《民事诉讼法》（2021 年修正）** **第 36 条**　两个以上人民法院都有管辖权的诉讼，原告可以向其中一个人民法院起诉；原告向两个以上有管辖权的人民法院起诉的，由最先立案的人民法院管辖。 **《民事诉讼法解释》** **第 36 条**　两个以上人民法院都有管辖权的诉讼，先立案的人民法院不得将案件移送给另一个有管辖权的人民法院。人民法院在立案前发现其他有管辖权的人民法院已先立案的，不得重复立案；立案后发现其他有管辖权的人民法院已先立案的，裁定将案件移送给先立案的人民法院。

新《民事诉讼法》及解读等	修改前《民事诉讼法》等关联规定
第三节　移送管辖和指定管辖	
第三十七条　【移送管辖】 人民法院发现受理的案件不属于本院管辖的，应当移送有管辖权的人民法院，受移送的人民法院应当受理。受移送的人民法院认为受移送的案件依照规定不属于本院管辖的，应当报请上级人民法院指定管辖，不得再自行移送。 **解读：** 移送管辖，是指对案件没有管辖权的法院在接受原告的起诉后，发现案件不属于其管辖，故将案件移送给有管辖权的法院进行审理。移送管辖应具备三个条件：一是移送案件的法院对该民事案件没有管辖权。二是移送案件的法院已经受理了该民事案件。三是受移送的法院对该民事案件有管辖权。移送管辖的实质，是对案件进行移送，即将案件移送给对该案件有管辖权的法院。故移送管辖不是管辖权的移送，接受案件移送的法院并非因为接受案件移送而产生管辖权，而是基于法律规定其原来就享有管辖权。移送管辖有两类：一是同级法院之间的移送管辖，属地域管辖的范围。二是上下级人民法院间的移送，属级别管辖的移送。	**《民事诉讼法》（2021 年修正）** **第 37 条**　人民法院发现受理的案件不属于本院管辖的，应当移送有管辖权的人民法院，受移送的人民法院应当受理。受移送的人民法院认为受移送的案件依照规定不属于本院管辖的，应当报请上级人民法院指定管辖，不得再自行移送。 **《民事诉讼法解释》** **第 35 条**　当事人在答辩期间届满后未应诉答辩，人民法院在一审开庭前，发现案件不属于本院管辖的，应当裁定移送有管辖权的人民法院。 **第 36 条**　两个以上人民法院都有管辖权的诉讼，先立案的人民法院不得将案件移送给另一个有管辖权的人民法院。人民法院在立案前发现其他有管辖权的人民法院已先立案的，不得重复立案；立案后发现其他有管辖权的人民法院已先立案的，裁定将案件移送给先立案的人民法院。 **第 37 条**　案件受理后，受诉人民法院的管辖权不受当事人住所地、经常居住地变更的影响。 **第 38 条**　有管辖权的人民法院受理案件后，不得以行政区域变更为

新《民事诉讼法》及解读等	修改前《民事诉讼法》等关联规定
案例参考：《北京某科技发展有限公司与某生物技术工程（东莞）有限公司、河南省某市城市管理局居间合同纠纷案》① 案例要旨：民事诉讼原告起诉时列明多个被告，因其中一个被告的住所地在受理案件的人民法院辖区内，故受理案件的人民法院可以依据被告住所地确定管辖权。其他被告如果认为受理案件的人民法院没有管辖权，应当在一审答辩期内提出管辖权异议，未在此期间提出异议的，因案件已经进入实体审理阶段，管辖权已经确定，即使受理案件的人民法院辖区内的被告不是案件的适格被告，人民法院亦可裁定驳回原告对该被告的起诉，并不影响案件实体审理，无需再移送管辖。	由，将案件移送给变更后有管辖权的人民法院。判决后的上诉案件和依审判监督程序提审的案件，由原审人民法院的上级人民法院进行审判；上级人民法院指令再审、发回重审的案件，由原审人民法院再审或者重审。 **第 39 条**　人民法院对管辖异议审查后确定有管辖权的，不因当事人提起反诉、增加或者变更诉讼请求等改变管辖，但违反级别管辖、专属管辖规定的除外。 人民法院发回重审或者按第一审程序再审的案件，当事人提出管辖异议的，人民法院不予审查。
第三十八条　【指定管辖】有管辖权的人民法院由于特殊原因，不能行使管辖权的，由上级人民法院指定管辖。 人民法院之间因管辖权发生争议，由争议双方协商解决；协商解决不了的，报请它们的共同上级人民法院指定管辖。	**《民事诉讼法》（2021 年修正）** **第 38 条**　有管辖权的人民法院由于特殊原因，不能行使管辖权的，由上级人民法院指定管辖。 人民法院之间因管辖权发生争议，由争议双方协商解决；协商解决不了的，报请它们的共同上级人民法院指定管辖。

① 参见《最高人民法院公报》2009 年第 7 期。

新《民事诉讼法》及解读等	修改前《民事诉讼法》等关联规定
解读：指定管辖，是指上级法院通过作出裁定的方式，将某一案件指定给某一下级法院管辖。指定管辖中，接受指定管辖的法院对该案件原本是没有管辖权的，基于上级法院的指定而取得对该案件的管辖权。可以说，指定管辖是对法定管辖的补充。指定管辖主要适用于以下三种情形：一是有管辖权的法院因特殊原因不能行使管辖权。所谓特殊原因，是指出现了法律上或事实上的特殊情况，致法院不能行使管辖权。法律上的原因，主要是指根据法律规定法院的全体审判人员都应回避。事实上的原因，主要是指发生了地震、火灾、洪灾等自然灾害，致不能审理案件。二是法院之间存在管辖权争议且无法协商解决。管辖权争议主要有两种：1. 争管辖，即同时争抢某一案件的管辖权。2. 推管辖，即同时以没有管辖权为由拒绝受理某一案件。三是受移送法院对移送案件没有管辖权。需注意，在移送管辖后，受移送法院认为受移送的案件依照规定不属于其管辖的，不应再自行移送，而应报请上级法院指定管辖。	**《民事诉讼法解释》** **第40条**　依照民事诉讼法第三十八条第二款规定，发生管辖权争议的两个人民法院因协商不成报请它们的共同上级人民法院指定管辖时，双方为同属一个地、市辖区的基层人民法院的，由该地、市的中级人民法院及时指定管辖；同属一个省、自治区、直辖市的两个人民法院的，由该省、自治区、直辖市的高级人民法院及时指定管辖；双方为跨省、自治区、直辖市的人民法院，高级人民法院协商不成的，由最高人民法院及时指定管辖。 依照前款规定报请上级人民法院指定管辖时，应当逐级进行。 **第41条**　人民法院依照民事诉讼法第三十八条第二款规定指定管辖的，应当作出裁定。 对报请上级人民法院指定管辖的案件，下级人民法院应当中止审理。指定管辖裁定作出前，下级人民法院对案件作出判决、裁定的，上级人民法院应当在裁定指定管辖的同时，一并撤销下级人民法院的判决、裁定。

新《民事诉讼法》及解读等	修改前《民事诉讼法》等关联规定
案例参考：《甲诉乙公司房屋买卖合同纠纷案》① 案例要旨：当事人对指定管辖的案件有异议的，应向接受指定的法院提出管辖权异议，如果异议不成立，则裁定驳回，当事人可提出上诉；如果异议成立，则不能改变上级法院作出的指定管辖，而应报请上级法院裁定是否变更指定管辖。	
第三十九条　【管辖权转移】 上级人民法院有权审理下级人民法院管辖的第一审民事案件；确有必要将本院管辖的第一审民事案件交下级人民法院审理的，应当报请其上级人民法院批准。 下级人民法院对它所管辖的第一审民事案件，认为需要由上级人民法院审理的，可以报请上级人民法院审理。 **解读：**管辖权转移，是指某一特定案件的管辖权，在上级法院与下级法院之间相互移交。管辖权转移发生在上下级法院之间，调整了原来的级别管辖，导致级别管辖的变更，是对级别管辖的补充。管辖权转移中提上来、放下去管辖的案	**《民事诉讼法》（2021 年修正）** **第 39 条**　上级人民法院有权审理下级人民法院管辖的第一审民事案件；确有必要将本院管辖的第一审民事案件交下级人民法院审理的，应当报请其上级人民法院批准。 下级人民法院对它所管辖的第一审民事案件，认为需要由上级人民法院审理的，可以报请上级人民法院审理。 **《民事诉讼法解释》** **第 42 条**　下列第一审民事案件，人民法院依照民事诉讼法第三十九条第一款规定，可以在开庭前交下级人民法院审理： （一）破产程序中有关债务人的诉讼案件；

① 参见孙保忠、李娟：《指定管辖与管辖权异议冲突的解决》，载《人民法院报》2013 年 8 月 8 日。

新《民事诉讼法》及解读等	修改前《民事诉讼法》等关联规定
件，不受级别管辖和地域管辖的限制，法院对于提上来、放下去的案件，也不得拒不执行或不受理。管辖权转移与移送管辖的区别主要体现在：一是管辖权转移是有管辖权的法院将案件转移给原来没有管辖权的法院；而移送管辖是没有管辖权的法院把案件移送给有管辖权的法院。二是管辖权转移限于上下级法院之间，是对级别管辖权的补充；而移送管辖既可以在上下级法院之间也可在同级法院之间移送。三是程序不完全相同，主要体现在是否需经批准上。2023 年 8 月 1 日，《提级管辖和再审提审意见》开始施行，该意见对相关案件的提级管辖作了较为具体明确的规定，值得注意。	（二）当事人人数众多且不方便诉讼的案件； （三）最高人民法院确定的其他类型案件。 人民法院交下级人民法院审理前，应当报请其上级人民法院批准。上级人民法院批准后，人民法院应当裁定将案件交下级人民法院审理。 **《提级管辖和再审提审意见》** **第 2 条** 本意见所称“提级管辖”，是指根据《中华人民共和国刑事诉讼法》第二十四条、《中华人民共和国民事诉讼法》第三十九条、《中华人民共和国行政诉讼法》第二十四条的规定，下级人民法院将所管辖的第一审案件转移至上级人民法院审理，包括上级人民法院依下级人民法院报请提级管辖、上级人民法院依职权提级管辖。 **第 4 条** 下级人民法院对已经受理的第一审刑事、民事、行政案件，认为属于下列情形之一，不宜由本院审理的，应当报请上一级人民法院审理： （一）涉及重大国家利益、社会公共利益的； （二）在辖区内属于新类型，且案情疑难复杂的； （三）具有诉源治理效应，有助

新《民事诉讼法》及解读等	修改前《民事诉讼法》等关联规定
	于形成示范性裁判，推动同类纠纷统一、高效、妥善化解的； （四）具有法律适用指导意义的； （五）上一级人民法院或者其辖区内人民法院之间近三年裁判生效的同类案件存在重大法律适用分歧的； （六）由上一级人民法院一审更有利于公正审理的。 上级人民法院对辖区内人民法院已经受理的第一审刑事、民事、行政案件，认为属于上述情形之一，有必要由本院审理的，可以决定提级管辖。 **第5条** “在辖区内属于新类型，且案情疑难复杂的”案件，主要指案件所涉领域、法律关系、规制范围等在辖区内具有首案效应或者相对少见，在法律适用上存在难点和争议。 “具有诉源治理效应，有助于形成示范性裁判，推动同类纠纷统一、高效、妥善化解的”案件，是指案件具有示范引领价值，通过确立典型案件的裁判规则，能够对处理类似纠纷形成规范指引，引导当事人作出理性选择，促进批量纠纷系统化解，实现纠纷源头治理。

新《民事诉讼法》及解读等	修改前《民事诉讼法》等关联规定
	“具有法律适用指导意义的”案件，是指法律、法规、司法解释、司法指导性文件等没有明确规定，需要通过典型案件裁判进一步明确法律适用；司法解释、司法指导性文件、指导性案例发布时所依据的客观情况发生重大变化，继续适用有关规则审理明显有违公平正义。 “由上一级人民法院一审更有利于公正审理的”案件，是指案件因所涉领域、主体、利益等因素，可能受地方因素影响或者外部干预，下级人民法院不宜行使管辖权。 **第9条**　上级人民法院根据本意见第二十一条规定的渠道，发现下级人民法院受理的第一审案件可能需要提级管辖的，可以及时与相关人民法院沟通，并书面通知提供必要的案件材料。 上级人民法院认为案件应当提级管辖的，经本院院长或者分管院领导批准后，根据本意见所附诉讼文书样式，作出提级管辖的法律文书。

新《民事诉讼法》及解读等	修改前《民事诉讼法》等关联规定
第三章 审判组织	
第四十条 【一审审判组织】 人民法院审理第一审民事案件，由审判员、人民陪审员共同组成合议庭或者由审判员组成合议庭。合议庭的成员人数，必须是单数。 适用简易程序审理的民事案件，由审判员一人独任审理。基层人民法院审理的基本事实清楚、权利义务关系明确的第一审民事案件，可以由审判员一人适用普通程序独任审理。 人民陪审员在参加审判活动时，**除法律另有规定外**，与审判员有同等的权利义务。 **解读：** 本条较原法有两处修改：一是表述上将"陪审员"替换为"人民陪审员"，与《人民陪审员法》保持一致。二是第3款用"参加审判活动"替换"执行陪审职务"，使得范围更具体、更明确。同时，增加除外规定即"除法律另有规定外"，这就意味着即使在审判活动中，人民陪审员与审判员有同等权利义务也并非绝对。实际上，人民陪审员与审判员基于专业背景、职业性质等的不同，二者在审判活动中的作用并非完全一致，故增设除外性规定，这也与《人民陪审员	**《民事诉讼法》（2021年修正）** **第40条** 人民法院审理第一审民事案件，由审判员、陪审员共同组成合议庭或者由审判员组成合议庭。合议庭的成员人数，必须是单数。 适用简易程序审理的民事案件，由审判员一人独任审理。基层人民法院审理的基本事实清楚、权利义务关系明确的第一审民事案件，可以由审判员一人适用普通程序独任审理。 陪审员在执行陪审职务时，与审判员有同等的权利义务。 **《人民陪审员法》** **第2条** 公民有依法担任人民陪审员的权利和义务。 人民陪审员依照本法产生，依法参加人民法院的审判活动，除法律另有规定外，同法官有同等权利。 **第3条** 人民陪审员依法享有参加审判活动、独立发表意见、获得履职保障等权利。 人民陪审员应当忠实履行审判职责，保守审判秘密，注重司法礼仪，维护司法形象。 **第4条** 人民陪审员依法参加审判活动，受法律保护。 人民法院应当依法保障人民陪审员履行审判职责。

新《民事诉讼法》及解读等	修改前《民事诉讼法》等关联规定
法》的规定保持了一致。按照《人民陪审员法》的规定，人民陪审员的权利主要包括依法参加案件审理、依法监督诉讼活动、依法享有参审保障等方面；其义务主要包括依法履行参审职责、严格遵守审判纪律、积极进行法治宣传、遵守回避制度等方面。民事审判组织是法院对具体民事案件进行审理和裁判的组织形式，其具有临时性的特点，即每一个审判组织是为具体民事案件的审判临时组成的，对具体案件的审判任务一经完成，该审判组织就自行解散。民事审判组织包括合议制和独任制两种。就第一审合议庭组成而言，其又包括以下两种形式：1. 由审判员、人民陪审员共同组成合议庭。人民陪审员是由人民法院临时邀请参与案件的审理，行使审判权的非专职审判人员。2. 全部由审判员组成合议庭，即不吸收人民陪审员参加。合议庭的成员人数，必须是单数，以确保可以形成多数意见。实践中，基于审判资源的有限性，合议庭一般由三人组成，但特殊情况下也可由七人组成。需注意，三人制与七人制中，人民陪审员在审判活动中除表决权不同外，其他权利相同。三人合议庭中，人	人民陪审员所在单位、户籍所在地或者经常居住地的基层群众性自治组织应当依法保障人民陪审员参加审判活动。 **第 15 条**　人民法院审判第一审刑事、民事、行政案件，有下列情形之一的，由人民陪审员和法官组成合议庭进行： （一）涉及群体利益、公共利益的； （二）人民群众广泛关注或者其他社会影响较大的； （三）案情复杂或者有其他情形，需要由人民陪审员参加审判的。 人民法院审判前款规定的案件，法律规定由法官独任审理或者由法官组成合议庭审理的，从其规定。 **第 20 条**　审判长应当履行与案件审判相关的指引、提示义务，但不得妨碍人民陪审员对案件的独立判断。 合议庭评议案件，审判长应当对本案中涉及的事实认定、证据规则、法律规定等事项及应当注意的问题，向人民陪审员进行必要的解释和说明。 **第 21 条**　人民陪审员参加三人合议庭审判案件，对事实认定、法律适用，独立发表意见，行使表决权。

新《民事诉讼法》及解读等	修改前《民事诉讼法》等关联规定
民陪审员可以对事实认定、法律适用独立发表意见，行使表决权。七人合议庭中，人民陪审员只作事实审不作法律审，即只对事实认定独立发表意见，与法官共同表决，对法律适用可以发表意见，但不参加表决。就第一审程序中的独任制而言，其是指由一名审判员负责对案件进行审判的制度。值得注意的是，在《民事诉讼法》2021 年修正中，通过本条第 2 款扩大了一审独任制的适用范围，即在 2021 年修正前的简易程序可适用独任制的基础上，增加了“基层人民法院审理的基本事实清楚、权利义务关系明确的第一审民事案件也可适用独任制”。这实际上解除了独任制与简易程序的严格绑定，推动独任制形式与审理程序的灵活精准匹配，以适应基层法院人案关系紧张的现实情况。 **案例参考：《人民陪审员参加七人合议庭审理曾某侵害烈士名誉公益诉讼案》**① 典型意义：本案人民陪审员以严肃认真的工作态度，忠实履行审判职责，认真梳理案情，深入开展调查，广泛征集民意，在庭审时就当地群众关心关注的主要问题积极	**第 22 条** 人民陪审员参加七人合议庭审判案件，对事实认定，独立发表意见，并与法官共同表决；对法律适用，可以发表意见，但不参加表决。 **第 23 条** 合议庭评议案件，实行少数服从多数的原则。人民陪审员同合议庭其他组成人员意见分歧的，应当将其意见写入笔录。 合议庭组成人员意见有重大分歧的，人民陪审员或者法官可以要求合议庭将案件提请院长决定是否提交审判委员会讨论决定。 **《人民陪审员法解释》** **第 6 条** 人民陪审员不得参与审理由其以人民调解员身份先行调解的案件。 **第 7 条** 当事人依法有权申请人民陪审员回避。人民陪审员的回避，适用审判人员回避的法律规定。 人民陪审员回避事由经审查成立的，人民法院应当及时确定递补人选。 **第 8 条** 人民法院应当在开庭前，将相关权利和义务告知人民陪审员，并为其阅卷提供便利条件。 **第 9 条** 七人合议庭开庭前，应当制作事实认定问题清单，根据案件具体情况，区分事实认定问题

① 参见最高人民法院《人民陪审员参审十大典型案例》（案例 1），2022 年 10 月 11 日发布。

新《民事诉讼法》及解读等	修改前《民事诉讼法》等关联规定
主动发问，充分结合朴素的公平正义理念，以社会公众的视角对事实认定问题进行分析判断，提高了裁判的公信力和认可度，有力促进以司法公正引领社会公平正义目标的实现。该案入选“人民法院大力弘扬社会主义核心价值观十大典型民事案例”。 **案例参考：《人民陪审员参加审理医疗服务合同纠纷案》**① 典型意义：面对因人工辅助生殖技术飞速发展带来的一系列伦理、道德和法律困境，本案人民陪审员提出了贴近社会公众朴素价值观念和道德准则的评议意见，增进了裁判的社会认可度。法院最终作出支持陈某某诉请的裁判结果，合理保障了人工辅助生殖技术下的生育权补偿性实现，案件裁判取得了良好的法律效果和社会效果。 **案例参考：《人民陪审员参加审理涉农买卖合同纠纷案》**② 典型意义：人民法院在审理涉农案件时，既要维护农民的合法利益，又要注重对营商环境的保护。本案人民陪审员参审积极性高，借助	与法律适用问题，对争议事实问题逐项列举，供人民陪审员在庭审时参考。事实认定问题和法律适用问题难以区分的，视为事实认定问题。 **第10条** 案件审判过程中，人民陪审员依法有权参加案件调查和调解工作。 **第11条** 庭审过程中，人民陪审员依法有权向诉讼参加人发问，审判长应当提示人民陪审员围绕案件争议焦点进行发问。 **第12条** 合议庭评议案件时，先由承办法官介绍案件涉及的相关法律、证据规则，然后由人民陪审员和法官依次发表意见，审判长最后发表意见并总结合议庭意见。 **第13条** 七人合议庭评议时，审判长应当归纳和介绍需要通过评议讨论决定的案件事实认定问题，并列出案件事实问题清单。 人民陪审员全程参加合议庭评议，对于事实认定问题，由人民陪审员和法官在共同评议的基础上进行表决。对于法律适用问题，人民陪审员不参加表决，但可以发表意见，并记录在卷。

① 参见最高人民法院《人民陪审员参审十大典型案例》（案例4），2022年10月11日发布。

② 参见最高人民法院《人民陪审员参审十大典型案例》（案例5），2022年10月11日发布。

新《民事诉讼法》及解读等	修改前《民事诉讼法》等关联规定
自身职业经历和丰富的生活经验，深入细致分析案情，为法官把握案情脉络、查清案件事实提供了有益帮助，有力弥补了法官在种植业生产管理方面专业知识的不足。同时，本案法官充分尊重人民陪审员行使履职权利，促进人民陪审员深度参审，既维护了当事人的合法权益，又取得了较好的案件审理效果。	**第14条** 人民陪审员应当认真阅读评议笔录，确认无误后签名。 **第15条** 人民陪审员列席审判委员会讨论其参加审理的案件时，可以发表意见。 **第16条** 案件审结后，人民法院应将裁判文书副本及时送交参加该案审判的人民陪审员。 **第18条** 人民法院应当依法规范和保障人民陪审员参加审判活动，不得安排人民陪审员从事与履行法定审判职责无关的工作。 **《最高人民法院关于具有专门知识的人民陪审员参加环境资源案件审理的若干规定》** **第1条** 人民法院审理的第一审环境资源刑事、民事、行政案件，符合人民陪审员法第十五条规定，且案件事实涉及复杂专门性问题的，由不少于一名具有专门知识的人民陪审员参加合议庭审理。 前款规定外的第一审环境资源案件，人民法院认为有必要的，可以由具有专门知识的人民陪审员参加合议庭审理。 **第7条** 基层人民法院审理的环境资源案件，需要具有专门知识的人民陪审员参加合议庭审理的，组成不少于一名具有专门知识的人

新《民事诉讼法》及解读等	修改前《民事诉讼法》等关联规定
	民陪审员参加的三人合议庭。 　　基层人民法院审理的可能判处十年以上有期徒刑且社会影响重大的环境资源刑事案件，以及环境行政公益诉讼案件，需要具有专门知识的人民陪审员参加合议庭审理的，组成不少于一名具有专门知识的人民陪审员参加的七人合议庭。 　　**第8条**　中级人民法院审理的环境民事公益诉讼案件、环境行政公益诉讼案件、生态环境损害赔偿诉讼案件以及其他具有重大社会影响的环境污染防治、生态保护、气候变化应对、资源开发利用、生态环境治理与服务等案件，需要具有专门知识的人民陪审员参加合议庭审理的，组成不少于一名具有专门知识的人民陪审员参加的七人合议庭。 　　**第13条**　具有专门知识的人民陪审员参加环境资源案件评议时，应当就案件事实涉及的专门性问题发表明确意见。 　　具有专门知识的人民陪审员就该专门性问题发表的意见与合议庭其他成员不一致的，合议庭可以将案件提请院长决定是否提交审判委员会讨论决定。有关情况应当记入评议笔录。

新《民事诉讼法》及解读等	修改前《民事诉讼法》等关联规定
	《最高人民法院关于进一步加强合议庭职责的若干规定》 **第1条** 合议庭是人民法院的基本审判组织。合议庭全体成员平等参与案件的审理、评议和裁判，依法履行审判职责。 **第2条** 合议庭由审判员、助理审判员或者人民陪审员随机组成。合议庭成员相对固定的，应当定期交流。人民陪审员参加合议庭的，应当从人民陪审员名单中随机抽取确定。 **《最高人民法院关于人民法院合议庭工作的若干规定》** **第1条** 人民法院实行合议制审判第一审案件，由法官或者由法官和人民陪审员组成合议庭进行；人民法院实行合议制审判第二审案件和其他应当组成合议庭审判的案件，由法官组成合议庭进行。 人民陪审员在人民法院执行职务期间，除不能担任审判长外，同法官有同等的权利义务。
第四十一条 【二审、重审与再审审判组织】 人民法院审理第二审民事案件，由审判员组成合议庭。合议庭的成员人数，必须是单数。 中级人民法院对第一审适用简易程序审结或者不服裁定提起上诉	**《民事诉讼法》（2021年修正）** **第41条** 人民法院审理第二审民事案件，由审判员组成合议庭。合议庭的成员人数，必须是单数。 中级人民法院对第一审适用简易程序审结或者不服裁定提起上诉的

新《民事诉讼法》及解读等	修改前《民事诉讼法》等关联规定
的第二审民事案件，事实清楚、权利义务关系明确的，经双方当事人同意，可以由审判员一人独任审理。 发回重审的案件，原审人民法院应当按照第一审程序另行组成合议庭。 审理再审案件，原来是第一审的，按照第一审程序另行组成合议庭；原来是第二审的或者是上级人民法院提审的，按照第二审程序另行组成合议庭。 **解读：**本条第2款关于二审独任制的规定是2021年《民事诉讼法》修正时增加的内容，本次修正仍予沿用。2021年修正前的《民事诉讼法》对中级人民法院审理的二审民事案件统一规定适用合议庭，2021年修正后则改为对于简易程序审结、不服裁定提起上诉的案件，并且事实清楚、关系明确的，经双方当事人同意可以适用独任制。该内容主要源自2020年最高人民法院的《民事诉讼程序繁简分流改革试点实施办法》。需注意，按照本条第1款的规定，二审案件审理合议制仍是原则，只是在特定条件下才可适用独任制：适用主体上，为中级人民法院的二审案件；案件类型上，为一审适用简易程序审结或不服裁定而上诉的二审案件，且需事实清	第二审民事案件，事实清楚、权利义务关系明确的，经双方当事人同意，可以由审判员一人独任审理。 发回重审的案件，原审人民法院应当按照第一审程序另行组成合议庭。 审理再审案件，原来是第一审的，按照第一审程序另行组成合议庭；原来是第二审的或者是上级人民法院提审的，按照第二审程序另行组成合议庭。

新《民事诉讼法》及解读等	修改前《民事诉讼法》等关联规定
楚、权利义务关系明确；适用程序上，需经双方当事人同意。近年来，有的中基层法院在案件数量上面临较大压力，个别地方的二审存在以谈话代替开庭的情况，这可能将弱化二审庭审的价值。为此，明确二审部分案件可独任审理，在一定程度上有助于强化二审庭审的适用率及其程序价值。需注意，本条第2款中的经当事人同意是经“双方”当事人同意，而非仅上诉人一方。需要补充说明的是，可以提起上诉的裁定主要为不予受理、驳回起诉、管辖权异议这三类。另外，就第3款规定的发回重审及第4款再审按一审程序的，无论案件原来是由审判员一人独任审理还是由合议庭审理的，重审或再审时都必须另行组成合议庭进行审理，不能再由审判员一人独任审理，原来的合议庭成员也不得再参与案件的审理。而就第4款规定的由上级人民法院提审的再审案件，无论原来是一审还是二审，均按二审程序组成合议庭。 　　**案例参考：《韩某彬诉内蒙古某药业有限责任公司等产品责任纠纷管辖权异议案》**① 　　案例要旨：当事人在一审提交	

① 参见《最高人民法院关于发布第十一批指导性案例的通知》（指导案例56号），2015年11月19日发布。

新《民事诉讼法》及解读等	修改前《民事诉讼法》等关联规定
答辩状期间未提出管辖异议，在二审或者再审发回重审时提出管辖异议的，人民法院不予审查。	
第四十二条　【独任制适用排除情形】人民法院审理下列民事案件，不得由审判员一人独任审理： （一）涉及国家利益、社会公共利益的案件； （二）涉及群体性纠纷，可能影响社会稳定的案件； （三）人民群众广泛关注或者其他社会影响较大的案件； （四）属于新类型或者疑难复杂的案件； （五）法律规定应当组成合议庭审理的案件； （六）其他不宜由审判员一人独任审理的案件。 **解读：**本条也是《民事诉讼法》2021年修正时增加的内容，本次修正仍予沿用。本条从反面明确了不适用独任制的情形，可谓“负面清单”。明确独任制的排除适用情形，有助于保障特定情形下当事人的诉权，充分发挥合议庭审理本身的价值。同样，该条内容也来源于最高人民法院2020年发布的《民事诉讼程序繁简分流改革试点实施办法》。本条通过实体、程序、兜底三	**《民事诉讼法》（2021年修正）** **第42条**　人民法院审理下列民事案件，不得由审判员一人独任审理： （一）涉及国家利益、社会公共利益的案件； （二）涉及群体性纠纷，可能影响社会稳定的案件； （三）人民群众广泛关注或者其他社会影响较大的案件； （四）属于新类型或者疑难复杂的案件； （五）法律规定应当组成合议庭审理的案件； （六）其他不宜由审判员一人独任审理的案件。 **《提级管辖和再审提审意见》** **第12条第1款**　上级人民法院决定提级管辖的案件，应当依法组成合议庭适用第一审普通程序审理。

新《民事诉讼法》及解读等	修改前《民事诉讼法》等关联规定
部分规定了一审普通程序独任制、二审独任制的排除情形：前四项即“国家或公共利益、群体性、社会影响大、新类型、疑难复杂”为实体范畴；涉及程序事项的为第五项即“法律规定应当组成合议庭的案件”，其具体应指发回重审案件、再审申请或再审审理案件、第三人撤销之诉案件、公示催告案件中的宣告票据无效案件、申请不予执行仲裁裁决案件、申请不予执行涉外仲裁裁决案件、申请承认和执行外国裁判案件；第六项则属兜底性规定，为后续情形预留制度空间。	
第四十三条　【独任制转合议庭】人民法院在审理过程中，发现案件不宜由审判员一人独任审理的，应当裁定转由合议庭审理。 当事人认为案件由审判员一人独任审理违反法律规定的，可以向人民法院提出异议。人民法院对当事人提出的异议应当审查，异议成立的，裁定转由合议庭审理；异议不成立的，裁定驳回。 **解读：**本条亦是《民事诉讼法》2021年修正时增加的内容，本次修正仍予沿用。该条内容同样来源于最高人民法院2020年发布的	**《民事诉讼法》（2021年修正）** **第43条**　人民法院在审理过程中，发现案件不宜由审判员一人独任审理的，应当裁定转由合议庭审理。 当事人认为案件由审判员一人独任审理违反法律规定的，可以向人民法院提出异议。人民法院对当事人提出的异议应当审查，异议成立的，裁定转由合议庭审理；异议不成立的，裁定驳回。

新《民事诉讼法》及解读等	修改前《民事诉讼法》等关联规定
《民事诉讼程序繁简分流改革试点实施办法》。该条属于对独任制审理的程序救济条款，该条针对的独任制，既包括一审程序中的独任制，也包括中级人民法院作为二审法院适用的独任制。转换启动方式上，包括法院依职权转换、依当事人申请转换两种。依当事人申请转换情形下，该条首次明确了通过当事人异议权的方式实现程序转换。值得注意的是，独任制转合议庭的裁定属于不可上诉的裁定。且转换完成后，即使审理过程中原有审判组织转换情形消失，也应当继续由合议庭审理，但转换前已完成的诉讼活动，应认定继续有效。另需说明的是，应适用合议制而适用独任制的，属于程序严重违法。审理法院适用独任制确属错误，二审或再审审查中认定适用独任制审理不当的，说明原审审判组织组成上存在重大问题，应予发回重审或决定再审。	
第四十四条　【审判长】合议庭的审判长由院长或者庭长指定审判员一人担任；院长或者庭长参加审判的，由院长或者庭长担任。 **解读：**合议庭作为一个集体，在审理案件时需要其中一人担任审判长来指挥案件审判的整体过程。审	**《民事诉讼法》（2021年修正）** **第44条**　合议庭的审判长由院长或者庭长指定审判员一人担任；院长或者庭长参加审判的，由院长或者庭长担任。 **《人民法院组织法》** **第30条第2款**　合议庭由一名

新《民事诉讼法》及解读等	修改前《民事诉讼法》等关联规定
判长主要职责是负责案件的审判活动，如宣布开庭，查明当事人是否到庭，宣布法庭组成人员，告知当事人在审判过程中的各种诉讼权利，主持法庭调查、法庭辩论等各项活动。审判长并非固定的职务，而是为审理某一具体案件而临时设定的。担任审判长的人选必须是人民法院的专职审判人员，即普通审判员、院长、庭长。关于审判长的具体职责，《最高人民法院关于规范合议庭运行机制的意见》第3条作了进一步规定。	法官担任审判长。院长或者庭长参加审理案件时，由自己担任审判长。 **第30条第3款** 审判长主持庭审、组织评议案件，评议案件时与合议庭其他成员权利平等。 **《最高人民法院关于规范合议庭运行机制的意见》** 二、合议庭可以通过指定或者随机方式产生。因专业化审判或者案件繁简分流工作需要，合议庭成员相对固定的，应当定期轮换交流。属于“四类案件”或者参照“四类案件”监督管理的，院庭长可以按照其职权指定合议庭成员。以指定方式产生合议庭的，应当在办案平台全程留痕，或者形成书面记录入卷备查。 合议庭的审判长由院庭长指定。院庭长参加合议庭的，由院庭长担任审判长。 合议庭成员确定后，因回避、工作调动、身体健康、廉政风险等事由，确需调整成员的，由院庭长按照职权决定，调整结果应当及时通知当事人，并在办案平台标注原因，或者形成书面记录入卷备查。 法律、司法解释规定“另行组成合议庭”的案件，原合议庭成员及审判辅助人员均不得参与办理。

新《民事诉讼法》及解读等	修改前《民事诉讼法》等关联规定
	三、合议庭审理案件时，审判长除承担由合议庭成员共同承担的职责外，还应当履行以下职责： （一）确定案件审理方案、庭审提纲，协调合议庭成员庭审分工，指导合议庭成员或者审判辅助人员做好其他必要的庭审准备工作； （二）主持、指挥庭审活动； （三）主持合议庭评议； （四）建议将合议庭处理意见分歧较大的案件，依照有关规定和程序提交专业法官会议讨论或者审判委员会讨论决定； （五）依法行使其他审判权力。 审判长承办案件时，应当同时履行承办法官的职责。 **五**、合议庭审理案件时，合议庭其他成员应当共同参与阅卷、庭审、评议等审判活动，根据审判长安排完成相应审判工作。 六、合议庭应当在庭审结束后及时评议。合议庭成员确有客观原因难以实现线下同场评议的，可以通过人民法院办案平台采取在线方式评议，但不得以提交书面意见的方式参加评议或者委托他人参加评议。合议庭评议过程不向未直接参加案件审理工作的人员公开。 合议庭评议案件时，先由承办

新《民事诉讼法》及解读等	修改前《民事诉讼法》等关联规定
	法官对案件事实认定、证据采信以及适用法律等发表意见，其他合议庭成员依次发表意见。审判长应当根据评议情况总结合议庭评议的结论性意见。 审判长主持评议时，与合议庭其他成员权利平等。合议庭成员评议时，应当充分陈述意见，独立行使表决权，不得拒绝陈述意见；同意他人意见的，应当提供事实和法律根据并论证理由。 合议庭成员对评议结果的表决以口头形式进行。评议过程应当以书面形式完整记入笔录，评议笔录由审判辅助人员制作，由参加合议的人员和制作人签名。评议笔录属于审判秘密，非经法定程序和条件，不得对外公开。 **七、**合议庭评议时，如果意见存在分歧，应当按照多数意见作出决定，但是少数意见应当记入笔录。 合议庭可以根据案情或者院庭长提出的监督意见复议。合议庭无法形成多数意见时，审判长应当按照有关规定和程序建议院庭长将案件提交专业法官会议讨论，或者由院长将案件提交审判委员会讨论决定。专业法官会议讨论形成的意见，供合议庭复议时参考；审判委员会

新《民事诉讼法》及解读等	修改前《民事诉讼法》等关联规定
	的决定，合议庭应当执行。 **《最高人民法院关于完善院长、副院长、庭长、副庭长参加合议庭审理案件制度的若干意见》** **第5条**　院长、副院长、庭长、副庭长参加合议庭审理案件，依法担任审判长，与其他合议庭成员享有平等的表决权。 院长、副院长参加合议庭评议时，多数人的意见与院长、副院长的意见不一致的，院长、副院长可以决定将案件提交审判委员会讨论。合议庭成员中的非审判委员会委员应当列席审判委员会。
第四十五条　【评议规则】 合议庭评议案件，实行少数服从多数的原则。评议应当制作笔录，由合议庭成员签名。评议中的不同意见，必须如实记入笔录。 **解读：** 合议庭是人民法院审判民事案件的组织形式。合议庭的评议过程是民主集中制在审判领域的集中体现与运用。合议庭的组成人员在法庭审理中享有同等的权利，承担同等的义务。为确保案件审判的民主性和公正性，合议庭成员在评议案件时享有平等的权利，对案件中的事实认定、法律适用、裁判结果等均有权充分、完整地发表自己	**《民事诉讼法》（2021年修正）** **第45条**　合议庭评议案件，实行少数服从多数的原则。评议应当制作笔录，由合议庭成员签名。评议中的不同意见，必须如实记入笔录。 **《人民法院组织法》** **第31条**　合议庭评议案件应当按照多数人的意见作出决定，少数人的意见应当记入笔录。评议案件笔录由合议庭全体组成人员签名。 **《最高人民法院关于规范合议庭运行机制的意见》** 一、合议庭是人民法院的基本审判组织。合议庭全体成员平等参与案件的阅卷、庭审、评议、裁判等

新《民事诉讼法》及解读等	修改前《民事诉讼法》等关联规定
的意见。评议意见一致的案件，依法作出判决或裁定。评议意见不一致的，应当实行少数服从多数原则，以多数人的意见形成判决或裁定。	审判活动，对案件的证据采信、事实认定、法律适用、诉讼程序、裁判结果等问题独立发表意见并对此承担相应责任。 **五**、合议庭审理案件时，合议庭其他成员应当共同参与阅卷、庭审、评议等审判活动，根据审判长安排完成相应审判工作。 六、合议庭应当在庭审结束后及时评议。合议庭成员确有客观原因难以实现线下同场评议的，可以通过人民法院办案平台采取在线方式评议，但不得以提交书面意见的方式参加评议或者委托他人参加评议。合议庭评议过程不向未直接参加案件审理工作的人员公开。 合议庭评议案件时，先由承办法官对案件事实认定、证据采信以及适用法律等发表意见，其他合议庭成员依次发表意见。审判长应当根据评议情况总结合议庭评议的结论性意见。 审判长主持评议时，与合议庭其他成员权利平等。合议庭成员评议时，应当充分陈述意见，独立行使表决权，不得拒绝陈述意见；同意他人意见的，应当提供事实和法律根据并论证理由。 合议庭成员对评议结果的表决以口头形式进行。评议过程应当以书

新《民事诉讼法》及解读等	修改前《民事诉讼法》等关联规定
	面形式完整记入笔录，评议笔录由审判辅助人员制作，由参加合议的人员和制作人签名。评议笔录属于审判秘密，非经法定程序和条件，不得对外公开。 **七、**合议庭评议时，如果意见存在分歧，应当按照多数意见作出决定，但是少数意见应当记入笔录。 合议庭可以根据案情或者院庭长提出的监督意见复议。合议庭无法形成多数意见时，审判长应当按照有关规定和程序建议院庭长将案件提交专业法官会议讨论，或者由院长将案件提交审判委员会讨论决定。专业法官会议讨论形成的意见，供合议庭复议时参考；审判委员会的决定，合议庭应当执行。 **十、**由法官组成合议庭审理案件的，适用本意见。依法由法官和人民陪审员组成合议庭的运行机制另行规定。执行案件办理过程中需要组成合议庭评议或者审核的事项，参照适用本意见。
第四十六条　【审判人员应秉公办案及法律责任】审判人员应当依法秉公办案。 审判人员不得接受当事人及其诉讼代理人请客送礼。 审判人员有贪污受贿，徇私舞	**《民事诉讼法》（2021年修正）** **第46条**　审判人员应当依法秉公办案。 审判人员不得接受当事人及其诉讼代理人请客送礼。 审判人员有贪污受贿，徇私舞弊，

新《民事诉讼法》及解读等	修改前《民事诉讼法》等关联规定
弊，枉法裁判行为的，应当追究法律责任；构成犯罪的，依法追究刑事责任。 **解读：**依法秉公办案，是指审判人员在审理案件过程中，必须遵照《民事诉讼法》和有关民事法律的规定，严格依法办事，公正执法，不得滥用职权，以权谋私，贪污受贿，徇私舞弊，枉法裁判。具体来讲，一是审判人员审理民事案件，必须始终坚持以事实为根据，以法律为准绳的原则，严格遵守《民事诉讼法》和其他法律规定，避免主观臆断，不滥用自由裁量权。二是在民事诉讼过程中，审判人员必须严格遵守各项民事诉讼制度和程序，切实保障民事诉讼当事人平等地行使诉讼权利，履行诉讼义务。三是审判人员处理民事案件必须坚持公平正义的原则，公正执法，一视同仁，适用法律上一律平等。四是审判人员不得接受当事人及其诉讼代理人的请客送礼等。五是审判人员不得有贪污受贿，徇私舞弊，枉法裁判的行为。就审判人员违法办案的法律责任而言，根据本条第3款及相关法律法规的规定，审判人员有贪污受贿，徇私舞弊，枉法裁判行为，情节较轻，尚不构成犯罪的，	枉法裁判行为的，应当追究法律责任；构成犯罪的，依法追究刑事责任。 **《人民法院组织法》** **第33条** 合议庭审理案件，法官对案件的事实认定和法律适用负责；法官独任审理案件，独任法官对案件的事实认定和法律适用负责。 人民法院应当加强内部监督，审判活动有违法情形的，应当及时调查核实，并根据违法情形依法处理。 **《法官法》** **第46条** 法官有下列行为之一的，应当给予处分；构成犯罪的，依法追究刑事责任： （一）贪污受贿、徇私舞弊、枉法裁判的； （二）隐瞒、伪造、变造、故意损毁证据、案件材料的； （三）泄露国家秘密、审判工作秘密、商业秘密或者个人隐私的； （四）故意违反法律法规办理案件的； （五）因重大过失导致裁判结果错误并造成严重后果的； （六）拖延办案，贻误工作的； （七）利用职权为自己或者他人谋取私利的； （八）接受当事人及其代理人利

新《民事诉讼法》及解读等	修改前《民事诉讼法》等关联规定
依照《法官法》等有关规定给予处分，包括警告、记过、记大过、降级、撤职及开除等，或者由同级人大常委会依法予以罢免。情节严重，构成贪污罪、受贿罪、徇私舞弊罪、枉法裁判罪等犯罪的，依法追究刑事责任。	益输送，或者违反有关规定会见当事人及其代理人的； （九）违反有关规定从事或者参与营利性活动，在企业或者其他营利性组织中兼任职务的； （十）有其他违纪违法行为的。 法官的处分按照有关规定办理。 **第47条** 法官涉嫌违纪违法，已经被立案调查、侦查，不宜继续履行职责的，按照管理权限和规定的程序暂时停止其履行职务。 **《最高人民法院关于进一步加强合议庭职责的若干规定》** **第10条** 合议庭组成人员存在违法审判行为的，应当按照《人民法院审判人员违法审判责任追究办法（试行）》等规定追究相应责任。合议庭审理案件有下列情形之一的，合议庭成员不承担责任： （一）因对法律理解和认识上的偏差而导致案件被改判或者发回重审的； （二）因对案件事实和证据认识上的偏差而导致案件被改判或者发回重审的； （三）因新的证据而导致案件被改判或者发回重审的； （四）因法律修订或者政策调整而导致案件被改判或者发回重审的；

新《民事诉讼法》及解读等	修改前《民事诉讼法》等关联规定
	（五）因裁判所依据的其他法律文书被撤销或变更而导致案件被改判或者发回重审的； （六）其他依法履行审判职责不应当承担责任的情形。 **《最高人民法院关于深化司法责任制综合配套改革的实施意见》** 10. 严格违法审判责任追究。健全法官惩戒工作程序，完善调查发现、提请审查、审议决议、权利救济等程序规则，坚持严肃追责与依法保障有机统一，严格区分办案质量瑕疵责任与违法审判责任，细化法官和审判辅助人员的责任划分标准，提高法官惩戒工作的专业性、透明度和公信力。各高级人民法院应当积极推动在省一级层面设立法官惩戒委员会，进一步规范惩戒委员会的设置和组成，配合制定本级法官惩戒委员会章程、惩戒工作规则，科学设立法官惩戒工作办事机构，制定实施细则。 理顺法官惩戒调查与纪检监察调查、法官惩戒委员会审查程序与纪检监察审查程序的关系，确保权责明晰、衔接顺畅。各级人民法院在工作中发现法官或法院其他工作人员涉嫌违纪、职务违法、职务犯罪的问题线索，依照有关法律和规定应当由纪检

新《民事诉讼法》及解读等	修改前《民事诉讼法》等关联规定
	监察机关调查处置的，应当及时移送。纪检监察机关依法对法官涉嫌违纪、职务违法、职务犯罪进行调查的，法官惩戒委员会可以从专业角度提出审查意见，供纪检监察机关参考。 **《最高人民法院关于进一步全面落实司法责任制的实施意见》** 16. 严格落实违法审判责任追究制度。各级人民法院对法官涉嫌违反审判职责行为要认真调查，法官惩戒委员会根据调查情况审查认定法官是否违反审判职责、是否存在故意或者重大过失，并提出审查意见，相关法院根据法官惩戒委员会的意见作出惩戒决定。法官违反审判职责行为涉嫌犯罪的，应当移交纪检监察机关、检察机关依法处理。法官违反审判职责以外的其他违纪违法行为，由有关部门调查，依照法律及有关规定处理。
第四章 回 避	
第四十七条 【回避事由及适用人员】审判人员有下列情形之一的，应当自行回避，当事人有权用口头或者书面方式申请他们回避： （一）是本案当事人或者当事人、诉讼代理人近亲属的； （二）与本案有利害关系的；	**《民事诉讼法》（2021年修正）** **第47条** 审判人员有下列情形之一的，应当自行回避，当事人有权用口头或者书面方式申请他们回避： （一）是本案当事人或者当事人、诉讼代理人近亲属的；

新《民事诉讼法》及解读等	修改前《民事诉讼法》等关联规定
（三）与本案当事人、诉讼代理人有其他关系，可能影响对案件公正审理的。 审判人员接受当事人、诉讼代理人请客送礼，或者违反规定会见当事人、诉讼代理人的，当事人有权要求他们回避。 审判人员有前款规定的行为的，应当依法追究法律责任。 前三款规定，适用于**法官助理**、书记员、**司法技术人员**、翻译人员、鉴定人、勘验人。 **解读：**回避制度，是为了保证案件公正审判，而要求与案件有一定利害关系的审判人员或其他有关人员，不得参与本案的审理活动或诉讼活动的审判制度。回避制度是法院审判民事案件的一项基本制度，申请回避权也是当事人享有的一项重要的诉讼权利。适用回避的人员包括两大类：一是审判人员，包括各级法院院长、副院长、审判委员会委员、庭长、副庭长、审判员，以及人民陪审员。二是法官助理、书记员、司法技术人员、翻译人员、鉴定人、勘验人。值得注意的是，“法官助理”“司法技术人员”是本次修正所增加的两个主体。法官助理，应包括在编助理与聘用制助理。	（二）与本案有利害关系的； （三）与本案当事人、诉讼代理人有其他关系，可能影响对案件公正审理的。 审判人员接受当事人、诉讼代理人请客送礼，或者违反规定会见当事人、诉讼代理人的，当事人有权要求他们回避。 审判人员有前款规定的行为的，应当依法追究法律责任。 前三款规定，适用于书记员、翻译人员、鉴定人、勘验人。 **《法官法》** **第24条** 法官的配偶、父母、子女有下列情形之一的，法官应当实行任职回避： （一）担任该法官所任职人民法院辖区内律师事务所的合伙人或者设立人的； （二）在该法官所任职人民法院辖区内以律师身份担任诉讼代理人、辩护人，或者为诉讼案件当事人提供其他有偿法律服务的。 **《人民陪审员法》** **第18条** 人民陪审员的回避，适用审判人员回避的法律规定。 **《民事诉讼法解释》** **第43条** 审判人员有下列情形之一的，应当自行回避，当事人有权

新《民事诉讼法》及解读等	修改前《民事诉讼法》等关联规定
司法技术人员，是指具备相关专业技能和知识经验，专门为审判工作提供法庭科学技术和服务的专业人员，如法医、技术调查官等。适用回避的情形主要包括：1. 是本案当事人或者当事人、诉讼代理人的近亲属的。当事人包括原告、被告、“有独三”、“无独三”；“近亲属”包括夫妻、直系血亲、三代以内旁系血亲及近姻亲关系的亲属。2. 与本案有利害关系的。一种是实体性的利害关系，即案件处理结果会涉及审判人员自身的利益。另一种是程序性的利害关系，即审判人员曾参与本案诉讼。3. 与本案当事人、诉讼代理人有其他关系，可能影响对案件的公正审理的。所谓“其他关系”，是指上述两种关系之外的特殊亲密关系或者仇嫌关系，如同学关系、仇恨关系等。4. 接受当事人、诉讼代理人请客送礼，或者违反规定会见当事人、诉讼代理人的。“违反规定会见当事人、诉讼代理人”，是指审判人员在办理案件过程中，私自会见当事人及其诉讼代理人。回避方式主要包括两种：1. 自行回避，即审判人员或其他有关人员认为自己具有法律规定的回避情形之一的，应当主动提出回避，退出	申请其回避： （一）是本案当事人或者当事人近亲属的； （二）本人或者其近亲属与本案有利害关系的； （三）担任过本案的证人、鉴定人、辩护人、诉讼代理人、翻译人员的； （四）是本案诉讼代理人近亲属的； （五）本人或者其近亲属持有本案非上市公司当事人的股份或者股权的； （六）与本案当事人或者诉讼代理人有其他利害关系，可能影响公正审理的。 **第44条** 审判人员有下列情形之一的，当事人有权申请其回避： （一）接受本案当事人及其受托人宴请，或者参加由其支付费用的活动的； （二）索取、接受本案当事人及其受托人财物或者其他利益的； （三）违反规定会见本案当事人、诉讼代理人的； （四）为本案当事人推荐、介绍诉讼代理人，或者为律师、其他人员介绍代理本案的； （五）向本案当事人及其受托人

新《民事诉讼法》及解读等	修改前《民事诉讼法》等关联规定
本案审判活动。2. 依申请回避，即原告、被告、第三人、诉讼代理人或其他诉讼参与人发现审判人员或其他有关人员具有法律规定的回避情形之一的，以口头或书面形式申请相关人员退出该案审判。此外，人民法院还可以依职权决定回避。决定回避，是指在审判人员应自行回避而未回避，当事人也未申请回避的情况下，由院长或审判委员会依职权决定其回避。《民事诉讼法解释》第46条对此作了明确。	借用款物的； （六）有其他不正当行为，可能影响公正审理的。 **第45条** 在一个审判程序中参与过本案审判工作的审判人员，不得再参与该案其他程序的审判。 发回重审的案件，在一审法院作出裁判后又进入第二审程序的，原第二审程序中审判人员不受前款规定的限制。 **第46条** 审判人员有应当回避的情形，没有自行回避，当事人也没有申请其回避的，由院长或者审判委员会决定其回避。 **第47条** 人民法院应当依法告知当事人对合议庭组成人员、独任审判员和书记员等人员有申请回避的权利。 **第48条** 民事诉讼法第四十七条所称的审判人员，包括参与本案审理的人民法院院长、副院长、审判委员会委员、庭长、副庭长、审判员和人民陪审员。 **第49条** 书记员和执行员适用审判人员回避的有关规定。 **《人民陪审员法解释》** **第7条** 当事人依法有权申请人民陪审员回避。人民陪审员的回避，适用审判人员回避的法律规定。

新《民事诉讼法》及解读等	修改前《民事诉讼法》等关联规定
	人民陪审员回避事由经审查成立的，人民法院应当及时确定递补人选。 **《最高人民法院关于对配偶父母子女从事律师职业的法院领导干部和审判执行人员实行任职回避的规定》** **第1条**　人民法院工作人员的配偶、父母、子女、兄弟姐妹、配偶的父母、配偶的兄弟姐妹、子女的配偶、子女配偶的父母具有律师身份的，该工作人员应当主动向所在人民法院组织（人事）部门报告。 **第2条**　人民法院领导干部和审判执行人员的配偶、父母、子女有下列情形之一的，法院领导干部和审判执行人员应当实行任职回避： （一）担任该领导干部和审判执行人员所任职人民法院辖区内律师事务所的合伙人或者设立人的； （二）在该领导干部和审判执行人员所任职人民法院辖区内以律师身份担任诉讼代理人、辩护人，或者为诉讼案件当事人提供其他有偿法律服务的。 **第3条**　人民法院在选拔任用干部时，不得将符合任职回避条件的人员作为法院领导干部和审判执行人员的拟任人选。

新《民事诉讼法》及解读等	修改前《民事诉讼法》等关联规定
	第4条 人民法院在招录补充工作人员时，应当向拟招录补充的人员释明本规定的相关内容。 **第5条** 符合任职回避条件的法院领导干部和审判执行人员，应当自本规定生效之日或者任职回避条件符合之日起三十日内主动向法院组织（人事）部门提出任职回避申请，相关人民法院应当按照有关规定为其另行安排工作岗位，确定职务职级待遇。 **第6条** 符合任职回避条件的法院领导干部和审判执行人员没有按规定主动提出任职回避申请的，相关人民法院应当按照有关程序免去其所任领导职务或者将其调离审判执行岗位。 **第7条** 应当实行任职回避的法院领导干部和审判执行人员的任免权限不在人民法院的，相关人民法院应当向具有干部任免权的机关提出为其办理职务调动或者免职等手续的建议。 **第8条** 符合任职回避条件的法院领导干部和审判执行人员具有下列情形之一的，应当根据情节给予批评教育、诫勉、组织处理或者处分： （一）隐瞒配偶、父母、子女从

新《民事诉讼法》及解读等	修改前《民事诉讼法》等关联规定
	事律师职业情况的； （二）不按规定主动提出任职回避申请的； （三）采取弄虚作假手段规避任职回避的； （四）拒不服从组织调整或者拒不办理公务交接的； （五）具有其他违反任职回避规定行为的。 **第9条** 法院领导干部和审判执行人员的配偶、父母、子女采取隐名代理等方式在该领导干部和审判执行人员所任职人民法院辖区内从事律师职业的，应当责令该法院领导干部和审判执行人员辞去领导职务或者将其调离审判执行岗位，其本人知情的，应当根据相关规定从重处理。 **第10条** 因任职回避调离审判执行岗位的法院工作人员，任职回避情形消失后，可以向法院组织（人事）部门申请调回审判执行岗位。 **第11条** 本规定所称父母，是指生父母、养父母和有扶养关系的继父母。 本规定所称子女，是指婚生子女、非婚生子女、养子女和有扶养关系的继子女。

新《民事诉讼法》及解读等	修改前《民事诉讼法》等关联规定
	本规定所称从事律师职业，是指担任律师事务所的合伙人、设立人，或者以律师身份担任诉讼代理人、辩护人，或者以律师身份为诉讼案件当事人提供其他有偿法律服务。 本规定所称法院领导干部，是指各级人民法院的领导班子成员及审判委员会委员。 本规定所称审判执行人员，是指各级人民法院立案、审判、执行、审判监督、国家赔偿等部门的领导班子成员、法官、法官助理、执行员。 本规定所称任职人民法院辖区，包括法院领导干部和审判执行人员所任职人民法院及其所辖下级人民法院的辖区。专门人民法院及其他管辖区域与行政辖区不一致的人民法院工作人员的任职人民法院辖区，由解放军军事法院和相关高级人民法院根据有关规定或者实际情况确定。 **第12条** 本规定由最高人民法院负责解释。 **第13条** 本规定自2020年5月6日起施行，《最高人民法院关于对配偶子女从事律师职业的法院领导干部和审判执行岗位法官实行任职

新《民事诉讼法》及解读等	修改前《民事诉讼法》等关联规定
	回避的规定（试行）》（法发〔2011〕5号）同时废止。 **《最高人民法院关于审判人员在诉讼活动中执行回避制度若干问题的规定》** **第1条**　审判人员具有下列情形之一的，应当自行回避，当事人及其法定代理人有权以口头或者书面形式申请其回避： （一）是本案的当事人或者与当事人有近亲属关系的； （二）本人或者其近亲属与本案有利害关系的； （三）担任过本案的证人、翻译人员、鉴定人、勘验人、诉讼代理人、辩护人的； （四）与本案的诉讼代理人、辩护人有夫妻、父母、子女或者兄弟姐妹关系的； （五）与本案当事人之间存在其他利害关系，可能影响案件公正审理的。 本规定所称近亲属，包括与审判人员有夫妻、直系血亲、三代以内旁系血亲及近姻亲关系的亲属。 **第2条**　当事人及其法定代理人发现审判人员违反规定，具有下列情形之一的，有权申请其回避： （一）私下会见本案一方当事人

新《民事诉讼法》及解读等	修改前《民事诉讼法》等关联规定
	及其诉讼代理人、辩护人的； （二）为本案当事人推荐、介绍诉讼代理人、辩护人，或者为律师、其他人员介绍办理该案件的； （三）索取、接受本案当事人及其受托人的财物、其他利益，或者要求当事人及其受托人报销费用的； （四）接受本案当事人及其受托人的宴请，或者参加由其支付费用的各项活动的； （五）向本案当事人及其受托人借款，借用交通工具、通讯工具或者其他物品，或者索取、接受当事人及其受托人在购买商品、装修住房以及其他方面给予的好处的； （六）有其他不正当行为，可能影响案件公正审理的。 **第3条** 凡在一个审判程序中参与过本案审判工作的审判人员，不得再参与该案其他程序的审判。但是，经过第二审程序发回重审的案件，在一审法院作出裁判后又进入第二审程序的，原第二审程序中合议庭组成人员不受本条规定的限制。 **第4条** 审判人员应当回避，本人没有自行回避，当事人及其法定代理人也没有申请其回避的，院长

新《民事诉讼法》及解读等	修改前《民事诉讼法》等关联规定
	或者审判委员会应当决定其回避。 **第5条**　人民法院应当依法告知当事人及其法定代理人有申请回避的权利，以及合议庭组成人员、书记员的姓名、职务等相关信息。 **第6条**　人民法院依法调解案件，应当告知当事人及其法定代理人有申请回避的权利，以及主持调解工作的审判人员及其他参与调解工作的人员的姓名、职务等相关信息。 **第7条**　第二审人民法院认为第一审人民法院的审理有违反本规定第一条至第三条规定的，应当裁定撤销原判，发回原审人民法院重新审判。 **第8条**　审判人员及法院其他工作人员从人民法院离任后二年内，不得以律师身份担任诉讼代理人或者辩护人。 审判人员及法院其他工作人员从人民法院离任后，不得担任原任职法院所审理案件的诉讼代理人或者辩护人，但是作为当事人的监护人或者近亲属代理诉讼或者进行辩护的除外。 本条所规定的离任，包括退休、调离、解聘、辞职、辞退、开除等离开法院工作岗位的情形。

新《民事诉讼法》及解读等	修改前《民事诉讼法》等关联规定
	本条所规定的原任职法院，包括审判人员及法院其他工作人员曾任职的所有法院。 **第9条** 审判人员及法院其他工作人员的配偶、子女或者父母不得担任其所任职法院审理案件的诉讼代理人或者辩护人。 **第10条** 人民法院发现诉讼代理人或者辩护人违反本规定第八条、第九条的规定的，应当责令其停止相关诉讼代理或者辩护行为。 **第11条** 当事人及其法定代理人、诉讼代理人、辩护人认为审判人员有违反本规定行为的，可以向法院纪检、监察部门或者其他有关部门举报。受理举报的人民法院应当及时处理，并将相关意见反馈给举报人。 **第12条** 对明知具有本规定第一条至第三条规定情形不依法自行回避的审判人员，依照《人民法院工作人员处分条例》的规定予以处分。 对明知诉讼代理人、辩护人具有本规定第八条、第九条规定情形之一，未责令其停止相关诉讼代理或者辩护行为的审判人员，依照《人民法院工作人员处分条例》的规定予以处分。

新《民事诉讼法》及解读等	修改前《民事诉讼法》等关联规定
	第 13 条　本规定所称审判人员，包括各级人民法院院长、副院长、审判委员会委员、庭长、副庭长、审判员和助理审判员。 本规定所称法院其他工作人员，是指审判人员以外的在编工作人员。 **第 14 条**　人民陪审员、书记员和执行员适用审判人员回避的有关规定，但不属于本规定第十三条所规定人员的，不适用本规定第八条、第九条的规定。 **第 15 条**　自本规定施行之日起，《最高人民法院关于审判人员严格执行回避制度的若干规定》（法发〔2000〕5 号）即行废止；本规定施行前本院发布的司法解释与本规定不一致的，以本规定为准。
第四十八条　【回避申请】当事人提出回避申请，应当说明理由，在案件开始审理时提出；回避事由在案件开始审理后知道的，也可以在法庭辩论终结前提出。 被申请回避的人员在人民法院作出是否回避的决定前，应当暂停参与本案的工作，但案件需要采取紧急措施的除外。 **解读：**本条就回避申请的提出时间，即被申请回避人员在回避决定	**《民事诉讼法》（2021 年修正）** **第 48 条**　当事人提出回避申请，应当说明理由，在案件开始审理时提出；回避事由在案件开始审理后知道的，也可以在法庭辩论终结前提出。 被申请回避的人员在人民法院作出是否回避的决定前，应当暂停参与本案的工作，但案件需要采取紧急措施的除外。

新《民事诉讼法》及解读等	修改前《民事诉讼法》等关联规定
作出前应暂停有关工作作出规定。关于回避申请的提出时间，一般而言，当事人应在案件开始审理时提出。当然，若回避事由是在案件开始审理后才知道的，也可在法庭辩论终结前提出，以进一步保障当事人回避权利行使，确保案件公正审判。此外需注意，当事人提出回避申请的，还应说明理由。虽然当事人有权申请回避，但并不意味着一定准许回避。是否准许，最终由法院决定，即法院应对当事人的回避申请进行审查，并根据审查情况决定是否回避。为确保公正公平，被申请回避的人员在回避决定作出前，应暂停参与本案的工作，但案件需要采取紧急措施的除外。如一方当事人在诉讼过程中提出财产保全的申请，情况紧急，不立即采取保全措施可能造成判决无法执行的，此种情况下即属不应暂停的情形。	
第四十九条　【回避决定作出主体】院长担任审判长或者独任审判员时的回避，由审判委员会决定；审判人员的回避，由院长决定；其他人员的回避，由审判长或者独任审判员决定。	**《民事诉讼法》（2021 年修正）** **第 49 条**　院长担任审判长或者独任审判员时的回避，由审判委员会决定；审判人员的回避，由院长决定；其他人员的回避，由审判长或者独任审判员决定。

新《民事诉讼法》及解读等	修改前《民事诉讼法》等关联规定
解读：审判人员以及其他人员应否回避，直接关系到案件的公平审理甚至审判工作能否顺利进行，也影响当事人合法权益能否得到有效保护，对此应严肃慎重对待，应避免出现自己决定自己是否回避的情况。为此，基于回避对象的不同，本条对回避决定的作出主体作了明确。回避决定权分为三个层次：一是院长担任审判长或者独任审判员时的回避，由审判委员会决定；二是审判人员的回避，由院长决定；三是其他人员的回避，由审判长或者独任审判员决定。需要注意的是，本条中的两处“独任审判员”，均是《民事诉讼法》2021年修正时增加的表述，本次修正予以保留。	
第五十条　【回避决定与复议】人民法院对当事人提出的回避申请，应当在申请提出的三日内，以口头或者书面形式作出决定。申请人对决定不服的，可以在接到决定时申请复议一次。复议期间，被申请回避的人员，不停止参与本案的工作。人民法院对复议申请，应当在三日内作出复议决定，并通知复议申请人。	**《民事诉讼法》（2021年修正）** **第50条**　人民法院对当事人提出的回避申请，应当在申请提出的三日内，以口头或者书面形式作出决定。申请人对决定不服的，可以在接到决定时申请复议一次。复议期间，被申请回避的人员，不停止参与本案的工作。人民法院对复议申请，应当在三日内作出复议决定，并通知复议申请人。

新《民事诉讼法》及解读等	修改前《民事诉讼法》等关联规定
解读：回避申请的决定程序对保障当事人的回避申请权利具有重要意义。为此，本条明确规定法院应对该回避申请及时进行审查，并在申请提出的三日内以口头或书面方式作出决定是否准予回避有关人员是否回避。此外，为保障当事人充分行使回避申请的权利，本条还明确了申请人有权对回避决定申请复议。当然，为防止当事人反复申请复议进而不利于案件正常审理，本条限定申请复议的次数为一次，且只能向原审法院申请复议，而不能“越级”进行。同时，为保证案件正常审理工作不受复议影响，复议期间，被申请回避人员不停止参与案件的工作。法院对复议申请也同样需及时作出决定，本条规定将复议决定通知复议申请人。	
第五章　诉讼参加人	
第一节　当事人	
第五十一条　【当事人诉讼权利能力】公民、法人和其他组织可以作为民事诉讼的当事人。 法人由其法定代表人进行诉讼。其他组织由其主要负责人进行诉讼。	**《民事诉讼法》（2021 年修正）** **第 51 条**　公民、法人和其他组织可以作为民事诉讼的当事人。 法人由其法定代表人进行诉讼。其他组织由其主要负责人进行诉讼。

新《民事诉讼法》及解读等	修改前《民事诉讼法》等关联规定
解读：民事诉讼的当事人，是指因民事权利义务发生争议，以自己的名义进行诉讼，要求人民法院行使民事裁判权，并受人民法院裁判约束的人。能够成为民事诉讼当事人，享有民事诉讼权利和承担民事诉讼义务所必需的诉讼法上的资格，学理上被称为诉讼权利能力。民事诉讼的当事人具有如下特征：一是需以自己的名义进行诉讼。不以自己名义进行诉讼而是以他人名义进行诉讼的人如诉讼代理人等，不属民事诉讼当事人范畴。二是发生民事权利义务争议。该争议可以是基于当事人自己的实体利益而发生的民事权利义务争议，也可以是基于受当事人管理与支配的民事利益而发生的民事权利义务争议，如财产代管人等。三是受法院生效裁判的约束。虽以自己的名义参与诉讼，但不受人民法院裁判约束的人，如证人、鉴定人，亦不是民事诉讼的当事人。民事诉讼的当事人有广义和狭义之分。狭义的当事人仅指原告和被告。广义的当事人还包括诉讼中的第三人。民事诉讼权利能力与民事权利能力有着密切的联系。在通常情况下，有民事权利能力的人才具有民事诉讼权利能力，如公	**《民事诉讼法解释》** **第50条** 法人的法定代表人以依法登记的为准，但法律另有规定的除外。依法不需要办理登记的法人，以其正职负责人为法定代表人；没有正职负责人的，以其主持工作的副职负责人为法定代表人。 法定代表人已经变更，但未完成登记，变更后的法定代表人要求代表法人参加诉讼的，人民法院可以准许。 其他组织，以其主要负责人为代表人。 **第51条** 在诉讼中，法人的法定代表人变更的，由新的法定代表人继续进行诉讼，并应向人民法院提交新的法定代表人身份证明书。原法定代表人进行的诉讼行为有效。 前款规定，适用于其他组织参加的诉讼。 **第52条** 民事诉讼法第五十一条规定的其他组织是指合法成立、有一定的组织机构和财产，但又不具备法人资格的组织，包括： （一）依法登记领取营业执照的个人独资企业； （二）依法登记领取营业执照的合伙企业； （三）依法登记领取我国营业执

新《民事诉讼法》及解读等	修改前《民事诉讼法》等关联规定
民、法人；但是在某些情况下，没有民事权利能力的人，也可以有民事诉讼权利能力，成为民事诉讼中的当事人。如不具有民事权利能力的其他组织，在符合法律规定条件的情况下，也可以有民事诉讼权利能力，成为独立的诉讼当事人。公民的诉讼权利能力，完全按照民法上的民事权利能力要求，即始于出生，终于死亡。法人的诉讼权利能力则开始于成立，终于终止。其他组织的诉讼权利能力也是开始于成立，终于终止。另值得注意的是，当事人诉讼权利能力和当事人适格是两个不同的概念。当事人诉讼权利能力属于诉讼主体要件中的抽象要件，是针对一般诉讼而言的一种抽象资格。本条关于公民、法人和其他组织可以作为民事诉讼当事人的规定，指的就是当事人诉讼权利能力。而当事人适格则是针对具体诉讼而言的具体要件。案件不同，对当事人适格性的要求亦不相同。换言之，当事人具有诉讼权利能力，并不一定就是某个案件的适格当事人。 **案例参考：《赣州市章贡区某小区业主委员会诉江西某置业有限公司商品房销售合同纠纷案》**①	照的中外合作经营企业、外资企业； （四）依法成立的社会团体的分支机构、代表机构； （五）依法设立并领取营业执照的法人的分支机构； （六）依法设立并领取营业执照的商业银行、政策性银行和非银行金融机构的分支机构； （七）经依法登记领取营业执照的乡镇企业、街道企业； （八）其他符合本条规定条件的组织。 **第53条** 法人非依法设立的分支机构，或者虽依法设立，但没有领取营业执照的分支机构，以设立该分支机构的法人为当事人。 **第54条** 以挂靠形式从事民事活动，当事人请求由挂靠人和被挂靠人依法承担民事责任的，该挂靠人和被挂靠人为共同诉讼人。 **第55条** 在诉讼中，一方当事人死亡，需要等待继承人表明是否参加诉讼的，裁定中止诉讼。人民法院应当及时通知继承人作为当事人承担诉讼，被继承人已经进行的诉讼行为对承担诉讼的继承人有效。 **第56条** 法人或者其他组织的

① 参见最高人民法院中国应用法学研究所编：《人民法院案例选·总第85辑》（2013年第3辑），人民法院出版社2014年版。

新《民事诉讼法》及解读等	修改前《民事诉讼法》等关联规定
案例要旨：业主委员会是具有诉讼权利能力的特殊组织，其诉讼权利能力范围限于法律、法规规定的范围。业主大会和业主委员会，对任意弃置垃圾、排放污染物或者噪声、违反规定饲养动物等损害他人合法权益的行为，有权依照法律、法规以及管理规约，要求行为人停止侵害、消除危险、排除妨害、赔偿损失。业主对侵害自己合法权益的行为，可依法向人民法院提起诉讼。	工作人员执行工作任务造成他人损害的，该法人或者其他组织为当事人。 **第57条**　提供劳务一方因劳务造成他人损害，受害人提起诉讼的，以接受劳务一方为被告。 **第58条**　在劳务派遣期间，被派遣的工作人员因执行工作任务造成他人损害的，以接受劳务派遣的用工单位为当事人。当事人主张劳务派遣单位承担责任的，该劳务派遣单位为共同被告。 **第59条**　在诉讼中，个体工商户以营业执照上登记的经营者为当事人。有字号的，以营业执照上登记的字号为当事人，但应同时注明该字号经营者的基本信息。 营业执照上登记的经营者与实际经营者不一致的，以登记的经营者和实际经营者为共同诉讼人。 **第60条**　在诉讼中，未依法登记领取营业执照的个人合伙的全体合伙人为共同诉讼人。个人合伙有依法核准登记的字号的，应在法律文书中注明登记的字号。全体合伙人可以推选代表人；被推选的代表人，应由全体合伙人出具推选书。 **第61条**　当事人之间的纠纷经人民调解委员会或者其他依法设立的调解组织调解达成协议后，一方

新《民事诉讼法》及解读等	修改前《民事诉讼法》等关联规定
	当事人不履行调解协议，另一方当事人向人民法院提起诉讼的，应以对方当事人为被告。 **第62条** 下列情形，以行为人为当事人： （一）法人或者其他组织应登记而未登记，行为人即以该法人或者其他组织名义进行民事活动的； （二）行为人没有代理权、超越代理权或者代理权终止后以被代理人名义进行民事活动的，但相对人有理由相信行为人有代理权的除外； （三）法人或者其他组织依法终止后，行为人仍以其名义进行民事活动的。 **第63条** 企业法人合并的，因合并前的民事活动发生的纠纷，以合并后的企业为当事人；企业法人分立的，因分立前的民事活动发生的纠纷，以分立后的企业为共同诉讼人。 **第64条** 企业法人解散的，依法清算并注销前，以该企业法人为当事人；未依法清算即被注销的，以该企业法人的股东、发起人或者出资人为当事人。 **第65条** 借用业务介绍信、合同专用章、盖章的空白合同书或者银行账户的，出借单位和借用人为共同诉讼人。

新《民事诉讼法》及解读等	修改前《民事诉讼法》等关联规定
	第66条　因保证合同纠纷提起的诉讼，债权人向保证人和被保证人一并主张权利的，人民法院应当将保证人和被保证人列为共同被告。保证合同约定为一般保证，债权人仅起诉保证人的，人民法院应当通知被保证人作为共同被告参加诉讼；债权人仅起诉被保证人的，可以只列被保证人为被告。 **第67条**　无民事行为能力人、限制民事行为能力人造成他人损害的，无民事行为能力人、限制民事行为能力人和其监护人为共同被告。 **第68条**　居民委员会、村民委员会或者村民小组与他人发生民事纠纷的，居民委员会、村民委员会或者有独立财产的村民小组为当事人。 **第69条**　对侵害死者遗体、遗骨以及姓名、肖像、名誉、荣誉、隐私等行为提起诉讼的，死者的近亲属为当事人。 **第70条**　在继承遗产的诉讼中，部分继承人起诉的，人民法院应通知其他继承人作为共同原告参加诉讼；被通知的继承人不愿意参加诉讼又未明确表示放弃实体权利的，人民法院仍应将其列为共同原告。

新《民事诉讼法》及解读等	修改前《民事诉讼法》等关联规定
	第71条 原告起诉被代理人和代理人，要求承担连带责任的，被代理人和代理人为共同被告。 原告起诉代理人和相对人，要求承担连带责任的，代理人和相对人为共同被告。
第五十二条 【当事人诉讼权利与义务】当事人有权委托代理人，提出回避申请，收集、提供证据，进行辩论，请求调解，提起上诉，申请执行。 当事人可以查阅本案有关材料，并可以复制本案有关材料和法律文书。查阅、复制本案有关材料的范围和办法由最高人民法院规定。 当事人必须依法行使诉讼权利，遵守诉讼秩序，履行发生法律效力的判决书、裁定书和调解书。 **解读：**当事人行使诉讼权利和履行诉讼义务是统一的。只有正确行使诉讼权利、履行诉讼义务，才能保证诉讼程序的顺利进行，维护法律的权威和尊严。本条规定的诉讼权利可类型化为以下四类：一是保障当事人进行诉讼的权利，包括请求司法保护的权利、委托诉讼代理人的权利、申请回避的权利和使用本民族语言文字进行诉讼的权利等。二是维护当事人实体权利的诉讼	**《民事诉讼法》（2021年修正）** **第52条** 当事人有权委托代理人，提出回避申请，收集、提供证据，进行辩论，请求调解，提起上诉，申请执行。 当事人可以查阅本案有关材料，并可以复制本案有关材料和法律文书。查阅、复制本案有关材料的范围和办法由最高人民法院规定。 当事人必须依法行使诉讼权利，遵守诉讼秩序，履行发生法律效力的判决书、裁定书和调解书。

新《民事诉讼法》及解读等	修改前《民事诉讼法》等关联规定
权利，包括收集、提供证据的权利、进行辩论的权利、申请财产保全的权利、查阅和复制本案有关资料的权利等。三是处分实体权利的诉讼权利，包括请求调解和自行和解的权利、提起反诉的权利、提起上诉和申请再审的权利等。四是实现民事权益的诉讼权利，即当事人申请执行的权利。就当事人的诉讼义务而言，主要有以下三种：一是依法行使诉讼权利，如不得利用提供证据的权利提供伪证，不得利用辩论权侮辱、谩骂对方当事人和其他诉讼参与人。二是遵守诉讼秩序，尊重法院的审判权以及对方当事人和其他诉讼参与人的诉讼权利，遵守法庭秩序。三是履行发生法律效力的判决书、裁定书和调解书等。	
第五十三条　【诉讼和解】双方当事人可以自行和解。 **解读：**诉讼和解，是指在诉讼过程中当事人双方自行协商，就实体权利的处分达成协议，从而解决纠纷的诉讼行为。它既是发生在诉讼过程中旨在终结诉讼程序的诉讼行为，又是当事人的一种民事法律行为。诉讼和解是解决民事案件的一种方式，当事人达成和解协议是其核心内容。诉讼和解协议与法院调	《民事诉讼法》(2021年修正) **第53条**　双方当事人可以自行和解。

新《民事诉讼法》及解读等	修改前《民事诉讼法》等关联规定
解相比区别明显：一是行为主体不同。和解是当事人双方自行协商，解决纠纷，只有在当事人申请法院对和解活动进行协调的情况下，法院才可委派审判辅助人员或邀请、委托有关单位和个人从事协调活动；法院调解则是法院行使民事审判权的一种方式，是在审判人员直接主持下进行的，法院始终都是诉讼调解的主导者。二是和解协议靠当事人双方自觉履行，不能作为法院的执行根据；而生效的调解书具有强制执行的法律效力。和解也不是独立的结案方式，达成和解协议后，并不能直接产生终结诉讼的法律效果，而是通过撤诉或申请法院依法确认和解协议方式终结诉讼程序；调解则不同，当事人双方达成调解协议后，不论是制作调解书的案件，还是依法不需要制作调解书的案件，只要完成了法定程序，即产生终结诉讼的法律效果。 **案例参考：《杨某康与无锡某保健品有限公司侵犯发明专利权纠纷申请再审案》**① 案例要旨：诉讼和解协议是案件当事人为终止争议或者防止争议再次发生，通过相互让步所形成的	

① 参见《最高人民法院公报》2009年第11期。

新《民事诉讼法》及解读等	修改前《民事诉讼法》等关联规定
合意，和解协议的内容不限于当事人的诉讼请求事项。当事人具有较高的文化程度，并有代理律师一同参与诉讼、调解、和解活动。在此情形下，当事人在和解协议上签字同意并收取了对方当事人按照和解协议支付的款项，此后又以调解违背其真实意愿为由申请再审的，其再审申请不符合《民事诉讼法》的相关规定，应予驳回。	
第五十四条　【诉讼请求处分与反诉】原告可以放弃或者变更诉讼请求。被告可以承认或者反驳诉讼请求，有权提起反诉。 **解读：**诉讼请求，是指当事人通过法院向对方当事人提出的实体权利请求。在民事诉讼中，原告向被告提出的请求，被告反诉提出的请求，诉讼中的第三人向原诉的原告、被告提出的请求，均属诉讼请求。原告放弃或者变更诉讼请求，被告承认或者反驳诉讼请求，是原告、被告拥有的诉讼权利，原告、被告有权自主行使权利，但这些权利的行使不得违反法律，不得损害国家、集体和他人的利益，否则，人民法院可不予准许或者不予支持。反诉，是指诉讼开始后，本诉的被告以本诉的原告为被告提出的与本诉	**《民事诉讼法》（2021年修正）** **第54条**　原告可以放弃或者变更诉讼请求。被告可以承认或者反驳诉讼请求，有权提起反诉。 **《民事诉讼法解释》** **第232条**　在案件受理后，法庭辩论结束前，原告增加诉讼请求，被告提出反诉，第三人提出与本案有关的诉讼请求，可以合并审理的，人民法院应当合并审理。 **第233条**　反诉的当事人应当限于本诉的当事人的范围。 反诉与本诉的诉讼请求基于相同法律关系、诉讼请求之间具有因果关系，或者反诉与本诉的诉讼请求基于相同事实的，人民法院应当合并审理。 反诉应由其他人民法院专属管辖，或者与本诉的诉讼标的及诉讼请

新《民事诉讼法》及解读等	修改前《民事诉讼法》等关联规定
有牵连关系的独立的诉讼请求。反诉具有如下特征：一是当事人诉讼地位具有双重性。反诉中本诉双方当事人的地位发生转换，本诉被告成为反诉原告，本诉原告则成为反诉被告。二是反诉请求具有独立性。反诉诉讼请求虽与本诉基于同一事实或同一法律关系，但反诉性质为独立之诉。被告不提起反诉，完全可以另行起诉。反诉不因本诉的撤回而终结。同样，反诉的撤回也不影响原诉继续审理。三是反诉具有对抗性。被告提出反诉的目的在于抵消或吞并原告的诉讼请求，使原告诉讼目的无法实现。此外，需注意反诉与反驳的区别。反驳，是指在诉讼过程中，被告对原告的诉讼请求不予承认，对原告所提供的证据证明其虚假，或者提出新的事实和证据证明原告的诉讼请求部分或者全部不成立。二者的不同在于：1. 反诉是被告提出的诉讼请求，反诉产生新的诉讼；反驳则是被告针对原告的诉讼请求提出的，不会引起新的诉讼。2. 反诉虽在本诉的诉讼过程中提出，但是否合并审理由法院根据案件情况决定；反驳则是在本案诉讼过程中发生的。3. 在反诉中，被告与本诉原告交换诉讼地	求所依据的事实、理由无关联的，裁定不予受理，告知另行起诉。 **第 251 条** 二审裁定撤销一审判决发回重审的案件，当事人申请变更、增加诉讼请求或者提出反诉，第三人提出与本案有关的诉讼请求的，依照民事诉讼法第一百四十三条规定处理。 **第 252 条** 再审裁定撤销原判决、裁定发回重审的案件，当事人申请变更、增加诉讼请求或者提出反诉，符合下列情形之一的，人民法院应当准许： （一）原审未合法传唤缺席判决，影响当事人行使诉讼权利的； （二）追加新的诉讼当事人的； （三）诉讼标的物灭失或者发生变化致使原诉讼请求无法实现的； （四）当事人申请变更、增加的诉讼请求或者提出的反诉，无法通过另诉解决的。 **第 326 条** 在第二审程序中，原审原告增加独立的诉讼请求或者原审被告提出反诉的，第二审人民法院可以根据当事人自愿的原则就新增加的诉讼请求或者反诉进行调解；调解不成的，告知当事人另行起诉。 双方当事人同意由第二审人民法

新《民事诉讼法》及解读等	修改前《民事诉讼法》等关联规定
位；在反驳中则并无诉讼地位交换。4. 反诉目的在于抵消或者吞并本诉的诉讼请求，或使本诉的诉讼请求失去存在的意义；反驳则在于对原告的诉讼请求不予承认，证明原告的诉讼请求部分或者全部不成立。 **案例参考：《某水泵有限公司诉某机电设备有限公司买卖合同纠纷案》**① 案例要旨：案件审理中，对于当事人提起的反诉，经审查，人民法院认为不符合反诉受理条件的，裁定不予受理。对于该反诉不予受理裁定，反诉当事人不具有上诉权，可依据《民事诉讼法解释》的相关规定，另行起诉。	院一并审理的，第二审人民法院可以一并裁判。 **《消费民事公益诉讼解释》** **第5条** 人民法院认为原告提出的诉讼请求不足以保护社会公共利益的，可以向其释明变更或者增加停止侵害等诉讼请求。 **第11条** 消费民事公益诉讼案件审理过程中，被告提出反诉的，人民法院不予受理。 **《环境民事公益诉讼解释》** **第9条** 人民法院认为原告提出的诉讼请求不足以保护社会公共利益的，可以向其释明变更或者增加停止侵害、修复生态环境等诉讼请求。 **第17条** 环境民事公益诉讼案件审理过程中，被告以反诉方式提出诉讼请求的，人民法院不予受理。
第五十五条 【共同诉讼】当事人一方或者双方为二人以上，其诉讼标的是共同的，或者诉讼标的是同一种类、人民法院认为可以合并审理并经当事人同意的，为共同诉讼。 共同诉讼的一方当事人对诉讼标的有共同权利义务的，其中一人	**《民事诉讼法》（2021年修正）** **第55条** 当事人一方或者双方为二人以上，其诉讼标的是共同的，或者诉讼标的是同一种类、人民法院认为可以合并审理并经当事人同意的，为共同诉讼。 共同诉讼的一方当事人对诉讼标的有共同权利义务的，其中一人

① 参见支艳：《对反诉不予受理裁定不能上诉》，载《人民司法·案例》2020年第2期。

新《民事诉讼法》及解读等	修改前《民事诉讼法》等关联规定
的诉讼行为经其他共同诉讼人承认，对其他共同诉讼人发生效力；对诉讼标的没有共同权利义务的，其中一人的诉讼行为对其他共同诉讼人不发生效力。 **解读：**共同诉讼，是指当事人一方或者双方为二人以上的诉讼。原告为二人以上的，为共同原告，被告为二人以上的，为共同被告。共同诉讼制度的意义在于：一是可以节约当事人诉讼成本和司法资源，符合诉讼经济原则；二是避免法院对同一案件或同类案件作出相互矛盾的裁判，维护司法公信力与权威性；三是实体法上的权利义务关系争议涉及多数权利主体的，部分纠纷依其性质必须同时裁判才能解决，否则难以处理。根据共同诉讼成立的不同条件，可以将共同诉讼分为必要共同诉讼和普通共同诉讼。必要共同诉讼，是指当事人一方或者双方为二人以上，其诉讼标的是共同的，法院必须合并审理并作出同一判决的诉讼形式。普通共同诉讼，是指当事人一方或者双方为二人以上，其诉讼标的为同一种类，法院认为可以合并审理并经当事人同意的诉讼。当事人的同意和人民法院的认可是成立普通共同诉讼的条件。	的诉讼行为经其他共同诉讼人承认，对其他共同诉讼人发生效力；对诉讼标的没有共同权利义务的，其中一人的诉讼行为对其他共同诉讼人不发生效力。 **第135条**　必须共同进行诉讼的当事人没有参加诉讼的，人民法院应当通知其参加诉讼。 **《民事诉讼法解释》** **第70条**　在继承遗产的诉讼中，部分继承人起诉的，人民法院应通知其他继承人作为共同原告参加诉讼；被通知的继承人不愿意参加诉讼又未明确表示放弃实体权利的，人民法院仍应将其列为共同原告。 **第71条**　原告起诉被代理人和代理人，要求承担连带责任的，被代理人和代理人为共同被告。 原告起诉代理人和相对人，要求承担连带责任的，代理人和相对人为共同被告。 **第72条**　共有财产权受到他人侵害，部分共有权人起诉的，其他共有权人为共同诉讼人。 **第73条**　必须共同进行诉讼的当事人没有参加诉讼的，人民法院应当依照民事诉讼法第一百三十五条的规定，通知其参加；当事人也

新《民事诉讼法》及解读等	修改前《民事诉讼法》等关联规定
必要共同诉讼与普通共同诉讼的区别在于：1. 诉讼标的的性质不同。普通共同诉讼的诉讼标的是同一种类；必要共同诉讼人对诉讼标的享有共同的权利或承担共同的义务。2. 共同诉讼人之间的相关性与独立性不同。在普通共同诉讼中，每个共同诉讼人都处于独立的地位，其诉讼行为对其他共同诉讼人不发生效力，只对自己发生效力；在必要共同诉讼中，采取承认的原则，视全体共同诉讼人为一个整体，其中一人的诉讼行为经其他共同诉讼人同意，对其他共同诉讼人发生效力。3. 审判方式与审判结果不同。普通共同诉讼为可分之诉，共同诉讼人既可以一同也可以分别起诉或应诉。法院既可以合并也可以分开审理。而必要共同诉讼为不可分之诉，共同诉讼人必须一同起诉或应诉，法院也必须合并审理并作出合一判决，判决内容也不得相左。 **案例参考：《甘肃某实业有限公司等与某银行股份有限公司庆阳分行等金融借款合同纠纷案》**① 案例要旨：当事人依据多个法律关系合并提出多项诉讼请求，虽各	可以向人民法院申请追加。人民法院对当事人提出的申请，应当进行审查，申请理由不成立的，裁定驳回；申请理由成立的，书面通知被追加的当事人参加诉讼。 **第74条**　人民法院追加共同诉讼的当事人时，应当通知其他当事人。应当追加的原告，已明确表示放弃实体权利的，可不予追加；既不愿意参加诉讼，又不放弃实体权利的，仍应追加为共同原告，其不参加诉讼，不影响人民法院对案件的审理和依法作出判决。 **《最高人民法院关于人民法院受理共同诉讼案件问题的通知》** 一、当事人一方或双方人数众多的共同诉讼，依法由基层人民法院受理。受理法院认为不宜作为共同诉讼受理的，可分别受理。 在高级人民法院辖区内有重大影响的上述案件，由中级人民法院受理。如情况特殊，确需高级人民法院作为一审民事案件受理的，应当在受理前报最高人民法院批准。 法律、司法解释对知识产权，海事、海商，涉外等民事纠纷案件的级别管辖另有规定的，从其规定。

① 参见《最高人民法院公报》2021年第1期。

新《民事诉讼法》及解读等	修改前《民事诉讼法》等关联规定
个法律关系之间具有一定事实上的关联性，但若并非基于同一事实或者诉讼标的并非同一或同类，经人民法院释明后，当事人仍不分别起诉的，可以裁定驳回起诉。	二、各级人民法院应当加强对共同诉讼案件涉及问题的调查研究，上级人民法院应当加强对下级人民法院审理此类案件的指导工作。
第五十六条 【人数确定的代表人诉讼】当事人一方人数众多的共同诉讼，可以由当事人推选代表人进行诉讼。代表人的诉讼行为对其所代表的当事人发生效力，但代表人变更、放弃诉讼请求或者承认对方当事人的诉讼请求，进行和解，必须经被代表的当事人同意。 **解读：**诉讼代表人，是指当事人一方或者双方人数众多，经过推选等方式确定代表该方当事人进行诉讼活动的人。此类诉讼亦被称为代表人诉讼。该代表人的产生需满足以下条件：一是诉讼代表人必须是当事人。其身份具有双重性，既是当事人又是代表人。二是代表人人数有限制。诉讼代表人的人数为二至五人，每位代表人可以委托一至二人作为诉讼代理人。三是诉讼代表人应具有完全民事行为能力，维护所代表的当事人的诉讼利益。需注意，虽然代表人的诉讼行为对其所代表的当事人发生法律效力，但在处分涉及被代表人的实体权利	**《民事诉讼法》（2021 年修正）** **第 56 条** 当事人一方人数众多的共同诉讼，可以由当事人推选代表人进行诉讼。代表人的诉讼行为对其所代表的当事人发生效力，但代表人变更、放弃诉讼请求或者承认对方当事人的诉讼请求，进行和解，必须经被代表的当事人同意。 **《民事诉讼法解释》** **第 75 条** 民事诉讼法第五十六条、第五十七条和第二百零六条规定的人数众多，一般指十人以上。 **第 76 条** 依照民事诉讼法第五十六条规定，当事人一方人数众多在起诉时确定的，可以由全体当事人推选共同的代表人，也可以由部分当事人推选自己的代表人；推选不出代表人的当事人，在必要的共同诉讼中可以自己参加诉讼，在普通的共同诉讼中可以另行起诉。 **第 78 条** 民事诉讼法第五十六条和第五十七条规定的代表人为二至五人，每位代表人可以委托一至二人作为诉讼代理人。

新《民事诉讼法》及解读等	修改前《民事诉讼法》等关联规定
时，如变更、放弃诉讼请求或承认对方当事人的诉讼请求，进行和解等，必须经被代表的当事人同意。根据本条及下一条的规定，代表人诉讼分为人数确定的代表人诉讼和人数不确定的代表人诉讼。本条主要规定人数确定的代表人诉讼，即当事人一方人数众多（一般十人以上），且在起诉时人数可以确定，诉讼标的是共同或属于同一种类，由众多当事人推选出数人作为代表代为实施诉讼行为的诉讼模式。	
第五十七条　【人数不确定的代表人诉讼】诉讼标的是同一种类、当事人一方人数众多在起诉时人数尚未确定的，人民法院可以发出公告，说明案件情况和诉讼请求，通知权利人在一定期间向人民法院登记。 向人民法院登记的权利人可以推选代表人进行诉讼；推选不出代表人的，人民法院可以与参加登记的权利人商定代表人。 代表人的诉讼行为对其所代表的当事人发生效力，但代表人变更、放弃诉讼请求或者承认对方当事人的诉讼请求，进行和解，必须经被代表的当事人同意。	**《民事诉讼法》(2021 年修正)** **第 57 条**　诉讼标的是同一种类、当事人一方人数众多在起诉时人数尚未确定的，人民法院可以发出公告，说明案件情况和诉讼请求，通知权利人在一定期间向人民法院登记。 向人民法院登记的权利人可以推选代表人进行诉讼；推选不出代表人的，人民法院可以与参加登记的权利人商定代表人。 代表人的诉讼行为对其所代表的当事人发生效力，但代表人变更、放弃诉讼请求或者承认对方当事人的诉讼请求，进行和解，必须经被代表的当事人同意。

新《民事诉讼法》及解读等	修改前《民事诉讼法》等关联规定
人民法院作出的判决、裁定，对参加登记的全体权利人发生效力。未参加登记的权利人在诉讼时效期间提起诉讼的，适用该判决、裁定。 **解读：**人数不确定的代表人诉讼，是指当事人一方人数众多且在起诉阶段乃至判决阶段人数尚未确定，由向法院登记的权利人推选或者由法院与权利人商定或者由法院指定而产生的代表人代表当事人实施诉讼行为的诉讼形式。当事人在起诉阶段乃至判决阶段人数尚不确定，从诉讼理论上来讲可将全体当事人拟制为一个集团，故有观点认为可视为集团诉讼。与人数确定的代表人诉讼相比，在人数不确定的代表人诉讼中，当事人之间诉讼标的的牵连关系较为松散，故其适用需经公告、登记、诉讼代表人产生等特殊规则。《民事诉讼法解释》明确了其诉讼代表人的产生包括当事人推选、协商确定、法院指定这三种方式，但有先后适用顺序。此外，就其裁判效力而言，裁判效力及于已经登记的全体当事人，参加登记的全体当事人必须按照生效裁判确定的内容行使权利、承担义务，不得再行起诉。因故未登记的权利人可在诉讼时效内起诉，经审查认为其请求成立的，可不进行实体审理而直接裁定适用已作出的裁判。	人民法院作出的判决、裁定，对参加登记的全体权利人发生效力。未参加登记的权利人在诉讼时效期间提起诉讼的，适用该判决、裁定。 **《民事诉讼法解释》** **第77条**　根据民事诉讼法第五十七条规定，当事人一方人数众多在起诉时不确定的，由当事人推选代表人。当事人推选不出的，可以由人民法院提出人选与当事人协商；协商不成的，也可以由人民法院在起诉的当事人中指定代表人。 **第78条**　民事诉讼法第五十六条和第五十七条规定的代表人为二至五人，每位代表人可以委托一至二人作为诉讼代理人。 **第79条**　依照民事诉讼法第五十七条规定受理的案件，人民法院可以发出公告，通知权利人向人民法院登记。公告期间根据案件的具体情况确定，但不得少于三十日。 **第80条**　根据民事诉讼法第五十七条规定向人民法院登记的权利人，应当证明其与对方当事人的法律关系和所受到的损害。证明不了的，不予登记，权利人可以另行起诉。人民法院的裁判在登记的范围内执行。未参加登记的权利人提起诉讼，人民法院认定其请求成立的，裁定适用人民法院已作出的判决、裁定。

新《民事诉讼法》及解读等	修改前《民事诉讼法》等关联规定
案例参考:《上海某置业有限公司、米某等342名业主诉温州某公司等房屋租赁合同纠纷案》① 案例要旨:在必要共同诉讼中,部分当事人的生存状态及其继承人的身份情况难以及时、准确查明,且在诉讼过程中可能发生新的死亡情形的,为人数不确定的必要共同诉讼。对此,可以参照《民事诉讼法》关于人数不确定的普通共同诉讼的规定,发布公告,通知当事人或其继承人限期进行登记,推选诉讼代表人或自己参加诉讼,并在已起诉的当事人中,为未参加登记的当事人指定诉讼代表人。推选或指定代表人后,原当事人不再列入当事人序列,代表人的诉讼行为对其所代表的当事人发生效力,裁判结果及于全体被代表的当事人。	
第五十八条 【公益诉讼】对污染环境、侵害众多消费者合法权益等损害社会公共利益的行为,法律规定的机关和有关组织可以向人民法院提起诉讼。 人民检察院在履行职责中发现破坏生态环境和资源保护、食品药品安全领域侵害众多消费者合法权益等损害社会公共利益的行为,在	**《民事诉讼法》(2021年修正)** **第58条** 对污染环境、侵害众多消费者合法权益等损害社会公共利益的行为,法律规定的机关和有关组织可以向人民法院提起诉讼。 人民检察院在履行职责中发现破坏生态环境和资源保护、食品药品安全领域侵害众多消费者合法权益等损害社会公共利益的行为,在

① 参见上海市第一中级人民法院(2020)沪01民终6966号民事判决书,载中国裁判文书网。

新《民事诉讼法》及解读等	修改前《民事诉讼法》等关联规定
没有前款规定的机关和组织或者前款规定的机关和组织不提起诉讼的情况下，可以向人民法院提起诉讼。前款规定的机关或者组织提起诉讼的，人民检察院可以支持起诉。 **解读**：民事公益诉讼，是指特定的国家机关、组织根据法律规定，针对侵犯社会公共利益的违法行为，为保护公共利益而以自己的名义向法院提起的民事诉讼，其与私益诉讼或者说普通民事诉讼相对。民事公益诉讼中的“公共利益”，主要是指社会或某一领域的共同利益，这些利益没有明确的权利主体或者权利主体过于抽象，一旦受到侵害，很难通过普通民事诉讼得到救济。为此，确立公益诉讼制度，允许非直接利害关系人起诉，可以达到保护社会公共利益的目的。与普通民事诉讼相比，主要区别如下：1. 诉讼目的不完全相同。公益诉讼的主要目的是维护公共利益；而普通民事诉讼是为了解决民事主体之间的纠纷，直接目的是维护个体利益。2. 保护利益的特点不同。公益诉讼保护公共利益，公共利益既是私益的集合体，与私益相关联但又不等同于私益，有时具有抽象性、宏观性等特点。普通民事诉讼所保护的主要	没有前款规定的机关和组织或者前款规定的机关和组织不提起诉讼的情况下，可以向人民法院提起诉讼。前款规定的机关或者组织提起诉讼的，人民检察院可以支持起诉。 **《消费者权益保护法》** **第47条** 对侵害众多消费者合法权益的行为，中国消费者协会以及在省、自治区、直辖市设立的消费者协会，可以向人民法院提起诉讼。 **《环境保护法》** **第58条** 对污染环境、破坏生态，损害社会公共利益的行为，符合下列条件的社会组织可以向人民法院提起诉讼： （一）依法在设区的市级以上人民政府民政部门登记； （二）专门从事环境保护公益活动连续五年以上且无违法记录。 符合前款规定的社会组织向人民法院提起诉讼，人民法院应当依法受理。 提起诉讼的社会组织不得通过诉讼牟取经济利益。 **《民事诉讼法解释》** **第282条** 环境保护法、消费者权益保护法等法律规定的机关和有关组织对污染环境、侵害众多消费者合法权益等损害社会公共利益的

新《民事诉讼法》及解读等	修改前《民事诉讼法》等关联规定
是个体利益，具有具体性、微观性等特点，范围较为明确。3. 对诉讼当事人的要求不同。公益诉讼的原告不要求一定与纠纷有法律上的直接利害关系，如污染环境的行为即使没有直接损害某一环保组织的利益，但直接破坏了环境的，该环保组织也可以提起公益诉讼。而普通民事诉讼原告必须与案件有法律上的直接利害关系。4. 公益诉讼纠纷所涉及的损害往往具有广泛性、严重性和长期性。公益诉讼纠纷主要涉及污染环境、侵害众多消费者权益等侵权行为，这些侵权行为造成的损害一般具有广泛性、严重性和长期性，有些损害可能是隐形的，但影响是巨大、长期的。而普通民事诉讼主要涉及普通个体之间的利益损害，损害范围明确、易界定。 **案例参考：《中国生物多样性保护与绿色发展基金会诉宁夏某科技股份有限公司环境污染公益诉讼案》**① 案例要旨：1. 社会组织的章程虽未载明维护环境公共利益，但工作内容属于保护环境要素及生态系统的，应认定符合《环境民事公益诉讼解释》	行为，根据民事诉讼法第五十八条规定提起公益诉讼，符合下列条件的，人民法院应当受理： （一）有明确的被告； （二）有具体的诉讼请求； （三）有社会公共利益受到损害的初步证据； （四）属于人民法院受理民事诉讼的范围和受诉人民法院管辖。 **第 283 条** 公益诉讼案件由侵权行为地或者被告住所地中级人民法院管辖，但法律、司法解释另有规定的除外。 因污染海洋环境提起的公益诉讼，由污染发生地、损害结果地或者采取预防污染措施地海事法院管辖。 对同一侵权行为分别向两个以上人民法院提起公益诉讼的，由最先立案的人民法院管辖，必要时由它们的共同上级人民法院指定管辖。 **第 284 条** 人民法院受理公益诉讼案件后，应当在十日内书面告知相关行政主管部门。 **第 285 条** 人民法院受理公益诉讼案件后，依法可以提起诉讼的其他机关和有关组织，可以在开庭

① 参见《最高人民法院关于发布第十五批指导性案例的通知》（指导案例 75 号），2016 年 12 月 28 日发布。

新《民事诉讼法》及解读等	修改前《民事诉讼法》等关联规定
（以下简称《解释》）第 4 条关于“社会组织章程确定的宗旨和主要业务范围是维护社会公共利益”的规定。2.《解释》第 4 条规定的“环境保护公益活动”，既包括直接改善生态环境的行为，也包括与环境保护相关的有利于完善环境治理体系、提高环境治理能力、促进全社会形成环境保护广泛共识的活动。3. 社会组织起诉的事项与其宗旨和业务范围具有对应关系，或者与其所保护的环境要素及生态系统具有一定联系的，应认定符合《解释》第 4 条关于“与其宗旨和业务范围具有关联性”的规定。	前向人民法院申请参加诉讼。人民法院准许参加诉讼的，列为共同原告。 **第 286 条** 人民法院受理公益诉讼案件，不影响同一侵权行为的受害人根据民事诉讼法第一百二十二条规定提起诉讼。 **第 287 条** 对公益诉讼案件，当事人可以和解，人民法院可以调解。 当事人达成和解或者调解协议后，人民法院应当将和解或者调解协议进行公告。公告期间不得少于三十日。 公告期满后，人民法院经审查，和解或者调解协议不违反社会公共利益的，应当出具调解书；和解或者调解协议违反社会公共利益的，不予出具调解书，继续对案件进行审理并依法作出裁判。 **第 288 条** 公益诉讼案件的原告在法庭辩论终结后申请撤诉的，人民法院不予准许。 **第 289 条** 公益诉讼案件的裁判发生法律效力后，其他依法具有原告资格的机关和有关组织就同一侵权行为另行提起公益诉讼的，人民法院裁定不予受理，但法律、司法解释另有规定的除外。

新《民事诉讼法》及解读等	修改前《民事诉讼法》等关联规定
	《消费民事公益诉讼解释》 **第1条**　中国消费者协会以及在省、自治区、直辖市设立的消费者协会，对经营者侵害众多不特定消费者合法权益或者具有危及消费者人身、财产安全危险等损害社会公共利益的行为提起消费民事公益诉讼的，适用本解释。 法律规定或者全国人大及其常委会授权的机关和社会组织提起的消费民事公益诉讼，适用本解释。 **《环境民事公益诉讼解释》** **第1条**　法律规定的机关和有关组织依据民事诉讼法第五十五条、环境保护法第五十八条等法律的规定，对已经损害社会公共利益或者具有损害社会公共利益重大风险的污染环境、破坏生态的行为提起诉讼，符合民事诉讼法第一百一十九条第二项、第三项、第四项规定的，人民法院应予受理。 **第2条**　依照法律、法规的规定，在设区的市级以上人民政府民政部门登记的社会团体、基金会以及社会服务机构等，可以认定为环境保护法第五十八条规定的社会组织。 **第3条**　设区的市，自治州、盟、地区，不设区的地级市，直辖市

新《民事诉讼法》及解读等	修改前《民事诉讼法》等关联规定
	的区以上人民政府民政部门，可以认定为环境保护法第五十八条规定的“设区的市级以上人民政府民政部门”。 **第4条** 社会组织章程确定的宗旨和主要业务范围是维护社会公共利益，且从事环境保护公益活动的，可以认定为环境保护法第五十八条规定的“专门从事环境保护公益活动”。 社会组织提起的诉讼所涉及的社会公共利益，应与其宗旨和业务范围具有关联性。 **第5条** 社会组织在提起诉讼前五年内未因从事业务活动违反法律、法规的规定受过行政、刑事处罚的，可以认定为环境保护法第五十八条规定的“无违法记录”。 **《最高人民法院、最高人民检察院关于检察公益诉讼案件适用法律若干问题的解释》** **第13条** 人民检察院在履行职责中发现破坏生态环境和资源保护，食品药品安全领域侵害众多消费者合法权益，侵害英雄烈士等的姓名、肖像、名誉、荣誉等损害社会公共利益的行为，拟提起公益诉讼的，应当依法公告，公告期间为三十日。 公告期满，法律规定的机关和

新《民事诉讼法》及解读等	修改前《民事诉讼法》等关联规定
	有关组织、英雄烈士等的近亲属不提起诉讼的，人民检察院可以向人民法院提起诉讼。 人民检察院办理侵害英雄烈士等的姓名、肖像、名誉、荣誉的民事公益诉讼案件，也可以直接征询英雄烈士等的近亲属的意见。 **第 14 条**　人民检察院提起民事公益诉讼应当提交下列材料： （一）民事公益诉讼起诉书，并按照被告人数提出副本； （二）被告的行为已经损害社会公共利益的初步证明材料； （三）已经履行公告程序、征询英雄烈士等的近亲属意见的证明材料。 **第 15 条**　人民检察院依据民事诉讼法第五十五条第二款的规定提起民事公益诉讼，符合民事诉讼法第一百一十九条第二项、第三项、第四项及本解释规定的起诉条件的，人民法院应当登记立案。 **第 16 条**　人民检察院提起的民事公益诉讼案件中，被告以反诉方式提出诉讼请求的，人民法院不予受理。 **第 17 条**　人民法院受理人民检察院提起的民事公益诉讼案件后，应当在立案之日起五日内将起诉书副本送达被告。

新《民事诉讼法》及解读等	修改前《民事诉讼法》等关联规定
	人民检察院已履行诉前公告程序的，人民法院立案后不再进行公告。 **第18条** 人民法院认为人民检察院提出的诉讼请求不足以保护社会公共利益的，可以向其释明变更或者增加停止侵害、恢复原状等诉讼请求。 **第19条** 民事公益诉讼案件审理过程中，人民检察院诉讼请求全部实现而撤回起诉的，人民法院应予准许。 **第20条** 人民检察院对破坏生态环境和资源保护，食品药品安全领域侵害众多消费者合法权益，侵害英雄烈士等的姓名、肖像、名誉、荣誉等损害社会公共利益的犯罪行为提起刑事公诉时，可以向人民法院一并提起附带民事公益诉讼，由人民法院同一审判组织审理。 人民检察院提起的刑事附带民事公益诉讼案件由审理刑事案件的人民法院管辖。 **《最高人民法院、民政部、环境保护部①关于贯彻实施环境民事公益诉讼制度的通知》** 一、人民法院受理和审理社会组

① 编者注：根据2018年国务院机构改革方案，成立生态环境部，不再保留环境保护部。

新《民事诉讼法》及解读等	修改前《民事诉讼法》等关联规定
	织提起的环境民事公益诉讼，可根据案件需要向社会组织的登记管理机关查询或者核实社会组织的基本信息，包括名称、住所、成立时间、宗旨、业务范围、法定代表人或者负责人、存续状态、年检信息、从事业务活动的情况以及登记管理机关掌握的违法记录等，有关登记管理机关应及时将相关信息向人民法院反馈。 **二、**社会组织存在通过诉讼牟取经济利益情形的，人民法院应向其登记管理机关发送司法建议，由登记管理机关依法对其进行查处，查处结果应向社会公布并通报人民法院。
第五十九条　【诉讼第三人与第三人撤销之诉】对当事人双方的诉讼标的，第三人认为有独立请求权的，有权提起诉讼。 对当事人双方的诉讼标的，第三人虽然没有独立请求权，但案件处理结果同他有法律上的利害关系的，可以申请参加诉讼，或者由人民法院通知他参加诉讼。人民法院判决承担民事责任的第三人，有当事人的诉讼权利义务。 前两款规定的第三人，因不能归责于本人的事由未参加诉讼，但有证据证明发生法律效力的判决、	**《民事诉讼法》（2021 年修正）** **第 59 条**　对当事人双方的诉讼标的，第三人认为有独立请求权的，有权提起诉讼。 对当事人双方的诉讼标的，第三人虽然没有独立请求权，但案件处理结果同他有法律上的利害关系的，可以申请参加诉讼，或者由人民法院通知他参加诉讼。人民法院判决承担民事责任的第三人，有当事人的诉讼权利义务。 前两款规定的第三人，因不能归责于本人的事由未参加诉讼，但有证据证明发生法律效力的判决、

新《民事诉讼法》及解读等	修改前《民事诉讼法》等关联规定
裁定、调解书的部分或者全部内容错误，损害其民事权益的，可以自知道或者应当知道其民事权益受到损害之日起六个月内，向作出该判决、裁定、调解书的人民法院提起诉讼。人民法院经审理，诉讼请求成立的，应当改变或者撤销原判决、裁定、调解书；诉讼请求不成立的，驳回诉讼请求。 **解读：**民事诉讼第三人，是指对当事人争议的诉讼标的具有独立的请求权，或者虽无独立的请求权但案件处理结果同其有法律上的利害关系，从而参加到他人已开始的诉讼中的人，包括有独立请求权的第三人和无独立请求权的第三人。有独立请求权的第三人，是指对当事人之间争议的诉讼标的的全部或者一部分，以独立的实体权利人的资格，提出诉讼请求而参加诉讼的人。不论原告胜诉还是被告胜诉，都将损害该第三人的民事权利，其以独立的实体权利人的资格向法院提起新的诉讼，在诉讼中的地位相当于原告，享有原告的诉讼权利，承担原告的诉讼义务，本诉的原、被告即作为他的被告。第三人参加诉讼，实际是将两个诉讼，即原来当事人之间的本诉和第三人与本诉当	裁定、调解书的部分或者全部内容错误，损害其民事权益的，可以自知道或者应当知道其民事权益受到损害之日起六个月内，向作出该判决、裁定、调解书的人民法院提起诉讼。人民法院经审理，诉讼请求成立的，应当改变或者撤销原判决、裁定、调解书；诉讼请求不成立的，驳回诉讼请求。 **《民事诉讼法解释》** **第 81 条**　根据民事诉讼法第五十九条的规定，有独立请求权的第三人有权向人民法院提出诉讼请求和事实、理由，成为当事人；无独立请求权的第三人，可以申请或者由人民法院通知参加诉讼。 第一审程序中未参加诉讼的第三人，申请参加第二审程序的，人民法院可以准许。 **第 82 条**　在一审诉讼中，无独立请求权的第三人无权提出管辖异议，无权放弃、变更诉讼请求或者申请撤诉，被判决承担民事责任的，有权提起上诉。 **第 127 条**　民事诉讼法第五十九条第三款、第二百一十二条以及本解释第三百七十二条、第三百八十二条、第三百九十九条、第四百二十条、第四百二十一条规定的六

新《民事诉讼法》及解读等	修改前《民事诉讼法》等关联规定
事人之间的诉讼合并审理，以避免分别审理而可能作出相互矛盾的裁判。无独立请求权的第三人，是指对他人之间争议的诉讼标的没有独立的实体权利，只是参加到诉讼中，以维护自己利益的人。无独立请求权的第三人，对原、被告争议的诉讼标的没有独立的请求权，故其无权承认、变更或者放弃原、被告争议的诉讼请求，无权请求对原、被告的争议实行和解。无独立请求权的第三人参加诉讼的途径有两条：一是自己请求，二是由法院通知。该第三人参加诉讼，实际是将一个已开始的诉讼和一个今后可能发生的潜在诉讼合并审理，以达到简化诉讼、方便当事人的目的。第三人撤销之诉，指未参加诉讼的第三人（包括“有独三”和“无独三”），有证据证明发生法律效力的判决、裁定、调解书的部分或者全部内容错误，损害其民事权益的，向作出该判决、裁定、调解书的人民法院提起诉讼，请求改变或者撤销原判决、裁定、调解书的制度。第三人提出撤销之诉应当满足以下条件：一是因不能归责于自己的事由未参加诉讼；二是有证据证明发生法律效力的判决、裁定、调解书的部分或者全部内容	月，民事诉讼法第二百三十条规定的一年，为不变期间，不适用诉讼时效中止、中断、延长的规定。 **第290条**　第三人对已经发生法律效力的判决、裁定、调解书提起撤销之诉的，应当自知道或者应当知道其民事权益受到损害之日起六个月内，向作出生效判决、裁定、调解书的人民法院提出，并应当提供存在下列情形的证据材料： （一）因不能归责于本人的事由未参加诉讼； （二）发生法律效力的判决、裁定、调解书的全部或者部分内容错误； （三）发生法律效力的判决、裁定、调解书内容错误损害其民事权益。 **第291条**　人民法院应当在收到起诉状和证据材料之日起五日内送交对方当事人，对方当事人可以自收到起诉状之日起十日内提出书面意见。 人民法院应当对第三人提交的起诉状、证据材料以及对方当事人的书面意见进行审查。必要时，可以询问双方当事人。 经审查，符合起诉条件的，人民法院应当在收到起诉状之日起三十

新《民事诉讼法》及解读等	修改前《民事诉讼法》等关联规定
错误，损害其民事权益。第三人撤销之诉的主要目的是要改变或者撤销已经生效的判决、裁定、调解书，但为防止其滥用诉讼权利，故对其起诉限定较严，即要求第三人有证据证明生效的判决、裁定、调解书部分或者全部内容错误，损害了其民事权益。另需注意，第三人提起的撤销之诉是依据新事实提起的新诉，对新诉的裁判，第三人和原诉的当事人可以提起上诉。此外，在执行过程中，第三人发现原裁判损害自己利益的，既可以按照本条第三款的规定提起第三人撤销之诉，也可以按照本法执行编相关规定以案外人身份提起执行异议，若对执行法院所作的执行异议裁定不服，认为原裁判错误的，可以依照审判监督程序提起再审。执行标的与原裁判无关的，该案外人只能依据本法相关规定提起执行异议之诉。 **案例参考：《永安市某房地产开发有限公司与郑某南、某（厦门）房地产发展有限公司及第三人高某珍第三人撤销之诉案》**① 案例要旨：作为普通债权人的第三人一般不具有基于债权提起第	日内立案。不符合起诉条件的，应当在收到起诉状之日起三十日内裁定不予受理。 **第292条**　人民法院对第三人撤销之诉案件，应当组成合议庭开庭审理。 **第293条**　民事诉讼法第五十九条第三款规定的因不能归责于本人的事由未参加诉讼，是指没有被列为生效判决、裁定、调解书当事人，且无过错或者无明显过错的情形。包括： （一）不知道诉讼而未参加的； （二）申请参加未获准许的； （三）知道诉讼，但因客观原因无法参加的； （四）因其他不能归责于本人的事由未参加诉讼的。 **第294条**　民事诉讼法第五十九条第三款规定的判决、裁定、调解书的部分或者全部内容，是指判决、裁定的主文，调解书中处理当事人民事权利义务的结果。 **第295条**　对下列情形提起第三人撤销之诉的，人民法院不予受理： （一）适用特别程序、督促程序、公示催告程序、破产程序等非

① 参见《最高人民法院公报》2020年第4期。

新《民事诉讼法》及解读等	修改前《民事诉讼法》等关联规定
三人撤销之诉的事由，但是如果生效裁判所确认的债务人相关财产处分行为符合《合同法》第 74 条[①]所规定的撤销权条件，则依法享有撤销权的债权人与该生效裁判案件处理结果具有法律上的利害关系，从而具备以无独立请求权第三人身份提起第三人撤销之诉的原告主体资格。	讼程序处理的案件； （二）婚姻无效、撤销或者解除婚姻关系等判决、裁定、调解书中涉及身份关系的内容； （三）民事诉讼法第五十七条规定的未参加登记的权利人对代表人诉讼案件的生效裁判； （四）民事诉讼法第五十八条规定的损害社会公共利益行为的受害人对公益诉讼案件的生效裁判。 **第 296 条**　第三人提起撤销之诉，人民法院应当将该第三人列为原告，生效判决、裁定、调解书的当事人列为被告，但生效判决、裁定、调解书中没有承担责任的无独立请求权的第三人列为第三人。 **第 297 条**　受理第三人撤销之诉案件后，原告提供相应担保，请求中止执行的，人民法院可以准许。 **第 298 条**　对第三人撤销或者部分撤销发生法律效力的判决、裁定、调解书内容的请求，人民法院经审理，按下列情形分别处理： （一）请求成立且确认其民事权利的主张全部或部分成立的，改变原判决、裁定、调解书内容的错误部分； （二）请求成立，但确认其全部

① 对应《民法典》第 538—540 条。

新《民事诉讼法》及解读等	修改前《民事诉讼法》等关联规定
	或部分民事权利的主张不成立，或者未提出确认其民事权利请求的，撤销原判决、裁定、调解书内容的错误部分； （三）请求不成立的，驳回诉讼请求。 对前款规定裁判不服的，当事人可以上诉。 原判决、裁定、调解书的内容未改变或者未撤销的部分继续有效。 **第299条**　第三人撤销之诉案件审理期间，人民法院对生效判决、裁定、调解书裁定再审的，受理第三人撤销之诉的人民法院应当裁定将第三人的诉讼请求并入再审程序。但有证据证明原审当事人之间恶意串通损害第三人合法权益的，人民法院应当先行审理第三人撤销之诉案件，裁定中止再审诉讼。 **第300条**　第三人诉讼请求并入再审程序审理的，按照下列情形分别处理： （一）按照第一审程序审理的，人民法院应当对第三人的诉讼请求一并审理，所作的判决可以上诉； （二）按照第二审程序审理的，人民法院可以调解，调解达不成协议的，应当裁定撤销原判决、裁定、调解书，发回一审法院重审，重审

新《民事诉讼法》及解读等	修改前《民事诉讼法》等关联规定
	时应当列明第三人。 **第 301 条** 第三人提起撤销之诉后，未中止生效判决、裁定、调解书执行的，执行法院对第三人依照民事诉讼法第二百三十四条规定提出的执行异议，应予审查。第三人不服驳回执行异议裁定，申请对原判决、裁定、调解书再审的，人民法院不予受理。 案外人对人民法院驳回其执行异议裁定不服，认为原判决、裁定、调解书内容错误损害其合法权益的，应当根据民事诉讼法第二百三十四条规定申请再审，提起第三人撤销之诉的，人民法院不予受理。
第二节 诉讼代理人	
第六十条 【法定代理人】 无诉讼行为能力人由他的监护人作为法定代理人代为诉讼。法定代理人之间互相推诿代理责任的，由人民法院指定其中一人代为诉讼。 **解读：** 诉讼代理人可分为法定代理人和委托代理人两种。法定代理人，是指根据法律规定，代理无诉讼行为能力的当事人进行民事活动的人。法定代理人最基本的特征在于其代理权的取得，不是基于当事人的委托而是直接来源于法律的规定。法定代理人是专为无诉讼行为	**《民事诉讼法》（2021 年修正）** **第 60 条** 无诉讼行为能力人由他的监护人作为法定代理人代为诉讼。法定代理人之间互相推诿代理责任的，由人民法院指定其中一人代为诉讼。 **《民法典》** **第 23 条** 无民事行为能力人、限制民事行为能力人的监护人是其法定代理人。 **第 27 条** 父母是未成年子女的监护人。 未成年人的父母已经死亡或者没有监护能力的，由下列有监护能

新《民事诉讼法》及解读等	修改前《民事诉讼法》等关联规定
能力人而设，以弥补其诉讼行为能力的欠缺，因此法定代理人的范围，一般与无民事行为能力人或者限制民事行为能力人的监护人范围一致，《民法典》第23条亦有明确规定。由于法定代理人的代理权依法律而产生与确定，其参加诉讼并不需要办理委托代理书，只要证明自己的身份及与被代理人具有监护关系即可。不同于委托代理人，法定代理人可以按照自己的意志代理被代理人实施所有的诉讼行为，无须被代理人的授权即可自由处分诉讼权利和实体权利，包括起诉、应诉、放弃或者变更诉讼请求，进行调解，提起反诉等。但需注意，在某些情况下，若法定代理人损害了被代理人的合法权益，也应承担相应的责任。此外，若在诉讼进行中，未成年的当事人已成年或被宣告无行为能力的当事人恢复了行为能力，此时法定代理权自行消灭。	力的人按顺序担任监护人： （一）祖父母、外祖父母； （二）兄、姐； （三）其他愿意担任监护人的个人或者组织，但是须经未成年人住所地的居民委员会、村民委员会或者民政部门同意。 **第28条** 无民事行为能力或者限制民事行为能力的成年人，由下列有监护能力的人按顺序担任监护人： （一）配偶； （二）父母、子女； （三）其他近亲属； （四）其他愿意担任监护人的个人或者组织，但是须经被监护人住所地的居民委员会、村民委员会或者民政部门同意。 **第32条** 没有依法具有监护资格的人的，监护人由民政部门担任，也可以由具备履行监护职责条件的被监护人住所地的居民委员会、村民委员会担任。 **第163条** 代理包括委托代理和法定代理。 委托代理人按照被代理人的委托行使代理权。法定代理人依照法律的规定行使代理权。 **《民事诉讼法解释》** **第83条** 在诉讼中，无民事行

新《民事诉讼法》及解读等	修改前《民事诉讼法》等关联规定
	为能力人、限制民事行为能力人的监护人是他的法定代理人。事先没有确定监护人的，可以由有监护资格的人协商确定；协商不成的，由人民法院在他们之中指定诉讼中的法定代理人。当事人没有民法典第二十七条、第二十八条规定的监护人的，可以指定民法典第三十二条规定的有关组织担任诉讼中的法定代理人。 **《民事诉讼法执行程序解释》** **第24条** 被执行人为单位的，可以对其法定代表人、主要负责人或者影响债务履行的直接责任人员限制出境。 被执行人为无民事行为能力人或者限制民事行为能力人的，可以对其法定代理人限制出境。
第六十一条 【委托代理人】 当事人、法定代理人可以委托一至二人作为诉讼代理人。 下列人员可以被委托为诉讼代理人： （一）律师、基层法律服务工作者； （二）当事人的近亲属或者工作人员； （三）当事人所在社区、单位以及有关社会团体推荐的公民。	**《民事诉讼法》（2021年修正）** **第61条** 当事人、法定代理人可以委托一至二人作为诉讼代理人。 下列人员可以被委托为诉讼代理人： （一）律师、基层法律服务工作者； （二）当事人的近亲属或者工作人员； （三）当事人所在社区、单位以及有关社会团体推荐的公民。

新《民事诉讼法》及解读等	修改前《民事诉讼法》等关联规定
解读：由于民事纠纷日益复杂化，当事人、法定代理人受制于各种因素制约，越发难以应对，为此，本法规定了委托代理人制度，允许当事人根据需要委托律师等专业人员代为处理诉讼事务。委托代理人，是指受当事人、法定代理人委托，代为诉讼行为的人。其具有如下特征：1. 代理权的发生基于当事人、法定代理人的意思表示而非由法律规定。2. 代理权限依授权范围而定，代理事项及权限由当事人、法定代理人决定。3. 其必须是具有诉讼行为能力的人。无民事行为能力人、限制民事行为能力人或者可能损害被代理人利益的人以及法院认为不宜作诉讼代理人的人，不能作为诉讼代理人。4. 人数特定，为一至二人。需注意，委托代理人的存在并没有剥夺被代理人的诉讼行为能力，被代理人仍可直接实施诉讼行为，并且被代理人的诉讼行为与委托诉讼代理人的诉讼行为不一致时，一般以被代理人诉讼行为为准。关于本条第2款规定的可作为委托代理人的具体范围，第1项自不待言；第2项所谓当事人的近亲属或者工作人员，《民事诉讼法解释》对此作了明确界定；第3项中"有关	**《民法典》** **第163条** 代理包括委托代理和法定代理。 委托代理人按照被代理人的委托行使代理权。法定代理人依照法律的规定行使代理权。 **第166条** 数人为同一代理事项的代理人的，应当共同行使代理权，但是当事人另有约定的除外。 **第919条** 委托合同是委托人和受托人约定，由受托人处理委托人事务的合同。 **《民事诉讼法解释》** **第84条** 无民事行为能力人、限制民事行为能力人以及其他依法不能作为诉讼代理人的，当事人不得委托其作为诉讼代理人。 **第85条** 根据民事诉讼法第六十一条第二款第二项规定，与当事人有夫妻、直系血亲、三代以内旁系血亲、近姻亲关系以及其他有抚养、赡养关系的亲属，可以当事人近亲属的名义作为诉讼代理人。 **第86条** 根据民事诉讼法第六十一条第二款第二项规定，与当事人有合法劳动人事关系的职工，可以当事人工作人员的名义作为诉讼代理人。 **第87条** 根据民事诉讼法第六十一条第二款第三项规定，有关社

新《民事诉讼法》及解读等	修改前《民事诉讼法》等关联规定
社会团体推荐的公民”情形所应满足的条件，《民事诉讼法解释》亦作了具体明确的规定。	会团体推荐公民担任诉讼代理人的，应当符合下列条件： （一）社会团体属于依法登记设立或者依法免予登记设立的非营利性法人组织； （二）被代理人属于该社会团体的成员，或者当事人一方住所地位于该社会团体的活动地域； （三）代理事务属于该社会团体章程载明的业务范围； （四）被推荐的公民是该社会团体的负责人或者与该社会团体有合法劳动人事关系的工作人员。 专利代理人经中华全国专利代理人协会推荐，可以在专利纠纷案件中担任诉讼代理人。
第六十二条　【授权委托书】 委托他人代为诉讼，必须向人民法院提交由委托人签名或者盖章的授权委托书。 授权委托书必须记明委托事项和权限。诉讼代理人代为承认、放弃、变更诉讼请求，进行和解，提起反诉或者上诉，必须有委托人的特别授权。 侨居在国外的中华人民共和国公民从国外寄交或者托交的授权委托书，必须经中华人民共和国驻该国的使领馆证明；没有使领馆的，	**《民事诉讼法》（2021 年修正）** **第 62 条**　委托他人代为诉讼，必须向人民法院提交由委托人签名或者盖章的授权委托书。 授权委托书必须记明委托事项和权限。诉讼代理人代为承认、放弃、变更诉讼请求，进行和解，提起反诉或者上诉，必须有委托人的特别授权。 侨居在国外的中华人民共和国公民从国外寄交或者托交的授权委托书，必须经中华人民共和国驻该国的使领馆证明；没有使领馆的，

新《民事诉讼法》及解读等	修改前《民事诉讼法》等关联规定
由与中华人民共和国有外交关系的第三国驻该国的使领馆证明，再转由中华人民共和国驻该第三国使领馆证明，或者由当地的爱国华侨团体证明。 **解读：**委托他人为诉讼代理人，关系到当事人对诉讼权利的行使和实体权利的处分，以及诉讼结果的承担，为避免后续纠纷，本条明确了委托他人代为诉讼，须向人民法院提交由委托人签名或者盖章的授权委托书。授权委托书是委托诉讼代理人取得诉讼代理权的唯一书面凭证，应保证授权委托书的真实性。授权委托书必须记明委托事项和权限。委托代理人只能在被代理人授权的范围内实施诉讼行为，在权限范围内从事的代理行为，由当事人、法定代理人承担法律后果。超越代理权的行为，属于无权代理，后果应当由代理人自负。当事人在诉讼中的权利可分为两类：一是纯粹的诉讼权利或与实体权利关系不密切的诉讼权利，如申请回避、提交证据、陈述事实、进行辩论、申请保全、请求调解、提出反诉、上诉等；二是实体权利或与实体权利密切相关的诉讼权利，如代为承认、放弃、变更诉讼请求。对前一种权利而言，	由与中华人民共和国有外交关系的第三国驻该国的使领馆证明，再转由中华人民共和国驻该第三国使领馆证明，或者由当地的爱国华侨团体证明。 **《民法典》** **第165条**　委托代理授权采用书面形式的，授权委托书应当载明代理人的姓名或者名称、代理事项、权限和期限，并由被代理人签名或者盖章。 **《民事诉讼法解释》** **第88条**　诉讼代理人除根据民事诉讼法第六十二条规定提交授权委托书外，还应当按照下列规定向人民法院提交相关材料： （一）律师应当提交律师执业证、律师事务所证明材料； （二）基层法律服务工作者应当提交法律服务工作者执业证、基层法律服务所出具的介绍信以及当事人一方位于本辖区内的证明材料； （三）当事人的近亲属应当提交身份证件和与委托人有近亲属关系的证明材料； （四）当事人的工作人员应当提交身份证件和与当事人有合法劳动人事关系的证明材料； （五）当事人所在社区、单位推荐的公民应当提交身份证件、推

新《民事诉讼法》及解读等	修改前《民事诉讼法》等关联规定
因不涉及被代理人实体权利的处分，故无需被代理人的特别授权而属一般代理。对后一种权利而言，因与当事人的利益关系密切，故需被代理人特别授权。特别授权，是指被代理人对涉及自己实体权利的处分事项，明确地授予诉讼代理人特定权限。此类实体处分权代理属特别代理。实践中委托书若只笼统地写上“特别代理”“全权代理”无具体授权的，应认为代理人无权代为承认、放弃、变更诉讼请求，进行和解，提起反诉或者上诉。正确的授权方法是明确地写明授予何种涉及实体权利的处分权限。	荐材料和当事人属于该社区、单位的证明材料； （六）有关社会团体推荐的公民应当提交身份证件和符合本解释第八十七条规定条件的证明材料。 **第89条**　当事人向人民法院提交的授权委托书，应当在开庭审理前送交人民法院。授权委托书仅写“全权代理”而无具体授权的，诉讼代理人无权代为承认、放弃、变更诉讼请求，进行和解，提出反诉或者提起上诉。 适用简易程序审理的案件，双方当事人同时到庭并径行开庭审理的，可以当场口头委托诉讼代理人，由人民法院记入笔录。 **《最高人民法院关于民事诉讼委托代理人在执行程序中的代理权限问题的批复》** 根据民事诉讼法的规定，当事人在民事诉讼中有权委托代理人。当事人委托代理人时，应当依法向人民法院提交记明委托事项和代理人具体代理权限的授权委托书。如果当事人在授权委托书中没有写明代理人在执行程序中有代理权及具体的代理事项，代理人在执行程序中没有代理权，不能代理当事人直接领取或者处分标的物。

新《民事诉讼法》及解读等	修改前《民事诉讼法》等关联规定
第六十三条 【代理权变更与解除】 诉讼代理人的权限如果变更或者解除，当事人应当书面告知人民法院，并由人民法院通知对方当事人。 **解读：** 基于意思自治原则，诉讼代理人代理权限是委托人基于自己的意思表示授权的，委托人也当然可以根据自己意愿变更代理人的权限或者解除代理人的权利。但为防止因代理行为发生争议而影响案件审理，委托人变更或者解除诉讼代理人的权限时，应书面告知法院，法院也应通知对方当事人。值得注意的是，委托人变更或解除诉讼代理人的权限并书面告知人民法院后，该代理人之前所为的诉讼行为仍然发生效力，并非无效。	**《民事诉讼法》（2021 年修正）** **第 63 条** 诉讼代理人的权限如果变更或者解除，当事人应当书面告知人民法院，并由人民法院通知对方当事人。
第六十四条 【代理人权利】 代理诉讼的律师和其他诉讼代理人有权调查收集证据，可以查阅本案有关材料。查阅本案有关材料的范围和办法由最高人民法院规定。 **解读：** 诉讼代理人代为进行诉讼活动，除拥有代理权限范围内的权利外，还应拥有一些必要的诉讼权利，以保证其能有效履行代理职责。本条即明确了律师和其他诉讼代理人下述两个方面的权利：一是	**《民事诉讼法》（2021 年修正）** **第 64 条** 代理诉讼的律师和其他诉讼代理人有权调查收集证据，可以查阅本案有关材料。查阅本案有关材料的范围和办法由最高人民法院规定。 **《律师法》** **第 35 条** 受委托的律师根据案情的需要，可以申请人民检察院、人民法院收集、调取证据或者申请人民法院通知证人出庭作证。

新《民事诉讼法》及解读等	修改前《民事诉讼法》等关联规定
调查收集证据。代理人可以调查收集书证、物证、视听资料、证人证言，并要求有关鉴定部门对某一事实进行鉴定等。有关单位和个人对诉讼代理人调查取证的工作应予支持。二是查阅本案有关材料。有关材料，一般是指法庭审理过程中所有的证据材料、庭审笔录，以及起诉状、答辩状、代理意见书等在法庭审理中涉及的材料。有关材料的具体范围以及查阅的办法，《最高人民法院关于诉讼代理人查阅民事案件材料的规定》作了明确。同时，该规定以及《律师法》等亦对诉讼代理人在查阅材料过程中应履行的相关义务作了规定。	律师自行调查取证的，凭律师执业证书和律师事务所证明，可以向有关单位或者个人调查与承办法律事务有关的情况。 **第36条** 律师担任诉讼代理人或者辩护人的，其辩论或者辩护的权利依法受到保障。 **第37条** 律师在执业活动中的人身权利不受侵犯。 律师在法庭上发表的代理、辩护意见不受法律追究。但是，发表危害国家安全、恶意诽谤他人、严重扰乱法庭秩序的言论除外。 律师在参与诉讼活动中涉嫌犯罪的，侦查机关应当及时通知其所在的律师事务所或者所属的律师协会；被依法拘留、逮捕的，侦查机关应当依照刑事诉讼法的规定通知该律师的家属。 **第38条** 律师应当保守在执业活动中知悉的国家秘密、商业秘密，不得泄露当事人的隐私。 律师对在执业活动中知悉的委托人和其他人不愿泄露的有关情况和信息，应当予以保密。但是，委托人或者其他人准备或者正在实施危害国家安全、公共安全以及严重危害他人人身安全的犯罪事实和信息除外。

新《民事诉讼法》及解读等	修改前《民事诉讼法》等关联规定
	第42条 律师、律师事务所应当按照国家规定履行法律援助义务，为受援人提供符合标准的法律服务，维护受援人的合法权益。 **《最高人民法院关于诉讼代理人查阅民事案件材料的规定》** **第1条** 代理民事诉讼的律师和其他诉讼代理人有权查阅所代理案件的有关材料。但是，诉讼代理人查阅案件材料不得影响案件的审理。 诉讼代理人为了申请再审的需要，可以查阅已经审理终结的所代理案件有关材料。 **第2条** 人民法院应当为诉讼代理人阅卷提供便利条件，安排阅卷场所。必要时，该案件的书记员或者法院其他工作人员应当在场。 **第3条** 诉讼代理人在诉讼过程中需要查阅案件有关材料的，应当提前与该案件的书记员或者审判人员联系；查阅已经审理终结的案件有关材料的，应当与人民法院有关部门工作人员联系。 **第4条** 诉讼代理人查阅案件有关材料应当出示律师证或者身份证等有效证件。查阅案件有关材料应当填写查阅案件有关材料阅卷单。 **第5条** 诉讼代理人在诉讼中查

新《民事诉讼法》及解读等	修改前《民事诉讼法》等关联规定
	阅案件材料限于案件审判卷和执行卷的正卷，包括起诉书、答辩书、庭审笔录及各种证据材料等。 案件审理终结后，可以查阅案件审判卷的正卷。 **第6条**　诉讼代理人查阅案件有关材料后，应当及时将查阅的全部案件材料交回书记员或者其他负责保管案卷的工作人员。 书记员或者法院其他工作人员对诉讼代理人交回的案件材料应当当面清查，认为无误后在阅卷单上签注。阅卷单应当附卷。 诉讼代理人不得将查阅的案件材料携出法院指定的阅卷场所。 **第7条**　诉讼代理人查阅案件材料可以摘抄或者复印。涉及国家秘密的案件材料，依照国家有关规定办理。 复印案件材料应当经案卷保管人员的同意。复印已经审理终结的案件有关材料，诉讼代理人可以要求案卷管理部门在复印材料上盖章确认。 复印案件材料可以收取必要的费用。 **第8条**　查阅案件材料中涉及国家秘密、商业秘密和个人隐私的，诉讼代理人应当保密。

新《民事诉讼法》及解读等	修改前《民事诉讼法》等关联规定
	第9条 诉讼代理人查阅案件材料时不得涂改、损毁、抽取案件材料。 人民法院对修改、损毁、抽取案卷材料的诉讼代理人，可以参照民事诉讼法第一百一十一条第一款第（一）项的规定处理。 **第10条** 民事案件的当事人查阅案件有关材料的，参照本规定执行。
第六十五条　【离婚诉讼代理】离婚案件有诉讼代理人的，本人除不能表达意思的以外，仍应出庭；确因特殊情况无法出庭的，必须向人民法院提交书面意见。 **解读：**与一般案件不同，离婚案件主要涉及当事人身份关系的部分，具有不可替代性，不宜由诉讼代理人代为处理。且离婚关系到家庭关系稳定，同时会影响到其他家庭成员的利益。当事人不出庭，法院组织的调解也无法顺利进行。因此，离婚案件即使委托了诉讼代理人，原则上本人也需出庭，除非不能正确表达自己的意思。此外，实践中还存在当事人无法出庭的一些特殊情况，如当事人正在患传染病或正在国外不便亲自到庭等，对此应予例外，但需提交书面意见。需注意，	**《民事诉讼法》（2021年修正）** **第65条** 离婚案件有诉讼代理人的，本人除不能表达意思的以外，仍应出庭；确因特殊情况无法出庭的，必须向人民法院提交书面意见。 **《民法典》** **第1079条** 夫妻一方要求离婚的，可以由有关组织进行调解或者直接向人民法院提起离婚诉讼。 人民法院审理离婚案件，应当进行调解；如果感情确已破裂，调解无效的，应当准予离婚。 有下列情形之一，调解无效的，应当准予离婚： （一）重婚或者与他人同居； （二）实施家庭暴力或者虐待、遗弃家庭成员； （三）有赌博、吸毒等恶习屡教不改；

新《民事诉讼法》及解读等	修改前《民事诉讼法》等关联规定
对不能表达意思的当事人，不仅可不出庭，且不要求一定要提交书面意见；而对于因特殊情况不能出庭的，则需将书面意见提交给法院。	（四）因感情不和分居满二年； （五）其他导致夫妻感情破裂的情形。 一方被宣告失踪，另一方提起离婚诉讼的，应当准予离婚。 经人民法院判决不准离婚后，双方又分居满一年，一方再次提起离婚诉讼的，应当准予离婚。 **《民事诉讼法解释》** **第145条** 人民法院审理民事案件，应当根据自愿、合法的原则进行调解。当事人一方或者双方坚持不愿调解的，应当及时裁判。 人民法院审理离婚案件，应当进行调解，但不应久调不决。 **第147条** 人民法院调解案件时，当事人不能出庭的，经其特别授权，可由其委托代理人参加调解，达成的调解协议，可由委托代理人签名。 离婚案件当事人确因特殊情况无法出庭参加调解的，除本人不能表达意志的以外，应当出具书面意见。 **第148条** 当事人自行和解或者调解达成协议后，请求人民法院按照和解协议或者调解协议的内容制作判决书的，人民法院不予准许。 无民事行为能力人的离婚案件，

新《民事诉讼法》及解读等	修改前《民事诉讼法》等关联规定
	由其法定代理人进行诉讼。法定代理人与对方达成协议要求发给判决书的，可根据协议内容制作判决书。 **第234条** 无民事行为能力人的离婚诉讼，当事人的法定代理人应当到庭；法定代理人不能到庭的，人民法院应当在查清事实的基础上，依法作出判决。
第六章 证 据	
第六十六条 【证据种类】 证据包括： （一）当事人的陈述； （二）书证； （三）物证； （四）视听资料； （五）电子数据； （六）证人证言； （七）鉴定意见； （八）勘验笔录。 证据必须查证属实，才能作为认定事实的根据。 **解读：** 证据，是指证明案件事实是否客观存在的材料，可以用于证明案件事实的材料都是证据，其在民事诉讼中有着极其重要的意义，是法院认定案件事实的根据，是作出裁判的基础。本条第1款明确了民事诉讼证据的主要类型：1. 当事人	**《民事诉讼法》（2021年修正）** **第66条** 证据包括： （一）当事人的陈述； （二）书证； （三）物证； （四）视听资料； （五）电子数据； （六）证人证言； （七）鉴定意见； （八）勘验笔录。 证据必须查证属实，才能作为认定事实的根据。 **《电子签名法》** **第7条** 数据电文不得仅因为其是以电子、光学、磁或者类似手段生成、发送、接收或者储存的而被拒绝作为证据使用。 **第4条** 能够有形地表现所载内容，并可以随时调取查用的数据

新《民事诉讼法》及解读等	修改前《民事诉讼法》等关联规定
的陈述，是指案件当事人向法院提出的关于案件事实和证明这些事实情况的陈述。法院对当事人的陈述应当客观地对待，注意其是否有片面和虚假的成分。需将当事人陈述与其他证据结合起来，综合审查判断。2. 书证，是指以文字、符号所记录或表示的，以证明待证事实的文书，如合同、文件、票据等。3. 物证，是指用物品的外形、特征、质量等说明待证事实的一部分或全部物品，如质量不合格的货物等。4. 视听资料，是指用录音、录像等方法记录下来的有关案件事实的材料，其是随着科学技术的发展进入证据领域的。5. 电子数据，是指基于计算机应用、通信等现代化电子技术手段形成的数字、文字、图形等能够证明案件事实的证据，其是《民事诉讼法》2012 年修改时增加的证据种类。6. 证人证言，是指证人以口头或书面形式向法院所作的对案件事实的陈述。证人陈述，可以是自己直接听到或看到的，也可以是间接得知的。7. 鉴定意见，是指民事诉讼中对于部分专业性较强的问题，由具备专门知识的人经过分析鉴定后出具的意见，比如医学鉴定意见、指纹鉴定意见、产品质	电文，视为符合法律、法规要求的书面形式。 **第 5 条** 符合下列条件的数据电文，视为满足法律、法规规定的原件形式要求： （一）能够有效地表现所载内容并可供随时调取查用； （二）能够可靠地保证自最终形成时起，内容保持完整、未被更改。但是，在数据电文上增加背书以及数据交换、储存和显示过程中发生的形式变化不影响数据电文的完整性。 **第 6 条** 符合下列条件的数据电文，视为满足法律、法规规定的文件保存要求： （一）能够有效地表现所载内容并可供随时调取查用； （二）数据电文的格式与其生成、发送或者接收时的格式相同，或者格式不相同但是能够准确表现原来生成、发送或者接收的内容； （三）能够识别数据电文的发件人、收件人以及发送、接收的时间。 **第 8 条** 审查数据电文作为证据的真实性，应当考虑以下因素： （一）生成、储存或者传递数据电文方法的可靠性；

新《民事诉讼法》及解读等	修改前《民事诉讼法》等关联规定
量鉴定意见等。8. 勘验笔录，是指法院对于与案件事实有关的现场或者不能、不便拿到法院的物证，进行现场分析、勘察、检验后所作的记录。另需注意，证据在查证属实前，只是证据材料或者说证据来源。按照本条第 2 款的规定，证据必须查证属实，才能作为认定事实的根据。若证据材料缺少真实性、合法性或者与待证事实之间没有关联，则不能作为证据使用，不能作为认定事实的根据。 **案例参考：《上海某互联网科技有限公司诉宋某某等买卖合同纠纷案》①** 案例要旨：区块链证据属于证据形式中的电子数据。非互联网法院在案件审判中，可依据《民事诉讼证据规定》，参考《互联网法院审理案件规定》的认证方法，对区块链证据的真实性及证明效力予以认定。	（二）保持内容完整性方法的可靠性； （三）用以鉴别发件人方法的可靠性； （四）其他相关因素。 **《民事诉讼法解释》** **第 116 条** 视听资料包括录音资料和影像资料。 电子数据是指通过电子邮件、电子数据交换、网上聊天记录、博客、微博客、手机短信、电子签名、域名等形成或者存储在电子介质中的信息。 存储在电子介质中的录音资料和影像资料，适用电子数据的规定。 **《民事诉讼证据规定》** **第 14 条** 电子数据包括下列信息、电子文件： （一）网页、博客、微博客等网络平台发布的信息； （二）手机短信、电子邮件、即时通信、通讯群组等网络应用服务的通信信息； （三）用户注册信息、身份认证信息、电子交易记录、通信记录、登录日志等信息；

① 参见最高人民法院中国应用法学研究所编：《人民法院案例选·总第 157 辑》（2021 年第 3 辑），人民法院出版社 2021 年版。

新《民事诉讼法》及解读等	修改前《民事诉讼法》等关联规定
	（四）文档、图片、音频、视频、数字证书、计算机程序等电子文件； （五）其他以数字化形式存储、处理、传输的能够证明案件事实的信息。 **第15条**　当事人以视听资料作为证据的，应当提供存储该视听资料的原始载体。 当事人以电子数据作为证据的，应当提供原件。电子数据的制作者制作的与原件一致的副本，或者直接来源于电子数据的打印件或其他可以显示、识别的输出介质，视为电子数据的原件。 **第11条**　当事人向人民法院提供证据，应当提供原件或者原物。如需自己保存证据原件、原物或者提供原件、原物确有困难的，可以提供经人民法院核对无异的复制件或者复制品。 **第12条**　以动产作为证据的，应当将原物提交人民法院。原物不宜搬移或者不宜保存的，当事人可以提供复制品、影像资料或者其他替代品。 人民法院在收到当事人提交的动产或者替代品后，应当及时通知双方当事人到人民法院或者保存现场查验。

新《民事诉讼法》及解读等	修改前《民事诉讼法》等关联规定
	第13条 当事人以不动产作为证据的，应当向人民法院提供该不动产的影像资料。 人民法院认为有必要的，应当通知双方当事人到场进行查验。 **第16条** 当事人提供的公文书证系在中华人民共和国领域外形成的，该证据应当经所在国公证机关证明，或者履行中华人民共和国与该所在国订立的有关条约中规定的证明手续。 中华人民共和国领域外形成的涉及身份关系的证据，应当经所在国公证机关证明并经中华人民共和国驻该国使领馆认证，或者履行中华人民共和国与该所在国订立的有关条约中规定的证明手续。 当事人向人民法院提供的证据是在香港、澳门、台湾地区形成的，应当履行相关的证明手续。 **第17条** 当事人向人民法院提供外文书证或者外文说明资料，应当附有中文译本。 **《知识产权民事证据规定》** **第9条** 中华人民共和国领域外形成的证据，存在下列情形之一的，当事人仅以该证据未办理认证手续为由提出异议的，人民法院不予支持：

新《民事诉讼法》及解读等	修改前《民事诉讼法》等关联规定
	（一）提出异议的当事人对证据的真实性明确认可的； （二）对方当事人提供证人证言对证据的真实性予以确认，且证人明确表示如作伪证愿意接受处罚的。 前款第二项所称证人作伪证，构成民事诉讼法第一百一十一条规定情形的，人民法院依法处理。 **《互联网法院审理案件规定》** **第11条**　当事人对电子数据真实性提出异议的，互联网法院应当结合质证情况，审查判断电子数据生成、收集、存储、传输过程的真实性，并着重审查以下内容： （一）电子数据生成、收集、存储、传输所依赖的计算机系统等硬件、软件环境是否安全、可靠； （二）电子数据的生成主体和时间是否明确，表现内容是否清晰、客观、准确； （三）电子数据的存储、保管介质是否明确，保管方式和手段是否妥当； （四）电子数据提取和固定的主体、工具和方式是否可靠，提取过程是否可以重现； （五）电子数据的内容是否存在增加、删除、修改及不完整等情形；

新《民事诉讼法》及解读等	修改前《民事诉讼法》等关联规定
	（六）电子数据是否可以通过特定形式得到验证。 当事人提交的电子数据，通过电子签名、可信时间戳、哈希值校验、区块链等证据收集、固定和防篡改的技术手段或者通过电子取证存证平台认证，能够证明其真实性的，互联网法院应当确认。 当事人可以申请具有专门知识的人就电子数据技术问题提出意见。互联网法院可以根据当事人申请或者依职权，委托鉴定电子数据的真实性或者调取其他相关证据进行核对。
第六十七条　【举证证明责任】当事人对自己提出的主张，有责任提供证据。 当事人及其诉讼代理人因客观原因不能自行收集的证据，或者人民法院认为审理案件需要的证据，人民法院应当调查收集。 人民法院应当按照法定程序，全面地、客观地审查核实证据。 **解读：**举证责任分配，是指在民事诉讼中由哪方当事人对待证明的案件事实负证明责任，如不能提供证据证明的，将承担败诉的风险。根据本条的规定，民事诉讼中举证责任的分配实行“谁主张，谁举证”的原则，即当事人对于自己提	**《民事诉讼法》（2021年修正）** **第67条**　当事人对自己提出的主张，有责任提供证据。 当事人及其诉讼代理人因客观原因不能自行收集的证据，或者人民法院认为审理案件需要的证据，人民法院应当调查收集。 人民法院应当按照法定程序，全面地、客观地审查核实证据。 **《民事诉讼法解释》** **第90条**　当事人对自己提出的诉讼请求所依据的事实或者反驳对方诉讼请求所依据的事实，应当提供证据加以证明，但法律另有规定的除外。 在作出判决前，当事人未能提

新《民事诉讼法》及解读等	修改前《民事诉讼法》等关联规定
出的主张应当负有证明责任。原告对自己的诉讼请求所依据的事实，被告对自己答辩或者反诉所依据的事实，第三人对自己提出的请求等，都应当提出证据。没有证据或者证据不足以证明当事人提出的事实主张的，提出事实主张的一方将承担对自己不利的后果，承担败诉的风险。值得一提的是，《民事诉讼法解释》并未采纳举证责任或证明责任的概念，而是使用了举证证明责任的表述，其目的在于进一步强调：1. 明确当事人在民事诉讼中负有提供证据的行为意义的责任，只要当事人在诉讼中提出于己有利的事实主张的，即应提供证据；2. 当事人提供证据的行为意义的举证责任，应围绕其诉讼请求所依据的事实或反驳对方诉讼请求所依据的事实进行；3. 当事人在诉讼中提供证据，应达到证明待证事实的程度，如果不能使事实得到证明，则当事人应当承担相应的不利后果。实际上，举证证明责任与举证责任、证明责任在具体内容上是一致的，采用举证证明责任只是进一步强调“证明”之意味。另外，除当事人提交证据外，本条还规定了法院收集证据的情形，主要是两种：一是当事人及	供证据或者证据不足以证明其事实主张的，由负有举证证明责任的当事人承担不利的后果。 **第91条**　人民法院应当依照下列原则确定举证证明责任的承担，但法律另有规定的除外： （一）主张法律关系存在的当事人，应当对产生该法律关系的基本事实承担举证证明责任； （二）主张法律关系变更、消灭或者权利受到妨害的当事人，应当对该法律关系变更、消灭或者权利受到妨害的基本事实承担举证证明责任。 **第92条**　一方当事人在法庭审理中，或者在起诉状、答辩状、代理词等书面材料中，对于己不利的事实明确表示承认的，另一方当事人无需举证证明。 对于涉及身份关系、国家利益、社会公共利益等应当由人民法院依职权调查的事实，不适用前款自认的规定。 自认的事实与查明的事实不符的，人民法院不予确认。 **第93条**　下列事实，当事人无须举证证明： （一）自然规律以及定理、定律； （二）众所周知的事实；

新《民事诉讼法》及解读等	修改前《民事诉讼法》等关联规定
其诉讼代理人因客观原因不能自行收集证据。二是法院认为审理案件需要。主要是指以下情形：1. 涉及可能有损国家利益、社会公共利益或者他人合法权益的事实；2. 涉及依职权追加当事人、中止诉讼、终结诉讼、回避等与实体争议无关的程序事项。无论哪种证据，均须查证属实，才能作为认定事实的根据。如无论是对当事人提供的证据，还是法院主动收集的证据，法院都应按照法定程序，进行全面、客观的审查核实，综合认定证据的客观性、合法性和关联性。 **案例参考：《宜兴市某街道某业主委员会诉宜兴市某置业有限公司、南京某物业管理股份有限公司宜兴分公司物权确认纠纷、财产损害赔偿纠纷案》①** 案例要旨：开发商与小区业主对开发商在小区内建造的房屋发生权属争议时，应由开发商承担举证责任。如开发商无充分证据证明该房屋系其所有，且其已将该房屋建设成本分摊到出售给业主的商品房中，则该房屋应当属于小区全体业主所有。开发商在没有明确取得业	（三）根据法律规定推定的事实； （四）根据已知的事实和日常生活经验法则推定出的另一事实； （五）已为人民法院发生法律效力的裁判所确认的事实； （六）已为仲裁机构生效裁决所确认的事实； （七）已为有效公证文书所证明的事实。 前款第二项至第四项规定的事实，当事人有相反证据足以反驳的除外；第五项至第七项规定的事实，当事人有相反证据足以推翻的除外。 **第94条** 民事诉讼法第六十七条第二款规定的当事人及其诉讼代理人因客观原因不能自行收集的证据包括： （一）证据由国家有关部门保存，当事人及其诉讼代理人无权查阅调取的； （二）涉及国家秘密、商业秘密或者个人隐私的； （三）当事人及其诉讼代理人因客观原因不能自行收集的其他证据。

① 参见《最高人民法院公报》2018年第11期。

新《民事诉讼法》及解读等	修改前《民事诉讼法》等关联规定
主同意的情况下，自行占有使用该房屋，不能视为业主默示同意由开发商无偿使用，应认定开发商构成侵权。业主参照自该房屋应当移交时起的使用费向开发商主张赔偿责任的，人民法院应予支持。 **案例参考：《颜某莲、程某环诉周某霞、吉林某科技有限责任公司等侵权责任纠纷案》①** 案例要旨：根据“谁主张，谁举证”的举证规则，销售企业或经销商的虚假宣传行为与消费者延误治疗是否具有关联，以及与消费者死亡是否存在因果关系及参与度如何确定，应由死者近亲属承担相应举证责任。如当事人未能提供证据或者证据不足以证明其事实主张的，依法由负有举证证明责任的当事人承担不利的后果。	当事人及其诉讼代理人因客观原因不能自行收集的证据，可以在举证期限届满前书面申请人民法院调查收集。 **第95条**　当事人申请调查收集的证据，与待证事实无关联、对证明待证事实无意义或者其他无调查收集必要的，人民法院不予准许。 **第96条**　民事诉讼法第六十七条第二款规定的人民法院认为审理案件需要的证据包括： （一）涉及可能损害国家利益、社会公共利益的； （二）涉及身份关系的； （三）涉及民事诉讼法第五十八条规定诉讼的； （四）当事人有恶意串通损害他人合法权益可能的； （五）涉及依职权追加当事人、中止诉讼、终结诉讼、回避等程序性事项的。 除前款规定外，人民法院调查收集证据，应当依照当事人的申请进行。 **第97条**　人民法院调查收集证据，应当由两人以上共同进行。调查材料要由调查人、被调查人、记录人签名、捺印或者盖章。 **《民事诉讼证据规定》** **第2条**　人民法院应当向当事

① 参见《最高人民法院公报》2019年第1期。

新《民事诉讼法》及解读等	修改前《民事诉讼法》等关联规定
	人说明举证的要求及法律后果，促使当事人在合理期限内积极、全面、正确、诚实地完成举证。 当事人因客观原因不能自行收集的证据，可申请人民法院调查收集。 **第3条** 在诉讼过程中，一方当事人陈述的于己不利的事实，或者对于己不利的事实明确表示承认的，另一方当事人无需举证证明。 在证据交换、询问、调查过程中，或者在起诉状、答辩状、代理词等书面材料中，当事人明确承认于己不利的事实的，适用前款规定。 **第4条** 一方当事人对于另一方当事人主张的于己不利的事实既不承认也不否认，经审判人员说明并询问后，其仍然不明确表示肯定或者否定的，视为对该事实的承认。 **第5条** 当事人委托诉讼代理人参加诉讼的，除授权委托书明确排除的事项外，诉讼代理人的自认视为当事人的自认。 当事人在场对诉讼代理人的自认明确否认的，不视为自认。 **第6条** 普通共同诉讼中，共同诉讼人中一人或者数人作出的自认，对作出自认的当事人发生效力。 必要共同诉讼中，共同诉讼人

新《民事诉讼法》及解读等	修改前《民事诉讼法》等关联规定
	中一人或者数人作出自认而其他共同诉讼人予以否认的，不发生自认的效力。其他共同诉讼人既不承认也不否认，经审判人员说明并询问后仍然不明确表示意见的，视为全体共同诉讼人的自认。 　　**第7条**　一方当事人对于另一方当事人主张的于己不利的事实有所限制或者附加条件予以承认的，由人民法院综合案件情况决定是否构成自认。 　　**第8条**　《最高人民法院关于适用〈中华人民共和国民事诉讼法〉的解释》第九十六条第一款规定的事实，不适用有关自认的规定。 　　自认的事实与已经查明的事实不符的，人民法院不予确认。 　　**第9条**　有下列情形之一，当事人在法庭辩论终结前撤销自认的，人民法院应当准许： 　　（一）经对方当事人同意的； 　　（二）自认是在受胁迫或者重大误解情况下作出的。 　　人民法院准许当事人撤销自认的，应当作出口头或者书面裁定。 　　**第10条**　下列事实，当事人无须举证证明： 　　（一）自然规律以及定理、定律； 　　（二）众所周知的事实；

<table>
<tr><th>新《民事诉讼法》及解读等</th><th>修改前《民事诉讼法》等关联规定</th></tr>
<tr><td></td><td>（三）根据法律规定推定的事实；
（四）根据已知的事实和日常生活经验法则推定出的另一事实；
（五）已为仲裁机构的生效裁决所确认的事实；
（六）已为人民法院发生法律效力的裁判所确认的基本事实；
（七）已为有效公证文书所证明的事实。
前款第二项至第五项事实，当事人有相反证据足以反驳的除外；第六项、第七项事实，当事人有相反证据足以推翻的除外。
第20条　当事人及其诉讼代理人申请人民法院调查收集证据，应当在举证期限届满前提交书面申请。
申请书应当载明被调查人的姓名或者单位名称、住所地等基本情况、所要调查收集的证据名称或者内容、需要由人民法院调查收集证据的原因及其要证明的事实以及明确的线索。
《环境侵权民事诉讼证据规定》
第1-6条、第8-11条、第26-28条，正文略。</td></tr>
</table>

新《民事诉讼法》及解读等	修改前《民事诉讼法》等关联规定
第六十八条 【举证期限】当事人对自己提出的主张应当及时提供证据。 人民法院根据当事人的主张和案件审理情况，确定当事人应当提供的证据及其期限。当事人在该期限内提供证据确有困难的，可以向人民法院申请延长期限，人民法院根据当事人的申请适当延长。当事人逾期提供证据的，人民法院应当责令其说明理由；拒不说明理由或者理由不成立的，人民法院根据不同情形可以不予采纳该证据，或者采纳该证据但予以训诫、罚款。 **解读：**举证期限，也称举证时限，即要求当事人向法院提供证据所应遵守的期间限制。在诉讼中，当事人对自己提出的主张应当及时提供证据，当事人无正当理由超过举证期限所提供的证据，可能面临不被采纳的风险，即该证据失效。从权利的角度来说，证据失效就是丧失证明权或丧失举证权，即丧失提出该证据的权利，属于失权（效）的范畴。法院若以这种证据为根据作出判决，则构成上诉的理由。本条明确当事人对自己提出的主张应当及时提供证据。就举证期限的确定而言，法院根据当事人的	**《民事诉讼法》（2021 年修正）** **第 68 条** 当事人对自己提出的主张应当及时提供证据。 人民法院根据当事人的主张和案件审理情况，确定当事人应当提供的证据及其期限。当事人在该期限内提供证据确有困难的，可以向人民法院申请延长期限，人民法院根据当事人的申请适当延长。当事人逾期提供证据的，人民法院应当责令其说明理由；拒不说明理由或者理由不成立的，人民法院根据不同情形可以不予采纳该证据，或者采纳该证据但予以训诫、罚款。 **《民事诉讼法解释》** **第 99 条** 人民法院应当在审理前的准备阶段确定当事人的举证期限。举证期限可以由当事人协商，并经人民法院准许。 人民法院确定举证期限，第一审普通程序案件不得少于十五日，当事人提供新的证据的第二审案件不得少于十日。 举证期限届满后，当事人对已经提供的证据，申请提供反驳证据或者对证据来源、形式等方面的瑕疵进行补正的，人民法院可以酌情再次确定举证期限，该期限不受前款规定的限制。

新《民事诉讼法》及解读等	修改前《民事诉讼法》等关联规定
主张和案件审理情况，确定当事人应当提供的证据及其期限。法院在案件审理过程中，应当根据案件审理的进度、对案件争议焦点的归纳以及证明案件真实的需要，确定当事人应当提供哪些证据。在确定举证期限时，应当综合考虑案件审理需要、当事人举证能力以及其他一些客观情况，确定提供证据的具体时限。就举证期限的延长而言，某些情况下，当事人在法院确定的期限内举证客观上存在困难，例如，当事人因病尚在医院接受治疗等，难以在确定的期限内提供证据等。在此情况下，期限内提供证据确有困难的，可向法院申请延长期限，法院应当根据当事人的申请适当延长。此外，举证期限制度的目的，一方面是为提高诉讼效率；另一方面也是为增强当事人的举证意识，规范当事人的诉讼行为。对于当事人在举证期限内不举证的，应当由其承担一定的法律后果。对于当事人逾期提供证据的，本条根据不同情形作了规定：首先，责令说明理由；其次，拒不说明理由或者理由不成立的，法院根据不同情形可以不予采纳该证据，或者采纳该证据但予以训诫、罚款。	**第 100 条**　当事人申请延长举证期限的，应当在举证期限届满前向人民法院提出书面申请。 申请理由成立的，人民法院应当准许，适当延长举证期限，并通知其他当事人。延长的举证期限适用于其他当事人。 申请理由不成立的，人民法院不予准许，并通知申请人。 **第 101 条**　当事人逾期提供证据的，人民法院应当责令其说明理由，必要时可以要求其提供相应的证据。 当事人因客观原因逾期提供证据，或者对方当事人对逾期提供证据未提出异议的，视为未逾期。 **第 102 条**　当事人因故意或者重大过失逾期提供的证据，人民法院不予采纳。但该证据与案件基本事实有关的，人民法院应当采纳，并依照民事诉讼法第六十八条、第一百一十八条第一款的规定予以训诫、罚款。 当事人非因故意或者重大过失逾期提供的证据，人民法院应当采纳，并对当事人予以训诫。 当事人一方要求另一方赔偿因逾期提供证据致使其增加的交通、住宿、就餐、误工、证人出庭作证

新《民事诉讼法》及解读等	修改前《民事诉讼法》等关联规定
案例参考：《甲公司诉乙公司买卖合同纠纷案》① 案例要旨：诉讼当事人逾期至开庭当日提交证据材料影响案件事实的认定，该证据在诉讼前已经形成且为当事人所持有，其未在法院确定的举证期限内提交该证据或者申请延期举证，其行为增加了对方当事人的诉讼成本和浪费了司法资源，违反《民事诉讼法》关于举证期限的规定，人民法院有权对其予以罚款处罚。	等必要费用的，人民法院可予支持。 **《民事诉讼证据规定》** **第49条**　被告应当在答辩期届满前提出书面答辩，阐明其对原告诉讼请求及所依据的事实和理由的意见。 **第50条**　人民法院应当在审理前的准备阶段向当事人送达举证通知书。 举证通知书应当载明举证责任的分配原则和要求、可以向人民法院申请调查收集证据的情形、人民法院根据案件情况指定的举证期限以及逾期提供证据的法律后果等内容。 **第51条**　举证期限可以由当事人协商，并经人民法院准许。 人民法院指定举证期限的，适用第一审普通程序审理的案件不得少于十五日，当事人提供新的证据的第二审案件不得少于十日。适用简易程序审理的案件不得超过十五日，小额诉讼案件的举证期限一般不得超过七日。 举证期限届满后，当事人提供反驳证据或者对已经提供的证据的来源、形式等方面的瑕疵进行补正的，人民法院可以酌情再次确定举

① 参见《虚假诉讼，都有哪些“假把式”》，载《人民法院报》2021年1月12日。

新《民事诉讼法》及解读等	修改前《民事诉讼法》等关联规定
	证期限，该期限不受前款规定的期间限制。 **第52条** 当事人在举证期限内提供证据存在客观障碍，属于民事诉讼法第六十五条第二款规定的“当事人在该期限内提供证据确有困难”的情形。 前款情形，人民法院应当根据当事人的举证能力、不能在举证期限内提供证据的原因等因素综合判断。必要时，可以听取对方当事人的意见。 **第53条** 诉讼过程中，当事人主张的法律关系性质或者民事行为效力与人民法院根据案件事实作出的认定不一致的，人民法院应当将法律关系性质或者民事行为效力作为焦点问题进行审理。但法律关系性质对裁判理由及结果没有影响，或者有关问题已经当事人充分辩论的除外。 存在前款情形，当事人根据法庭审理情况变更诉讼请求的，人民法院应当准许并可以根据案件的具体情况重新指定举证期限。 **第54条** 当事人申请延长举证期限的，应当在举证期限届满前向人民法院提出书面申请。 申请理由成立的，人民法院应当

新《民事诉讼法》及解读等	修改前《民事诉讼法》等关联规定
	准许，适当延长举证期限，并通知其他当事人。延长的举证期限适用于其他当事人。 申请理由不成立的，人民法院不予准许，并通知申请人。 **第55条**　存在下列情形的，举证期限按照如下方式确定： （一）当事人依照民事诉讼法第一百二十七条规定提出管辖权异议的，举证期限中止，自驳回管辖权异议的裁定生效之日起恢复计算； （二）追加当事人、有独立请求权的第三人参加诉讼或者无独立请求权的第三人经人民法院通知参加诉讼的，人民法院应当依照本规定第五十一条的规定为新参加诉讼的当事人确定举证期限，该举证期限适用于其他当事人； （三）发回重审的案件，第一审人民法院可以结合案件具体情况和发回重审的原因，酌情确定举证期限； （四）当事人增加、变更诉讼请求或者提出反诉的，人民法院应当根据案件具体情况重新确定举证期限； （五）公告送达的，举证期限自公告期届满之次日起计算。 **第56条**　人民法院依照民事诉讼

新《民事诉讼法》及解读等	修改前《民事诉讼法》等关联规定
	讼法第一百三十三条第四项的规定，通过组织证据交换进行审理前准备的，证据交换之日举证期限届满。 证据交换的时间可以由当事人协商一致并经人民法院认可，也可以由人民法院指定。当事人申请延期举证经人民法院准许的，证据交换日相应顺延。 **第59条** 人民法院对逾期提供证据的当事人处以罚款的，可以结合当事人逾期提供证据的主观过错程度、导致诉讼迟延的情况、诉讼标的金额等因素，确定罚款数额。
第六十九条 【收到证据后的处理】人民法院收到当事人提交的证据材料，应当出具收据，写明证据名称、页数、份数、原件或者复印件以及收到时间等，并由经办人员签名或者盖章。 **解读：**证据对案件结果至关重要，明确法院收到证据后的处理程序有利于保障当事人合法权益，并高效指引诉讼程序进程。本条明确规定，法院在收到当事人的证据后，需履行三项主要义务：一是出具收据。法院出具的收据主要起到以下作用：1. 证明当事人已经履行了举证义务；2. 证明当事人已经提交过的证据及其形式；3. 证明当事人是	**《民事诉讼法》（2021年修正）** **第69条** 人民法院收到当事人提交的证据材料，应当出具收据，写明证据名称、页数、份数、原件或者复印件以及收到时间等，并由经办人员签名或者盖章。 **《民事诉讼证据规定》** **第19条** 当事人应当对其提交的证据材料逐一分类编号，对证据材料的来源、证明对象和内容作简要说明，签名盖章，注明提交日期，并依照对方当事人人数提出副本。 人民法院收到当事人提交的证据材料，应当出具收据，注明证据的名称、份数和页数以及收到的时间，由经办人员签名或者盖章。

新《民事诉讼法》及解读等	修改前《民事诉讼法》等关联规定
否在举证期限内提交证据。二是写明证据名称、页数、份数、原件或者复印件以及收到的时间等。法院收到当事人的证据材料后，应仔细核对证据的名称、页数和份数；审查证据是属于原件还是复印件，如是复印件，应与原件核对无误；确认当事人提交证据的时间，然后在收据上注明上述事项以及法院审查认为需要注明的其他事项。三是由经办人员签名或盖章。为了规范法院接受当事人证据材料的手续和程序，防止当事人在举证不能时推卸责任。	
第七十条　【法院调取证据】 人民法院有权向有关单位和个人调查取证，有关单位和个人不得拒绝。 人民法院对有关单位和个人提出的证明文书，应当辨别真伪，审查确定其效力。 **解读：**法院依职权进行调查取证，是人民法院依法行使审判权的重要活动，任何被调查取证的单位和个人，都应积极予以协助。保存或者持有法院需要的证据材料的，应按照法院要求予以提供，不得以任何借口予以拒绝，否则法院可根据《民事诉讼法》有关妨碍民事诉讼的行为的处罚规定给予处罚。需注意，有关单位和个人提出的证明	**《民事诉讼法》（2021年修正）** **第70条**　人民法院有权向有关单位和个人调查取证，有关单位和个人不得拒绝。 人民法院对有关单位和个人提出的证明文书，应当辨别真伪，审查确定其效力。 **《民事诉讼法解释》** **第97条**　人民法院调查收集证据，应当由两人以上共同进行。调查材料要由调查人、被调查人、记录人签名、捺印或者盖章。

新《民事诉讼法》及解读等	修改前《民事诉讼法》等关联规定
文书，并不必然具有证据的效力，只有经过人民法院审查认定后才能确定其效力如何。为此，本条第2款明确法院应对证明文书进行审查：一是从形式上辨别证明文书的真伪。例如，证明文书是否确为某单位出具，某单位的签章是否有作假等。二是从内容上辨别证明文书的真伪。证明文书属书证，通过其表达的思想内容来证明案件事实。若证明文书的内容是虚假、捏造的，不能作为证据使用。对证明文书内容真伪的判断，需综合当事人陈述、物证、鉴定意见等其他证据认定。三是对证明文书与待证事实之间的关联关系进行确认。证明文书内容必须与待证明的案件事实之间存在一定的关联，即具备“关联性”。	**《民事诉讼证据规定》** **第44条** 摘录有关单位制作的与案件事实相关的文件、材料，应当注明出处，并加盖制作单位或者保管单位的印章，摘录人和其他调查人员应当在摘录件上签名或者盖章。 摘录文件、材料应当保持内容相应的完整性。
第七十一条 【当事人质证】 证据应当在法庭上出示，并由当事人互相质证。对涉及国家秘密、商业秘密和个人隐私的证据应当保密，需要在法庭出示的，不得在公开开庭时出示。 **解读：**民事诉讼中的质证，是指在法庭审理民事案件过程中，双方当事人在法官主持下，采用询问、辨认、质疑、核实等方式对证据效	**《民事诉讼法》（2021年修正）** **第71条** 证据应当在法庭上出示，并由当事人互相质证。对涉及国家秘密、商业秘密和个人隐私的证据应当保密，需要在法庭出示的，不得在公开开庭时出示。 **《民事诉讼法解释》** **第103条** 证据应当在法庭上出示，由当事人互相质证。未经当事人质证的证据，不得作为认定案

新《民事诉讼法》及解读等	修改前《民事诉讼法》等关联规定
力进行质辩的诉讼活动。实际上，提交的证据并非当然发生证据效力，只有在法庭上出示并由当事人互相质证，才能保证证据的真实性和可靠性，避免出现偏差，也才能产生证据的效力。无论是当事人提交的证据，还是法院依职权调查取得的证据，都应当在法庭上出示并接受当事人的质证。质证的关键在于其是否具有客观性、合法性和关联性，即证据的“三性”。此外还需注意，有些证据不得公开出示，即本条规定的“涉及国家秘密、商业秘密和个人隐私的证据应当保密，需要在法庭出示的，不得在公开开庭时出示”。所谓国家秘密，是指关系国家的安全和利益，依照法定程序确定，在一定时间内只限一定范围内的人员知悉的事项。商业秘密，是指采取一定措施进行保护，可以带来经济利益的技术、情报及其他信息。个人隐私，是指个人不愿意为别人知晓和干预的私人生活。对上述三种证据，虽然不得在公开开庭时出示，但可采取其他保密方式出示，并由当事人进行质证。若案件本身属不公开审理，可在法庭上出示该证据并进行质证；若案件为公开审理，应采取其他保密方式出示并进	件事实的根据。 当事人在审理前的准备阶段认可的证据，经审判人员在庭审中说明后，视为质证过的证据。 涉及国家秘密、商业秘密、个人隐私或者法律规定应当保密的证据，不得公开质证。 **第104条**　人民法院应当组织当事人围绕证据的真实性、合法性以及与待证事实的关联性进行质证，并针对证据有无证明力和证明力大小进行说明和辩论。 能够反映案件真实情况、与待证事实相关联、来源和形式符合法律规定的证据，应当作为认定案件事实的根据。 **第105条**　人民法院应当按照法定程序，全面、客观地审核证据，依照法律规定，运用逻辑推理和日常生活经验法则，对证据有无证明力和证明力大小进行判断，并公开判断的理由和结果。 **第106条**　对以严重侵害他人合法权益、违反法律禁止性规定或者严重违背公序良俗的方法形成或者获取的证据，不得作为认定案件事实的根据。 **第107条**　在诉讼中，当事人为达成调解协议或者和解协议作出

新《民事诉讼法》及解读等	修改前《民事诉讼法》等关联规定
行质证。 **案例参考：《某市建筑安装工程公司与大庆市某房地产开发有限公司建设工程结算纠纷案》**① 案例要旨：在审理建设工程施工合同纠纷案件中，一审法院针对发包人和承包人就已完工程总造价、材料分析退价、不合格工程返修费用等事项产生的争议，基于当事人申请，分别委托鉴定机构就上述事项进行鉴定，经一审法院组织质证后，当事人对上述鉴定结论仍有异议提起上诉，经二审庭审补充质证，当事人对上述鉴定结论没有提出充分的相反证据和反驳理由的，可以认定上述鉴定结论的证明力。	妥协而认可的事实，不得在后续的诉讼中作为对其不利的根据，但法律另有规定或者当事人均同意的除外。 **第108条** 对负有举证证明责任的当事人提供的证据，人民法院经审查并结合相关事实，确信待证事实的存在具有高度可能性的，应当认定该事实存在。 对一方当事人为反驳负有举证证明责任的当事人所主张事实而提供的证据，人民法院经审查并结合相关事实，认为待证事实真伪不明的，应当认定该事实不存在。 法律对于待证事实所应达到的证明标准另有规定的，从其规定。 **第109条** 当事人对欺诈、胁迫、恶意串通事实的证明，以及对口头遗嘱或者赠与事实的证明，人民法院确信该待证事实存在的可能性能够排除合理怀疑的，应当认定该事实存在。 **第110条** 人民法院认为有必要的，可以要求当事人本人到庭，就案件有关事实接受询问。在询问当事人之前，可以要求其签署保证书。

① 参见《最高人民法院公报》2007年第7期。

新《民事诉讼法》及解读等	修改前《民事诉讼法》等关联规定
	保证书应当载明据实陈述、如有虚假陈述愿意接受处罚等内容。当事人应当在保证书上签名或者捺印。 负有举证证明责任的当事人拒绝到庭、拒绝接受询问或者拒绝签署保证书，待证事实又欠缺其他证据证明的，人民法院对其主张的事实不予认定。 **《民事诉讼证据规定》** **第60条**　当事人在审理前的准备阶段或者人民法院调查、询问过程中发表过质证意见的证据，视为质证过的证据。 当事人要求以书面方式发表质证意见，人民法院在听取对方当事人意见后认为有必要的，可以准许。人民法院应当及时将书面质证意见送交对方当事人。 **第61条**　对书证、物证、视听资料进行质证时，当事人应当出示证据的原件或者原物。但有下列情形之一的除外： （一）出示原件或者原物确有困难并经人民法院准许出示复制件或者复制品的； （二）原件或者原物已不存在，但有证据证明复制件、复制品与原件或者原物一致的。

新《民事诉讼法》及解读等	修改前《民事诉讼法》等关联规定
	第62条 质证一般按下列顺序进行： （一）原告出示证据，被告、第三人与原告进行质证； （二）被告出示证据，原告、第三人与被告进行质证； （三）第三人出示证据，原告、被告与第三人进行质证。 人民法院根据当事人申请调查收集的证据，审判人员对调查收集证据的情况进行说明后，由提出申请的当事人与对方当事人、第三人进行质证。 人民法院依职权调查收集的证据，由审判人员对调查收集证据的情况进行说明后，听取当事人的意见。 **第63条** 当事人应当就案件事实作真实、完整的陈述。 当事人的陈述与此前陈述不一致的，人民法院应当责令其说明理由，并结合当事人的诉讼能力、证据和案件具体情况进行审查认定。 当事人故意作虚假陈述妨碍人民法院审理的，人民法院应当根据情节，依照民事诉讼法第一百一十一条的规定进行处罚。 **第64条** 人民法院认为有必要的，可以要求当事人本人到场，就

新《民事诉讼法》及解读等	修改前《民事诉讼法》等关联规定
	案件的有关事实接受询问。 人民法院要求当事人到场接受询问的，应当通知当事人询问的时间、地点、拒不到场的后果等内容。
第七十二条　【公证事实】经过法定程序公证证明的法律事实和文书，人民法院应当作为认定事实的根据，但有相反证据足以推翻公证证明的除外。 **解读：**公证是公证机构根据自然人、法人或者其他组织的申请，依照法定程序对民事法律行为、有法律意义的事实和文书的真实性、合法性予以证明的活动。经公证的民事法律行为、有法律意义的事实和文书包括两种：一是公证的证据。公证的证据无须经过法庭质证程序，只要法院确认其为真正的公证的证据，即予采纳。一般而言，经公证的证据，证明力大于未公证的证据。二是公证的事实。经公证的事实的真实性已得到证明，故提出公证事实的当事人一般只需向法院提交合法有效的公证书即可，无须负担证明责任。但凡事皆有例外，即使是经过法定程序公证证明的法律事实和文书，也不理所当然作为法院认定事实的根据。在有充分证据足以推翻公证证明时，法院	**《民事诉讼法》（2021年修正）** **第72条**　经过法定程序公证证明的法律事实和文书，人民法院应当作为认定事实的根据，但有相反证据足以推翻公证证明的除外。 **《公证法》** **第36条**　经公证的民事法律行为、有法律意义的事实和文书，应当作为认定事实的根据，但有相反证据足以推翻该项公证的除外。

新《民事诉讼法》及解读等	修改前《民事诉讼法》等关联规定
就不应当再将公证证明作为证据使用，而应当否定其证明效力。需注意，与公证证明相反的证据必须达到足以推翻公证证明的结论的程度，法院才能否定公证证明的效力。虽然有证据证明公证证明本身存在一些瑕疵，但还不足以推翻公证证明的程度，公证证明仍具有作为证据的效力。	
第七十三条　【提交证据原件、原物】 书证应当提交原件。物证应当提交原物。提交原件或者原物确有困难的，可以提交复制品、照片、副本、节录本。 提交外文书证，必须附有中文译本。 **解读：** 书证、物证在民事诉讼中属于最为常见的证据类型。任何书证均有其最初制作而成的原件，它是文书的原始状态的反映，是文书制作者原创力的产物。原件既可以是手写的，也可以是打印的，只要是最初表达和承载制作者思想的文字、符号、图案等内容的文书，就是原件。原物，是指在民事法律关系发生、变更或消灭过程中产生的，与实体争议有牵连的或者作为争执标的的实际物品。物证原物，多以原始的物质材料所表现出来的	**《民事诉讼法》（2021年修正）** **第73条**　书证应当提交原件。物证应当提交原物。提交原件或者原物确有困难的，可以提交复制品、照片、副本、节录本。 提交外文书证，必须附有中文译本。 **《民事诉讼法解释》** **第111条**　民事诉讼法第七十三条规定的提交书证原件确有困难，包括下列情形： （一）书证原件遗失、灭失或者毁损的； （二）原件在对方当事人控制之下，经合法通知提交而拒不提交的； （三）原件在他人控制之下，而其有权不提交的； （四）原件因篇幅或者体积过大而不便提交的；

新《民事诉讼法》及解读等	修改前《民事诉讼法》等关联规定
外形、品质、规格、体积等来证明案件事实的有关物品或痕迹。原物一词只用于物证，主要以物品存在的外形、特征、质量、性能等证明案件待证事实。书证、物证等证据对于人民法院认定案件事实、作出公正判决具有决定性意义。因此，证据的真实性、可靠性至关重要。证据的原件、原物较之复制件来讲，具有较高的真实性和可靠性，因此具有较强的证明力。故本条规定，当事人向人民法院提交证据时，书证应提交原件，物证应提交原物。这也符合最佳证据规则的要求。但需注意，最佳证据规则存在的目的并非在于排除复制品，而仅采纳原始证据，它不过是要求试图证实文书、录音或图像真实性的人，应提交原本或与原本具有同等法律效力的副本。故虽以提交原件、原物为原则，但由于各种原因，当事人不能提供原件或者原物，或者提供原件或者原物有困难的情况经常发生，民事诉讼法解释以及民事诉讼证据规定对其常见情形作了进一步的规定。	（五）承担举证证明责任的当事人通过申请人民法院调查收集或者其他方式无法获得书证原件的。 前款规定情形，人民法院应当结合其他证据和案件具体情况，审查判断书证复制品等能否作为认定案件事实的根据。 **第112条** 书证在对方当事人控制之下的，承担举证证明责任的当事人可以在举证期限届满前书面申请人民法院责令对方当事人提交。 申请理由成立的，人民法院应当责令对方当事人提交，因提交书证所产生的费用，由申请人负担。对方当事人无正当理由拒不提交的，人民法院可以认定申请人所主张的书证内容为真实。 **第113条** 持有书证的当事人以妨碍对方当事人使用为目的，毁灭有关书证或者实施其他致使书证不能使用行为的，人民法院可以依照民事诉讼法第一百一十四条规定，对其处以罚款、拘留。 **第114条** 国家机关或者其他依法具有社会管理职能的组织，在其职权范围内制作的文书所记载的事项推定为真实，但有相反证据足以推翻的除外。必要时，人民法院

新《民事诉讼法》及解读等	修改前《民事诉讼法》等关联规定
案例参考:《刁某奎诉云南某石化有限公司产品销售者责任纠纷案》① 案例要旨：消费者主张因购买缺陷产品而导致财产损害，但未保留消费凭证的，人民法院应结合交易产品及金额、交易习惯、当事人的陈述、相关的物证、书证等证据，综合认定消费者与销售者之间是否存在买卖合同关系。在此基础上，依据民事诉讼证明标准和民事诉讼证据规则，合理划分消费者和销售者的举证责任。如果产品缺陷与损害结果之间在通常情形下存在关联性，可认定二者之间具有因果关系。	可以要求制作文书的机关或者组织对文书的真实性予以说明。 **第115条** 单位向人民法院提出的证明材料，应当由单位负责人及制作证明材料的人员签名或者盖章，并加盖单位印章。人民法院就单位出具的证明材料，可以向单位及制作证明材料的人员进行调查核实。必要时，可以要求制作证明材料的人员出庭作证。 单位及制作证明材料的人员拒绝人民法院调查核实，或者制作证明材料的人员无正当理由拒绝出庭作证的，该证明材料不得作为认定案件事实的根据。 **《民事诉讼证据规定》** **第11条** 当事人向人民法院提供证据，应当提供原件或者原物。如需自己保存证据原件、原物或者提供原件、原物确有困难的，可以提供经人民法院核对无异的复制件或者复制品。 **第12条** 以动产作为证据的，应当将原物提交人民法院。原物不宜搬移或者不宜保存的，当事人可以提供复制品、影像资料或者其他替代品。

① 参见《最高人民法院公报》2020年第12期。

新《民事诉讼法》及解读等	修改前《民事诉讼法》等关联规定
	人民法院在收到当事人提交的动产或者替代品后，应当及时通知双方当事人到人民法院或者保存现场查验。 **第13条** 当事人以不动产作为证据的，应当向人民法院提供该不动产的影像资料。 人民法院认为有必要的，应当通知双方当事人到场进行查验。 **第16条** 当事人提供的公文书证系在中华人民共和国领域外形成的，该证据应当经所在国公证机关证明，或者履行中华人民共和国与该所在国订立的有关条约中规定的证明手续。 中华人民共和国领域外形成的涉及身份关系的证据，应当经所在国公证机关证明并经中华人民共和国驻该国使领馆认证，或者履行中华人民共和国与该所在国订立的有关条约中规定的证明手续。 当事人向人民法院提供的证据是在香港、澳门、台湾地区形成的，应当履行相关的证明手续。 **第17条** 当事人向人民法院提供外文书证或者外文说明资料，应当附有中文译本。 **第61条** 对书证、物证、视听资料进行质证时，当事人应当出示证据的原件或者原物。但有下列情形

新《民事诉讼法》及解读等	修改前《民事诉讼法》等关联规定
	之一的除外： （一）出示原件或者原物确有困难并经人民法院准许出示复制件或者复制品的； （二）原件或者原物已不存在，但有证据证明复制件、复制品与原件或者原物一致的。
第七十四条　【视听资料】人民法院对视听资料，应当辨别真伪，并结合本案的其他证据，审查确定能否作为认定事实的根据。 **解读：**视听资料，是指利用录音、录像等反映的视听素材来证明案件事实的证据，即其可通过声音、图像、储存的数据和资料形象地反映一定的法律事实或法律行为。视听资料包括录音资料和影像资料。相较其他证据类型，视听资料具有如下特征：1. 视听资料需要特定的载体，如手机、摄像机、胶片、磁盘、光盘、U盘、硬盘等。2. 视听资料能够形象地证明案件事实。3. 视听资料易于保存和伪造。也正是基于此，法院对视听资料应辨别其真伪，而不能被其表面的现象所迷惑。在必要的时候，法院可以请专业人员对其进行科学的鉴定。此外需注意，在有其他证据的情况下，法院还应根据书证、物证、证人证	**《民事诉讼法》（2021年修正）** **第74条**　人民法院对视听资料，应当辨别真伪，并结合本案的其他证据，审查确定能否作为认定事实的根据。 **《民事诉讼法解释》** **第116条**　视听资料包括录音资料和影像资料。 电子数据是指通过电子邮件、电子数据交换、网上聊天记录、博客、微博客、手机短信、电子签名、域名等形成或者存储在电子介质中的信息。 存储在电子介质中的录音资料和影像资料，适用电子数据的规定。 **《民事诉讼证据规定》** **第15条**　当事人以视听资料作为证据的，应当提供存储该视听资料的原始载体。 当事人以电子数据作为证据的，应当提供原件。电子数据的制作者制作的与原件一致的副本，或者直接

新《民事诉讼法》及解读等	修改前《民事诉讼法》等关联规定
言等其他证据，对视听资料进行综合的分析、判断。 **案例参考：《张某某、孙某某与周某某购房纠纷上诉案》**① 案例要旨：录制时是否经过被录制者同意并非认定视听资料合法与否的标准。诉讼中不能仅以未经对方当事人同意而否定私拍私录视听资料的合法性，进而排除其证据资格，应结合是否以侵害他人合法权益或者违反法律禁止性规定的方法取得，及有无其他证据佐证、是否存在疑点、对方当事人能否提出足以反驳的相反证据等情况，综合审查判断其是否具有证据能力及证明力大小。	来源于电子数据的打印件或其他可以显示、识别的输出介质，视为电子数据的原件。 **第23条**　人民法院调查收集视听资料、电子数据，应当要求被调查人提供原始载体。 提供原始载体确有困难的，可以提供复制件。提供复制件的，人民法院应当在调查笔录中说明其来源和制作经过。 人民法院对视听资料、电子数据采取证据保全措施的，适用前款规定。 **第61条**　对书证、物证、视听资料进行质证时，当事人应当出示证据的原件或者原物。但有下列情形之一的除外： （一）出示原件或者原物确有困难并经人民法院准许出示复制件或者复制品的； （二）原件或者原物已不存在，但有证据证明复制件、复制品与原件或者原物一致的。 **第90条**　下列证据不能单独作为认定案件事实的根据： （一）当事人的陈述； （二）无民事行为能力人或者限制民事行为能力人所作的与其年

① 参见方方、刘泉：《非法证据排除与私拍私录视听资料的认证》，载《人民司法·案例》2013年第10期。

新《民事诉讼法》及解读等	修改前《民事诉讼法》等关联规定
	龄、智力状况或者精神健康状况不相当的证言； （三）与一方当事人或者其代理人有利害关系的证人陈述的证言； （四）存有疑点的视听资料、电子数据； （五）无法与原件、原物核对的复制件、复制品。 **第99条第2款** 除法律、司法解释另有规定外，对当事人、鉴定人、有专门知识的人的询问参照适用本规定中关于询问证人的规定；关于书证的规定适用于视听资料、电子数据；存储在电子计算机等电子介质中的视听资料，适用电子数据的规定。
第七十五条 【证人出庭作证】 凡是知道案件情况的单位和个人，都有义务出庭作证。有关单位的负责人应当支持证人作证。 不能正确表达意思的人，不能作证。 **解读：** 证人是就其亲身感知的事实向法院作客观陈述的人，其具有不可选择性和不可替代性。也正因如此，其负有出庭作证的义务。民事诉讼中的证人出庭义务，是指证人负有的在人民法院进行法庭审理时出庭接受询问的义务。证人作证作为法律明确规定的义务，不仅	**《民事诉讼法》（2021年修正）** **第75条** 凡是知道案件情况的单位和个人，都有义务出庭作证。有关单位的负责人应当支持证人作证。 不能正确表达意思的人，不能作证。 **《民事诉讼法解释》** **第117条** 当事人申请证人出庭作证的，应当在举证期限届满前提出。 符合本解释第九十六条第一款规定情形的，人民法院可以依职权通知证人出庭作证。

新《民事诉讼法》及解读等	修改前《民事诉讼法》等关联规定
对证人本身具有约束义务，对相关单位亦如此。为此，本条亦明确规定有关单位（主要指证人所在单位）负责人支持本单位人员出庭作证也是法律规定的一项义务，以保证证人能履行好法律规定的义务。证人出庭作证，可以由当事人向人民法院申请，也可以由人民法院依职权通知证人出庭。另需注意，并非所有的人都能作为证人。本条第2款即规定，不能正确表达意思的人，不能作证。所谓“不能正确表达意思的人”，主要指精神病患者、呆痴、年幼无知或其他不能正确表达意思的人。对于有一般的生理缺陷的人，只要该缺陷不构成其了解一定事实并正确表达意思的障碍，其仍可作为证人。如聋哑人可以用文字表述其看到的事实。换而言之，拟查证的事实与其年龄、智力以及精神健康状况相适应的无民事行为能力人和限制民事行为能力人，只要能正确表达自己的意思，亦可作为证人。	未经人民法院通知，证人不得出庭作证，但双方当事人同意并经人民法院准许的除外。 **《民事诉讼证据规定》** **第67条**　不能正确表达意思的人，不能作为证人。 待证事实与其年龄、智力状况或者精神健康状况相适应的无民事行为能力人和限制民事行为能力人，可以作为证人。 **第68条**　人民法院应当要求证人出庭作证，接受审判人员和当事人的询问。证人在审理前的准备阶段或者人民法院调查、询问等双方当事人在场时陈述证言的，视为出庭作证。 双方当事人同意证人以其他方式作证并经人民法院准许的，证人可以不出庭作证。 无正当理由未出庭的证人以书面等方式提供的证言，不得作为认定案件事实的根据。 **第69条**　当事人申请证人出庭作证的，应当在举证期限届满前向人民法院提交申请书。 申请书应当载明证人的姓名、职业、住所、联系方式，作证的主要内容，作证内容与待证事实的关联性，以及证人出庭作证的必要性。

新《民事诉讼法》及解读等	修改前《民事诉讼法》等关联规定
	符合《最高人民法院关于适用〈中华人民共和国民事诉讼法〉的解释》第九十六条第一款规定情形的，人民法院应当依职权通知证人出庭作证。 **第70条** 人民法院准许证人出庭作证申请的，应当向证人送达通知书并告知双方当事人。通知书中应当载明证人作证的时间、地点，作证的事项、要求以及作伪证的法律后果等内容。 当事人申请证人出庭作证的事项与待证事实无关，或者没有通知证人出庭作证必要的，人民法院不予准许当事人的申请。 **第71条** 人民法院应当要求证人在作证之前签署保证书，并在法庭上宣读保证书的内容。但无民事行为能力人和限制民事行为能力人作为证人的除外。 证人确有正当理由不能宣读保证书的，由书记员代为宣读并进行说明。 证人拒绝签署或者宣读保证书的，不得作证，并自行承担相关费用。 证人保证书的内容适用当事人保证书的规定。 **第72条** 证人应当客观陈述其亲身感知的事实，作证时不得使用猜

新《民事诉讼法》及解读等	修改前《民事诉讼法》等关联规定
	测、推断或者评论性语言。 证人作证前不得旁听法庭审理，作证时不得以宣读事先准备的书面材料的方式陈述证言。 证人言辞表达有障碍的，可以通过其他表达方式作证。 **第73条**　证人应当就其作证的事项进行连续陈述。 当事人及其法定代理人、诉讼代理人或者旁听人员干扰证人陈述的，人民法院应当及时制止，必要时可以依照民事诉讼法第一百一十条的规定进行处罚。 **第74条**　审判人员可以对证人进行询问。当事人及其诉讼代理人经审判人员许可后可以询问证人。 询问证人时其他证人不得在场。 人民法院认为有必要的，可以要求证人之间进行对质。
第七十六条　【证人出庭作证例外情形】经人民法院通知，证人应当出庭作证。有下列情形之一的，经人民法院许可，可以通过书面证言、视听传输技术或者视听资料等方式作证： （一）因健康原因不能出庭的； （二）因路途遥远，交通不便不能出庭的； （三）因自然灾害等不可抗力不	**《民事诉讼法》（2021年修正）** **第76条**　经人民法院通知，证人应当出庭作证。有下列情形之一的，经人民法院许可，可以通过书面证言、视听传输技术或者视听资料等方式作证： （一）因健康原因不能出庭的； （二）因路途遥远，交通不便不能出庭的； （三）因自然灾害等不可抗力不

新《民事诉讼法》及解读等	修改前《民事诉讼法》等关联规定
能出庭的； （四）其他有正当理由不能出庭的。 **解读：**如前条所言，出庭作证是证人应当承担的一项法定义务，原则上不允许知道案件真实情况的单位和个人不出庭作证。但某些情况下，确实存在一些阻碍证人出庭作证的客观困难，证人无法出庭作证。在总结吸收相关解释基础上，本条对证人出庭作证的例外情形作了规定，主要包括下述情形：1. 因健康原因不能出庭的。这也是人之常情。2. 因路途遥远，交通不便不能出庭的。这种情况，在交通便利的当下如何认定，需法官结合具体情形判断。3. 因自然灾害等不可抗力不能出庭的。主要是指地震、海啸、洪水等自然灾害，或者战争、动乱等其他不可抗力。4. 其他有正当理由不能出庭的。此项为兜底性规定。值得注意的是，证人存在以上情形的并不必然免除其作证义务，而是要经过法院许可才能不出庭作证。此外，对于不出庭作证的证人，本条还明确了替代作证方式，即通过书面证言、视听传输技术或者视听资料等方式作证，以更好地兼顾证人作证与案件审理进程的统一。	能出庭的； （四）其他有正当理由不能出庭的。 **《民事诉讼法解释》** **第119条** 人民法院在证人出庭作证前应当告知其如实作证的义务以及作伪证的法律后果，并责令其签署保证书，但无民事行为能力人和限制民事行为能力人除外。 证人签署保证书适用本解释关于当事人签署保证书的规定。 **第120条** 证人拒绝签署保证书的，不得作证，并自行承担相关费用。 **《民事诉讼证据规定》** **第76条** 证人确有困难不能出庭作证，申请以书面证言、视听传输技术或者视听资料等方式作证的，应当向人民法院提交申请书。申请书中应当载明不能出庭的具体原因。 符合民事诉讼法第七十三条规定情形的，人民法院应当准许。 **第77条** 证人经人民法院准许，以书面证言方式作证的，应当签署保证书；以视听传输技术或者视听资料方式作证的，应当签署保证书并宣读保证书的内容。

新《民事诉讼法》及解读等	修改前《民事诉讼法》等关联规定
第七十七条　【证人出庭作证费用承担】证人因履行出庭作证义务而支出的交通、住宿、就餐等必要费用以及误工损失，由败诉一方当事人负担。当事人申请证人作证的，由该当事人先行垫付；当事人没有申请，人民法院通知证人作证的，由人民法院先行垫付。 **解读：**证人出席法庭审理陈述证言，无疑会耗费精力、时间和财力，影响证人的职业收入。若证人不在法院所在地，差旅费等支出也属必需事宜。证人因履行出庭作证的义务而遭受的经济损失，若不加以补偿，势必使证人处于权利义务失衡的不公平状态，影响证人作证的积极性。为此，本条明确了证人享有作证费用补偿的权利。由于民事诉讼是当事人为了自己的利益请求国家司法机关确定私权之程序，属于国家对于发生私权争执的当事人之特别服务，与国家利益无涉，为此所支出的费用，自然不能由全国纳税人负担。民事诉讼采有偿主义，由当事人自己负担诉讼费用，以防止当事人滥用诉权而提起无益的诉讼，同时也能减少国库的支出。因此，证人因出庭作证而支出的合理费用，由提供证人的一方当事人	**《民事诉讼法》（2021 年修正）** **第 77 条**　证人因履行出庭作证义务而支出的交通、住宿、就餐等必要费用以及误工损失，由败诉一方当事人负担。当事人申请证人作证的，由该当事人先行垫付；当事人没有申请，人民法院通知证人作证的，由人民法院先行垫付。 **《民事诉讼法解释》** **第 118 条**　民事诉讼法第七十七条规定的证人因履行出庭作证义务而支出的交通、住宿、就餐等必要费用，按照机关事业单位工作人员差旅费用和补贴标准计算；误工损失按照国家上年度职工日平均工资标准计算。 人民法院准许证人出庭作证申请的，应当通知申请人预缴证人出庭作证费用。 **《民事诉讼证据规定》** **第 75 条**　证人出庭作证后，可以向人民法院申请支付证人出庭作证费用。证人有困难需要预先支取出庭作证费用的，人民法院可以根据证人的申请在出庭作证前支付。

新《民事诉讼法》及解读等	修改前《民事诉讼法》等关联规定
先行支付，最终由败诉一方当事人承担。这不仅符合民事诉讼的制度基础，也有利于防止诉权滥用。需注意，证人作证的费用包括证人因出庭作证而支出的交通、住宿、就餐等必要费用和误工损失。所谓必要费用，是指维持证人正常生活状态和履行出庭作证义务所应当支出的费用。	
第七十八条　【当事人陈述】 人民法院对当事人的陈述，应当结合本案的其他证据，审查确定能否作为认定事实的根据。 当事人拒绝陈述的，不影响人民法院根据证据认定案件事实。 **解读：**当事人陈述，是指民事案件当事人向法院提出的关于案件事实和证明这些事实情况的陈述。由于民事纠纷是在当事人之间进行的，因此他们最了解争议事实，其陈述也是法院查明案件事实的重要线索。但由于当事人在案件中的对立地位，相互之间存在利害冲突，其陈述的客观性与准确性无法保证。因此，法院对当事人的陈述应客观对待，注意其是否有片面和虚假的成分，既不可盲目轻信，也不能忽视其作用。只有把当事人陈述和案件其他证据结合起来，综合审查，才能确定其是否可以作为认定案件事	**《民事诉讼法》（2021 年修正）** **第 78 条**　人民法院对当事人的陈述，应当结合本案的其他证据，审查确定能否作为认定事实的根据。 当事人拒绝陈述的，不影响人民法院根据证据认定案件事实。 **《民事诉讼法解释》** **第 110 条**　人民法院认为有必要的，可以要求当事人本人到庭，就案件有关事实接受询问。在询问当事人之前，可以要求其签署保证书。 保证书应当载明据实陈述、如有虚假陈述愿意接受处罚等内容。当事人应当在保证书上签名或者捺印。 负有举证证明责任的当事人拒绝到庭、拒绝接受询问或者拒绝签署保证书，待证事实又欠缺其他证据证明的，人民法院对其主张的事实不予认定。 **第 122 条**　当事人可以依照民事

新《民事诉讼法》及解读等	修改前《民事诉讼法》等关联规定
实的根据。关于当事人的陈述，另需注意两点：一是在只有当事人的陈述而没有其他证据的情况下，法院能否把当事人的陈述作为认定事实的根据。实际上，当事人对自己的主张，只有本人陈述而不能提出其他相关证据的，一般不予支持，但对方当事人认可的除外。这里明确了“对方当事人认可”这一条件。这在理论上属于“自认”范畴，即一方当事人对于另一方当事人提出的案件事实予以认可，即免除对方当事人的证明责任。二是当事人拒绝陈述时如何处理的问题。部分当事人由于种种原因在案件审理时拒绝作出陈述，在这种情况下，法院并不能因此拒绝裁判，而是可根据所掌握的书证、物证、证人证言等其他证据认定案件事实，并作出裁判。实际上，当事人的陈述并不是审理案件所必需的证据，当事人不作陈述的，并不影响法院对案件的审理和判决。 **案例参考：《辽阳某钢管厂与中国某进出口公司购销合同纠纷再审案》**① 案例要旨：当事人陈述是在人	诉讼法第八十二条的规定，在举证期限届满前申请一至二名具有专门知识的人出庭，代表当事人对鉴定意见进行质证，或者对案件事实所涉及的专业问题提出意见。 具有专门知识的人在法庭上就专业问题提出的意见，视为当事人的陈述。 人民法院准许当事人申请的，相关费用由提出申请的当事人负担。 **第356条** 人民法院审查相关情况时，应当通知双方当事人共同到场对案件进行核实。 人民法院经审查，认为当事人的陈述或者提供的证明材料不充分、不完备或者有疑义的，可以要求当事人限期补充陈述或者补充证明材料。必要时，人民法院可以向调解组织核实有关情况。 **第395条** 人民法院根据审查案件的需要决定是否询问当事人。新的证据可能推翻原判决、裁定的，人民法院应当询问当事人。 **《民事诉讼证据规定》** **第3条** 在诉讼过程中，一方当事人陈述的于己不利的事实，或

① 参见最高人民法院审判监督庭编：《审判监督指导·总第15辑》（2004年第3辑），人民法院出版社2005年版。

新《民事诉讼法》及解读等	修改前《民事诉讼法》等关联规定
民法院驳回其再审申请时作出的，并非发生在诉讼过程中，因此不构成民事诉讼过程中的当事人自认行为。	者对于己不利的事实明确表示承认的，另一方当事人无需举证证明。 在证据交换、询问、调查过程中，或者在起诉状、答辩状、代理词等书面材料中，当事人明确承认于己不利的事实的，适用前款规定。 **第63条** 当事人应当就案件事实作真实、完整的陈述。 当事人的陈述与此前陈述不一致的，人民法院应当责令其说明理由，并结合当事人的诉讼能力、证据和案件具体情况进行审查认定。 当事人故意作虚假陈述妨碍人民法院审理的，人民法院应当根据情节，依照民事诉讼法第一百一十一条的规定进行处罚。 **第90条** 下列证据不能单独作为认定案件事实的根据： （一）当事人的陈述； （二）无民事行为能力人或者限制民事行为能力人所作的与其年龄、智力状况或者精神健康状况不相当的证言； （三）与一方当事人或者其代理人有利害关系的证人陈述的证言； （四）存有疑点的视听资料、电子数据； （五）无法与原件、原物核对的复制件、复制品。

新《民事诉讼法》及解读等	修改前《民事诉讼法》等关联规定
第七十九条　【鉴定程序启动】　当事人可以就查明事实的专门性问题向人民法院申请鉴定。当事人申请鉴定的，由双方当事人协商确定具备资格的鉴定人；协商不成的，由人民法院指定。 当事人未申请鉴定，人民法院对专门性问题认为需要鉴定的，应当委托具备资格的鉴定人进行鉴定。 **解读：**司法鉴定，是指在诉讼活动中鉴定人运用科学技术或者专门知识对诉讼涉及的专门性问题进行鉴别和判断并提供鉴定意见的活动。就民事诉讼中司法鉴定的启动而言，《民事诉讼法》将启动司法鉴定的方式规定为两种：一是当事人可以就查明事实的专门性问题向人民法院申请鉴定；二是当事人没有申请鉴定，法院对专门性问题认为需要鉴定的，应当委托具备资格的鉴定人进行鉴定。无论哪种方式，启动鉴定程序均须满足以下要求：1. 须是案件事实认定问题。法律上的理解与适用问题，属于法院审判权处理的范畴，不属鉴定范围。2. 须是专门性问题。鉴定程序的启动必须围绕专门性问题进行，基于事实认定属于法院行使审判权方面的重要职责范畴以及鉴定程序的启动	**《民事诉讼法》（2021年修正）** **第79条**　当事人可以就查明事实的专门性问题向人民法院申请鉴定。当事人申请鉴定的，由双方当事人协商确定具备资格的鉴定人；协商不成的，由人民法院指定。 当事人未申请鉴定，人民法院对专门性问题认为需要鉴定的，应当委托具备资格的鉴定人进行鉴定。 **《民事诉讼法解释》** **第121条**　当事人申请鉴定，可以在举证期限届满前提出。申请鉴定的事项与待证事实无关联，或者对证明待证事实无意义的，人民法院不予准许。 人民法院准许当事人鉴定申请的，应当组织双方当事人协商确定具备相应资格的鉴定人。当事人协商不成的，由人民法院指定。 符合依职权调查收集证据条件的，人民法院应当依职权委托鉴定，在询问当事人的意见后，指定具备相应资格的鉴定人。 **第397条**　审查再审申请期间，再审申请人申请人民法院委托鉴定、勘验的，人民法院不予准许。 **《民事诉讼证据规定》** **第30条**　人民法院在审理案件过程中认为待证事实需要通过鉴定意

新《民事诉讼法》及解读等	修改前《民事诉讼法》等关联规定
对于诉讼进程及诉讼效率的影响等因素的考虑，对于一般性的事实认定问题应当由法官根据举证责任的有关要求，通过法庭调查等程序予以认定，不应通过鉴定程序确定。3. 须符合必要性的要求。即鉴定所要解决的问题应当是通过其他方式不能解决，只有通过鉴定才能解决的，或者说应当排除以其他低诉讼成本方法查明案件事实的可能性。就当事人协商确定的方式而言，属于对当事人处分权的尊重，也是启动鉴定的首要模式。就法官依职权确定鉴定人的方式而言，需在满足符合上述启动鉴定程序要求的前提下，在以下两种情况下实施：一是双方当事人确实协商不成的情形，此时法院应当按照能动司法的要求，在不至于造成诉讼拖延的情况下，尽量推动当事人协议确定鉴定人；对于确实不能达成协议又必须进行鉴定的，则应当及时依职权确定鉴定人。二是对于具有鉴定必要性而当事人又未申请鉴定的情形，为查明案件事实真相的需要，依照职权启动鉴定程序后确定有资格的鉴定人进行某专业性问题的鉴定。	见证明的，应当向当事人释明，并指定提出鉴定申请的期间。 符合《最高人民法院关于适用〈中华人民共和国民事诉讼法〉的解释》第九十六条第一款规定情形的，人民法院应当依职权委托鉴定。 **第31条** 当事人申请鉴定，应当在人民法院指定期间内提出，并预交鉴定费用。逾期不提出申请或者不预交鉴定费用的，视为放弃申请。 对需要鉴定的待证事实负有举证责任的当事人，在人民法院指定期间内无正当理由不提出鉴定申请或者不预交鉴定费用，或者拒不提供相关材料，致使待证事实无法查明的，应当承担举证不能的法律后果。 **第32条** 人民法院准许鉴定申请的，应当组织双方当事人协商确定具备相应资格的鉴定人。当事人协商不成的，由人民法院指定。 人民法院依职权委托鉴定的，可以在询问当事人的意见后，指定具备相应资格的鉴定人。 人民法院在确定鉴定人后应当出具委托书，委托书中应当载明鉴定事项、鉴定范围、鉴定目的和鉴定期限。 **第33条** 鉴定开始之前，人民法院应当要求鉴定人签署承诺书。承

新《民事诉讼法》及解读等	修改前《民事诉讼法》等关联规定
案例参考:《陈某浴与内蒙古某石业有限公司合同纠纷案》① 案例要旨:当事人在案件审理中提出的人民法院另案审理中作出的鉴定意见,只宜作为一般书证,根据《民事诉讼法》关于鉴定事项的规定,鉴定意见只能在本案审理中依法申请、形成和使用。	诺书中应当载明鉴定人保证客观、公正、诚实地进行鉴定,保证出庭作证,如作虚假鉴定应当承担法律责任等内容。 鉴定人故意作虚假鉴定的,人民法院应当责令其退还鉴定费用,并根据情节,依照民事诉讼法第一百一十一条的规定进行处罚。 **第40条** 当事人申请重新鉴定,存在下列情形之一的,人民法院应当准许: (一)鉴定人不具备相应资格的; (二)鉴定程序严重违法的; (三)鉴定意见明显依据不足的; (四)鉴定意见不能作为证据使用的其他情形。 存在前款第一项至第三项情形的,鉴定人已经收取的鉴定费用应当退还。拒不退还的,依照本规定第八十一条第二款的规定处理。 对鉴定意见的瑕疵,可以通过补正、补充鉴定或者补充质证、重新质证等方法解决的,人民法院不予准许重新鉴定的申请。 重新鉴定的,原鉴定意见不得作为认定案件事实的根据。 **第41条** 对于一方当事人就专

① 参见《最高人民法院公报》2016年第3期。

新《民事诉讼法》及解读等	修改前《民事诉讼法》等关联规定
	门性问题自行委托有关机构或者人员出具的意见，另一方当事人有证据或者理由足以反驳并申请鉴定的，人民法院应予准许。 **第42条** 鉴定意见被采信后，鉴定人无正当理由撤销鉴定意见的，人民法院应当责令其退还鉴定费用，并可以根据情节，依照民事诉讼法第一百一十一条的规定对鉴定人进行处罚。当事人主张鉴定人负担由此增加的合理费用的，人民法院应予支持。 人民法院采信鉴定意见后准许鉴定人撤销的，应当责令其退还鉴定费用。 **《最高人民法院对外委托鉴定、评估、拍卖等工作管理规定》** 正文略。 **《最高人民法院关于诉前调解中委托鉴定工作规程（试行）》** **第1条** 在诉前调解过程中，人民法院可以根据当事人申请依托人民法院委托鉴定系统提供诉前委托鉴定服务。 **第2条** 诉前鉴定应当遵循当事人自愿原则。当事人可以共同申请诉前鉴定。一方当事人申请诉前鉴定的，应当征得其他当事人同意。 **《环境侵权民事诉讼证据规定》** **第16-21条**，正文略。

新《民事诉讼法》及解读等	修改前《民事诉讼法》等关联规定
第八十条 【鉴定人权利与鉴定意见形成】 鉴定人有权了解进行鉴定所需要的案件材料，必要时可以询问当事人、证人。 鉴定人应当提出书面鉴定意见，在鉴定书上签名或者盖章。 **解读：** 明确鉴定人的相关权利，有利于保障鉴定活动及时、顺利开展，为此，本条第1款明确规定鉴定人有权了解进行鉴定所需要的案件材料，必要时可以询问当事人、证人。鉴定人实施鉴定活动，就鉴定所需的案件材料，自然有权予以了解，否则将无从履行鉴定。只要鉴定需要，即使某些材料涉及国家秘密、商业秘密或个人隐私，经法院许可，鉴定人也有权了解。此外，出于鉴定需要，经法院许可，鉴定人在必要时还可向当事人、证人询问与鉴定有关的情况。另需注意，鉴定人依法接受委托，经过科学鉴定，不管鉴定结果的性质如何，都应按照规定和要求提出书面鉴定意见。简而言之，提出书面鉴定意见是鉴定人需履行的一项义务或者说主要义务。一般而言，书面鉴定意见中应当包括委托人姓名或名称、委托鉴定内容、委托鉴定材料、鉴定依据及使用的科学技术手段、对	**《民事诉讼法》（2021年修正）** **第80条** 鉴定人有权了解进行鉴定所需要的案件材料，必要时可以询问当事人、证人。 鉴定人应当提出书面鉴定意见，在鉴定书上签名或者盖章。 **《民事诉讼证据规定》** **第34条** 人民法院应当组织当事人对鉴定材料进行质证。未经质证的材料，不得作为鉴定的根据。 经人民法院准许，鉴定人可以调取证据、勘验物证和现场、询问当事人或者证人。 **第35条** 鉴定人应当在人民法院确定的期限内完成鉴定，并提交鉴定书。 鉴定人无正当理由未按期提交鉴定书的，当事人可以申请人民法院另行委托鉴定人进行鉴定。人民法院准许的，原鉴定人已经收取的鉴定费用应当退还；拒不退还的，依照本规定第八十一条第二款的规定处理。 **第36条** 人民法院对鉴定人出具的鉴定书，应当审查是否具有下列内容： （一）委托法院的名称； （二）委托鉴定的内容、要求； （三）鉴定材料；

新《民事诉讼法》及解读等	修改前《民事诉讼法》等关联规定
鉴定过程的说明、明确的鉴定意见和对鉴定人资格的说明等，鉴定人需要在鉴定意见上签名或者盖章。 **案例参考：《舒某萍诉广东某法医临床司法鉴定所人格权纠纷案》**① 案例要旨：司法鉴定所受法院委托指定相关鉴定人进行鉴定，是辅助法院查明案件事实的一种证明行为，所作出的鉴定意见属于民事诉讼证据之一。司法鉴定所的鉴定程序有无违法、鉴定意见应否采信，应由审理该案的法院进行审查，属于法院的司法行为。因此，舒某萍的诉讼请求不属于人民法院受理民事诉讼的范围，一、二审裁定驳回其起诉和上诉，认定事实和适用法律正确。舒某萍如认为另案采信南粤司法鉴定所的鉴定意见作出的判决错误，可循该案的审判监督程序解决。当事人仅因人民法院在诉讼中采纳鉴定意见而另案起诉鉴定人或者鉴定机构的，不属于民事案件受理范围。	（四）鉴定所依据的原理、方法； （五）对鉴定过程的说明； （六）鉴定意见； （七）承诺书。 鉴定书应当由鉴定人签名或者盖章，并附鉴定人的相应资格证明。委托机构鉴定的，鉴定书应当由鉴定机构盖章，并由从事鉴定的人员签名。 **《司法鉴定管理决定》** 十、司法鉴定实行鉴定人负责制度。鉴定人应当独立进行鉴定，对鉴定意见负责并在鉴定书上签名或者盖章。多人参加的鉴定，对鉴定意见有不同意见的，应当注明。

① 参见广东省高级人民法院（2016）粤民申1021号民事裁定书，载中国裁判文书网。

新《民事诉讼法》及解读等	修改前《民事诉讼法》等关联规定
第八十一条 【鉴定人出庭作证】当事人对鉴定意见有异议或者人民法院认为鉴定人有必要出庭的，鉴定人应当出庭作证。经人民法院通知，鉴定人拒不出庭作证的，鉴定意见不得作为认定事实的根据；支付鉴定费用的当事人可以要求返还鉴定费用。 **解读：**鉴定意见作出后，不利一方的当事人不满意的现象较为常见。为此本条规定，对鉴定意见有异议的或者人民法院认为鉴定人有必要出庭的，鉴定人必须出庭作证。根据这一规定，鉴定人应当出庭作证的情形有两种：一是当事人对鉴定意见有异议；二是人民法院认为鉴定人有必要出庭。鉴定人出庭的，应当接受当事人就鉴定意见对其进行的质询。质询内容主要包括针对鉴定人的主体资格、鉴定意见是否符合相关形式要件、进行鉴定所采用的方法、手段、形成鉴定意见的科学原理或理论依据提出质证意见等。鉴定人对于当事人提出的质询意见以及法庭提出的问题应当如实回答。此外，为促使鉴定人出庭，本条还明确了鉴定人不出庭作证的法律后果。一方面，鉴定意见不得作为认定事实的根据。另一方面，支	**《民事诉讼法》（2021 年修正）** **第 81 条** 当事人对鉴定意见有异议或者人民法院认为鉴定人有必要出庭的，鉴定人应当出庭作证。经人民法院通知，鉴定人拒不出庭作证的，鉴定意见不得作为认定事实的根据；支付鉴定费用的当事人可以要求返还鉴定费用。 **《民事诉讼证据规定》** **第 35 条** 鉴定人应当在人民法院确定的期限内完成鉴定，并提交鉴定书。 鉴定人无正当理由未按期提交鉴定书的，当事人可以申请人民法院另行委托鉴定人进行鉴定。人民法院准许的，原鉴定人已经收取的鉴定费用应当退还；拒不退还的，依照本规定第八十一条第二款的规定处理。 **第 36 条** 人民法院对鉴定人出具的鉴定书，应当审查是否具有下列内容： （一）委托法院的名称； （二）委托鉴定的内容、要求； （三）鉴定材料； （四）鉴定所依据的原理、方法； （五）对鉴定过程的说明； （六）鉴定意见； （七）承诺书。 鉴定书应当由鉴定人签名或者盖

新《民事诉讼法》及解读等	修改前《民事诉讼法》等关联规定
付鉴定费用的当事人可以要求返还鉴定费用。鉴定人如果拒不出庭，就无法对鉴定意见进行质证，因此就不能将其作为认定事实的根据。而当事人委托鉴定人进行鉴定支付了相关费用，对鉴定意见产生的疑问，鉴定人有义务当面加以说明。鉴定人拒绝出庭作证接受质询的，支付的鉴定费用理应予以返还。此外，《司法鉴定管理决定》第13条还规定，鉴定人或者鉴定机构经人民法院依法通知，拒绝出庭作证的，由省级人民政府司法行政部门给予停止从事司法鉴定业务3个月以上1年以下的处罚；情节严重的，撤销登记。	章，并附鉴定人的相应资格证明。委托机构鉴定的，鉴定书应当由鉴定机构盖章，并由从事鉴定的人员签名。 **第37条** 人民法院收到鉴定书后，应当及时将副本送交当事人。 当事人对鉴定书的内容有异议的，应当在人民法院指定期间内以书面方式提出。 对于当事人的异议，人民法院应当要求鉴定人作出解释、说明或者补充。人民法院认为有必要的，可以要求鉴定人对当事人未提出异议的内容进行解释、说明或者补充。 **第38条** 当事人在收到鉴定人的书面答复后仍有异议的，人民法院应当根据《诉讼费用交纳办法》第十一条的规定，通知有异议的当事人预交鉴定人出庭费用，并通知鉴定人出庭。有异议的当事人不预交鉴定人出庭费用的，视为放弃异议。 双方当事人对鉴定意见均有异议的，分摊预交鉴定人出庭费用。 **第39条** 鉴定人出庭费用按照证人出庭作证费用的标准计算，由败诉的当事人负担。因鉴定意见不明确或者有瑕疵需要鉴定人出庭的，出庭费用由其自行负担。 人民法院委托鉴定时已经确定

新《民事诉讼法》及解读等	修改前《民事诉讼法》等关联规定
	鉴定人出庭费用包含在鉴定费用中的，不再通知当事人预交。 **第99条第2款**　除法律、司法解释另有规定外，对当事人、鉴定人、有专门知识的人的询问参照适用本规定中关于询问证人的规定；关于书证的规定适用于视听资料、电子数据；存储在电子计算机等电子介质中的视听资料，适用电子数据的规定。 **《司法鉴定管理决定》** **十一、**在诉讼中，当事人对鉴定意见有异议的，经人民法院依法通知，鉴定人应当出庭作证。 **《环境侵权民事诉讼证据规定》** **第22-23条**，正文略。
第八十二条　【专家辅助人出庭】当事人可以申请人民法院通知有专门知识的人出庭，就鉴定人作出的鉴定意见或者专业问题提出意见。 **解读：**专家辅助人，也称专家参与诉讼，是指具有某一领域专门知识的专家参与到诉讼中，运用其知识、经验、技能对案件中涉及与待证案件事实有关的专业性问题出具意见、出庭进行说明、接受询问。在医疗事故、环境污染、知识产权等案件中，涉及与专业问题密切相	**《民事诉讼法》（2021年修正）** **第82条**　当事人可以申请人民法院通知有专门知识的人出庭，就鉴定人作出的鉴定意见或者专业问题提出意见。 **《民事诉讼法解释》** **第122条**　当事人可以依照民事诉讼法第八十二条的规定，在举证期限届满前申请一至二名具有专门知识的人出庭，代表当事人对鉴定意见进行质证，或者对案件事实所涉及的专业问题提出意见。 具有专门知识的人在法庭上就

新《民事诉讼法》及解读等	修改前《民事诉讼法》等关联规定
关的案件事实时，有时仅通过鉴定意见或对鉴定人进行当面询问，不能使鉴定人以外的其他人对专门性问题获得理解，尤其是当当事人对于鉴定意见存在不同理解，法院难以据此对案件事实作出认定时，无疑需要具备这种专门知识的专家给予帮助。从另一角度看，这也是对鉴定人的一种监督措施。就专家参与诉讼的程序，通常要经过当事人申请，法院经审查认为确有必要邀请专家出庭的，应当通知专家出庭提出意见。此外，关于专家辅助人与鉴定人之间的区别，主要体现在以下方面：1. 参加诉讼的根据不同。鉴定人由当事人协商确定，协商不成的，由人民法院指定；而专家辅助人则是因当事人的申请参加诉讼活动的。2. 诉讼中发挥的作用不同。鉴定人参加诉讼的目的是就案件中的专门性问题作出结论性意见，鉴定人作出的鉴定意见在诉讼中可以作为证据使用；而专家辅助人的作用是就鉴定人作出的鉴定意见或者专业问题提出意见。3. 地位不同。鉴定意见属于法定证据形式之一，具有法律效力；而专家辅助人的意见具有的效力法律并未明确，其在法庭上对专门性问题的说明严	专业问题提出的意见，视为当事人的陈述。 人民法院准许当事人申请的，相关费用由提出申请的当事人负担。 **第 123 条** 人民法院可以对出庭的具有专门知识的人进行询问。经法庭准许，当事人可以对出庭的具有专门知识的人进行询问，当事人各自申请的具有专门知识的人可以就案件中的有关问题进行对质。 具有专门知识的人不得参与专业问题之外的法庭审理活动。 **《民事诉讼证据规定》** **第 83 条** 当事人依照民事诉讼法第七十九条和《最高人民法院关于适用〈中华人民共和国民事诉讼法〉的解释》第一百二十二条的规定，申请有专门知识的人出庭的，申请书中应当载明有专门知识的人的基本情况和申请的目的。 人民法院准许当事人申请的，应当通知双方当事人。 **第 84 条** 审判人员可以对有专门知识的人进行询问。经法庭准许，当事人可以对有专门知识的人进行询问，当事人各自申请的有专门知识的人可以就案件中的有关问题进行对质。

新《民事诉讼法》及解读等	修改前《民事诉讼法》等关联规定
格来看并不属于证据。	有专门知识的人不得参与对鉴定意见质证或者就专业问题发表意见之外的法庭审理活动。 **第99条第2款**　除法律、司法解释另有规定外，对当事人、鉴定人、有专门知识的人的询问参照适用本规定中关于询问证人的规定；关于书证的规定适用于视听资料、电子数据；存储在电子计算机等电子介质中的视听资料，适用电子数据的规定。
第八十三条　【勘验】勘验物证或者现场，勘验人必须出示人民法院的证件，并邀请当地基层组织或者当事人所在单位派人参加。当事人或者当事人的成年家属应当到场，拒不到场的，不影响勘验的进行。 有关单位和个人根据人民法院的通知，有义务保护现场，协助勘验工作。 勘验人应当将勘验情况和结果制作笔录，由勘验人、当事人和被邀参加人签名或者盖章。 **解读：**民事诉讼中，勘验是法院收集证据的重要方法。勘验物证或者现场的，勘验人必须出示人民法院的证件，以表明勘验人的身份和具体执行的勘验任务。同时，法院应邀请	**《民事诉讼法》（2021年修正）** **第83条**　勘验物证或者现场，勘验人必须出示人民法院的证件，并邀请当地基层组织或者当事人所在单位派人参加。当事人或者当事人的成年家属应当到场，拒不到场的，不影响勘验的进行。 有关单位和个人根据人民法院的通知，有义务保护现场，协助勘验工作。 勘验人应当将勘验情况和结果制作笔录，由勘验人、当事人和被邀参加人签名或者盖章。 **《民事诉讼法解释》** **第124条**　人民法院认为有必要的，可以根据当事人的申请或者依职权对物证或者现场进行勘验。勘验时应当保护他人的隐私和尊严。

新《民事诉讼法》及解读等	修改前《民事诉讼法》等关联规定
勘验物件所在地的基层组织或者有关单位派人前来参加。如可以邀请当事人所在单位、村民委员会、居民委员会、公安局派出所、人民调解委员会等派人参加。邀请当地基层组织或者有关单位参加勘验工作，有利于勘验工作准确、顺利地进行。另需注意，若当事人为公民，应通知其本人或其成年家属到场；若当事人是法人或者非法人组织的，则应通知其法定代表人或其负责人到场。当然，经通知上述相关人员拒不到场的，不影响法院勘验工作的进行。此外，本条还明确了有关单位和个人有义务协助人民法院的勘验工作，一是协助保护现场，二是协助勘验工作。勘验时，法院可以对物证或现场进行拍照和测量，并将勘验情况和结果制作成笔录，分别交勘验人、当事人和被邀请参加的有关单位或个人签名或者盖章。绘制的现场图应当注明绘制的时间、方位、测绘人姓名、身份等内容。勘验笔录作为证据之一，开庭审理时，法院应该当庭宣读，以便双方当事人以及其他到庭人员了解勘验情况和结果。 案例参考：《姚某珍等诉某公司等交警未能定责的道路交通事故损	人民法院可以要求鉴定人参与勘验。必要时，可以要求鉴定人在勘验中进行鉴定。 **《民事诉讼证据规定》** **第43条** 人民法院应当在勘验前将勘验的时间和地点通知当事人。当事人不参加的，不影响勘验进行。 当事人可以就勘验事项向人民法院进行解释和说明，可以请求人民法院注意勘验中的重要事项。 人民法院勘验物证或者现场，应当制作笔录，记录勘验的时间、地点、勘验人、在场人、勘验的经过、结果，由勘验人、在场人签名或者盖章。对于绘制的现场图应当注明绘制的时间、方位、测绘人姓名、身份等内容。 **第82条** 经法庭许可，当事人可以询问鉴定人、勘验人。 询问鉴定人、勘验人不得使用威胁、侮辱等不适当的言语和方式。

新《民事诉讼法》及解读等	修改前《民事诉讼法》等关联规定
害赔偿纠纷案》① 案例要旨：在一些道路交通事故赔偿案件中，由于交警部门受主客观条件的限制未能对事故的责任进行认定，法官就需根据对该起事故的现场图、现场勘验记录、当事人的陈述、证人证言、技术鉴定及检验结论的审查，结合庭审调查、当事人质证，查明事实，并依据民事诉讼证据规则和侵权责任相关法律规定，确认各方当事人的民事责任，并促进认定部门更好地履行法定职责。	
第八十四条　【证据保全】在证据可能灭失或者以后难以取得的情况下，当事人可以在诉讼过程中向人民法院申请保全证据，人民法院也可以主动采取保全措施。 因情况紧急，在证据可能灭失或者以后难以取得的情况下，利害关系人可以在提起诉讼或者申请仲裁前向证据所在地、被申请人住所地或者对案件有管辖权的人民法院申请保全证据。 证据保全的其他程序，参照适用本法第九章保全的有关规定。	**《民事诉讼法》（2021 年修正）** **第 84 条**　在证据可能灭失或者以后难以取得的情况下，当事人可以在诉讼过程中向人民法院申请保全证据，人民法院也可以主动采取保全措施。 因情况紧急，在证据可能灭失或者以后难以取得的情况下，利害关系人可以在提起诉讼或者申请仲裁前向证据所在地、被申请人住所地或者对案件有管辖权的人民法院申请保全证据。 证据保全的其他程序，参照适用本法第九章保全的有关规定。

① 参见江苏省高级人民法院编：《江苏省高级人民法院公报·总第 7 辑》（2010 年第 1 辑），法律出版社 2010 年版。

新《民事诉讼法》及解读等	修改前《民事诉讼法》等关联规定
解读：证据保全，是指在证据可能灭失或以后难以取得的情况下，人民法院依据职权或者依当事人的申请，对证据资料进行调查收集、固定保存等方法，以保持其证明作用的行为。证据保全按照启动时间可分为诉讼中证据保全和诉前证据保全。诉讼中证据保全，是指在证据可能灭失或者以后难以取得的情况下，当事人可以在诉讼过程中向法院申请保全证据，法院也可以主动采取保全措施。当事人申请证据保全的，应当在申请书上写明保全证据的形式、内容、地点、申请保全的原因和理由等，法院据此审查决定是否准许。当事人申请保全证据的，法院可以要求其提供相应的担保。诉前证据保全，是指在提起诉讼前申请对可能灭失或者以后难以取得的证据采取的保全。《民事诉讼法》2012年修改前并没有明确诉前证据保全，但其他法律已有涉及，《海事诉讼特别程序法》第5章对“海事证据保全”作了专章规定，《著作权法》《商标法》对此亦有相关规定。证据保全的对象，可以是证人证言、物证、书证等。法院采取证据保全的主要方法有三种：一是向证人进行询问调查，记录证人证	**《仲裁法》** **第46条** 在证据可能灭失或者以后难以取得的情况下，当事人可以申请证据保全。当事人申请证据保全的，仲裁委员会应当将当事人的申请提交证据所在地的基层人民法院。 **《公证法》** **第11条** 根据自然人、法人或者其他组织的申请，公证机构办理下列公证事项： …… （九）保全证据； …… **《民事诉讼法解释》** **第98条** 当事人根据民事诉讼法第八十四条第一款规定申请证据保全的，可以在举证期限届满前书面提出。 证据保全可能对他人造成损失的，人民法院应当责令申请人提供相应的担保。 **《民事诉讼证据规定》** **第25条** 当事人或者利害关系人根据民事诉讼法第八十一条的规定申请证据保全的，申请书应当载明需要保全的证据的基本情况、申请保全的理由以及采取何种保全措施等内容。

新《民事诉讼法》及解读等	修改前《民事诉讼法》等关联规定
言；二是对文书、物品等进行拍照、录像、抄写或者用其他方法加以复制；三是对证据进行鉴定或者勘验。不论采取哪一种方法进行保全，都应当客观、真实地反映证据情况，以达到证明案件事实的目的。 **案例参考：《浙江某波形钢腹板有限公司与郑州某大建桥梁钢构有限公司、河南某波形钢腹板有限公司、成都某公路建设集团有限公司侵害发明专利权纠纷案》**① 案例要旨：对于证据保全申请，人民法院应当综合考虑申请证据保全所依据的初步证据与拟证明的案件事实之间的关联性、证据保全的必要性和可行性等因素作出判断。证据保全必要性可以考虑申请保全的证据是否与案件事实存在关联性、申请保全的证据是否存在灭失风险或者以后难以取得，以及申请人是否已经穷尽了合理合法的取证手段等因素。	当事人根据民事诉讼法第八十一条第一款的规定申请证据保全的，应当在举证期限届满前向人民法院提出。 法律、司法解释对诉前证据保全有规定的，依照其规定办理。 **第26条**　当事人或者利害关系人申请采取查封、扣押等限制保全标的物使用、流通等保全措施，或者保全可能对证据持有人造成损失的，人民法院应当责令申请人提供相应的担保。 担保方式或者数额由人民法院根据保全措施对证据持有人的影响、保全标的物的价值、当事人或者利害关系人争议的诉讼标的金额等因素综合确定。 **第27条**　人民法院进行证据保全，可以要求当事人或者诉讼代理人到场。 根据当事人的申请和具体情况，人民法院可以采取查封、扣押、录音、录像、复制、鉴定、勘验等方法进行证据保全，并制作笔录。 在符合证据保全目的的情况下，人民法院应当选择对证据持有人利益影响最小的保全措施。

① 参见最高人民法院（2020）最高法知民终2号民事裁定书，载中国裁判文书网。

新《民事诉讼法》及解读等	修改前《民事诉讼法》等关联规定
	第28条 申请证据保全错误造成财产损失，当事人请求申请人承担赔偿责任的，人民法院应予支持。 **第29条** 人民法院采取诉前证据保全措施后，当事人向其他有管辖权的人民法院提起诉讼的，采取保全措施的人民法院应当根据当事人的申请，将保全的证据及时移交受理案件的人民法院。 **第99条第1款** 本规定对证据保全没有规定的，参照适用法律、司法解释关于财产保全的规定。 **《环境侵权民事诉讼证据规定》** **第12-15条**，正文略。
第七章 期间、送达	
第一节 期 间	
第八十五条 【期间种类和计算】 期间包括法定期间和人民法院指定的期间。 期间以时、日、月、年计算。期间开始的时和日，不计算在期间内。 期间届满的最后一日是法定休假日的，以法定休假日后的第一日为期间届满的日期。 期间不包括在途时间，诉讼文书在期满前交邮的，不算过期。	**《民事诉讼法》（2021年修正）** **第85条** 期间包括法定期间和人民法院指定的期间。 期间以时、日、月、年计算。期间开始的时和日，不计算在期间内。 期间届满的最后一日是法定休假日的，以法定休假日后的第一日为期间届满的日期。 期间不包括在途时间，诉讼文书在期满前交邮的，不算过期。

新《民事诉讼法》及解读等	修改前《民事诉讼法》等关联规定
解读：期间，是指当事人、其他诉讼参与人以及人民法院进行民事诉讼或审理民事案件时应当遵守的时间期限。期日，则是指法院指定的开始进行某一诉讼行为的具体时间，如开庭日期、宣判日期等。二者主要区别在于：1. 期日是一个时间点，只规定开始的时间，不规定终止的时间；而期间有始期和终期，是一段期限。2. 期日被确定后，要求法院和当事人以及其他诉讼参与人必须在该期日会合在一起进行某种诉讼行为；而期间自始至终则是各诉讼主体单独进行诉讼行为。3. 期日都是由法院指定的；而期间有的是法律规定，有的是法院指定。4. 期日因特殊情况的发生可以变更；而期间有的可以变更，有的不能变更。以期间是法律规定还是法院指定的为标准，可以将期间分为法定期间和指定期间。以期间能否变更为标准，可以将期间分为不变期间和可变期间。不变期间，是指在规定的期间内，除法律另有规定的情况外，不准许法院延长或缩短的期间，如上诉期间等。关于民事诉讼期间的种类及其计算方式，本条作了较为具体的规定。实际上，《民法典》亦对民事活动中的期间及	**《民法典》** **第200条** 民法所称的期间按照公历年、月、日、小时计算。 **第201条** 按照年、月、日计算期间的，开始的当日不计入，自下一日开始计算。 按照小时计算期间的，自法律规定或者当事人约定的时间开始计算。 **第202条** 按照年、月计算期间的，到期月的对应日为期间的最后一日；没有对应日的，月末日为期间的最后一日。 **第203条** 期间的最后一日是法定休假日的，以法定休假日结束的次日为期间的最后一日。 期间的最后一日的截止时间为二十四时；有业务时间的，停止业务活动的时间为截止时间。 **第204条** 期间的计算方法依照本法的规定，但是法律另有规定或者当事人另有约定的除外。 **《民事诉讼法解释》** **第200条** 破产程序中有关债务人的民事诉讼案件，按照财产案件标准交纳诉讼费，但劳动争议案件除外。

新《民事诉讼法》及解读等	修改前《民事诉讼法》等关联规定
其计算作了相应规定，二者很多内容是一致的。另需注意，《民事诉讼法》中的期间，无论是法定期间还是指定期间，都不包括在途时间。如诉讼文书无论送达日期为何，只要在期满前交邮的，均不算过期。	
第八十六条　【期间耽误与补救】当事人因不可抗拒的事由或者其他正当理由耽误期限的，在障碍消除后的十日内，可以申请顺延期限，是否准许，由人民法院决定。 **解读：**期间的耽误，是指当事人在法定期间或指定期间内没有完成一定的诉讼行为，如因发生地震而超出了上诉期限。期间耽误的原因主要有两类：一是因当事人的主观原因造成的。因主观原因造成期间耽误，主要是指当事人在主观上存在故意或过失。二是因不可归责于当事人的原因造成的。不可归责于当事人的原因，是指期间耽误的原因不是由于当事人在主观上存在故意或过失，而是与当事人主观原因无关的其他原因造成的。根据本条的规定，不可归责于当事人的原因，可以分为两种：一是不可抗拒的事由。所谓不可抗拒的事由，通常也称为不可抗力。二是其他正当理由。所谓其他正当理由，是指造成期间耽	**《民事诉讼法》（2021 年修正）** **第 86 条**　当事人因不可抗拒的事由或者其他正当理由耽误期限的，在障碍消除后的十日内，可以申请顺延期限，是否准许，由人民法院决定。

新《民事诉讼法》及解读等	修改前《民事诉讼法》等关联规定
误的原因，与当事人的主观原因无关，而是因为其他客观情况造成的。如当事人突发重病入院抢救、诉讼文书被他人延误而未及时收到等。期间耽误的原因不同，其后果也不同。因当事人主观上的故意或过失耽误期限的，其责任也由当事人自己承担，不应补救，即不存在顺延期限的问题。因为当事人不可抗拒的事由或其他正当理由耽误期限的，其原因不在于当事人，其责任也不应当完全由当事人承担，需进行一定的补救。按照本条规定，这种情况下在障碍消除后的十日内，可申请顺延期限，但是否准许由法院决定。顺延就是把耽误的期限补足。顺延的期间，需要根据耽误的期间来计算和确定。	
第二节 送 达	
第八十七条 【送达回证】送达诉讼文书必须有送达回证，由受送达人在送达回证上记明收到日期，签名或者盖章。 受送达人在送达回证上的签收日期为送达日期。 **解读：**送达，是指法院依照法定程序和方式，将诉讼文书送交当事人和其他诉讼参与人的诉讼行为。送达主体是法院；送达对象是当事人	**《民事诉讼法》（2021 年修正）** **第 87 条** 送达诉讼文书必须有送达回证，由受送达人在送达回证上记明收到日期，签名或者盖章。 受送达人在送达回证上的签收日期为送达日期。 **《民事诉讼法解释》** **第 137 条** 当事人在提起上诉、申请再审、申请执行时未书面变更送达地址的，其在第一审程序中确认

新《民事诉讼法》及解读等	修改前《民事诉讼法》等关联规定
或者其他诉讼参与人，即受送达人；送达内容是各种诉讼文书；送达需严格依照法定的方式和程序进行。而送达回证，则是指法院制作的用于证明受送达人已经收到法院所送达的诉讼文书的书面凭证。送达回证上记载的送达日期是起算诉讼行为期间的重要根据，是确定诉讼行为是否有效、何时生效的重要根据，因此要求受送达人在回证上签名或盖章，并记明收到日期。送达回证应当带回或寄回法院，并附卷存查。公告送达的，公告期满之日即送达之日，无须送达回证。需注意，送达的效力，是指诉讼文书在依法送达后所产生的法律后果。送达的诉讼文书不同，其法律后果也不相同。	的送达地址可以作为第二审程序、审判监督程序、执行程序的送达地址。 **第141条** 人民法院在定期宣判时，当事人拒不签收判决书、裁定书的，应视为送达，并在宣判笔录中记明。
第八十八条 【直接送达】 送达诉讼文书，应当直接送交受送达人。受送达人是公民的，本人不在交他的同住成年家属签收；受送达人是法人或者其他组织的，应当由法人的法定代表人、其他组织的主要负责人或者该法人、组织负责收件的人签收；受送达人有诉讼代理人的，可以送交其代理人签收；受送达人已向人民法院指定代收人的，送交代收人签收。	**《民事诉讼法》（2021年修正）** **第88条** 送达诉讼文书，应当直接送交受送达人。受送达人是公民的，本人不在交他的同住成年家属签收；受送达人是法人或者其他组织的，应当由法人的法定代表人、其他组织的主要负责人或者该法人、组织负责收件的人签收；受送达人有诉讼代理人的，可以送交其代理人签收；受送达人已向人民法院指定代收人的，送交代收人签收。

新《民事诉讼法》及解读等	修改前《民事诉讼法》等关联规定
受送达人的同住成年家属，法人或者其他组织的负责收件的人，诉讼代理人或者代收人在送达回证上签收的日期为送达日期。 **解读：**直接送达，是指人民法院派专人将应送达的诉讼文书直接交付受送达人签收的送达方式，受送达人在送达回证上的签收日期即为送达日期。民事诉讼以直接送达为原则，也是首选方式。只有当直接送达确有困难时，法院才可以根据情况选择其他方式进行送达。法院直接送达文书可以在当事人的住所以及住所外的其他地方，也可通知当事人到法院领取。就直接送达的适用条件而言，最重要的是法院能够确定受送达人的准确送达地址。受送达人是公民的，送达地址一般为公民的住所地或经常居住地。受送达人是法人或者其他组织的，送达地址一般为法人或其他组织的主要营业地或者主要机构所在地。此外，"送达难"是一个不争的事实，直接送达有时还找不到受送达人或上述有权签收人，为此可根据不同情况送至本条规定的代收人处。但需注意，由于离婚诉讼中当事人身份的特殊性，故不能将诉讼文书交由在身份上既是与受送达人同住的成	受送达人的同住成年家属，法人或者其他组织的负责收件的人，诉讼代理人或者代收人在送达回证上签收的日期为送达日期。 **《民事诉讼法解释》** **第130条** 向法人或者其他组织送达诉讼文书，应当由法人的法定代表人、该组织的主要负责人或者办公室、收发室、值班室等负责收件的人签收或者盖章，拒绝签收或者盖章的，适用留置送达。 民事诉讼法第八十九条规定的有关基层组织和所在单位的代表，可以是受送达人住所地的居民委员会、村民委员会的工作人员以及受送达人所在单位的工作人员。 **第131条** 人民法院直接送达诉讼文书的，可以通知当事人到人民法院领取。当事人到达人民法院，拒绝签署送达回证的，视为送达。审判人员、书记员应当在送达回证上注明送达情况并签名。 人民法院可以在当事人住所地以外向当事人直接送达诉讼文书。当事人拒绝签署送达回证的，采用拍照、录像等方式记录送达过程即视为送达。审判人员、书记员应当在送达回证上注明送达情况并签名。

新《民事诉讼法》及解读等	修改前《民事诉讼法》等关联规定
年家属又是另一方当事人的人签收。	**第 132 条** 受送达人有诉讼代理人的，人民法院既可以向受送达人送达，也可以向其诉讼代理人送达。受送达人指定诉讼代理人为代收人的，向诉讼代理人送达时，适用留置送达。 **第 133 条** 调解书应当直接送达当事人本人，不适用留置送达。当事人本人因故不能签收的，可由其指定的代收人签收。 **《简易程序规定》** **第 5 条** 当事人应当在起诉或者答辩时向人民法院提供自己准确的送达地址、收件人、电话号码等其他联系方式，并签名或者按指印确认。 送达地址应当写明受送达人住所地的邮政编码和详细地址；受送达人是有固定职业的自然人的，其从业的场所可以视为送达地址。 **第 10 条** 因当事人自己提供的送达地址不准确、送达地址变更未及时告知人民法院，或者当事人拒不提供自己的送达地址而导致诉讼文书未能被当事人实际接收的，按下列方式处理： （一）邮寄送达的，以邮件回执上注明的退回之日视为送达之日；

新《民事诉讼法》及解读等	修改前《民事诉讼法》等关联规定
	（二）直接送达的，送达人当场在送达回证上记明情况之日视为送达之日。 上述内容，人民法院应当在原告起诉和被告答辩时以书面或者口头方式告知当事人。
第八十九条　【留置送达】受送达人或者他的同住成年家属拒绝接收诉讼文书的，送达人可以邀请有关基层组织或者所在单位的代表到场，说明情况，在送达回证上记明拒收事由和日期，由送达人、见证人签名或者盖章，把诉讼文书留在受送达人的住所；也可以把诉讼文书留在受送达人的住所，并采用拍照、录像等方式记录送达过程，即视为送达。 **解读：**留置送达，是指受送达人拒绝接收诉讼文书时，送达人依法将应送达的文书留置于受送达人处所的送达方式。留置送达是在直接送达不能进行时所采取的一种送达方式，是直接送达下最直接的补充方式，与直接送达具有同等的效力。适用留置送达条件包括：一是前提条件，即受送达人或其他法定签收人拒绝接收送达人员的诉讼文书。拒绝接收既包括故意躲避送达人员的情形，也包括虽不躲避但当面	**《民事诉讼法》（2021 年修正）** **第 89 条**　受送达人或者他的同住成年家属拒绝接收诉讼文书的，送达人可以邀请有关基层组织或者所在单位的代表到场，说明情况，在送达回证上记明拒收事由和日期，由送达人、见证人签名或者盖章，把诉讼文书留在受送达人的住所；也可以把诉讼文书留在受送达人的住所，并采用拍照、录像等方式记录送达过程，即视为送达。 **《民事诉讼法解释》** **第 130 条**　向法人或者其他组织送达诉讼文书，应当由法人的法定代表人、该组织的主要负责人或者办公室、收发室、值班室等负责收件的人签收或者盖章，拒绝签收或者盖章的，适用留置送达。 民事诉讼法第八十九条规定的有关基层组织和所在单位的代表，可以是受送达人住所地的居民委员会、村民委员会的工作人员以及受送达人所在单位的工作人员。

新《民事诉讼法》及解读等	修改前《民事诉讼法》等关联规定
拒绝接收送达的诉讼文书或是接收送达的诉讼文书却拒绝签名或盖章。当然，若诉讼文书被受送达人或其他法定签收人直接接收，就没有必要适用留置送达。二是场所条件，即留置送达的地址应是受送达人的住所。三是对象条件，即留置送达的对象不包括调解书。调解书是当事人自愿协商后制作的法律文书，以自愿为基础。当事人拒绝签收调解书，表明不愿意接受调解，故调解书不能强制送达。此外，留置送达主要有两类：1. 有见证人情况下的留置送达。在受送达人或者其同住成年家属拒绝签收诉讼文书时，送达人可以邀请有关基层组织或者所在单位的代表到场，说明情况，在送达回证上记明拒收事由和日期，由送达人、见证人签名或者盖章，把诉讼文书留在受送达人的住所，即可视为送达。这种情况下，留置送达是在见证人的在场见证下完成的。需注意，送达人可以邀请见证人到场见证，不是必须邀请。2. 无见证人情况下的留置送达。实践中存在难以寻找到符合法律规定条件的见证人或符合法律规定的相关人员不愿担当见证人的情形。为此，本条还明确可把诉讼文书留在受送达	《简易程序规定》 **第11条** 受送达的自然人以及他的同住成年家属拒绝签收诉讼文书的，或者法人、非法人组织负责收件的人拒绝签收诉讼文书的，送达人应当依据民事诉讼法第八十六条的规定邀请有关基层组织或者所在单位的代表到场见证，被邀请的人不愿到场见证的，送达人应当在送达回证上记明拒收事由、时间和地点以及被邀请人不愿到场见证的情形，将诉讼文书留在受送达人的住所或者从业场所，即视为送达。 受送达人的同住成年家属或者法人、非法人组织负责收件的人是同一案件中另一方当事人的，不适用前款规定。

新《民事诉讼法》及解读等	修改前《民事诉讼法》等关联规定
人的住所，并采用拍照、录像等方式记录送达过程，即视为送达。这属于传统送达方式在新技术背景下应运而生的新发展。需注意，记录手段应可以真实、完整地反映送达过程，且不应对有关影像材料等进行随意删减、编辑甚至修改。	
第九十条 【电子送达】经受送达人同意，人民法院可以采用能够确认其收悉的电子方式送达诉讼文书。通过电子方式送达的判决书、裁定书、调解书，受送达人提出需要纸质文书的，人民法院应当提供。 采用前款方式送达的，以送达信息到达受送达人特定系统的日期为送达日期。 **解读：**本条关于电子送达的规定在《民事诉讼法》2021 年修正时进行了调整，本次修正未予变动。2021 年修正前的《民事诉讼法》规定电子送达不适用于判决书、裁定书、调解书，2021 年修正时扩大了电子送达的范围，但当事人仍可要求法院提供判决书、裁定书、调解书的纸质文书。而在之前的民事诉讼程序繁简分流改革中，部分试点省市走在了前列，包括裁判文书在内的材料也不再提供纸质版，而是要求当事人在“移动微法院”等网	**《民事诉讼法》(2021 年修正)** **第 90 条** 经受送达人同意，人民法院可以采用能够确认其收悉的电子方式送达诉讼文书。通过电子方式送达的判决书、裁定书、调解书，受送达人提出需要纸质文书的，人民法院应当提供。 采用前款方式送达的，以送达信息到达受送达人特定系统的日期为送达日期。 **《民法典》** **第 137 条** 以对话方式作出的意思表示，相对人知道其内容时生效。 以非对话方式作出的意思表示，到达相对人时生效。以非对话方式作出的采用数据电文形式的意思表示，相对人指定特定系统接收数据电文的，该数据电文进入该特定系统时生效；未指定特定系统的，相对人知道或者应当知道该数据电文进入其系统时生效。当事人对采用数

新《民事诉讼法》及解读等	修改前《民事诉讼法》等关联规定
络平台自行下载打印。这种做法符合《民法典》绿色原则的要求，提升了效率，缩减了成本，但不可否认也降低了司法裁判的严肃性。为此，2021年修正时通过"但书"规定作了必要纠正，增加了"通过电子方式送达的判决书、裁定书、调解书，受送达人提出需要纸质文书的，人民法院应当提供"的内容。此外根据第2款，采用电子方式送达的，信息到达受送达人特定系统的日期为送达日期。实践中，被法院广泛采用的电子送达方式常见方式为手机"短信"和"移动微法院"等类似小程序或公众号、APP通知①，而通过电子邮件送达的较少。究其原因，在于法院内网系统因保密要求与外网无法互联，电子邮件送达并不方便，也不利于信息保密。另外值得注意的是，采用手机"短信"或者"移动微法院"送达的，当事人需在手机短信中点击URL链接②或者在"移动微法院"中点击"打开文件"，才能看到相关文书。那在当事人未点击URL链接或"打开文件"时，是否视为信	据电文形式的意思表示的生效时间另有约定的，按照其约定。 **《电子签名法》** **第9条** 数据电文有下列情形之一的，视为发件人发送： （一）经发件人授权发送的； （二）发件人的信息系统自动发送的； （三）收件人按照发件人认可的方法对数据电文进行验证后结果相符的。 当事人对前款规定的事项另有约定的，从其约定。 **第10条** 法律、行政法规规定或者当事人约定数据电文需要确认收讫的，应当确认收讫。发件人收到收件人的收讫确认时，数据电文视为已经收到。 **第11条** 数据电文进入发件人控制之外的某个信息系统的时间，视为该数据电文的发送时间。 收件人指定特定系统接收数据电文的，数据电文进入该特定系统的时间，视为该数据电文的接收时间；未指定特定系统的，数据电文进入收件人的任何系统的首次时间，

① 编者注："APP"多指智能手机的第三方应用程序。

② 编者注：URL链接简称网址。

新《民事诉讼法》及解读等	修改前《民事诉讼法》等关联规定
息已送达当事人？根据《民法典》第137条第2款相对人的意思表示的生效时间之规定，《最高人民法院民法典总则编司法解释理解与适用》一书对该条的解读中认为，"进入"一词表述的是用来界定数据电文的收到时间，所谓数据电文"进入"一个系统，是指该信息系统内可投入处理的时间，具有处理的可能性即可，至于接收人是否识读或使用，对生效时间不生影响。由此可知，文件的"缩略图"或"URL链接"属于文件的送达信息，只要该信息到达当事人，即视为文件送达当事人。	视为该数据电文的接收时间。 当事人对数据电文的发送时间、接收时间另有约定的，从其约定。 **《民事诉讼法解释》** **第135条** 电子送达可以采用传真、电子邮件、移动通信等即时收悉的特定系统作为送达媒介。 民事诉讼法第九十条第二款规定的到达受送达人特定系统的日期，为人民法院对应系统显示发送成功的日期，但受送达人证明到达其特定系统的日期与人民法院对应系统显示发送成功的日期不一致的，以受送达人证明到达其特定系统的日期为准。 **第136条** 受送达人同意采用电子方式送达的，应当在送达地址确认书中予以确认。 **《简易程序规定》** **第6条** 原告起诉后，人民法院可以采取捎口信、电话、传真、电子邮件等简便方式随时传唤双方当事人、证人。
第九十一条 【委托送达与邮寄送达】直接送达诉讼文书有困难的，可以委托其他人民法院代为送达，或者邮寄送达。邮寄送达的，以回执上注明的收件日期为送达日期。	**《民事诉讼法》（2021年修正）** **第91条** 直接送达诉讼文书有困难的，可以委托其他人民法院代为送达，或者邮寄送达。邮寄送达的，以回执上注明的收件日期为送达日期。

新《民事诉讼法》及解读等	修改前《民事诉讼法》等关联规定
解读：委托送达，是指法院直接送达诉讼文书有困难时，委托其他法院代为交送诉讼文书的一种送达方式。邮寄送达，是指法院直接送达诉讼文书有困难，如受送达人住所地较远时，将诉讼文书附上送达回证通过邮局以挂号信的方式寄送给受送达人的一种送达方式。委托送达与邮寄送达都是针对实践中直接送达困难而设置的，与直接送达具有同等法律效力。委托送达时，委托法院应将委托的事项和要求明确告知受委托法院，并出具委托函，附诉讼文书和送达回证。送达日期以受送达人在送达回证上签收的日期为准。实践中我国通常采用国内特快司法专递实施邮寄送达。能够取得邮寄送达效果的前提是当事人在起诉或者答辩时需遵循诚信原则向法院提供自己准确的送达地址、收件人和电话号码等联系方式，在这些联系信息变更时，也需要其及时告知法院变更后的相应信息。当事人拒绝提供的，法院应告知其拒不提供送达信息的不利后果，并记入笔录。当事人填写的送达地址确认书的送达地址不准确、拒不提供送达地址、送达地址变更未及时告知法院、受送达人本人或指定代收	**《民事诉讼法解释》** **第134条**　依照民事诉讼法第九十一条规定，委托其他人民法院代为送达的，委托法院应当出具委托函，并附需要送达的诉讼文书和送达回证，以受送达人在送达回证上签收的日期为送达日期。 委托送达的，受委托人民法院应当自收到委托函及相关诉讼文书之日起十日内代为送达。 **《最高人民法院关于以法院专递方式邮寄送达民事诉讼文书的若干规定》** **第1条**　人民法院直接送达诉讼文书有困难的，可以交由国家邮政机构（以下简称邮政机构）以法院专递方式邮寄送达，但有下列情形之一的除外： （一）受送达人或者其诉讼代理人、受送达人指定的代收人同意在指定的期间内到人民法院接受送达的； （二）受送达人下落不明的； （三）法律规定或者我国缔结或者参加的国际条约中约定有特别送达方式的。 **第2条**　以法院专递方式邮寄送达民事诉讼文书的，其送达与人民法院送达具有同等法律效力。

新《民事诉讼法》及解读等	修改前《民事诉讼法》等关联规定
人拒绝签收，导致诉讼文书未能被实际接收的，邮件被退回之日为送达之日。但是，受送达人能够证明自己在诉讼文书送达的过程中没有过错的除外。2004 年最高人民法院发布《关于以法院专递方式邮寄送达民事诉讼文书的若干规定》对涉及邮寄送达的诸多问题作了较为具体的规定。	**第 6 条**　邮政机构按照当事人提供或者确认的送达地址送达的，应当在规定的日期内将回执退回人民法院。 邮政机构按照当事人提供或确认的送达地址在五日内投送三次以上未能送达，通过电话或者其他联系方式又无法告知受送达人的，应当将邮件在规定的日期内退回人民法院，并说明退回的理由。 **第 7 条**　受送达人指定代收人的，指定代收人的签收视为受送达人本人签收。 邮政机构在受送达人提供或确认的送达地址未能见到受送达人的，可以将邮件交给与受送达人同住的成年家属代收，但代收人是同一案件中另一方当事人的除外。 **第 8 条**　受送达人及其代收人应当在邮件回执上签名、盖章或者捺印。 受送达人及其代收人在签收时应当出示其有效身份证件并在回执上填写该证件的号码；受送达人及其代收人拒绝签收的，由邮政机构的投递员记明情况后将邮件退回人民法院。 **第 9 条**　有下列情形之一的，即为送达：

新《民事诉讼法》及解读等	修改前《民事诉讼法》等关联规定
	（一）受送达人在邮件回执上签名、盖章或者捺印的； （二）受送达人是无民事行为能力或者限制民事行为能力的自然人，其法定代理人签收的； （三）受送达人是法人或者其他组织，其法人的法定代表人、该组织的主要负责人或者办公室、收发室、值班室的工作人员签收的； （四）受送达人的诉讼代理人签收的； （五）受送达人指定的代收人签收的； （六）受送达人的同住成年家属签收的。 **第10条** 签收人是受送达人本人或者是受送达人的法定代表人、主要负责人、法定代理人、诉讼代理人的，签收人应当当场核对邮件内容。签收人发现邮件内容与回执上的文书名称不一致的，应当当场向邮政机构的投递员提出，由投递员在回执上记明情况后将邮件退回人民法院。 签收人是受送达人办公室、收发室和值班室的工作人员或者是与受送达人同住成年家属，受送达人发现邮件内容与回执上的文书名称不一致的，应当在收到邮件后的三日

新《民事诉讼法》及解读等	修改前《民事诉讼法》等关联规定
	内将该邮件退回人民法院，并以书面方式说明退回的理由。 **第 11 条**　因受送达人自己提供或者确认的送达地址不准确、拒不提供送达地址、送达地址变更未及时告知人民法院、受送达人本人或者受送达人指定的代收人拒绝签收，导致诉讼文书未能被受送达人实际接收的，文书退回之日视为送达之日。 受送达人能够证明自己在诉讼文书送达的过程中没有过错的，不适用前款规定。
第九十二条　【对军人送达的特殊规定】受送达人是军人的，通过其所在部队团以上单位的政治机关转交。 **解读：**军人是一种特殊职业，军队是一个特殊团体，其具有流动性、保密性等特点，对军人直接送达诉讼文书往往比较困难，委托送达或邮寄送达也存在一定难度。为此本条规定，受送达人是军人的，通过其所在部队团以上单位的政治机关转交。值得注意的是，本条所指的“军人”仅指现役军人，并不包括退伍军人。此外，转交也必须通过其所在部队团以上单位的政治机关转交，不得通过团以下的单位转交，也不得通过团以上单位的其他机关转交。	**《民事诉讼法》（2021 年修正）** **第 92 条**　受送达人是军人的，通过其所在部队团以上单位的政治机关转交。

新《民事诉讼法》及解读等	修改前《民事诉讼法》等关联规定
第九十三条　【对被监禁或者被采取强制性教育措施的人送达的特殊规定】 受送达人被监禁的，通过其所在监所转交。 受送达人被采取强制性教育措施的，通过其所在强制性教育机构转交。 **解读：** 被监禁或者被采取强制性教育措施的人，也是一种特殊群体，他们的人身自由受到一定限制，且一般被关押在特殊场所，不便采用直接送达、委托送达或邮寄送达。被监禁的人，是指被依法关押的罪犯、被告人、犯罪嫌疑人。被采取强制性教育措施的人的范围，则要结合有关法律规定加以确定。鉴于被监禁人或者被采取强制性教育措施人的人身自由受到限制的特殊性，且被监禁的人与被采取强制性教育措施的人的不同性，本条对这些人员的送达分别作了特别规定，即受送达人是被监禁的，通过其所在监所转交；受送达人是被采取强制性教育措施的，通过其所在强制性教育机构转交。	**《民事诉讼法》（2021 年修正）** **第 93 条**　受送达人被监禁的，通过其所在监所转交。 受送达人被采取强制性教育措施的，通过其所在强制性教育机构转交。
第九十四条　【转交送达日期】 代为转交的机关、单位收到诉讼文书后，必须立即交受送达人签收，以在送达回证上的签收日期，为送达日期。	**《民事诉讼法》（2021 年修正）** **第 94 条**　代为转交的机关、单位收到诉讼文书后，必须立即交受送达人签收，以在送达回证上的签收日期，为送达日期。

新《民事诉讼法》及解读等	修改前《民事诉讼法》等关联规定
解读：转交送达，是指受诉人民法院基于受送达人的有关情况而将需要送达的诉讼文书交有关机关、单位转交受送达人的送达方式。前面规定的受送达人为军人或被监禁的人、被采取强制性教育措施的，即属转交送达的情形与适用范围。为督促代为转交的机关、单位积极履行转交义务，保障受送达人的诉讼权利，本条明确规定，代为转交的机关、单位在收到诉讼文书后，有义务立即将收到的诉讼文书交受送达人签收。所谓“立即”，是指转交机关、单位应毫不拖延地将收到的诉讼文书转交给受送达人，而不应再次转给其他部门送达，除非有法律规定的特殊情形，转交机关、单位不应扣押诉讼文书、隐瞒送达情况。受送达人收到诉讼文书后，在送达回证上注明的签收日期为送达日期，转交的机关、单位不能代为签收。	
第九十五条　【公告送达】受送达人下落不明，或者用本节规定的其他方式无法送达的，公告送达。自发出公告之日起，经过三十日，即视为送达。 公告送达，应当在案卷中记明原因和经过。	**《民事诉讼法》（2021 年修正）** **第 95 条**　受送达人下落不明，或者用本节规定的其他方式无法送达的，公告送达。自发出公告之日起，经过三十日，即视为送达。 公告送达，应当在案卷中记明原因和经过。

新《民事诉讼法》及解读等	修改前《民事诉讼法》等关联规定
解读：公告送达，是指法院以张贴布告、登报等方式将诉讼文书的内容，公开告知受送达人的一种送达方式。法院公开告知的内容经过一定的期间，即发生直接送达的法律效力。由于是公告送达，自然也就不需要受送达人的签收。值得一提的是，2021年修正前的《民事诉讼法》规定的公告送达时间为60日，2021年修改时缩短为30日，本次修正予以沿用，如此在于适应信息化时代与互联网社会的特点，进一步减少审理周期，减轻当事人诉累，满足群众及时、高效的矛盾化解需求。实践中，很多公告送达的案件，存在当事人故意逃避诉讼、恶意拖延诉讼的原因，过长的诉讼周期无疑对非诚信者给予了相应的期限利益，也不符合诚信原则要求，损害了其他当事人的相应利益。加之互联网技术发展及电子诉讼工具的广泛应用，并基于在线公告的即时性、便捷性、易查询、覆盖面广等特点，实践中已无需过长的公告期限。另需注意，公告送达是所有送达方式都无法适用时的送达方式，送达期间届满即视为送达到，法院据此可以作出缺席判决等。也正是基于此，公告送达适用应当慎重，尤	**《民事诉讼法解释》** **第138条**　公告送达可以在法院的公告栏和受送达人住所地张贴公告，也可以在报纸、信息网络等媒体上刊登公告，发出公告日期以最后张贴或者刊登的日期为准。对公告送达方式有特殊要求的，应当按要求的方式进行。公告期满，即视为送达。 人民法院在受送达人住所地张贴公告的，应当采取拍照、录像等方式记录张贴过程。 **第139条**　公告送达应当说明公告送达的原因；公告送达起诉状或者上诉状副本的，应当说明起诉或者上诉要点，受送达人答辩期限及逾期不答辩的法律后果；公告送达传票，应当说明出庭的时间和地点及逾期不出庭的法律后果；公告送达判决书、裁定书的，应当说明裁判主要内容，当事人有权上诉的，还应当说明上诉权利、上诉期限和上诉的人民法院。 **第140条**　适用简易程序的案件，不适用公告送达。 **《最高人民法院关于依据原告起诉时提供的被告住址无法送达应如何处理问题的批复》** 人民法院依据原告起诉时所提供的被告住址无法直接送达或者留置

新《民事诉讼法》及解读等	修改前《民事诉讼法》等关联规定
其对起诉状等诉讼文书。	送达，应当要求原告补充材料。原告因客观原因不能补充或者依据原告补充的材料仍不能确定被告住址的，人民法院应当依法向被告公告送达诉讼文书。人民法院不得仅以原告不能提供真实、准确的被告住址为由裁定驳回起诉或者裁定终结诉讼。 因有关部门不准许当事人自行查询其他当事人的住址信息，原告向人民法院申请查询的，人民法院应当依原告的申请予以查询。
第八章　调　解	
第九十六条　【调解的原则】 人民法院审理民事案件，根据当事人自愿的原则，在事实清楚的基础上，分清是非，进行调解。 **解读：** 本条规定的调解，也称法院调解或者诉讼调解，是指双方当事人在法院主持下，就他们之间发生的民事权益纠纷，通过自愿、平等的协商，互谅互让，达成协议，从而解决纠纷的诉讼活动和结案方式。调解是以当事人行使诉权为基础、以当事人意思自治为条件、以当事人依法行使处分权为内容的一项诉讼制度，同时也是根植于我国历史文化传统并经过长期司法实践证明有效的纠纷解决方式。调解并非民事案件审理的必经程序，但调解	**《民事诉讼法》（2021年修正）** **第96条**　人民法院审理民事案件，根据当事人自愿的原则，在事实清楚的基础上，分清是非，进行调解。 **《民事诉讼法解释》** **第142条**　人民法院受理案件后，经审查，认为法律关系明确、事实清楚，在征得当事人双方同意后，可以径行调解。 **第143条**　适用特别程序、督促程序、公示催告程序的案件，婚姻等身份关系确认案件以及其他根据案件性质不能进行调解的案件，不得调解。 **《民事调解规定》** **第5条**　当事人申请不公开进行调解的，人民法院应当准许。

新《民事诉讼法》及解读等	修改前《民事诉讼法》等关联规定
可以贯穿于民事诉讼程序的全过程。无论是一审程序、二审程序，还是再审程序中，无论按普通程序还是按简易程序审理的案件，只要是能够调解的案件，法院都可以进行调解。本条确立法院调解的原则，既是法院调解的依据，也是法院调解应当遵循的准则。一方面，法院进行调解必须遵循当事人自愿原则。法院对民事案件进行调解的前提必须是双方当事人自愿，不能有丝毫的勉强。这就意味着，调解的提出和进行必须是出于双方当事人的自愿，且是当事人真实的意思表示。这种意思表示的形式应当是明示行为而不能是默示行为。且经过调解达成的协议内容必须反映双方当事人的真实意思，法院不能将自己对案件的处理意见强加给当事人。另一方面，法院进行调解还必须遵循查明事实、分清是非原则。法院主持的调解也是人民法院行使职权的体现。只有基本事实清楚、是非分明，双方达成协议后，当事人才有可能自觉履行，这同时也是“以事实为根据，以法律为准绳”原则在调解工作中的贯彻实施。	调解时当事人各方应当同时在场，根据需要也可以对当事人分别作调解工作。 **第6条** 当事人可以自行提出调解方案，主持调解的人员也可以提出调解方案供当事人协商时参考。 **第10条** 调解协议具有下列情形之一的，人民法院不予确认： （一）侵害国家利益、社会公共利益的； （二）侵害案外人利益的； （三）违背当事人真实意思的； （四）违反法律、行政法规禁止性规定的。 **《特邀调解规定》** **第1条** 特邀调解是指人民法院吸纳符合条件的人民调解、行政调解、商事调解、行业调解等调解组织或者个人成为特邀调解组织或者特邀调解员，接受人民法院立案前委派或者立案后委托依法进行调解，促使当事人在平等协商基础上达成调解协议、解决纠纷的一种调解活动。 **第2条** 特邀调解应当遵循以下原则： （一）当事人平等自愿； （二）尊重当事人诉讼权利； （三）不违反法律、法规的禁止性规定；

<table>
<tr><th>新《民事诉讼法》及解读等</th><th>修改前《民事诉讼法》等关联规定</th></tr>
<tr><td></td><td>（四）不损害国家利益、社会公共利益和他人合法权益；
（五）调解过程和调解协议内容不公开，但是法律另有规定的除外。
《人民法院在线调解规则》
第 4 条　人民法院采用在线调解方式应当征得当事人同意，并综合考虑案件具体情况、技术条件等因素。</td></tr>
<tr><td>第九十七条　【调解组织形式】人民法院进行调解，可以由审判员一人主持，也可以由合议庭主持，并尽可能就地进行。
人民法院进行调解，可以用简便方式通知当事人、证人到庭。
解读：法院进行调解一般有两种方式：一是由当事人提出申请而开始；二是法院在征得当事人同意后依职权开始调解。无论采取哪种方式，在调解开始前，审判人员应当征求双方当事人是否愿意调解的意见，说明调解的法律规定和具体要求，以及如何进行调解，并告知有关的诉讼权利和义务，通知当事人和证人到庭，为调解的进行做好准备。按照本条规定，法院进行调解可以由审判员一人主持，也可以由合议庭主持。适用简易程序审理的民事案件，由独任审判员一人主持进行调解；适用普通程序审理的</td><td>《民事诉讼法》（2021 年修正）
第 97 条　人民法院进行调解，可以由审判员一人主持，也可以由合议庭主持，并尽可能就地进行。
人民法院进行调解，可以用简便方式通知当事人、证人到庭。</td></tr>
</table>

新《民事诉讼法》及解读等	修改前《民事诉讼法》等关联规定
一审民事案件，可以由合议庭主持调解，也可以由合议庭成员中的一名审判员主持调解。适用二审程序和审判监督程序的案件的调解，亦是按照上述规定确定审判人员的组成。此外，法院进行调解应尽可能就地进行，为便利当事人诉讼，地点也不必拘泥于法院。	
第九十八条　【协助调解】人民法院进行调解，可以邀请有关单位和个人协助。被邀请的单位和个人，应当协助人民法院进行调解。 **解读：**本条对协助调解作了规定，即法院进行调解可以邀请有关单位和个人协助。被邀请的单位和个人，应当协助法院进行调解。协助调解人，是指协助人民法院进行调解的单位和个人。法院邀请协助调解人，一般应当邀请当事人信任、能够对当事人产生事实上的影响力且本人愿意协助参与调解的人。通常情况下，可以邀请人民调解组织、基层群众自治组织、工会、妇联等有关组织，以及当事人的亲属和邻居、当事人所在单位的同志、相关企业和事业单位的同志、人大代表、政协委员、律师、相关专业人士等参与调解。值得注意的是，最高人民法院于2016年出台了有关特邀调	**《民事诉讼法》（2021年修正）** **第98条**　人民法院进行调解，可以邀请有关单位和个人协助。被邀请的单位和个人，应当协助人民法院进行调解。 **《民事调解规定》** **第1条**　根据民事诉讼法第九十五条的规定，人民法院可以邀请与当事人有特定关系或者与案件有一定联系的企业事业单位、社会团体或者其他组织，和具有专门知识、特定社会经验、与当事人有特定关系并有利于促成调解的个人协助调解工作。 经各方当事人同意，人民法院可以委托前款规定的单位或者个人对案件进行调解，达成调解协议后，人民法院应当依法予以确认。 **《特邀调解规定》** **第1条**　特邀调解是指人民法院吸纳符合条件的人民调解、行政调

新《民事诉讼法》及解读等	修改前《民事诉讼法》等关联规定
解的规定。实际上，这里的特邀调解，本质上即属于本条规定的协助调解范畴，甚至说就是协助调解的重要内容。特邀调解，是指法院吸纳符合条件的人民调解、行政调解、商事调解、行业调解等调解组织或者个人成为特邀调解组织或者特邀调解员，接受人民法院立案前委派或者立案后委托依法进行调解，促使当事人在平等协商基础上达成调解协议、解决纠纷的一种调解活动。 **案例参考：《陈某某诉耿某某房屋租赁合同纠纷案》**① 案例要旨：在合同纠纷案件中，人民法院通过聘请有一定知名度的台胞担任特邀调解员，参与诉前、诉中及执行中的调解、和解工作，从维护台商合法权益、着眼长远投资利益等角度释明利害，促进矛盾纠纷高效化解，实现案结事了人和。	解、商事调解、行业调解等调解组织或者个人成为特邀调解组织或者特邀调解员，接受人民法院立案前委派或者立案后委托依法进行调解，促使当事人在平等协商基础上达成调解协议、解决纠纷的一种调解活动。 **第2条** 特邀调解应当遵循以下原则： （一）当事人平等自愿； （二）尊重当事人诉讼权利； （三）不违反法律、法规的禁止性规定； （四）不损害国家利益、社会公共利益和他人合法权益； （五）调解过程和调解协议内容不公开，但是法律另有规定的除外。 **第3条** 人民法院在特邀调解工作中，承担以下职责： （一）对适宜调解的纠纷，指导当事人选择名册中的调解组织或者调解员先行调解； （二）指导特邀调解组织和特邀调解员开展工作； （三）管理特邀调解案件流程并统计相关数据； （四）提供必要场所、办公设施

① 参见《最高人民法院发布人民法院台胞权益保障十大典型案例》（案例10），2021年12月14日发布。

新《民事诉讼法》及解读等	修改前《民事诉讼法》等关联规定
	等相关服务； （五）组织特邀调解员进行业务培训； （六）组织开展特邀调解业绩评估工作； （七）承担其他与特邀调解有关的工作。 **第17条** 特邀调解员应当根据案件具体情况采用适当的方法进行调解，可以提出解决争议的方案建议。特邀调解员为促成当事人达成调解协议，可以邀请对达成调解协议有帮助的人员参与调解。
第九十九条 【调解协议自愿合法】调解达成协议，必须双方自愿，不得强迫。调解协议的内容不得违反法律规定。 **解读：**自愿原则在法院的调解工作中处于核心地位。无论是从尊重当事人的处分权考虑，还是为了使达成的调解协议能够得到自觉的履行，都必须高度重视并认真贯彻自愿原则。基于该原则，一方面，调解工作必须在双方当事人自愿的基础上进行，若有一方不愿调解解决纠纷，法院不能强迫其接受调解。另一方面，调解达成协议也必须双方自愿，即双方都自愿接受协议的内容，不能用强制的办法要求当事	**《民事诉讼法》（2021年修正）** **第99条** 调解达成协议，必须双方自愿，不得强迫。调解协议的内容不得违反法律规定。 **《民事诉讼法解释》** **第145条** 人民法院审理民事案件，应当根据自愿、合法的原则进行调解。当事人一方或者双方坚持不愿调解的，应当及时裁判。 人民法院审理离婚案件，应当进行调解，但不应久调不决。 **第146条** 人民法院审理民事案件，调解过程不公开，但当事人同意公开的除外。 调解协议内容不公开，但为保护国家利益、社会公共利益、他人合

新《民事诉讼法》及解读等	修改前《民事诉讼法》等关联规定
人接受调解协议的内容。此外，调解协议也应当合法，其内容不得违反法律规定。调解虽然是以当事人的处分权为基础，但也不得违反法律的规定，不得在调解协议中写入侵犯国家、社会和他人利益的内容。值得注意的是，对调解协议合法性的要求与判决合法性的要求，有一定差异。当事人可以在不违反禁止性规定的前提下达成双方所能接受的调解协议，这种合法性的要求是较为宽松的，协议内容不与法律中的禁止性规定相冲突，不违背公序良俗，并且不损害国家、集体和他人的利益即可。而判决的合法性，不仅要符合上述规定，更要严格依照相关实体与程序法律规定的要求进行，不仅不能违法，还要合法，要在准确查明事实的基础上正确适用法律。 **案例参考：《浙江某电力开发有限公司、金华市某物资有限公司与某置业投资有限公司、某控股创业投资有限公司、上海某企业发展有限公司、第三人某投资控股有限公司损害公司权益纠纷案》**① 案例要旨：调解协议是各方当事人在自愿基础上的真实意思表示，	法权益，人民法院认为确有必要公开的除外。 主持调解以及参与调解的人员，对调解过程以及调解过程中获悉的国家秘密、商业秘密、个人隐私和其他不宜公开的信息，应当保守秘密，但为保护国家利益、社会公共利益、他人合法权益的除外。 **《民事调解规定》** **第10条** 调解协议具有下列情形之一的，人民法院不予确认： （一）侵害国家利益、社会公共利益的； （二）侵害案外人利益的； （三）违背当事人真实意思的； （四）违反法律、行政法规禁止性规定的。 **《人民法院在线调解规则》** **第23条** 人民法院在审查司法确认申请或者出具调解书过程中，发现当事人可能采取恶意串通、伪造证据、捏造事实、虚构法律关系等手段实施虚假调解行为，侵害他人合法权益的，可以要求当事人提供相关证据。当事人不提供相关证据的，人民法院不予确认调解协议效力或者出具调解书。

① 参见《最高人民法院公报》2009年第6期。

新《民事诉讼法》及解读等	修改前《民事诉讼法》等关联规定
不违反法律、行政法规的禁止性规定；调解协议的内容不仅经过了提起代表诉讼的股东以及诉讼第三人的公司的同意，而且也经过了其他所有股东的书面同意，所以调解协议没有损害他人利益。法院应当对调解协议予以确认，调解书与判决书具有同等法律效力。	经审查认为构成虚假调解的，依照《中华人民共和国民事诉讼法》等相关法律规定处理。发现涉嫌刑事犯罪的，及时将线索和材料移送有管辖权的机关。
第一百条 【调解书的制作、内容和效力】调解达成协议，人民法院应当制作调解书。调解书应当写明诉讼请求、案件的事实和调解结果。 调解书由审判人员、书记员署名，加盖人民法院印章，送达双方当事人。 调解书经双方当事人签收后，即具有法律效力。 **解读：**法院调解一般有两种结果：一种是当事人达成了调解协议；另一种是调解不成而没有达成调解协议，案件进入审理程序。对于经调解达成协议的，法院应及时对调解协议进行审查。若当事人达成的调解协议是基于双方自愿，且内容不违反法律规定的，法院应当认可，并出具调解书。法院出具的调解书，是调解协议产生法律上拘束力的法定条件。需注意，并非所有达成调	**《民事诉讼法》(2021年修正)** **第100条** 调解达成协议，人民法院应当制作调解书。调解书应当写明诉讼请求、案件的事实和调解结果。 调解书由审判人员、书记员署名，加盖人民法院印章，送达双方当事人。 调解书经双方当事人签收后，即具有法律效力。 **《民事诉讼法解释》** **第147条** 人民法院调解案件时，当事人不能出庭的，经其特别授权，可由其委托代理人参加调解，达成的调解协议，可由委托代理人签名。 离婚案件当事人确因特殊情况无法出庭参加调解的，除本人不能表达意志的以外，应当出具书面意见。 **第148条** 当事人自行和解或者调解达成协议后，请求人民法院按照和解协议或者调解协议的内容

新《民事诉讼法》及解读等	修改前《民事诉讼法》等关联规定
解协议的都必然要做调解书，本法下一条即对可不制作调解书的情形作了明确。就调解书的内容而言，其应写明诉讼请求、案件的事实和调解结果。案件事实，即当事人之间的法律关系发生争议的事实、原因及双方的责任。调解结果，即当事人在自愿、合法的原则下达成的解决双方间纠纷的合意，包括双方当事人在调解过程中提出的诉讼请求和理由，双方互相让步的请求及调解结果。尾部由审判人员、书记员署名，加盖人民法院印章，并注明制作时间。关于调解书的效力，即具有确定当事人之间民事法律关系、结束诉讼、强制执行的效力。本条规定只有在双方当事人签收后，调解书才发生法律效力，这也是其不同于裁判文书的一个重要特点。而在双方当事人签收前，即使已根据双方当事人达成的调解协议制作了调解书，也不发生效力。由于当事人可以拒绝签收调解书，表明不愿意接受调解或反悔，故调解书不能强行送达。 **案例参考：《吴某诉四川省眉山西某纸业有限公司买卖合同纠纷案》**①	制作判决书的，人民法院不予准许。 无民事行为能力人的离婚案件，由其法定代理人进行诉讼。法定代理人与对方达成协议要求发给判决书的，可根据协议内容制作判决书。 **第149条**　调解书需经当事人签收后才发生法律效力的，应当以最后收到调解书的当事人签收的日期为调解书生效日期。 **《民事调解规定》** **第2条第1款**　当事人在诉讼过程中自行达成和解协议的，人民法院可以根据当事人的申请依法确认和解协议制作调解书。双方当事人申请庭外和解的期间，不计入审限。 **第9条**　调解协议约定一方提供担保或者案外人同意为当事人提供担保的，人民法院应当准许。 案外人提供担保的，人民法院制作调解书应当列明担保人，并将调解书送交担保人。担保人不签收调解书的，不影响调解书生效。 当事人或者案外人提供的担保符合民法典规定的条件时生效。 **第11条**　当事人不能对诉讼费用如何承担达成协议的，不影响调

① 参见《最高人民法院关于发布第一批指导性案例的通知》（指导案例2号），2011年12月20日发布。

新《民事诉讼法》及解读等	修改前《民事诉讼法》等关联规定
案例要旨：民事案件二审期间，双方当事人达成和解协议，人民法院准许撤回上诉的，该和解协议未经人民法院依法制作调解书，属于诉讼外达成的协议。一方当事人不履行和解协议，另一方当事人申请执行一审判决的，人民法院应予支持。	解协议的效力。人民法院可以直接决定当事人承担诉讼费用的比例，并将决定记入调解书。 **第12条** 对调解书的内容既不享有权利又不承担义务的当事人不签收调解书的，不影响调解书的效力。 **第13条** 当事人以民事调解书与调解协议的原意不一致为由提出异议，人民法院审查后认为异议成立的，应当根据调解协议裁定补正民事调解书的相关内容。 **第14条** 当事人就部分诉讼请求达成调解协议的，人民法院可以就此先行确认并制作调解书。 当事人就主要诉讼请求达成调解协议，请求人民法院对未达成协议的诉讼请求提出处理意见并表示接受该处理结果的，人民法院的处理意见是调解协议的一部分内容，制作调解书的记入调解书。 **第15条** 调解书确定的担保条款条件或者承担民事责任的条件成就时，当事人申请执行的，人民法院应当依法执行。 不履行调解协议的当事人按照前款规定承担了调解书确定的民事责任后，对方当事人又要求其承担民事诉讼法第二百五十三条规定的迟延履行责任的，人民法院不予支持。

新《民事诉讼法》及解读等	修改前《民事诉讼法》等关联规定
	第16条 调解书约定给付特定标的物的，调解协议达成前该物上已经存在的第三人的物权和优先权不受影响。第三人在执行过程中对执行标的物提出异议的，应当按照民事诉讼法第二百二十七条规定处理。 **《人民法院在线调解规则》** **第20条** 各方当事人在立案前达成调解协议的，调解员应当记入调解笔录并按诉讼外调解结案，引导当事人自动履行。依照法律和司法解释规定可以申请司法确认调解协议的，当事人可以在线提出申请，人民法院经审查符合法律规定的，裁定调解协议有效。 各方当事人在立案后达成调解协议的，可以请求人民法院制作调解书或者申请撤诉。人民法院经审查符合法律规定的，可以制作调解书或者裁定书结案。 **第23条** 人民法院在审查司法确认申请或者出具调解书过程中，发现当事人可能采取恶意串通、伪造证据、捏造事实、虚构法律关系等手段实施虚假调解行为，侵害他人合法权益的，可以要求当事人提供相关证据。当事人不提供相关证据的，人民法院不予确认调解协议效力或者出具调解书。

新《民事诉讼法》及解读等	修改前《民事诉讼法》等关联规定
	经审查认为构成虚假调解的，依照《中华人民共和国民事诉讼法》等相关法律规定处理。发现涉嫌刑事犯罪的，及时将线索和材料移送有管辖权的机关。
第一百零一条　【可以不制作调解书的情形】下列案件调解达成协议，人民法院可以不制作调解书： （一）调解和好的离婚案件； （二）调解维持收养关系的案件； （三）能够即时履行的案件； （四）其他不需要制作调解书的案件。 对不需要制作调解书的协议，应当记入笔录，由双方当事人、审判人员、书记员签名或者盖章后，即具有法律效力。 **解读：**如前条规定所言，一般民事案件经调解达成协议后，法院应制作调解书。但在部分情形下，可不制作调解书：一是调解和好的离婚案件。对离婚案件，经调解和好的，当事人双方即可以继续维持婚姻生活，不需制作调解书来确定双方的权利和义务。二是调解维持收养关系的案件。与离婚案件相类似，对维持收养关系的案件，经调解维持收养关系的，当事人即可维	**《民事诉讼法》（2021年修正）** **第101条**　下列案件调解达成协议，人民法院可以不制作调解书： （一）调解和好的离婚案件； （二）调解维持收养关系的案件； （三）能够即时履行的案件； （四）其他不需要制作调解书的案件。 对不需要制作调解书的协议，应当记入笔录，由双方当事人、审判人员、书记员签名或者盖章后，即具有法律效力。 **《民事诉讼法解释》** **第151条**　根据民事诉讼法第一百零一条第一款第四项规定，当事人各方同意在调解协议上签名或者盖章后即发生法律效力的，经人民法院审查确认后，应当记入笔录或者将调解协议附卷，并由当事人、审判人员、书记员签名或者盖章后即具有法律效力。 前款规定情形，当事人请求制作

新《民事诉讼法》及解读等	修改前《民事诉讼法》等关联规定
持已有的收养关系，也不需制作调解书来重新确认当事人的权利和义务。三是能够即时履行的案件。对于能够即时履行的案件，如债权债务纠纷当事人当场清偿债务的，在调解协议达成的同时即履行完毕，当事人的权利和义务都已履行完毕，并无再制作调解书的必要。四是其他不需要制作调解书的案件。此谓兜底性规定。需注意的是，有些案件虽然不需要制作调解书，但仍需一个证明当事人双方经调解已经达成协议的具有法律效力的文书。按照本条第2款规定，对于不需要制作调解书的协议，经在笔录中注明，由双方当事人、审判人员、书记员签名或者盖章后，即具有法律效力。这也明确了调解笔录与调解书在法律上具有同等效力，是法院审结案件的一种形式。值得一提的是，当事人经过调解达成合意的，也可以通过原告撤诉的方式结案，此时也无需制作调解书。	调解书的，人民法院审查确认后可以制作调解书送交当事人。当事人拒收调解书的，不影响调解协议的效力。 **《人民法院在线调解规则》** **第21条** 经在线调解达不成调解协议，调解组织或者调解员应当记录调解基本情况、调解不成的原因、导致其他当事人诉讼成本增加的行为以及需要向人民法院提示的其他情况。人民法院按照下列情形作出处理： （一）当事人在立案前申请在线调解的，调解组织或者调解员可以建议通过在线立案或者其他途径解决纠纷，当事人选择在线立案的，调解组织或者调解员应当将电子化调解材料在线推送给人民法院，由人民法院在法定期限内依法登记立案； （二）立案前委派调解的，调解不成后，人民法院应当依法登记立案； （三）立案后委托调解的，调解不成后，人民法院应当恢复审理。 审判人员在诉讼过程中组织在线调解的，调解不成后，应当及时审判。

新《民事诉讼法》及解读等	修改前《民事诉讼法》等关联规定
第一百零二条　【调解失败】 调解未达成协议或者调解书送达前一方反悔的，人民法院应当及时判决。 **解读：** 本条明确调解未达成协议或者调解书送达前一方反悔的，法院应当及时判决，这实际上也是关于调解失败如何处理的规定。并非所有调解的案件都会取得成功，调解失败难以避免且非常常见，主要有两种情形：一是经法院调解未达成调解协议的。这种情形下，法院应尽快恢复到案件审理程序，查明案件事实，并及时作出判决。二是调解书送达前一方反悔的。如前面规定所言，调解书经双方当事人签收后才具有法律效力，也就是说，在调解书签收前尚未发生效力时，当事人可以对调解书的内容反悔。此种情况下，法院也应恢复审判，及时判决。而当事人在调解书签收后反悔的，并不影响调解书的效力。	**《民事诉讼法》（2021年修正）** **第102条**　调解未达成协议或者调解书送达前一方反悔的，人民法院应当及时判决。 **《民事诉讼法解释》** **第150条**　人民法院调解民事案件，需由无独立请求权的第三人承担责任的，应当经其同意。该第三人在调解书送达前反悔的，人民法院应当及时裁判。 **《人民法院在线调解规则》** **第21条**　经在线调解达不成调解协议，调解组织或者调解员应当记录调解基本情况、调解不成的原因、导致其他当事人诉讼成本增加的行为以及需要向人民法院提示的其他情况。人民法院按照下列情形作出处理： （一）当事人在立案前申请在线调解的，调解组织或者调解员可以建议通过在线立案或者其他途径解决纠纷，当事人选择在线立案的，调解组织或者调解员应当将电子化调解材料在线推送给人民法院，由人民法院在法定期限内依法登记立案； （二）立案前委派调解的，调解不成后，人民法院应当依法登记立案；

新《民事诉讼法》及解读等	修改前《民事诉讼法》等关联规定
	（三）立案后委托调解的，调解不成后，人民法院应当恢复审理。 审判人员在诉讼过程中组织在线调解的，调解不成后，应当及时审判。
第九章　保全和先予执行	
第一百零三条　【诉讼保全适用条件和程序】人民法院对于可能因当事人一方的行为或者其他原因，使判决难以执行或者造成当事人其他损害的案件，根据对方当事人的申请，可以裁定对其财产进行保全、责令其作出一定行为或者禁止其作出一定行为；当事人没有提出申请的，人民法院在必要时也可以裁定采取保全措施。 人民法院采取保全措施，可以责令申请人提供担保，申请人不提供担保的，裁定驳回申请。 人民法院接受申请后，对情况紧急的，必须在四十八小时内作出裁定；裁定采取保全措施的，应当立即开始执行。 **解读：**保全，是指法院为了保证将来作出的判决能够得到有效的执行，在受理诉讼前或诉讼的过程中，根据利害关系人或当事人的申请，或者依据《民事诉讼法》赋予	**《民事诉讼法》（2021 年修正）** **第 103 条**　人民法院对于可能因当事人一方的行为或者其他原因，使判决难以执行或者造成当事人其他损害的案件，根据对方当事人的申请，可以裁定对其财产进行保全、责令其作出一定行为或者禁止其作出一定行为；当事人没有提出申请的，人民法院在必要时也可以裁定采取保全措施。 人民法院采取保全措施，可以责令申请人提供担保，申请人不提供担保的，裁定驳回申请。 人民法院接受申请后，对情况紧急的，必须在四十八小时内作出裁定；裁定采取保全措施的，应当立即开始执行。 **《民事诉讼法解释》** **第 152 条**　人民法院依照民事诉讼法第一百零三条、第一百零四条规定，在采取诉前保全、诉讼保全措施时，责令利害关系人或者当

新《民事诉讼法》及解读等	修改前《民事诉讼法》等关联规定
的职权，对当事人的财产作出一些法定的强制性保护措施或者责令当事人作出一定行为、禁止当事人作出一定行为的情形。按诉讼时间点划分，可分为诉前保全和诉讼保全；按保全的范围划分，可分为财产保全和行为保全。请求对当事人的财产进行保全的，为财产保全。请求当事人作出一定行为或者禁止其作出一定行为的，为行为保全。本条所谓保全包括财产保全和行为保全。一般而言，诉讼保全需具备以下条件：一是内容上必须是给付之诉，即为请求法院责令当事人履行一定的实体上的义务，以实现自己合法权益的诉讼。二是时间上必须是在法院案件受理后到作出判决前。三是启动上必须符合法定要求，即有当事人申请或法院主动采取。法院主动采取需符合“必要时”的前提条件，即出现了一些特殊的、紧急的情况，不采取措施会使判决难以执行，将给国家、当事人等造成不必要的损失等。四是因果关系上必须是“可能因当事人一方的行为或者其他原因，使判决难以执行或者造成当事人其他损害的案件”。所谓“当事人一方的行为”原因主要指有转移、隐匿、出卖、毁损财产等行	事人提供担保的，应当书面通知。 利害关系人申请诉前保全的，应当提供担保。申请诉前财产保全的，应当提供相当于请求保全数额的担保；情况特殊的，人民法院可以酌情处理。申请诉前行为保全的，担保的数额由人民法院根据案件的具体情况决定。 在诉讼中，人民法院依申请或者依职权采取保全措施的，应当根据案件的具体情况，决定当事人是否应当提供担保以及担保的数额。 **第 153 条** 人民法院对季节性商品、鲜活、易腐烂变质以及其他不宜长期保存的物品采取保全措施时，可以责令当事人及时处理，由人民法院保存价款；必要时，人民法院可予以变卖，保存价款。 **第 154 条** 人民法院在财产保全中采取查封、扣押、冻结财产措施时，应当妥善保管被查封、扣押、冻结的财产。不宜由人民法院保管的，人民法院可以指定被保全人负责保管；不宜由被保全人保管的，可以委托他人或者申请保全人保管。 查封、扣押、冻结担保物权人占有的担保财产，一般由担保物权人保管；由人民法院保管的，质权、留置权不因采取保全措施而消灭。

新《民事诉讼法》及解读等	修改前《民事诉讼法》等关联规定
为或者对方的作为给申请人造成更大的损失等原因。"其他"原因指上述原因外的其他特殊原因，如不采取措施将可能导致执行财产减损等。五是申请人必须提供担保。此外，在情况紧急下，对保全时间也有要求，法院必须在48小时内作出裁定；裁定采取保全措施的，应当立即开始执行。所谓"情况紧急"，是指不立即采取保全措施将会使申请人的权益遭到极大损害的情况等。 **案例参考：《王某某诉廖某某房屋买卖合同纠纷案》**① 案例要旨：在涉及学区房买卖合同案件中，买受人申请对涉案学区房学位进行行为保全的，经审查申请人的请求权具有正当性，且不采取保全措施可能导致其无法使用学位或遭受其他损害的，法院可以作出禁止使用涉案房屋及该房屋所对应户口的学位的保全裁定。	**第155条**　由人民法院指定被保全人保管的财产，如果继续使用对该财产的价值无重大影响，可以允许被保全人继续使用；由人民法院保管或者委托他人、申请保全人保管的财产，人民法院和其他保管人不得使用。 **第156条**　人民法院采取财产保全的方法和措施，依照执行程序相关规定办理。 **第160条**　当事人向采取诉前保全措施以外的其他有管辖权的人民法院起诉的，采取诉前保全措施的人民法院应当将保全手续移送受理案件的人民法院。诉前保全的裁定视为受移送人民法院作出的裁定。 **第161条**　对当事人不服一审判决提起上诉的案件，在第二审人民法院接到报送的案件之前，当事人有转移、隐匿、出卖或者毁损财产等行为，必须采取保全措施的，由第一审人民法院依当事人申请或者依职权采取。第一审人民法院的保全裁定，应当及时报送第二审人民法院。 **第162条**　第二审人民法院裁定对第一审人民法院采取的保全措施

① 参见最高人民法院中国应用法学研究所编：《人民法院案例选·总第108辑》（2017年第2辑），人民法院出版社2017年版。

新《民事诉讼法》及解读等	修改前《民事诉讼法》等关联规定
	予以续保或者采取新的保全措施的，可以自行实施，也可以委托第一审人民法院实施。 再审人民法院裁定对原保全措施予以续保或者采取新的保全措施的，可以自行实施，也可以委托原审人民法院或者执行法院实施。 **第163条** 法律文书生效后，进入执行程序前，债权人因对方当事人转移财产等紧急情况，不申请保全将可能导致生效法律文书不能执行或者难以执行的，可以向执行法院申请采取保全措施。债权人在法律文书指定的履行期间届满后五日内不申请执行的，人民法院应当解除保全。 **第164条** 对申请保全人或者他人提供的担保财产，人民法院应当依法办理查封、扣押、冻结等手续。
第一百零四条 【诉前、申请仲裁前保全】利害关系人因情况紧急，不立即申请保全将会使其合法权益受到难以弥补的损害的，可以在提起诉讼或者申请仲裁前向被保全财产所在地、被申请人住所地或者对案件有管辖权的人民法院申请采取保全措施。申请人应当提供担保，不提供担保的，裁定驳回申请。	**《民事诉讼法》（2021年修正）** **第104条** 利害关系人因情况紧急，不立即申请保全将会使其合法权益受到难以弥补的损害的，可以在提起诉讼或者申请仲裁前向被保全财产所在地、被申请人住所地或者对案件有管辖权的人民法院申请采取保全措施。申请人应当提供担保，不提供担保的，裁定驳回申请。

新《民事诉讼法》及解读等	修改前《民事诉讼法》等关联规定
人民法院接受申请后，必须在四十八小时内作出裁定；裁定采取保全措施的，应当立即开始执行。 申请人在人民法院采取保全措施后三十日内不依法提起诉讼或者申请仲裁的，人民法院应当解除保全。 **解读：**诉前、申请仲裁前保全，是指利害关系人在因情况紧急，不立即申请保全将会使其合法权益受到难以弥补的损害的情况下，在起诉前或者申请仲裁前申请被保全财产所在地、被申请人住所地或者对案件有管辖权的法院采取保全措施的保全制度。该种保全需满足如下条件：一是有给付的内容。即要求对方必须履行一定的义务，包括作为或不作为。二是需具有紧迫性。情况紧急与不立即申请保全将会使其合法权益受到难以弥补的损害是并列的，即需“情况紧急”加“不立即申请保全将会使其合法权益受到难以弥补的损害”这两个要求。三是由利害关系人提出申请。所谓利害关系人，是指“合法权益受到难以弥补的损害”的人。四是向有管辖权的法院提出申请。即被保全财产所在地、被申请人住所地或者对案件有管辖权的法	人民法院接受申请后，必须在四十八小时内作出裁定；裁定采取保全措施的，应当立即开始执行。 申请人在人民法院采取保全措施后三十日内不依法提起诉讼或者申请仲裁的，人民法院应当解除保全。 **《民事诉讼法解释》** **第152—164条** 同前条关联规定部分，正文略。

新《民事诉讼法》及解读等	修改前《民事诉讼法》等关联规定
院。五是需提供担保。申请人应当提供担保，不提供担保的，裁定驳回申请。此外，该种保全下对法院的要求主要体现在两点：一是时间上的，即法院接受申请后，必须在48小时内作出裁定。二是执行上的，即裁定采取财产保全措施的，应立即开始执行。不同于诉讼保全，诉前、申请仲裁前的保全多了一种解除保全的情形，即申请人在法院采取保全措施后30日内不依法提起诉讼或者申请仲裁的，法院应当（换而言之有义务）解除财产保全。	
第一百零五条　【保全范围】 保全限于请求的范围，或者与本案有关的财物。 **解读：** 关于保全范围，本条主要规定了两个方面的内容：一是保全限于请求的范围。请求的范围，是指申请人包括当事人或者利害关系人向法院提出的符合《民事诉讼法》要求的保全范围。所谓限于就是不能够扩大，比如保全的财物的价值与请求保全的数额要基本相等。限于请求的范围，简而言之，所保全的财产或者行为，应当在对象或者价值上与当事人所提诉讼请求的内容相符或者相等。二是与本案有关	**《民事诉讼法》（2021年修正）** **第105条**　保全限于请求的范围，或者与本案有关的财物。 **《民事诉讼法解释》** **第157条**　人民法院对抵押物、质押物、留置物可以采取财产保全措施，但不影响抵押权人、质权人、留置权人的优先受偿权。 **第158条**　人民法院对债务人到期应得的收益，可以采取财产保全措施，限制其支取，通知有关单位协助执行。 **第159条**　债务人的财产不能满足保全请求，但对他人有到期债权的，人民法院可以依债权人的申请

新《民事诉讼法》及解读等	修改前《民事诉讼法》等关联规定
的财物。即指本案的诉争标的，或者当事人在诉讼请求中没有直接涉及，但是与日后本案生效判决的强制执行相牵连的财物。需注意，前述两项内容是一个选择关系，并不是包括两项内容，只要有其中一项即可。此外，本条规定适用于诉讼保全和诉前、申请仲裁前保全两个范围。	裁定该他人不得对本案债务人清偿。该他人要求偿付的，由人民法院提存财物或者价款。 **第164条**　对申请保全人或者他人提供的担保财产，人民法院应当依法办理查封、扣押、冻结等手续。
第一百零六条　【财产保全措施】财产保全采取查封、扣押、冻结或者法律规定的其他方法。人民法院保全财产后，应当立即通知被保全财产的人。 财产已被查封、冻结的，不得重复查封、冻结。 **解读：**财产保全措施主要包括查封、扣押、冻结或者法律规定的其他方法，即四类法定财产保全措施。上述措施可以合并使用，也可以单独使用。查封，是指法院采取张贴封条或者其他必要的措施，将有关的物品封存起来，未经行使这一权力的法院许可，任何单位和个人均不得启封、动用的情形。扣押，是指将被申请人的物品扣留起来的情况。一般情况下，是将物品运到另外场所进行扣留，如果扣留不便的，也可以根据具体情况就地扣留。扣留后不得占有、使用、处分，即物	**《民事诉讼法》（2021年修正）** **第106条**　财产保全采取查封、扣押、冻结或者法律规定的其他方法。人民法院保全财产后，应当立即通知被保全财产的人。 财产已被查封、冻结的，不得重复查封、冻结。 **《民事诉讼法解释》** **第153条**　人民法院对季节性商品、鲜活、易腐烂变质以及其他不宜长期保存的物品采取保全措施时，可以责令当事人及时处理，由人民法院保存价款；必要时，人民法院可予以变卖，保存价款。 **第154条**　人民法院在财产保全中采取查封、扣押、冻结财产措施时，应当妥善保管被查封、扣押、冻结的财产。不宜由人民法院保管的，人民法院可以指定被保全人负责保管；不宜由被保全人保管的，可以委托他人或者申请保全人保管。

新《民事诉讼法》及解读等	修改前《民事诉讼法》等关联规定
权相应权能并没有改变。冻结，是指法院履行一定法律手续后通知银行等对被申请人的存款、资产、股权等收益，不准提取转移等方面的情形。法律规定的其他方法，即上述措施以外的国家法律规定的方法，需注意，这要求的是“法律”规定而非行政法规、司法解释。此外，法院采取财产保全措施后，还应履行如下法定义务：一方面，在保全财产后应立即通知被保全财产的人，以保障被采取措施当事人可通过法定途径维护自身合法权益。另一方面，财产已被查封、冻结的，不得重复查封、冻结。如此在于确保措施的严肃性以及时间、顺位的确定性，维护已申请查封、冻结当事人的合法权益。 **案例参考：《上海某电子有限公司申请执行广州某电子有限公司案》**① 案例要旨：银行发放贷款之日起至贷款清偿完毕之日止有权监控出口退税托管账户，账户内的退税款到位后应用于归还出口退税托管贷款的本息，由此可见出口退税托管账户具有权利质押的性质，其生效时间为贷	查封、扣押、冻结担保物权人占有的担保财产，一般由担保物权人保管；由人民法院保管的，质权、留置权不因采取保全措施而消灭。 **第155条** 由人民法院指定被保全人保管的财产，如果继续使用对该财产的价值无重大影响，可以允许被保全人继续使用；由人民法院保管或者委托他人、申请保全人保管的财产，人民法院和其他保管人不得使用。 **第156条** 人民法院采取财产保全的方法和措施，依照执行程序相关规定办理。 **《民事执行查扣冻规定》** **第29条** 财产保全裁定和先予执行裁定的执行适用本规定。 **第1条** 人民法院查封、扣押、冻结被执行人的动产、不动产及其他财产权，应当作出裁定，并送达被执行人和申请执行人。 采取查封、扣押、冻结措施需要有关单位或者个人协助的，人民法院应当制作协助执行通知书，连同裁定书副本一并送达协助执行人。查封、扣押、冻结裁定书和协助执行通知书送达时发生法律效力。

① 参见最高人民法院执行工作办公室编：《执行工作指导·总第12辑》（2004年第4辑），人民法院出版社2005年版。

新《民事诉讼法》及解读等	修改前《民事诉讼法》等关联规定
款银行实际托管借款人出口退税专用账户之日，法院不得对已设质的出口退税专用账户内的款项采取财产保全措施或者执行措施。	**第2条**　人民法院可以查封、扣押、冻结被执行人占有的动产、登记在被执行人名下的不动产、特定动产及其他财产权。 未登记的建筑物和土地使用权，依据土地使用权的审批文件和其他相关证据确定权属。 对于第三人占有的动产或者登记在第三人名下的不动产、特定动产及其他财产权，第三人书面确认该财产属于被执行人的，人民法院可以查封、扣押、冻结。 **第3条**　人民法院对被执行人下列的财产不得查封、扣押、冻结： （一）被执行人及其所扶养家属生活所必需的衣服、家具、炊具、餐具及其他家庭生活必需的物品； （二）被执行人及其所扶养家属所必需的生活费用。当地有最低生活保障标准的，必需的生活费用依照该标准确定； （三）被执行人及其所扶养家属完成义务教育所必需的物品； （四）未公开的发明或者未发表的著作； （五）被执行人及其所扶养家属用于身体缺陷所必需的辅助工具、医疗物品； （六）被执行人所得的勋章及其

新《民事诉讼法》及解读等	修改前《民事诉讼法》等关联规定
	他荣誉表彰的物品； （七）根据《中华人民共和国缔结条约程序法》，以中华人民共和国、中华人民共和国政府或者中华人民共和国政府部门名义同外国、国际组织缔结的条约、协定和其他具有条约、协定性质的文件中规定免于查封、扣押、冻结的财产； （八）法律或者司法解释规定的其他不得查封、扣押、冻结的财产。 **第4条** 对被执行人及其所扶养家属生活所必需的居住房屋，人民法院可以查封，但不得拍卖、变卖或者抵债。 **第5条** 对于超过被执行人及其所扶养家属生活所必需的房屋和生活用品，人民法院根据申请执行人的申请，在保障被执行人及其所扶养家属最低生活标准所必需的居住房屋和普通生活必需品后，可予以执行。 **第6条** 查封、扣押动产的，人民法院可以直接控制该项财产。人民法院将查封、扣押的动产交付其他人控制的，应当在该动产上加贴封条或者采取其他足以公示查封、扣押的适当方式。 **第7条** 查封不动产的，人民法院应当张贴封条或者公告，并可以提取保存有关财产权证照。

新《民事诉讼法》及解读等	修改前《民事诉讼法》等关联规定
	查封、扣押、冻结已登记的不动产、特定动产及其他财产权，应当通知有关登记机关办理登记手续。未办理登记手续的，不得对抗其他已经办理了登记手续的查封、扣押、冻结行为。 **第8条**　查封尚未进行权属登记的建筑物时，人民法院应当通知其管理人或者该建筑物的实际占有人，并在显著位置张贴公告。 **第9条**　扣押尚未进行权属登记的机动车辆时，人民法院应当在扣押清单上记载该机动车辆的发动机编号。该车辆在扣押期间权利人要求办理权属登记手续的，人民法院应当准许并及时办理相应的扣押登记手续。 **第10条**　查封、扣押的财产不宜由人民法院保管的，人民法院可以指定被执行人负责保管；不宜由被执行人保管的，可以委托第三人或者申请执行人保管。 由人民法院指定被执行人保管的财产，如果继续使用对该财产的价值无重大影响，可以允许被执行人继续使用；由人民法院保管或者委托第三人、申请执行人保管的，保管人不得使用。 **第11条**　查封、扣押、冻结担保物权人占有的担保财产，一般应当

新《民事诉讼法》及解读等	修改前《民事诉讼法》等关联规定
	指定该担保物权人作为保管人；该财产由人民法院保管的，质权、留置权不因转移占有而消灭。 **第12条** 对被执行人与其他人共有的财产，人民法院可以查封、扣押、冻结，并及时通知共有人。 共有人协议分割共有财产，并经债权人认可的，人民法院可以认定有效。查封、扣押、冻结的效力及于协议分割后被执行人享有份额内的财产；对其他共有人享有份额内的财产的查封、扣押、冻结，人民法院应当裁定予以解除。 共有人提起析产诉讼或者申请执行人代位提起析产诉讼的，人民法院应当准许。诉讼期间中止对该财产的执行。 **第13条** 对第三人为被执行人的利益占有的被执行人的财产，人民法院可以查封、扣押、冻结；该财产被指定给第三人继续保管的，第三人不得将其交付给被执行人。 对第三人为自己的利益依法占有的被执行人的财产，人民法院可以查封、扣押、冻结，第三人可以继续占有和使用该财产，但不得将其交付给被执行人。 第三人无偿借用被执行人的财产的，不受前款规定的限制。

新《民事诉讼法》及解读等	修改前《民事诉讼法》等关联规定
	第14条　被执行人将其财产出卖给第三人，第三人已经支付部分价款并实际占有该财产，但根据合同约定被执行人保留所有权的，人民法院可以查封、扣押、冻结；第三人要求继续履行合同的，向人民法院交付全部余款后，裁定解除查封、扣押、冻结。 **第15条**　被执行人将其所有的需要办理过户登记的财产出卖给第三人，第三人已经支付部分或者全部价款并实际占有该财产，但尚未办理产权过户登记手续的，人民法院可以查封、扣押、冻结；第三人已经支付全部价款并实际占有，但未办理过户登记手续的，如果第三人对此没有过错，人民法院不得查封、扣押、冻结。 **第16条**　被执行人购买第三人的财产，已经支付部分价款并实际占有该财产，第三人依合同约定保留所有权的，人民法院可以查封、扣押、冻结。保留所有权已办理登记的，第三人的剩余价款从该财产变价款中优先支付；第三人主张取回该财产的，可以依据民事诉讼法第二百二十七条规定提出异议。 **第17条**　被执行人购买需要办理过户登记的第三人的财产，已经

新《民事诉讼法》及解读等	修改前《民事诉讼法》等关联规定
	支付部分或者全部价款并实际占有该财产，虽未办理产权过户登记手续，但申请执行人已向第三人支付剩余价款或者第三人同意剩余价款从该财产变价款中优先支付的，人民法院可以查封、扣押、冻结。 **第18条** 查封、扣押、冻结被执行人的财产时，执行人员应当制作笔录，载明下列内容： （一）执行措施开始及完成的时间； （二）财产的所在地、种类、数量； （三）财产的保管人； （四）其他应当记明的事项。 执行人员及保管人应当在笔录上签名，有民事诉讼法第二百四十五条规定的人员到场的，到场人员也应当在笔录上签名。 **第19条** 查封、扣押、冻结被执行人的财产，以其价额足以清偿法律文书确定的债权额及执行费用为限，不得明显超标的额查封、扣押、冻结。 发现超标的额查封、扣押、冻结的，人民法院应当根据被执行人的申请或者依职权，及时解除对超标的额部分财产的查封、扣押、冻结，但该财产为不可分物且被执行

新《民事诉讼法》及解读等	修改前《民事诉讼法》等关联规定
	人无其他可供执行的财产或者其他财产不足以清偿债务的除外。 **第20条** 查封、扣押的效力及于查封、扣押物的从物和天然孳息。 **第21条** 查封地上建筑物的效力及于该地上建筑物使用范围内的土地使用权，查封土地使用权的效力及于地上建筑物，但土地使用权与地上建筑物的所有权分属被执行人与他人的除外。 地上建筑物和土地使用权的登记机关不是同一机关的，应当分别办理查封登记。 **第22条** 查封、扣押、冻结的财产灭失或者毁损的，查封、扣押、冻结的效力及于该财产的替代物、赔偿款。人民法院应当及时作出查封、扣押、冻结该替代物、赔偿款的裁定。 **第23条** 查封、扣押、冻结协助执行通知书在送达登记机关时，登记机关已经受理被执行人转让不动产、特定动产及其他财产的过户登记申请，尚未完成登记的，应当协助人民法院执行。人民法院不得对登记机关已经完成登记的被执行人已转让的财产实施查封、扣押、冻结措施。 查封、扣押、冻结协助执行通

新《民事诉讼法》及解读等	修改前《民事诉讼法》等关联规定
	知书在送达登记机关时，其他人民法院已向该登记机关送达了过户登记协助执行通知书的，应当优先办理过户登记。 **第 24 条** 被执行人就已经查封、扣押、冻结的财产所作的移转、设定权利负担或者其他有碍执行的行为，不得对抗申请执行人。 第三人未经人民法院准许占有查封、扣押、冻结的财产或者实施其他有碍执行的行为的，人民法院可以依据申请执行人的申请或者依职权解除其占有或者排除其妨害。 人民法院的查封、扣押、冻结没有公示的，其效力不得对抗善意第三人。 **第 25 条** 人民法院查封、扣押被执行人设定最高额抵押权的抵押物的，应当通知抵押权人。抵押权人受抵押担保的债权数额自收到人民法院通知时起不再增加。 人民法院虽然没有通知抵押权人，但有证据证明抵押权人知道或者应当知道查封、扣押事实的，受抵押担保的债权数额从其知道或者应当知道该事实时起不再增加。 **第 26 条** 对已被人民法院查封、扣押、冻结的财产，其他人民法院可以进行轮候查封、扣押、冻

新《民事诉讼法》及解读等	修改前《民事诉讼法》等关联规定
	结。查封、扣押、冻结解除的，登记在先的轮候查封、扣押、冻结即自动生效。 其他人民法院对已登记的财产进行轮候查封、扣押、冻结的，应当通知有关登记机关协助进行轮候登记，实施查封、扣押、冻结的人民法院应当允许其他人民法院查阅有关文书和记录。 其他人民法院对没有登记的财产进行轮候查封、扣押、冻结的，应当制作笔录，并经实施查封、扣押、冻结的人民法院执行人员及被执行人签字，或者书面通知实施查封、扣押、冻结的人民法院。 **第27条**　查封、扣押、冻结期限届满，人民法院未办理延期手续的，查封、扣押、冻结的效力消灭。 查封、扣押、冻结的财产已经被执行拍卖、变卖或者抵债的，查封、扣押、冻结的效力消灭。 **第28条**　有下列情形之一的，人民法院应当作出解除查封、扣押、冻结裁定，并送达申请执行人、被执行人或者案外人： （一）查封、扣押、冻结案外人财产的； （二）申请执行人撤回执行申请或者放弃债权的；

新《民事诉讼法》及解读等	修改前《民事诉讼法》等关联规定
	（三）查封、扣押、冻结的财产流拍或者变卖不成，申请执行人和其他执行债权人又不同意接受抵债，且对该财产又无法采取其他执行措施的； （四）债务已经清偿的； （五）被执行人提供担保且申请执行人同意解除查封、扣押、冻结的； （六）人民法院认为应当解除查封、扣押、冻结的其他情形。 解除以登记方式实施的查封、扣押、冻结的，应当向登记机关发出协助执行通知书。
第一百零七条　【财产保全解除】财产纠纷案件，被申请人提供担保的，人民法院应当裁定解除保全。 **解读：**由于在被申请人提供担保的情况下，申请人合法权益的实现已经有了相应保证，申请人要求保全的目的也能够达到。因此，本条明确规定此时法院应当解除保全。需注意，本条中的被申请人提供的担保既可以是保证人的担保，也可以是具体的实物的担保或者权利的担保等，但担保价值应与被保全标的的价值相当。	**《民事诉讼法》（2021年修正）** **第107条**　财产纠纷案件，被申请人提供担保的，人民法院应当裁定解除保全。 **《民事诉讼法解释》** **第165条**　人民法院裁定采取保全措施后，除作出保全裁定的人民法院自行解除或者其上级人民法院决定解除外，在保全期限内，任何单位不得解除保全措施。 **第166条**　裁定采取保全措施后，有下列情形之一的，人民法院应当作出解除保全裁定： （一）保全错误的； （二）申请人撤回保全申请的； （三）申请人的起诉或者诉讼请

新《民事诉讼法》及解读等	修改前《民事诉讼法》等关联规定
	求被生效裁判驳回的； （四）人民法院认为应当解除保全的其他情形。 解除以登记方式实施的保全措施的，应当向登记机关发出协助执行通知书。 **第167条**　财产保全的被保全人提供其他等值担保财产且有利于执行的，人民法院可以裁定变更保全标的物为被保全人提供的担保财产。 **第168条**　保全裁定未经人民法院依法撤销或者解除，进入执行程序后，自动转为执行中的查封、扣押、冻结措施，期限连续计算，执行法院无需重新制作裁定书，但查封、扣押、冻结期限届满的除外。
第一百零八条　【申请保全错误赔偿】申请有错误的，申请人应当赔偿被申请人因保全所遭受的损失。 **解读：**被申请人根据本条规定要求申请人赔偿损失的，应满足下述条件：1. 因错误保全被法院裁定撤销，但由于达成和解而由申请人向法院申请撤销保全措施的除外。诉中财产保全错误要看申请人的诉讼请求最终是否得到法院判决的支持，并结合败诉原因、举证情况等考	**《民事诉讼法》（2021年修正）** **第108条**　申请有错误的，申请人应当赔偿被申请人因保全所遭受的损失。 **《国家赔偿法》** **第38条**　人民法院在民事诉讼、行政诉讼过程中，违法采取对妨害诉讼的强制措施、保全措施或者对判决、裁定及其他生效法律文书执行错误，造成损害的，赔偿请求人要求赔偿的程序，适用本法刑事赔偿程序的规定。

新《民事诉讼法》及解读等	修改前《民事诉讼法》等关联规定
量其主观状态是否属于故意或重大过失。2. 被申请人的损害与申请人错误申请存在因果关系。3. 在诉讼时效期间内主张权利。因诉讼中保全导致被申请人损害的，被申请人可以向审理本案的人民法院起诉，由该法院与本案合并审理；申请人错误申请诉讼前保全的，由采取该财产保全措施的法院管辖。此外需注意，本法仅针对申请人申请保全错误的情形。对诉讼保全而言，除了可以因当事人申请启动，法院也可以依职权采取保全措施。而对法院错误依职权保全造成被申请人损失的，则应根据《国家赔偿法》以及相关司法解释申请国家赔偿。 **案例参考：《某市建工建筑安装有限责任公司与张某、张某山申请诉中财产保全损害赔偿责任纠纷案》**① 案例要旨：由于当事人的法律知识、对案件事实的举证证明能力、对法律关系的分析判断能力各不相同，通常达不到司法裁判所要求的专业水平，因此当事人对诉争事实和权利义务的判断未必与人民法院的裁判结果一致。对当事人申请保全所应尽到的注意义务的要求不应过	**《最高人民法院关于当事人申请财产保全错误造成案外人损失应否承担赔偿责任问题的解释》** 根据《中华人民共和国民法通则》第一百零六条、《中华人民共和国民事诉讼法》第九十六条等法律规定，当事人申请财产保全错误造成案外人损失的，应当依法承担赔偿责任。

① 参见《最高人民法院公报》2018 年第 9 期。

新《民事诉讼法》及解读等	修改前《民事诉讼法》等关联规定
于苛责。如果仅以保全申请人的诉讼请求是否得到支持作为申请保全是否错误的依据，必然会对善意当事人依法通过诉讼保全程序维护自己权利造成妨碍，影响诉讼保全制度功能的发挥。而且，侵权行为以过错责任为原则，无过错责任必须要有法律依据，且法律规定的无过错责任中并不包含申请保全错误损害赔偿责任。因此，申请保全错误，须以申请人主观存在过错为要件，不能仅以申请人的诉讼请求未得到支持为充分条件。	
第一百零九条　【先予执行适用范围】人民法院对下列案件，根据当事人的申请，可以裁定先予执行： （一）追索赡养费、扶养费、抚养费、抚恤金、医疗费用的； （二）追索劳动报酬的； （三）因情况紧急需要先予执行的。 **解读：**先予执行，是指法院在审理民事案件时，为了满足当事人的生产、生活的迫切需要，在终局判决之前，根据当事人的申请，依法裁定应当履行义务的一方当事人提前给付一定数额的金钱、财物或者停止、实施某些行为，并立即执行的制度。先予执行制度，是针对	**《民事诉讼法》（2021年修正）** **第109条**　人民法院对下列案件，根据当事人的申请，可以裁定先予执行： （一）追索赡养费、扶养费、抚养费、抚恤金、医疗费用的； （二）追索劳动报酬的； （三）因情况紧急需要先予执行的。 **《民事诉讼法解释》** **第169条**　民事诉讼法规定的先予执行，人民法院应当在受理案件后终审判决作出前采取。先予执行应当限于当事人诉讼请求的范围，并以当事人的生活、生产经营的急需为限。

新《民事诉讼法》及解读等	修改前《民事诉讼法》等关联规定
特定案件的特殊情况确立的，并非对任何民事案件在任何情况下都可以适用。因此，适用先予执行必须严格依照法律规定，否则不仅达不到先予执行的目的，反而会损害另一方当事人的合法权益，甚至为案件判决后的执行带来障碍。本条明确可以裁定先予执行的情形如下：1. 追索赡养费、扶养费、抚养费、抚恤金、医疗费用的案件；2. 追索劳动报酬的案件；3. 因情况紧急需要先予执行的案件。前两种均系当事人生活和生产的急需，不采取先予执行措施将使申请人的合法权益受到严重的侵害。而第三种则属于兜底情形，但需满足“紧急情况”的要件，“情况紧急”由法院根据审判实践的具体情况决定，《民事诉讼法解释》对此亦作了相应细化。 **案例参考：《任某诉代某、某汽车运输公司、某财产保险公司机动车交通事故责任纠纷案》**① 案例要旨：先予执行是法律为维护特殊主体的迫切利益，缓解其经济困难，维持其正常生产、生活	**第170条** 民事诉讼法第一百零九条第三项规定的情况紧急，包括： （一）需要立即停止侵害、排除妨碍的； （二）需要立即制止某项行为的； （三）追索恢复生产、经营急需的保险理赔费的； （四）需要立即返还社会保险金、社会救助资金的； （五）不立即返还款项，将严重影响权利人生活和生产经营的。

① 参见周海浪：《先予执行可以重复适用》，载《人民司法·案例》2011年第18期。

新《民事诉讼法》及解读等	修改前《民事诉讼法》等关联规定
所设定的一项特殊制度。尽管《民事诉讼法》未对实施先予执行的次数进行规定，但从法律维护公平正义的角度来看，先予执行应可以重复适用。	
第一百一十条　【先予执行条件】人民法院裁定先予执行的，应当符合下列条件： （一）当事人之间权利义务关系明确，不先予执行将严重影响申请人的生活或者生产经营的； （二）被申请人有履行能力。 人民法院可以责令申请人提供担保，申请人不提供担保的，驳回申请。申请人败诉的，应当赔偿被申请人因先予执行遭受的财产损失。 **解读：**先予执行本质上是一种特殊情形下的特殊处理，因此需满足一定条件。由于先予执行并非最终诉讼结果的提前兑现，故法院对于先予执行的申请并非不予审查，而是必须进行审查，审查的标准和条件主要包括：1. 当事人之间权利义务关系比较明确，不先予执行将严重影响申请人的生活或者生产经营。当事人之间权利义务关系明确，是指当事人对各自的权利和义务关系没有争议，谁是权利的享有者、谁是	**《民事诉讼法》（2021年修正）** **第110条**　人民法院裁定先予执行的，应当符合下列条件： （一）当事人之间权利义务关系明确，不先予执行将严重影响申请人的生活或者生产经营的； （二）被申请人有履行能力。 人民法院可以责令申请人提供担保，申请人不提供担保的，驳回申请。申请人败诉的，应当赔偿被申请人因先予执行遭受的财产损失。 **最高人民法院、司法部《关于民事诉讼法律援助工作的规定》** **第11条**　法律援助案件的受援人依照民事诉讼法的规定申请先予执行，人民法院裁定先予执行的，可以不要求受援人提供相应的担保。

新《民事诉讼法》及解读等	修改前《民事诉讼法》等关联规定
义务的承担者，无需法院调查核实和确认就已经明确。所谓不先予执行将严重影响申请人生活和生产经营，即法院不采取先予执行措施，权利人将无法维持最基本的生活或者企业将面临停产、倒闭，无法继续生产和经营的绝境。2. 被申请人有履行能力。若被申请人无履行义务能力，先予执行措施将无法执行。所谓有履行能力，是指被申请人实际上具有给付、返还或者赔偿申请人对实体权利请求的能力或应尽的义务。此外，为保护被申请人的利益，法院可责令申请人提供担保。法院要求提供担保而申请人不提供担保的，可驳回先予执行申请。在先予执行情况下，若申请人败诉的，其应赔偿被申请人因先予执行遭受的财产损失。申请人败诉，是指已经发生法律效力的判决确定不支持其诉讼请求。此种情况下，申请人首先应返还先予执行的部分，给被申请人造成财产损失的，还应赔偿被申请人因先予执行遭受的财产损失。 案例参考：《郑州某网络科技有限公司与浙江某网络有限公司、丁某梅、南通某纺织品有限公司侵害外观	

新《民事诉讼法》及解读等	修改前《民事诉讼法》等关联规定
设计专利权纠纷先予执行案》① 案例要旨：因权利人向网购平台投诉或起诉平台内的销售商侵害其知识产权，平台断开相关商品的销售链接，销售商申请法院裁定要求网络平台先予恢复销售链接的，人民法院应当综合审查销售商品侵权的可能性、是否给销售商造成难以弥补的损害、销售商提供担保情况、删除或恢复链接是否有损社会公共利益等事实和法律要件，决定是否应当先予恢复被删除的链接。	
第一百一十一条 【对保全或先予执行裁定不服的复议】当事人对保全或者先予执行的裁定不服的，可以申请复议一次。复议期间不停止裁定的执行。 **解读：**保全裁定是法院根据一方当事人申请或依职权作出的，先予执行裁定是法院根据一方当事人申请作出的，但均可能存在错误，由此有必要规定明确救济途径，即本条规定的复议。本条中的“不服”包括两种情形：一是申请人认为其申请保全、先予执行完全符合本法规定的要件，法院裁定不予保全、不予执行是不正确的。二是被申请人	**《民事诉讼法》（2021 年修正）** **第 111 条** 当事人对保全或者先予执行的裁定不服的，可以申请复议一次。复议期间不停止裁定的执行。 **《民事诉讼法解释》** **第 171 条** 当事人对保全或者先予执行裁定不服的，可以自收到裁定书之日起五日内向作出裁定的人民法院申请复议。人民法院应当在收到复议申请后十日内审查。裁定正确的，驳回当事人的申请；裁定不当的，变更或者撤销原裁定。 **第 172 条** 利害关系人对保全或者先予执行的裁定不服申请复议

① 参见《最高人民法院公报》2023 年第 7 期。

新《民事诉讼法》及解读等	修改前《民事诉讼法》等关联规定
认为保全和先予执行裁定存在错误。这里的错误，包含不应保全或先予执行，以及保全或先予执行范围过大。需注意，本条规定“申请复议”指的是向作出裁定的法院申请，并不是向上一级法院申请。另就裁定执行力与复议的关系而言，本条明确复议期间不停止裁定的执行。在民事诉讼程序中，除不予受理、管辖权异议、驳回起诉三种裁定当事人可以提起上诉外，其他裁定立即发生法律效力，当事人不得提起上诉。由于保全和先予执行是在紧急情况下采取的临时性救济措施，本条的“复议”一般属事中救济，为防止当事人利用申请复议的期间转移财产、损害申请人的合法利益，复议期间应不停止裁定的执行。 **案例参考：《某石化工贸有限公司诉某投资发展（集团）有限责任公司申请诉中财产保全损害责任纠纷案》**① 案例要旨：申请财产保全错误的赔偿在性质上属于侵权责任。判断申请财产保全是否错误，不仅要看申请人的诉讼请求是否得到支持，还要看申请保全人是否存在故意或重大过失。	的，由作出裁定的人民法院依照民事诉讼法第一百一十一条规定处理。 **第173条** 人民法院先予执行后，根据发生法律效力的判决，申请人应当返还因先予执行所取得的利益的，适用民事诉讼法第二百四十条的规定。 **《最高人民法院关于人民法院办理财产保全案件若干问题的规定》** **第25条** 申请保全人、被保全人对保全裁定或者驳回申请裁定不服的，可以自裁定书送达之日起五日内向作出裁定的人民法院申请复议一次。人民法院应当自收到复议申请后十日内审查。 对保全裁定不服申请复议的，人民法院经审查，理由成立的，裁定撤销或变更；理由不成立的，裁定驳回。 对驳回申请裁定不服申请复议的，人民法院经审查，理由成立的，裁定撤销，并采取保全措施；理由不成立的，裁定驳回。 **第26条** 申请保全人、被保全人、利害关系人认为保全裁定实施过程中的执行行为违反法律规定提出书面异议的，人民法院应当依照民事诉讼法第二百二十五条规定审查

① 参见最高人民法院中国应用法研究所编：《人民法院案例选·总第154辑》（2020年第12辑），人民法院出版社2021年版。

新《民事诉讼法》及解读等	修改前《民事诉讼法》等关联规定
	处理。 **第27条**　人民法院对诉讼争议标的以外的财产进行保全，案外人对保全裁定或者保全裁定实施过程中的执行行为不服，基于实体权利对被保全财产提出书面异议的，人民法院应当依照民事诉讼法第二百二十七条规定审查处理并作出裁定。案外人、申请保全人对该裁定不服的，可以自裁定送达之日起十五日内向人民法院提起执行异议之诉。 人民法院裁定案外人异议成立后，申请保全人在法律规定的期间内未提起执行异议之诉的，人民法院应当自起诉期限届满之日起七日内对该被保全财产解除保全。
第十章　对妨害民事诉讼的强制措施	
第一百一十二条　**【拘传】**人民法院对必须到庭的被告，经两次传票传唤，无正当理由拒不到庭的，可以拘传。 **解读：**拘传，是指法院为维护法律尊严，确保诉讼程序正常进行，对必须到庭的被告，经两次传票传唤，无正当理由拒不到庭的情况下，强制被告到庭的一种强制措施。就适用对象而言，拘传针对的是必须到庭的被告。根据《民事诉讼法解释》的规定，必须到庭的被告，是指	**《民事诉讼法》(2021年修正)** **第112条**　人民法院对必须到庭的被告，经两次传票传唤，无正当理由拒不到庭的，可以拘传。 **《民事诉讼法解释》** **第174条**　民事诉讼法第一百一十二条规定的必须到庭的被告，是指负有赡养、抚育、扶养义务和不到庭就无法查清案情的被告。 人民法院对必须到庭才能查清案件基本事实的原告，经两次传票传唤，无正当理由拒不到庭的，可以拘传。

新《民事诉讼法》及解读等	修改前《民事诉讼法》等关联规定
负有赡养、抚育、扶养义务和不到庭就无法查清案情的被告。就适用前提而言，主要包括两个：一是需经“两次”“传票”传唤，不到两次不可以，口头通知也不可以。二是无正当理由拒不到庭。正当理由，一般是指不可抗力、意外事件等使被告没有办法预见和难以自行克服困难的情况。具体是否正当，由人民法院视情况判断。另需注意，本条规定的是法院“可以”而非“必须”二字，具体情况由法院掌握。	**第 175 条** 拘传必须用拘传票，并直接送达被拘传人；在拘传前，应当向被拘传人说明拒不到庭的后果，经批评教育仍拒不到庭的，可以拘传其到庭。 **第 482 条** 对必须接受调查询问的被执行人、被执行人的法定代表人、负责人或者实际控制人，经依法传唤无正当理由拒不到场的，人民法院可以拘传其到场。 人民法院应当及时对被拘传人进行调查询问，调查询问的时间不得超过八小时；情况复杂，依法可能采取拘留措施的，调查询问的时间不得超过二十四小时。 人民法院在本辖区以外采取拘传措施时，可以将被拘传人拘传到当地人民法院，当地人民法院应予协助。
第一百一十三条 【对违反法庭规则可采取强制措施】诉讼参与人和其他人应当遵守法庭规则。 人民法院对违反法庭规则的人，可以予以训诫，责令退出法庭或者予以罚款、拘留。 人民法院对哄闹、冲击法庭，侮辱、诽谤、威胁、殴打审判人员，严重扰乱法庭秩序的人，依法追究刑事责任；情节较轻的，予以罚款、拘留。	**《民事诉讼法》(2021 年修正)** **第 113 条** 诉讼参与人和其他人应当遵守法庭规则。 人民法院对违反法庭规则的人，可以予以训诫，责令退出法庭或者予以罚款、拘留。 人民法院对哄闹、冲击法庭，侮辱、诽谤、威胁、殴打审判人员，严重扰乱法庭秩序的人，依法追究刑事责任；情节较轻的，予以罚款、拘留。

新《民事诉讼法》及解读等	修改前《民事诉讼法》等关联规定
解读：本条所称诉讼参与人，是指在民事诉讼活动中，司法人员以外的依法享有一定的诉讼权利并承担一定的诉讼义务的人，包括作为当事人的原告、被告、共同诉讼人、第三人和作为诉讼代理人的法定代理人、委托代理人，以及其他参与到诉讼活动中来的证人、鉴定人、勘验人员和翻译人员等。其他人员是指诉讼参与人以外的人员，如旁听人员等。就法庭规则而言，《人民法院法庭规则》有较为具体详细的规定，不再赘述。就违反法庭规则的人应承担的法律责任而言，一方面，对违反法庭规则的人，可予以训诫，责令退出法庭或者予以罚款、拘留。训诫，是指法院以批评或者警告的方式，点出行为人违反法庭规则的事实和错误之处，要求行为人不许再违反规则的情况；责令退出法庭，是指法院要求违反法庭规则的行为人暂时离开法庭，防止其影响正常的审判活动的情况；罚款，是指法院依法决定要求违反法庭规则的行为人交纳一定数额金钱的情况；拘留，是指法院依法作出的限制行为人自由的情况。另一方面，对哄闹、冲击法庭，侮辱、诽谤、威胁、殴打审判人员，严重扰	**《民事诉讼法解释》** **第 176 条** 诉讼参与人或者其他人有下列行为之一的，人民法院可以适用民事诉讼法第一百一十三条规定处理： （一）未经准许进行录音、录像、摄影的； （二）未经准许以移动通信等方式现场传播审判活动的； （三）其他扰乱法庭秩序，妨害审判活动进行的。 有前款规定情形的，人民法院可以暂扣诉讼参与人或者其他人进行录音、录像、摄影、传播审判活动的器材，并责令其删除有关内容；拒不删除的，人民法院可以采取必要手段强制删除。 **第 177 条** 训诫、责令退出法庭由合议庭或者独任审判员决定。训诫的内容、被责令退出法庭者的违法事实应当记入庭审笔录。 **《人民法院法庭规则》** **第 6 条** 进入法庭的人员应当出示有效身份证件，并接受人身及携带物品的安全检查。 持有效工作证件和出庭通知履行职务的检察人员、律师可以通过专门通道进入法庭。需要安全检查的，人民法院对检察人员和律师平等

新《民事诉讼法》及解读等	修改前《民事诉讼法》等关联规定
乱法庭秩序的人，依法追究刑事责任；情节较轻的，予以罚款、拘留。哄闹、冲击法庭，侮辱、诽谤、威胁、殴打审判人员均属于较为严重的扰乱法庭秩序的行为，有可能构成犯罪，若构成犯罪，则依照《刑法》与《刑事诉讼法》追究行为人的刑事责任。若情况较轻，不构成犯罪，则由法院予以罚款、拘留。 **案例参考：《陈某与河北某茶叶公司淘宝电子商城网络买卖合同纠纷案》**① 案例要旨：代理律师公然无视在线庭审法庭纪律，擅自指示诉讼参与人退出法庭，多次打断法官，态度轻蔑傲慢，后捏造事实违规举报，其行为性质恶劣的，人民法院有权对其予以罚款处罚。	对待。 **第7条** 除经人民法院许可，需要在法庭上出示的证据外，下列物品不得携带进入法庭： （一）枪支、弹药、管制刀具以及其他具有杀伤力的器具； （二）易燃易爆物、疑似爆炸物； （三）放射性、毒害性、腐蚀性、强气味性物质以及传染病病原体； （四）液体及胶状、粉末状物品； （五）标语、条幅、传单； （六）其他可能危害法庭安全或妨害法庭秩序的物品。 **第9条** 公开的庭审活动，公民可以旁听。 旁听席位不能满足需要时，人民法院可以根据申请的先后顺序或者通过抽签、摇号等方式发放旁听证，但应当优先安排当事人的近亲属或其他与案件有利害关系的人旁听。 下列人员不得旁听： （一）证人、鉴定人以及准备出庭提出意见的有专门知识的人；

① 参见陈晓：《代理律师黄某违反法庭纪律被罚款案》，载《人民法院报》2021年12月28日。

新《民事诉讼法》及解读等	修改前《民事诉讼法》等关联规定
	（二）未获得人民法院批准的未成年人； （三）拒绝接受安全检查的人； （四）醉酒的人、精神病人或其他精神状态异常的人； （五）其他有可能危害法庭安全或妨害法庭秩序的人。 依法有可能封存犯罪记录的公开庭审活动，任何单位或个人不得组织人员旁听。 依法不公开的庭审活动，除法律另有规定外，任何人不得旁听。 **第 12 条** 出庭履行职务的人员，按照职业着装规定着装。但是，具有下列情形之一的，着正装： （一）没有职业着装规定； （二）侦查人员出庭作证； （三）所在单位系案件当事人。 非履行职务的出庭人员及旁听人员，应当文明着装。 **第 15 条** 审判人员进入法庭以及审判长或独任审判员宣告判决、裁定、决定时，全体人员应当起立。 **第 17 条** 全体人员在庭审活动中应当服从审判长或独任审判员的指挥，尊重司法礼仪，遵守法庭纪律，不得实施下列行为： （一）鼓掌、喧哗； （二）吸烟、进食；

新《民事诉讼法》及解读等	修改前《民事诉讼法》等关联规定
	（三）拨打或接听电话； （四）对庭审活动进行录音、录像、拍照或使用移动通信工具等传播庭审活动； （五）其他危害法庭安全或妨害法庭秩序的行为。 检察人员、诉讼参与人发言或提问，应当经审判长或独任审判员许可。 旁听人员不得进入审判活动区，不得随意站立、走动，不得发言和提问。 媒体记者经许可实施第一款第四项规定的行为，应当在指定的时间及区域进行，不得影响或干扰庭审活动。 **第19条** 审判长或独任审判员对违反法庭纪律的人员应当予以警告；对不听警告的，予以训诫；对训诫无效的，责令其退出法庭；对拒不退出法庭的，指令司法警察将其强行带出法庭。 行为人违反本规则第十七条第一款第四项规定的，人民法院可以暂扣其使用的设备及存储介质，删除相关内容。 **第20条** 行为人实施下列行为之一，危及法庭安全或扰乱法庭秩序的，根据相关法律规定，予以罚

新《民事诉讼法》及解读等	修改前《民事诉讼法》等关联规定
	款、拘留；构成犯罪的，依法追究其刑事责任： （一）非法携带枪支、弹药、管制刀具或者爆炸性、易燃性、放射性、毒害性、腐蚀性物品以及传染病病原体进入法庭； （二）哄闹、冲击法庭； （三）侮辱、诽谤、威胁、殴打司法工作人员或诉讼参与人； （四）毁坏法庭设施，抢夺、损毁诉讼文书、证据； （五）其他危害法庭安全或扰乱法庭秩序的行为。 **第21条**　司法警察依照审判长或独任审判员的指令维持法庭秩序。 出现危及法庭内人员人身安全或者严重扰乱法庭秩序等紧急情况时，司法警察可以直接采取必要的处置措施。 人民法院依法对违反法庭纪律的人采取的扣押物品、强行带出法庭以及罚款、拘留等强制措施，由司法警察执行。 **第23条**　检察人员违反本规则的，人民法院可以向人民检察院通报情况并提出处理建议。 **第24条**　律师违反本规则的，人民法院可以向司法行政机关及律师协会通报情况并提出处理建议。

新《民事诉讼法》及解读等	修改前《民事诉讼法》等关联规定
	第25条 人民法院进行案件听证、国家赔偿案件质证、网络视频远程审理以及在法院以外的场所巡回审判等，参照适用本规则。 **第26条** 外国人、无国籍人旁听庭审活动，外国媒体记者报道庭审活动，应当遵守本规则。
第一百一十四条 【民事诉讼中的罚款、拘留或刑事责任】诉讼参与人或者其他人有下列行为之一的，人民法院可以根据情节轻重予以罚款、拘留；构成犯罪的，依法追究刑事责任： （一）伪造、毁灭重要证据，妨碍人民法院审理案件的； （二）以暴力、威胁、贿买方法阻止证人作证或者指使、贿买、胁迫他人作伪证的； （三）隐藏、转移、变卖、毁损已被查封、扣押的财产，或者已被清点并责令其保管的财产，转移已被冻结的财产的； （四）对司法工作人员、诉讼参加人、证人、翻译人员、鉴定人、勘验人、协助执行的人，进行侮辱、诽谤、诬陷、殴打或者打击报复的； （五）以暴力、威胁或者其他方法阻碍司法工作人员执行职务的； （六）拒不履行人民法院已经发	**《民事诉讼法》（2021年修正）** **第114条** 诉讼参与人或者其他人有下列行为之一的，人民法院可以根据情节轻重予以罚款、拘留；构成犯罪的，依法追究刑事责任： （一）伪造、毁灭重要证据，妨碍人民法院审理案件的； （二）以暴力、威胁、贿买方法阻止证人作证或者指使、贿买、胁迫他人作伪证的； （三）隐藏、转移、变卖、毁损已被查封、扣押的财产，或者已被清点并责令其保管的财产，转移已被冻结的财产的； （四）对司法工作人员、诉讼参加人、证人、翻译人员、鉴定人、勘验人、协助执行的人，进行侮辱、诽谤、诬陷、殴打或者打击报复的； （五）以暴力、威胁或者其他方法阻碍司法工作人员执行职务的； （六）拒不履行人民法院已经发生法律效力的判决、裁定的。

新《民事诉讼法》及解读等	修改前《民事诉讼法》等关联规定
生法律效力的判决、裁定的。 人民法院对有前款规定的行为之一的单位，可以对其主要负责人或者直接责任人员予以罚款、拘留；构成犯罪的，依法追究刑事责任。 **解读**：本条所谓伪造重要证据，是指为了掩盖案件的事实而伪造上述证据；毁灭重要证据，是指为了掩盖案件的事实而将能够证明案件事实的上述证据销毁。以暴力、威胁、贿买方法阻止证人作证或者指使、贿买、胁迫他人作伪证的，主要有两方面表现：一是阻止证人到法庭作证；二是让证人以外的其他人作与案件不相符合或不存在的证据。另需注意，本条第 2 款明确了妨碍诉讼行为的单位责任，即单位有本条第 1 款行为的，可以对单位的主要负责人或者直接责任人员予以罚款、拘留；构成犯罪的，依法追究刑事责任。 **案例参考：《某公司诉中禁令最高限额司法惩罚案》**① 案例要旨：拒不履行诉中行为保全裁定，严重妨碍民事诉讼的正常开展，可依照《民事诉讼法》第 111 条第 1 款第 6 项规定对其进行处罚。	人民法院对有前款规定的行为之一的单位，可以对其主要负责人或者直接责任人员予以罚款、拘留；构成犯罪的，依法追究刑事责任。 **《民事诉讼法解释》** **第 187 条** 民事诉讼法第一百一十四条第一款第五项规定的以暴力、威胁或者其他方法阻碍司法工作人员执行职务的行为，包括： （一）在人民法院哄闹、滞留，不听从司法工作人员劝阻的； （二）故意毁损、抢夺人民法院法律文书、查封标志的； （三）哄闹、冲击执行公务现场，围困、扣押执行或者协助执行公务人员的； （四）毁损、抢夺、扣留案件材料、执行公务车辆、其他执行公务器械、执行公务人员服装和执行公务证件的； （五）以暴力、威胁或者其他方法阻碍司法工作人员查询、查封、扣押、冻结、划拨、拍卖、变卖财产的； （六）以暴力、威胁或者其他方法阻碍司法工作人员执行职务的其他行为。

① 参见江苏省高级人民法院（2018）苏司惩复 4 号复议决定书，载中国裁判文书网。

新《民事诉讼法》及解读等	修改前《民事诉讼法》等关联规定
	第188条 民事诉讼法第一百一十四条第一款第六项规定的拒不履行人民法院已经发生法律效力的判决、裁定的行为，包括： （一）在法律文书发生法律效力后隐藏、转移、变卖、毁损财产或者无偿转让财产、以明显不合理的价格交易财产、放弃到期债权、无偿为他人提供担保等，致使人民法院无法执行的； （二）隐藏、转移、毁损或者未经人民法院允许处分已向人民法院提供担保的财产的； （三）违反人民法院限制高消费令进行消费的； （四）有履行能力而拒不按照人民法院执行通知履行生效法律文书确定的义务的； （五）有义务协助执行的个人接到人民法院协助执行通知书后，拒不协助执行的。 **第189条** 诉讼参与人或者其他人有下列行为之一的，人民法院可以适用民事诉讼法第一百一十四条的规定处理： （一）冒充他人提起诉讼或者参加诉讼的； （二）证人签署保证书后作虚假证言，妨碍人民法院审理案件的；

新《民事诉讼法》及解读等	修改前《民事诉讼法》等关联规定
	（三）伪造、隐藏、毁灭或者拒绝交出有关被执行人履行能力的重要证据，妨碍人民法院查明被执行人财产状况的； （四）擅自解冻已被人民法院冻结的财产的； （五）接到人民法院协助执行通知书后，给当事人通风报信，协助其转移、隐匿财产的。 **第113条**　持有书证的当事人以妨碍对方当事人使用为目的，毁灭有关书证或者实施其他致使书证不能使用行为的，人民法院可以依照民事诉讼法第一百一十四条规定，对其处以罚款、拘留。 **第503条**　被执行人不履行法律文书指定的行为，且该项行为只能由被执行人完成的，人民法院可以依照民事诉讼法第一百一十四条第一款第六项规定处理。 被执行人在人民法院确定的履行期间内仍不履行的，人民法院可以依照民事诉讼法第一百一十四条第一款第六项规定再次处理。 **《民事诉讼证据规定》** **第98条**　对证人、鉴定人、勘验人的合法权益依法予以保护。 当事人或者其他诉讼参与人伪造、毁灭证据，提供虚假证据，阻止

新《民事诉讼法》及解读等	修改前《民事诉讼法》等关联规定
	证人作证，指使、贿买、胁迫他人作伪证，或者对证人、鉴定人、勘验人打击报复的，依照民事诉讼法第一百一十条、第一百一十一条的规定进行处罚。
第一百一十五条　【对恶意诉讼、调解行为的司法处罚】 当事人之间恶意串通，企图通过诉讼、调解等方式侵害**国家利益、社会公共利益或者**他人合法权益的，人民法院应当驳回其请求，并根据情节轻重予以罚款、拘留；构成犯罪的，依法追究刑事责任。 **当事人单方捏造民事案件基本事实，向人民法院提起诉讼，企图侵害国家利益、社会公共利益或者他人合法权益的，适用前款规定。** **解读：** 本条属于民事诉讼对虚假诉讼行为规制的一个重要条文。本条较原规定有两处修改，不仅明确将国家利益与社会公共利益纳入恶意诉讼侵犯的客体范围，同时将单方面实施的虚假诉讼行为纳入《民事诉讼法》规制范围。具体看：第1款在原规定他人合法权益之外，增加侵害“国家利益、社会公共利益”的表述。实际上，《民事诉讼法解释》已明确原规定的“他人合法权益”包括了案外人的合法权益、	**《民事诉讼法》（2021年修正）** **第115条**　当事人之间恶意串通，企图通过诉讼、调解等方式侵害他人合法权益的，人民法院应当驳回其请求，并根据情节轻重予以罚款、拘留；构成犯罪的，依法追究刑事责任。 **《民法典》** **第154条**　行为人与相对人恶意串通，损害他人合法权益的民事法律行为无效。 **《刑法》** **第307条之一**　以捏造的事实提起民事诉讼，妨害司法秩序或者严重侵害他人合法权益的，处三年以下有期徒刑、拘役或者管制，并处或者单处罚金；情节严重的，处三年以上七年以下有期徒刑，并处罚金。 单位犯前款罪的，对单位判处罚金，并对其直接负责的主管人员和其他直接责任人员，依照前款的规定处罚。有第一款行为，非法占有他人财产或者逃避合法债务，又构成其他犯罪的，依照处罚较重的规

新《民事诉讼法》及解读等	修改前《民事诉讼法》等关联规定
国家利益与社会公共利益。本次修改，意在从法律角度进行明确与强调。二是将当事人单方实施的虚假诉讼行为作为新增的第2款内容，明确适用第1款规定进行规制。如此，当事人双方恶意串通实施以及单方捏造实施的虚假诉讼行为均纳入本条规制范围，对虚假诉讼行为规制范围从《民事诉讼法》角度而言亦更加周延。关于虚假诉讼行为的具体认定，相关司法解释等有较为具体翔实的规定。 **案例参考：《上海某生物科技有限公司诉辽宁某置业发展有限公司企业借贷纠纷案》**① 案例要旨：人民法院审理民事案件中发现存在虚假诉讼可能时，应当依职权调取相关证据，详细询问当事人，全面严格审查诉讼请求与相关证据之间是否存在矛盾，以及当事人在诉讼中的言行是否违背常理。经综合审查判断，当事人存在虚构事实、恶意串通、规避法律或国家政策以谋取非法利益，进行虚假民事诉讼情形的，应当依法予以制裁。 **案例参考：《张某云与朱某民、田某芳第三人撤销诉讼纠纷案》**②	定定罪从重处罚。 司法工作人员利用职权，与他人共同实施前三款行为的，从重处罚；同时构成其他犯罪的，依照处罚较重的规定定罪从重处罚。 **《民事诉讼法解释》** **第190条**　民事诉讼法第一百一十五条规定的他人合法权益，包括案外人的合法权益、国家利益、社会公共利益。 第三人根据民事诉讼法第五十九条第三款规定提起撤销之诉，经审查，原案当事人之间恶意串通进行虚假诉讼的，适用民事诉讼法第一百一十五条规定处理。 **第191条**　单位有民事诉讼法第一百一十五条或者第一百一十六条规定行为的，人民法院应当对该单位进行罚款，并可以对其主要负责人或者直接责任人员予以罚款、拘留；构成犯罪的，依法追究刑事责任。 **第144条**　人民法院审理民事案件，发现当事人之间恶意串通，企图通过和解、调解方式侵害他人合法权益的，应当依照民事诉讼法第一百一十五条的规定处理。

① 参见《最高人民法院关于发布第十四批指导性案例的通知》（指导案例68号），2016年9月19日发布。

② 参见《最高人民法院公报》2018年第6期。

新《民事诉讼法》及解读等	修改前《民事诉讼法》等关联规定
案例要旨：债权人提起第三人撤销之诉，主张债务人与案外人通过另行提起的虚假诉讼获取调解书，并对债务人的财产采取保全措施且不实际执行，损害债权人的合法利益。经人民法院审理，认为债务人与案外人另行提起的民事诉讼属于虚假诉讼的，对于债权人的诉讼请求应当予以支持。	**《最高人民法院、最高人民检察院关于办理虚假诉讼刑事案件适用法律若干问题的解释》** **第1条** 采取伪造证据、虚假陈述等手段，实施下列行为之一，捏造民事法律关系，虚构民事纠纷，向人民法院提起民事诉讼的，应当认定为刑法第三百零七条之一第一款规定的“以捏造的事实提起民事诉讼”： （一）与夫妻一方恶意串通，捏造夫妻共同债务的； （二）与他人恶意串通，捏造债权债务关系和以物抵债协议的； （三）与公司、企业的法定代表人、董事、监事、经理或者其他管理人员恶意串通，捏造公司、企业债务或者担保义务的； （四）捏造知识产权侵权关系或者不正当竞争关系的； （五）在破产案件审理过程中申报捏造的债权的； （六）与被执行人恶意串通，捏造债权或者对查封、扣押、冻结财产的优先权、担保物权的； （七）单方或者与他人恶意串通，捏造身份、合同、侵权、继承等民事法律关系的其他行为。 隐瞒债务已经全部清偿的事实，向人民法院提起民事诉讼，要求他

新《民事诉讼法》及解读等	修改前《民事诉讼法》等关联规定
	人履行债务的，以“以捏造的事实提起民事诉讼”论。 向人民法院申请执行基于捏造的事实作出的仲裁裁决、公证债权文书，或者在民事执行过程中以捏造的事实对执行标的提出异议、申请参与执行财产分配的，属于刑法第三百零七条之一第一款规定的“以捏造的事实提起民事诉讼”。 **第2条** 以捏造的事实提起民事诉讼，有下列情形之一的，应当认定为刑法第三百零七条之一第一款规定的“妨害司法秩序或者严重侵害他人合法权益”： （一）致使人民法院基于捏造的事实采取财产保全或者行为保全措施的； （二）致使人民法院开庭审理，干扰正常司法活动的； （三）致使人民法院基于捏造的事实作出裁判文书、制作财产分配方案，或者立案执行基于捏造的事实作出的仲裁裁决、公证债权文书的； （四）多次以捏造的事实提起民事诉讼的； （五）曾因以捏造的事实提起民事诉讼被采取民事诉讼强制措施或者受过刑事追究的；

新《民事诉讼法》及解读等	修改前《民事诉讼法》等关联规定
	（六）其他妨害司法秩序或者严重侵害他人合法权益的情形。 **第3条** 以捏造的事实提起民事诉讼，有下列情形之一的，应当认定为刑法第三百零七条之一第一款规定的“情节严重”： （一）有本解释第二条第一项情形，造成他人经济损失一百万元以上的； （二）有本解释第二条第二项至第四项情形之一，严重干扰正常司法活动或者严重损害司法公信力的； （三）致使义务人自动履行生效裁判文书确定的财产给付义务或者人民法院强制执行财产权益，数额达到一百万元以上的； （四）致使他人债权无法实现，数额达到一百万元以上的； （五）非法占有他人财产，数额达到十万元以上的； （六）致使他人因为不执行人民法院基于捏造的事实作出的判决、裁定，被采取刑事拘留、逮捕措施或者受到刑事追究的； （七）其他情节严重的情形。 **《防范制裁虚假诉讼意见》** 1. 虚假诉讼一般包含以下要素：(1) 以规避法律、法规或国家政策谋取非法利益为目的；(2) 双

新《民事诉讼法》及解读等	修改前《民事诉讼法》等关联规定
	方当事人存在恶意串通；（3）虚构事实；（4）借用合法的民事程序；（5）侵害国家利益、社会公共利益或者案外人的合法权益。 2. 实践中，要特别注意以下情形：（1）当事人为夫妻、朋友等亲近关系或者关联企业等共同利益关系；（2）原告诉请司法保护的标的额与其自身经济状况严重不符；（3）原告起诉所依据的事实和理由明显不符合常理；（4）当事人双方无实质性民事权益争议；（5）案件证据不足，但双方仍然主动迅速达成调解协议，并请求人民法院出具调解书。 7. 要加强对调解协议的审查力度。对双方主动达成调解协议并申请人民法院出具调解书的，应当结合案件基础事实，注重审查调解协议是否损害国家利益、社会公共利益或者案外人的合法权益；对人民调解协议司法确认案件，要按照民事诉讼法司法解释要求，注重审查基础法律关系的真实性。 8. 在执行公证债权文书和仲裁裁决书、调解书等法律文书过程中，对可能存在双方恶意串通、虚构事实的，要加大实质审查力度，注重审查相关法律文书是否损害国家利益、社会公共利益或者案外人的合

新《民事诉讼法》及解读等	修改前《民事诉讼法》等关联规定
	法权益。如果存在上述情形，应当裁定不予执行。必要时，可向仲裁机构或者公证机关发出司法建议。 11. 经查明属于虚假诉讼，原告申请撤诉的，不予准许，并应当根据民事诉讼法第一百一十二条的规定，驳回其请求。 12. 对虚假诉讼参与人，要适度加大罚款、拘留等妨碍民事诉讼强制措施的法律适用力度；虚假诉讼侵害他人民事权益的，虚假诉讼参与人应当承担赔偿责任；虚假诉讼违法行为涉嫌虚假诉讼罪、诈骗罪、合同诈骗罪等刑事犯罪的，民事审判部门应当依法将相关线索和有关案件材料移送侦查机关。 13. 探索建立虚假诉讼失信人名单制度。将虚假诉讼参与人列入失信人名单，逐步开展与现有相关信息平台和社会信用体系接轨工作，加大制裁力度。 15. 诉讼代理人参与虚假诉讼的，要依法予以制裁，并应当向司法行政部门、律师协会或者行业协会发出司法建议。 16. 鉴定机构、鉴定人参与虚假诉讼的，可以根据情节轻重，给予鉴定机构、鉴定人训诫、责令退还鉴定费用、从法院委托鉴定专业机构备选

新《民事诉讼法》及解读等	修改前《民事诉讼法》等关联规定
	名单中除名等制裁，并应当向司法行政部门或者行业协会发出司法建议。 **《最高人民法院关于深入开展虚假诉讼整治工作的意见》** 正文略。
第一百一十六条　【对恶意串通逃避执行行为的司法处罚】 被执行人与他人恶意串通，通过诉讼、仲裁、调解等方式逃避履行法律文书确定的义务的，人民法院应当根据情节轻重予以罚款、拘留；构成犯罪的，依法追究刑事责任。 **解读：** 前条是针对诉讼当事人恶意串通及单方捏造行为的规制，本条则针对被执行人，即对被执行人与他人恶意串通通过诉讼、仲裁、调解等方式逃避履行法律文书确定的义务的行为的规制。本条中的恶意串通，是指被执行人与他人合谋，为了逃避履行法律文书确定的义务而实施的违法行为。根据本条规定，法院对当事人间恶意串通，企图通过诉讼、调解等方式侵害他人合法权益的行为作如下处理：1. 法院应当根据情节轻重予以罚款、拘留。予以罚款、拘留是法院的一项法定义务，由法院根据情节轻重决定。2. 构成犯罪的，依法追究刑事责任。是否构成犯罪要看是否符合《刑法》的规定，追究刑事	**《民事诉讼法》（2021 年修正）** **第 116 条**　被执行人与他人恶意串通，通过诉讼、仲裁、调解等方式逃避履行法律文书确定的义务的，人民法院应当根据情节轻重予以罚款、拘留；构成犯罪的，依法追究刑事责任。 **《刑法》** **第 313 条**　对人民法院的判决、裁定有能力执行而拒不执行，情节严重的，处三年以下有期徒刑、拘役或者罚金；情节特别严重的，处三年以上七年以下有期徒刑，并处罚金。 单位犯前款罪的，对单位判处罚金，并对其直接负责的主管人员和其他直接责任人员，依照前款的规定处罚。 **《最高人民法院关于审理拒不执行判决、裁定刑事案件适用法律若干问题的解释》** **第 2 条**　负有执行义务的人有能力执行而实施下列行为之一的，应当认定为全国人民代表大会常务委员会关于刑法第三百一十三条的

新《民事诉讼法》及解读等	修改前《民事诉讼法》等关联规定
责任要依法进行。	解释中规定的“其他有能力执行而拒不执行，情节严重的情形”： …… （四）与他人串通，通过虚假诉讼、虚假仲裁、虚假和解等方式妨害执行，致使判决、裁定无法执行的； …… **其他关联规定参见前条原《民事诉讼法》等关联规定内容**
第一百一十七条　【不履行协助调查或执行义务的单位的规制】 有义务协助调查、执行的单位有下列行为之一的，人民法院除责令其履行协助义务外，并可以予以罚款： （一）有关单位拒绝或者妨碍人民法院调查取证的； （二）有关单位接到人民法院协助执行通知书后，拒不协助查询、扣押、冻结、划拨、变价财产的； （三）有关单位接到人民法院协助执行通知书后，拒不协助扣留被执行人的收入、办理有关财产权证照转移手续、转交有关票证、证照或者其他财产的； （四）其他拒绝协助执行的。 人民法院对有前款规定的行为之一的单位，可以对其主要负责人或者直接责任人员予以罚款；对仍不履行协助义务的，可以予以拘留；	**《民事诉讼法》（2021 年修正）** **第 117 条**　有义务协助调查、执行的单位有下列行为之一的，人民法院除责令其履行协助义务外，并可以予以罚款： （一）有关单位拒绝或者妨碍人民法院调查取证的； （二）有关单位接到人民法院协助执行通知书后，拒不协助查询、扣押、冻结、划拨、变价财产的； （三）有关单位接到人民法院协助执行通知书后，拒不协助扣留被执行人的收入、办理有关财产权证照转移手续、转交有关票证、证照或者其他财产的； （四）其他拒绝协助执行的。 人民法院对有前款规定的行为之一的单位，可以对其主要负责人或者直接责任人员予以罚款；对仍不履行协助义务的，可以予以拘留；

新《民事诉讼法》及解读等	修改前《民事诉讼法》等关联规定
并可以向监察机关或者有关机关提出予以纪律处分的司法建议。 **解读：**调查取证和采取一定强制执行措施系人民法院的一项法定权利，协助调查与执行也当然是有关单位的一项法定义务。法院有权向有关单位和个人调查取证，有关单位和个人不得拒绝。法院决定扣押、冻结、划拨、变价财产等应作出裁定，并发出协助通知书，有关单位必须办理。有关单位不协助调查、不协助执行法定义务的主要表现即本条第1款规定的四种情形。根据本条的规定，有义务协助调查、执行的单位有下列行为之一项的，法院除责令其履行协助义务外，并可以予以罚款。就是说，一方面，必须履行自己的法定义务；另一方面，还要承担罚款的责任。此两项可以合并承担，而是否处以罚款，决定权在法院。此外，根据本条第2款规定，法院对有前款规定的行为之一的单位，可以对其主要负责人或者直接责任人员予以罚款；对仍不履行协助义务的，可以予以拘留；并可以向监察机关或者有关机关提出予以纪律处分的司法建议。对此需注意，主要负责人或直接责任人员承担责任有一定的顺序：首先	并可以向监察机关或者有关机关提出予以纪律处分的司法建议。 **《民事诉讼法解释》** **第192条**　有关单位接到人民法院协助执行通知书后，有下列行为之一的，人民法院可以适用民事诉讼法第一百一十七条规定处理： （一）允许被执行人高消费的； （二）允许被执行人出境的； （三）拒不停止办理有关财产权证照转移手续、权属变更登记、规划审批等手续的； （四）以需要内部请示、内部审批，有内部规定等为由拖延办理的。 **《最高人民法院关于审理利用信息网络侵害人身权益民事纠纷案件适用法律若干问题的规定》** **第3条**　原告起诉网络服务提供者，网络服务提供者以涉嫌侵权的信息系网络用户发布为由抗辩的，人民法院可以根据原告的请求及案件的具体情况，责令网络服务提供者向人民法院提供能够确定涉嫌侵权的网络用户的姓名（名称）、联系方式、网络地址等信息。 网络服务提供者无正当理由拒不提供的，人民法院可以依据民事诉讼法第一百一十四条的规定对网络服务提供者采取处罚等措施。

新《民事诉讼法》及解读等	修改前《民事诉讼法》等关联规定
为罚款，只有在罚款后仍然不履行协助义务的方才可拘留。	原告根据网络服务提供者提供的信息请求追加网络用户为被告的，人民法院应予准许。
第一百一十八条　【罚款金额与拘留期限】对个人的罚款金额，为人民币十万元以下。对单位的罚款金额，为人民币五万元以上一百万元以下。 拘留的期限，为十五日以下。 被拘留的人，由人民法院交公安机关看管。在拘留期间，被拘留人承认并改正错误的，人民法院可以决定提前解除拘留。 **解读：**本条是关于罚款金额与拘留期限的规定。就罚款金额而言，按照个人和单位两种情况作出规定：对个人的罚款数额为人民币10万元以下，其中10万元以下包括10万元本数；对单位的罚款数额，为人民币5万元以上100万元以下，5万元和100万元也均包括本数在内。对个人、单位具体罚款数额的确定，由人民法院根据案件的具体情况在法定范围内且以能够满足惩罚需要为目的作出决定。就拘留期限而言，本条规定为15日以下，这里的15日以下也包括15日本身。至于具体时间，由法院根据案件的具体情况在法定范围内且以能够满足惩罚需	**《民事诉讼法》（2021年修正）** **第118条**　对个人的罚款金额，为人民币十万元以下。对单位的罚款金额，为人民币五万元以上一百万元以下。 拘留的期限，为十五日以下。 被拘留的人，由人民法院交公安机关看管。在拘留期间，被拘留人承认并改正错误的，人民法院可以决定提前解除拘留。 **《民法典》** **第1259条**　民法所称的"以上"、"以下"、"以内"、"届满"，包括本数；所称的"不满"、"超过"、"以外"，不包括本数。 **《民事诉讼法解释》** **第182条**　被拘留人在拘留期间认错悔改的，可以责令其具结悔过，提前解除拘留。提前解除拘留，应报经院长批准，并作出提前解除拘留决定书，交负责看管的公安机关执行。 **第183条**　民事诉讼法第一百一十三条至第一百一十六条规定的罚款、拘留可以单独适用，也可以合并适用。

新《民事诉讼法》及解读等	修改前《民事诉讼法》等关联规定
要为目的作出具体的决定。需注意，拘留本身并不是目的，基于惩处教育的原则，在拘留期间，被拘留人承认并改正错误的，法院可以决定提前解除拘留。需注意，这里是“可以”而非“必须”。	**第184条** 对同一妨害民事诉讼行为的罚款、拘留不得连续适用。发生新的妨害民事诉讼行为的，人民法院可以重新予以罚款、拘留。 **第193条** 人民法院对个人或者单位采取罚款措施时，应当根据其实施妨害民事诉讼行为的性质、情节、后果，当地的经济发展水平，以及诉讼标的额等因素，在民事诉讼法第一百一十八条第一款规定的限额内确定相应的罚款金额。
第一百一十九条 【拘传、罚款、拘留强制措施的程序要求】 拘传、罚款、拘留必须经院长批准。 拘传应当发拘传票。 罚款、拘留应当用决定书。对决定不服的，可以向上一级人民法院申请复议一次。复议期间不停止执行。 **解读：** 拘传、罚款、拘留三种强制措施属于较为严厉的惩罚措施，涉及当事人人身权、财产权的剥夺，对当事人权益和社会影响较大，为此需遵守严格的法律程序。本条规定必须经过法院院长的批准才可采取，且需采用特定形式而不能为口头，即拘传应发拘传票，罚款、拘留应用决定书。此外，为维护当事人的合法权益，《民事诉讼法》赋予	**《民事诉讼法》(2021年修正)** **第119条** 拘传、罚款、拘留必须经院长批准。 拘传应当发拘传票。 罚款、拘留应当用决定书。对决定不服的，可以向上一级人民法院申请复议一次。复议期间不停止执行。 **《民事诉讼法解释》** **第178条** 人民法院依照民事诉讼法第一百一十三条至第一百一十七条的规定采取拘留措施的，应经院长批准，作出拘留决定书，由司法警察将被拘留人送交当地公安机关看管。 **第179条** 被拘留人不在本辖区的，作出拘留决定的人民法院应当派员到被拘留人所在地的人民法院，请该院协助执行，受委托的人民

新《民事诉讼法》及解读等	修改前《民事诉讼法》等关联规定
了当事人罚款、拘留措施的复议权，即当事人对法院决定不服的，可以向上一级法院申请复议一次，但复议期间不停止执行。需注意，此处所称的复议法院为“上一级人民法院”，即只能向比作出决定法院高一级法院提出复议而不能越级复议。	法院应当及时派员协助执行。被拘留人申请复议或者在拘留期间承认并改正错误，需要提前解除拘留的，受委托人民法院应当向委托人民法院转达或者提出建议，由委托人民法院审查决定。 **第180条** 人民法院对被拘留人采取拘留措施后，应当在二十四小时内通知其家属；确实无法按时通知或者通知不到的，应当记录在案。 **第181条** 因哄闹、冲击法庭，用暴力、威胁等方法抗拒执行公务等紧急情况，必须立即采取拘留措施的，可在拘留后，立即报告院长补办批准手续。院长认为拘留不当的，应当解除拘留。 **第182条** 被拘留人在拘留期间认错悔改的，可以责令其具结悔过，提前解除拘留。提前解除拘留，应报经院长批准，并作出提前解除拘留决定书，交负责看管的公安机关执行。 **第183条** 民事诉讼法第一百一十三条至第一百一十六条规定的罚款、拘留可以单独适用，也可以合并适用。 **第184条** 对同一妨害民事诉讼行为的罚款、拘留不得连续适用。发生新的妨害民事诉讼行为的，人民

新《民事诉讼法》及解读等	修改前《民事诉讼法》等关联规定
	法院可以重新予以罚款、拘留。 **第185条**　被罚款、拘留的人不服罚款、拘留决定申请复议的，应当自收到决定书之日起三日内提出。上级人民法院应当在收到复议申请后五日内作出决定，并将复议结果通知下级人民法院和当事人。 **第186条**　上级人民法院复议时认为强制措施不当的，应当制作决定书，撤销或者变更下级人民法院作出的拘留、罚款决定。情况紧急的，可以在口头通知后三日内发出决定书。
第一百二十条　【强制措施决定权】采取对妨害民事诉讼的强制措施必须由人民法院决定。任何单位和个人采取非法拘禁他人或者非法私自扣押他人财产追索债务的，应当依法追究刑事责任，或者予以拘留、罚款。 **解读：**本条中的妨害民事诉讼的强制措施，是指本章所规定的强制措施，即拘传、罚款、拘留。基于保护当事人合法权益的需要，上述强制措施必须由法院作出决定，其他任何单位和个人均不得采取非法拘禁他人或者非法私自扣押他人财产。换而言之，这意味着民事诉讼中的强制措施必须由法院依法作	**《宪法》** **第37条**　中华人民共和国公民的人身自由不受侵犯。 任何公民，非经人民检察院批准或者决定或者人民法院决定，并由公安机关执行，不受逮捕。 禁止非法拘禁和以其他方法非法剥夺或者限制公民的人身自由，禁止非法搜查公民的身体。 **《民事诉讼法》（2021年修正）** **第120条**　采取对妨害民事诉讼的强制措施必须由人民法院决定。任何单位和个人采取非法拘禁他人或者非法私自扣押他人财产追索债务的，应当依法追究刑事责任，或者予以拘留、罚款。

新《民事诉讼法》及解读等	修改前《民事诉讼法》等关联规定
出决定，其他任何单位和个人，如果为索取债务，非法扣押、拘禁他人，或者私自扣押债务人的财产，构成妨害民事诉讼的行为。该种行为触犯《刑法》，构成犯罪的，可以依照《刑法》关于非法拘禁他人罪的规定处理。使用暴力致人伤残、死亡的，依照故意伤害罪和故意杀人罪的规定定罪处罚。不够刑事处罚的，法院可以予以罚款、拘留。	《刑法》 **第238条**　非法拘禁他人或者以其他方法非法剥夺他人人身自由的，处三年以下有期徒刑、拘役、管制或者剥夺政治权利。具有殴打、侮辱情节的，从重处罚。 犯前款罪，致人重伤的，处三年以上十年以下有期徒刑；致人死亡的，处十年以上有期徒刑。使用暴力致人伤残、死亡的，依照本法第二百三十四条、第二百三十二条的规定定罪处罚。 为索取债务非法扣押、拘禁他人的，依照前两款的规定处罚。 国家机关工作人员利用职权犯前三款罪的，依照前三款的规定从重处罚。
第十一章　诉讼费用	
第一百二十一条　【诉讼费用种类与交纳】当事人进行民事诉讼，应当按照规定交纳案件受理费。财产案件除交纳案件受理费外，并按照规定交纳其他诉讼费用。 当事人交纳诉讼费用确有困难的，可以按照规定向人民法院申请缓交、减交或者免交。 收取诉讼费用的办法另行制定。	《民事诉讼法》（2021年修正） **第121条**　当事人进行民事诉讼，应当按照规定交纳案件受理费。财产案件除交纳案件受理费外，并按照规定交纳其他诉讼费用。 当事人交纳诉讼费用确有困难的，可以按照规定向人民法院申请缓交、减交或者免交。 收取诉讼费用的办法另行制定。

新《民事诉讼法》及解读等	修改前《民事诉讼法》等关联规定
解读：本条规定的诉讼费用包括案件受理费以及其他诉讼费用。案件受理费，是指原告起诉，法院受理该案件时，由原告向法院交纳的费用。其又分两种类型：一是非财产案件受理费，二是财产案件受理费。如果案件的诉讼标的既涉及非财产性质，又涉及财产性质时，则要按规定分别交纳两种案件受理费。《诉讼费用交纳办法》对不同类型的案件受理费计算等作了较为详细的规定，不再赘述。其他诉讼费用，主要是指法院在审理民事案件过程中实际支出的，应当由当事人支付的费用。根据《诉讼费用交纳办法》第6条的规定可知，其他诉讼费用包括申请费以及证人、鉴定人、翻译人员、理算人员在人民法院指定日期出庭发生的交通费、住宿费、生活费和误工补贴等。需注意，案件受理费一般在原告起诉时，由其向法院预交，其他诉讼费用是在案件审结后，再由法院结算并决定由哪方当事人负担。根据本条规定，非财产案件当事人只交纳案件受理费，财产案件当事人除交纳案件受理费外，还要交纳其他诉讼费用。案件受理费一般由败诉一方当事人负担，这是一般原则。但由	**《民事诉讼法解释》** **第194条**　依照民事诉讼法第五十七条审理的案件不预交案件受理费，结案后按照诉讼标的额由败诉方交纳。 **第195条**　支付令失效后转入诉讼程序的，债权人应当按照《诉讼费用交纳办法》补交案件受理费。 支付令被撤销后，债权人另行起诉的，按照《诉讼费用交纳办法》交纳诉讼费用。 **第196条**　人民法院改变原判决、裁定、调解结果的，应当在裁判文书中对原审诉讼费用的负担一并作出处理。 **第197条**　诉讼标的物是证券的，按照证券交易规则并根据当事人起诉之日前最后一个交易日的收盘价、当日的市场价或者其载明的金额计算诉讼标的金额。 **第198条**　诉讼标的物是房屋、土地、林木、车辆、船舶、文物等特定物或者知识产权，起诉时价值难以确定的，人民法院应当向原告释明主张过高或者过低的诉讼风险，以原告主张的价值确定诉讼标的金额。 **第199条**　适用简易程序审理的案件转为普通程序的，原告自接到

新《民事诉讼法》及解读等	修改前《民事诉讼法》等关联规定
于案件不同，诉讼费用负担亦应不同。在部分胜诉部分败诉的情况下可以按比例负担；有的由原告负担，如判决驳回起诉；有的协商负担，如调解结案的就由双方当事人协商负担；有的由法院决定负担，如离婚案件不好说谁对谁错、谁胜谁败，可由法院决定负担主体等。此外，关于诉讼费用的缓交、减交和免交，是指依照法律规定应当交纳诉讼费用的当事人，因经济上确有困难，无力负担或者暂时无力交付时，经当事人申请，由人民法院决定缓交、减交和免交的制度。《诉讼费用交纳办法》对此亦作出具体规定。需注意，诉讼费用的免交只适用于自然人。 **案例参考：《芦某喜与安阳市某房地产开发有限公司赔偿逾期交工损失纠纷案》**① 案例要旨：当事人不服人民法院对于诉讼费用负担的决定，可以依照有关法律法规向人民法院申请复核，但不得单独对人民法院关于诉讼费用的决定提起上诉。当事人在二审或者再审程序中提出变更诉讼	人民法院交纳诉讼费用通知之日起七日内补交案件受理费。 原告无正当理由未按期足额补交的，按撤诉处理，已经收取的诉讼费用退还一半。 **第200条** 破产程序中有关债务人的民事诉讼案件，按照财产案件标准交纳诉讼费，但劳动争议案件除外。 **第201条** 既有财产性诉讼请求，又有非财产性诉讼请求的，按照财产性诉讼请求的标准交纳诉讼费。 有多个财产性诉讼请求的，合并计算交纳诉讼费；诉讼请求中有多个非财产性诉讼请求的，按一件交纳诉讼费。 **第202条** 原告、被告、第三人分别上诉的，按照上诉请求分别预交二审案件受理费。 同一方多人共同上诉的，只预交一份二审案件受理费；分别上诉的，按照上诉请求分别预交二审案件受理费。 **第203条** 承担连带责任的当事人败诉的，应当共同负担诉讼费用。

① 参见最高人民法院审判监督庭编：《审判监督指导·总第48辑》（2014年第2辑），人民法院出版社2014年版。

新《民事诉讼法》及解读等	修改前《民事诉讼法》等关联规定
费用负担请求的，人民法院可依职权予以审查，决定是否需要变更以及如何变更。	**第204条** 实现担保物权案件，人民法院裁定拍卖、变卖担保财产的，申请费由债务人、担保人负担；人民法院裁定驳回申请的，申请费由申请人负担。 申请人另行起诉的，其已经交纳的申请费可以从案件受理费中扣除。 **第205条** 拍卖、变卖担保财产的裁定作出后，人民法院强制执行的，按照执行金额收取执行申请费。 **第206条** 人民法院决定减半收取案件受理费的，只能减半一次。 **第207条** 判决生效后，胜诉方预交但不应负担的诉讼费用，人民法院应当退还，由败诉方向人民法院交纳，但胜诉方自愿承担或者同意败诉方直接向其支付的除外。 当事人拒不交纳诉讼费用的，人民法院可以强制执行。 **第213条** 原告应当预交而未预交案件受理费，人民法院应当通知其预交，通知后仍不预交或者申请减、缓、免未获批准而仍不预交的，裁定按撤诉处理。 **《诉讼费用交纳办法》** 正文略。

新《民事诉讼法》及解读等	修改前《民事诉讼法》等关联规定
第二编　审判程序	
第十二章　第一审普通程序	
第一节　起诉和受理	
第一百二十二条　【起诉条件】起诉必须符合下列条件： （一）原告是与本案有直接利害关系的公民、法人和其他组织； （二）有明确的被告； （三）有具体的诉讼请求和事实、理由； （四）属于人民法院受理民事诉讼的范围和受诉人民法院管辖。 **解读：**民事诉讼中的起诉，是指公民、法人和其他民事主体认为自己的合法权益受到侵害，或者与他人发生民事争议，而以自己名义向法院提起诉讼，请求予以司法保护并依法作出裁判的行为。没有当事人的起诉，法院不能主动审理民事案件。根据本条规定，起诉的条件主要包括以下四个：1. 原告是与本案有直接利害关系的公民、法人和其他组织。所谓“与本案有直接利害关系”，是指请求法院保护的民事权益必须是属于自己享有的或是依法由自己管理、支配的。2. 有明确的被告。此处的“明确”即根据原告的起诉可将被告特定化。对于被告是明确的，但下落不明或知其	**《民事诉讼法》（2021 年修正）** **第 122 条**　起诉必须符合下列条件： （一）原告是与本案有直接利害关系的公民、法人和其他组织； （二）有明确的被告； （三）有具体的诉讼请求和事实、理由； （四）属于人民法院受理民事诉讼的范围和受诉人民法院管辖。 **第 127 条**　人民法院对下列起诉，分别情形，予以处理： （一）依照行政诉讼法的规定，属于行政诉讼受案范围的，告知原告提起行政诉讼； （二）依照法律规定，双方当事人达成书面仲裁协议申请仲裁、不得向人民法院起诉的，告知原告向仲裁机构申请仲裁； （三）依照法律规定，应当由其他机关处理的争议，告知原告向有关机关申请解决； （四）对不属于本院管辖的案件，告知原告向有管辖权的人民法院起诉； （五）对判决、裁定、调解书已

新《民事诉讼法》及解读等	修改前《民事诉讼法》等关联规定
下落却无法具体联系的，法院仍应受理。3. 有具体的诉讼请求和事实、理由。诉讼请求，是指原告通过法院在诉讼中对被告提出的实体权利请求。诉讼请求须具体，只有这样，法院才能进行具体审理并判定该请求是否应予以支持。此外，起诉亦应基于一定的事实和理由。事实，是指双方当事人之间法律关系发生、变更、消灭的事实，民事权益受到侵害或者发生争执的事实。理由，包括事实上的理由与法律上的理由。4. 属于法院受理民事诉讼的范围和受诉法院管辖。这一点是民事诉讼主管和管辖制度的应有之义。值得注意的是，符合起诉条件并不意味着法院一定会进行立案，以往法院还需进行审查。值得注意的是，为充分保障当事人诉权，切实解决人民群众反映的“立案难”问题，最高人民法院于2015年改革法院案件受理制度，变立案审查制为立案登记制，即对符合《民事诉讼法》本条的规定，且不属于《民事诉讼法》不予受理情形的，应登记立案；对当场不能判定是否符合起诉条件的，应当接收起诉材料，并出具注明收到日期的书面凭证。“立案登记制”的确立，对强化民众诉权保护有着重要意义。	经发生法律效力的案件，当事人又起诉的，告知原告申请再审，但人民法院准许撤诉的裁定除外； （六）依照法律规定，在一定期限内不得起诉的案件，在不得起诉的期限内起诉的，不予受理； （七）判决不准离婚和调解和好的离婚案件，判决、调解维持收养关系的案件，没有新情况、新理由，原告在六个月内又起诉的，不予受理。 **《民事诉讼法解释》** **第208条** 人民法院接到当事人提交的民事起诉状时，对符合民事诉讼法第一百二十二条的规定，且不属于第一百二十七条规定情形的，应当登记立案；对当场不能判定是否符合起诉条件的，应当接收起诉材料，并出具注明收到日期的书面凭证。 需要补充必要相关材料的，人民法院应当及时告知当事人。在补齐相关材料后，应当在七日内决定是否立案。 立案后发现不符合起诉条件或者属于民事诉讼法第一百二十七条规定情形的，裁定驳回起诉。 **第211条** 对本院没有管辖权的案件，告知原告向有管辖权的人民法院起诉；原告坚持起诉的，裁

新《民事诉讼法》及解读等	修改前《民事诉讼法》等关联规定
案例参考：《李某滨与李某峰财产损害赔偿纠纷支持起诉案》① 案例要旨：因监护人侵害智力残疾的被监护人财产权，智力残疾人诉请赔偿损失存在障碍而请求支持起诉的，检察机关可以围绕法定起诉条件协助其收集证据，为其起诉维权提供帮助。在支持起诉程序中，检察机关应当依法履行支持起诉职能，保障当事人平等地行使诉权。	定不予受理；立案后发现本院没有管辖权的，应当将案件移送有管辖权的人民法院。 **最高人民法院《关于人民法院推行立案登记制改革的意见》** **二、登记立案范围** 有下列情形之一的，应当登记立案： （一）与本案有直接利害关系的公民、法人和其他组织提起的民事诉讼，有明确的被告、具体的诉讼请求和事实依据，属于人民法院主管和受诉人民法院管辖的； （二）行政行为的相对人以及其他与行政行为有利害关系的公民、法人或者其他组织提起的行政诉讼，有明确的被告、具体的诉讼请求和事实根据，属于人民法院受案范围和受诉人民法院管辖的； （三）属于告诉才处理的案件，被害人有证据证明的轻微刑事案件，以及被害人有证据证明应当追究被告人刑事责任而公安机关、人民检察院不予追究的案件，被害人告诉，且有明确的被告人、具体的诉讼请求和证明被告人犯罪事实的证据，属

① 参见《最高人民检察院第三十一批指导性案例》（检例第122号），2021年11月29日发布。

新《民事诉讼法》及解读等	修改前《民事诉讼法》等关联规定
	于受诉人民法院管辖的； （四）生效法律文书有给付内容且执行标的和被执行人明确，权利人或其继承人、权利承受人在法定期限内提出申请，属于受申请人民法院管辖的； （五）赔偿请求人向作为赔偿义务机关的人民法院提出申请，对人民法院、人民检察院、公安机关等作出的赔偿、复议决定或者对逾期不作为不服，提出赔偿申请的。 有下列情形之一的，不予登记立案： （一）违法起诉或者不符合法定起诉条件的； （二）诉讼已经终结的； （三）涉及危害国家主权和领土完整、危害国家安全、破坏国家统一和民族团结、破坏国家宗教政策的； （四）其他不属于人民法院主管的所诉事项。 **《立案登记规定》** **第1条**　人民法院对依法应该受理的一审民事起诉、行政起诉和刑事自诉，实行立案登记制。

新《民事诉讼法》及解读等	修改前《民事诉讼法》等关联规定
第一百二十三条 【起诉方式】起诉应当向人民法院递交起诉状，并按照被告人数提出副本。 书写起诉状确有困难的，可以口头起诉，由人民法院记入笔录，并告知对方当事人。 **解读：**起诉应以一定形式向法院提出，根据本条规定，起诉有两种方式：一是书面方式，此为主要方式；二是口头方式，此种方式只有在起诉人“书写起诉状确有困难的”情况下，才可以允许原告口头起诉。“书写起诉状确有困难”，主要是指原告本人因文化水平或法律知识等不足导致自行书写起诉状确有困难。当然，起诉人无诉讼行为能力，同时其法定代理人有上述困难情形的，也属其中。需注意，针对口头起诉的，法院应记入笔录，笔录由起诉人签名或盖章，与起诉状具有同等效力。法院既可以将抄录的原告口诉笔录送给被告，也可以将原告口诉的主要内容口头告知被告。此外，原告递交起诉状，应按被告人数递交相应份数的起诉状副本，以便在法院决定受理后由法院送达被告。起诉状副本，即与起诉状内容相同的文本，是相对于递交法院的诉状而言的，副本可以打印、复印，也可以抄写。	**《民事诉讼法》(2021年修正)** **第123条** 起诉应当向人民法院递交起诉状，并按照被告人数提出副本。 书写起诉状确有困难的，可以口头起诉，由人民法院记入笔录，并告知对方当事人。 **《立案登记规定》** **第1条** 人民法院对依法应该受理的一审民事起诉、行政起诉和刑事自诉，实行立案登记制。 **第2条** 对起诉、自诉，人民法院应当一律接收诉状，出具书面凭证并注明收到日期。 对符合法律规定的起诉、自诉，人民法院应当当场予以登记立案。 对不符合法律规定的起诉、自诉，人民法院应当予以释明。 **第3条** 人民法院应当提供诉状样本，为当事人书写诉状提供示范和指引。 当事人书写诉状确有困难的，可以口头提出，由人民法院记入笔录。符合法律规定的，予以登记立案。

新《民事诉讼法》及解读等	修改前《民事诉讼法》等关联规定
第一百二十四条 【起诉状】 起诉状应当记明下列事项： （一）原告的姓名、性别、年龄、民族、职业、工作单位、住所、联系方式，法人或者其他组织的名称、住所和法定代表人或者主要负责人的姓名、职务、联系方式； （二）被告的姓名、性别、工作单位、住所等信息，法人或者其他组织的名称、住所等信息； （三）诉讼请求和所根据的事实与理由； （四）证据和证据来源，证人姓名和住所。 **解读：**起诉状是提起诉讼的根据，在民事诉讼进程中具有重要作用，为此需对起诉状内容或者说载明事项进行必要规范。根据本条规定，起诉状需载明以下三项内容：一是当事人的基本情况，具体根据自然人、法人或者其他组织的不同而有差异。需注意，在起诉状当事人基本情况中需区分原、被告分别处理。先列明原告事项，再列明被告基本事项。与原告基本事项不同的是，本条并未要求记明被告“联系方式”，这主要在于提交起诉状的原告并不必然准确掌握被告联系方式，只要能够提供其他足以确定被	**《民事诉讼法》（2021 年修正）** **第 124 条** 起诉状应当记明下列事项： （一）原告的姓名、性别、年龄、民族、职业、工作单位、住所、联系方式，法人或者其他组织的名称、住所和法定代表人或者主要负责人的姓名、职务、联系方式； （二）被告的姓名、性别、工作单位、住所等信息，法人或者其他组织的名称、住所等信息； （三）诉讼请求和所根据的事实与理由； （四）证据和证据来源，证人姓名和住所。 **《民事诉讼法解释》** **第 209 条** 原告提供被告的姓名或者名称、住所等信息具体明确，足以使被告与他人相区别的，可以认定为有明确的被告。 起诉状列写被告信息不足以认定明确的被告的，人民法院可以告知原告补正。原告补正后仍不能确定明确的被告的，人民法院裁定不予受理。 **第 210 条** 原告在起诉状中有谩骂和人身攻击之辞的，人民法院应当告知其修改后提起诉讼。

新《民事诉讼法》及解读等	修改前《民事诉讼法》等关联规定
告身份的信息，满足前面“有明确的被告”的条件即可。二是诉讼请求和所根据的事实与理由。如前所言，诉讼请求应明确而非模糊表达，事实部分应实事求是，陈述力求确切，理由部分应作出有理有据的论证。三是证据和证据来源，证人姓名和住所。载明证据的来源或者证人姓名、住所，便于法院核实或调查。当然，除上述规定外，起诉状还需原告署名或盖章，并注明起诉日期。委托他人代为诉讼的，还需提交授权委托书。	**第211条** 对本院没有管辖权的案件，告知原告向有管辖权的人民法院起诉；原告坚持起诉的，裁定不予受理；立案后发现本院没有管辖权的，应当将案件移送有管辖权的人民法院。 **《立案登记规定》** **第4条** 民事起诉状应当记明以下事项： （一）原告的姓名、性别、年龄、民族、职业、工作单位、住所、联系方式，法人或者其他组织的名称、住所和法定代表人或者主要负责人的姓名、职务、联系方式； （二）被告的姓名、性别、工作单位、住所等信息，法人或者其他组织的名称、住所等信息； （三）诉讼请求和所根据的事实与理由； （四）证据和证据来源； （五）有证人的，载明证人姓名和住所。 行政起诉状参照民事起诉状书写。 **第6条** 当事人提出起诉、自诉的，应当提交以下材料： （一）起诉人、自诉人是自然人的，提交身份证明复印件；起诉人、自诉人是法人或者其他组织的，提交营业执照或者组织机构代码证

新《民事诉讼法》及解读等	修改前《民事诉讼法》等关联规定
	复印件、法定代表人或者主要负责人身份证明书；法人或者其他组织不能提供组织机构代码的，应当提供组织机构被注销的情况说明； （二）委托起诉或者代为告诉的，应当提交授权委托书、代理人身份证明、代为告诉人身份证明等相关材料； （三）具体明确的足以使被告或者被告人与他人相区别的姓名或者名称、住所等信息； （四）起诉状原本和与被告或者被告人及其他当事人人数相符的副本； （五）与诉请相关的证据或者证明材料。 **第7条**　当事人提交的诉状和材料不符合要求的，人民法院应当一次性书面告知在指定期限内补正。 当事人在指定期限内补正的，人民法院决定是否立案的期间，自收到补正材料之日起计算。 当事人在指定期限内没有补正的，退回诉状并记录在册；坚持起诉、自诉的，裁定或者决定不予受理、不予立案。 经补正仍不符合要求的，裁定或者决定不予受理、不予立案。

新《民事诉讼法》及解读等	修改前《民事诉讼法》等关联规定
第一百二十五条 【先行调解】 当事人起诉到人民法院的民事纠纷，适宜调解的，先行调解，但当事人拒绝调解的除外。 **解读：** 作为矛盾纠纷解决重要机制之一的调解制度，具有解决纠纷的独特优势。需注意，本条规定的先行调解与诉讼中调解存在差异。诉讼中调解，是指在民事诉讼中，双方当事人在法院审判人员的主持和协调下，就民事争议自愿协商，达成协议从而解决纠纷。先行调解虽与诉讼中调解同属于法院调解，但仍有一定区别。一方面，调解时间不同。先行调解是在当事人起诉后、法院开庭审理前进行的调解，而诉讼中调解则贯穿于法院审判的全过程。另一方面，理论基础不同。先行调解体现了适当的"调审分离"的原则，它是在将调解程序与审判程序相分离的基础上将调解程序前置。而诉讼中调解则体现了"调审合一"的原则，诉讼中的调解融于诉讼程序之中。就先行调解的适用范围而言，主要针对法院立案前或者立案后不久的调解。案件受理之后尚未开庭审理前，法院仍可调解。而先行调解的适用条件为两个：一是法院认为"适宜调解"。	**《民事诉讼法》（2021 年修正）** **第 125 条** 当事人起诉到人民法院的民事纠纷，适宜调解的，先行调解，但当事人拒绝调解的除外。

新《民事诉讼法》及解读等	修改前《民事诉讼法》等关联规定
“适宜”的判断标准由法院根据案件的具体情况具体掌握。一般来说，家庭矛盾、邻里纠纷等民间纠纷适宜调解，其他案件如果事实基本清楚、当事人之间争议不大的也“适宜”调解。二是当事人不拒绝。调解的一项基本原则是当事人自愿，若当事人不同意调解：尚未立案的，应依法及时立案；已受理立案的，应依法及时审理判决。 **案例参考：《某银行股份有限公司合肥肥西路支行诉安徽省铜陵市某商贸有限责任公司、安徽省铜陵某实业有限责任公司、安徽省铜陵某贸易有限公司、黄某所、吴某珊票据追索权纠纷案》**① 案例要旨：二审立案后的民商事案件可以适用繁简分流、先行调解、速裁方式，同时还要注重发挥诉讼费的杠杆作用，引导当事人理性诚信诉讼，促使当事人选择适当方式解决纠纷。	
第一百二十六条　【当事人起诉权保障与法院受理立案】人民法院应当保障当事人依照法律规定享有的起诉权利。对符合本法第一百	**《民事诉讼法》（2021 年修正）** **第 126 条**　人民法院应当保障当事人依照法律规定享有的起诉权利。对符合本法第一百二十二条的

① 参见汪晖：《调解、速裁方式在民商事案件二审立案环节的运用》，载《人民司法·案例》2018 年第 17 期。

新《民事诉讼法》及解读等	修改前《民事诉讼法》等关联规定
二十二条的起诉，必须受理。符合起诉条件的，应当在七日内立案，并通知当事人；不符合起诉条件的，应当在七日内作出裁定书，不予受理；原告对裁定不服的，可以提起上诉。 **解读：**本条明确了当事人的起诉权和法院受理程序。起诉权，是指原告依法向法院提起诉讼的权利和被告针对原告请求的事实和法律根据进行答辩的权利。而诉权，是法律赋予当事人进行诉讼的基本权能。诉权具有双重含义，即程序意义上的诉权和实体意义上的诉权。程序意义上的诉权，通常是指起诉权。实体意义上的诉权则指原告对被告的实体上的要求有获得满足的权利，即胜诉权。起诉权是当事人请求诉讼开始的权利，体现的是当事人和法院之间的关系。当事人有权要求法院受理案件，法院有义务受理案件，但是法院不一定能保证原告胜诉。受理是法院基于审判权而实施的职权行为，与原告的起诉构成了对应关系。只有原告的起诉行为与法院的受理行为相结合，诉讼程序才能得以启动。一般而言，立案登记制施行后，对符合《民事诉讼法》第122条规定的四个条件，	起诉，必须受理。符合起诉条件的，应当在七日内立案，并通知当事人；不符合起诉条件的，应当在七日内作出裁定书，不予受理；原告对裁定不服的，可以提起上诉。 **《民事诉讼法解释》** **第208条**　人民法院接到当事人提交的民事起诉状时，对符合民事诉讼法第一百二十二条的规定，且不属于第一百二十七条规定情形的，应当登记立案；对当场不能判定是否符合起诉条件的，应当接收起诉材料，并出具注明收到日期的书面凭证。 需要补充必要相关材料的，人民法院应当及时告知当事人。在补齐相关材料后，应当在七日内决定是否立案。 立案后发现不符合起诉条件或者属于民事诉讼法第一百二十七条规定情形的，裁定驳回起诉。 **第126条**　民事诉讼法第一百二十六条规定的立案期限，因起诉状内容欠缺通知原告补正的，从补正后交人民法院的次日起算。由上级人民法院转交下级人民法院立案的案件，从受诉人民法院收到起诉状的次日起算。

新《民事诉讼法》及解读等	修改前《民事诉讼法》等关联规定
法院无需审查而必须受理。若存在第127条规定情形的，则不予受理。符合起诉条件的，应当在7日内立案，并通知当事人。若起诉状的内容有欠缺或者起诉手续不完备，则应当一次性告知起诉人补正起诉状或者进一步完备起诉手续，当事人按要求补正了起诉状或进一步完备起诉手续的，应受理。对不符合起诉条件的，应当在7日内作出裁定书，不予受理；原告对裁定不服的，可以提起上诉。	**《立案登记规定》** **第1条**　人民法院对依法应该受理的一审民事起诉、行政起诉和刑事自诉，实行立案登记制。 **第2条**　对起诉、自诉，人民法院应当一律接收诉状，出具书面凭证并注明收到日期。 对符合法律规定的起诉、自诉，人民法院应当当场予以登记立案。 对不符合法律规定的起诉、自诉，人民法院应当予以释明。 **第7条**　当事人提交的诉状和材料不符合要求的，人民法院应当一次性书面告知在指定期限内补正。 当事人在指定期限内补正的，人民法院决定是否立案的期间，自收到补正材料之日起计算。 当事人在指定期限内没有补正的，退回诉状并记录在册；坚持起诉、自诉的，裁定或者决定不予受理、不予立案。 经补正仍不符合要求的，裁定或者决定不予受理、不予立案。 **第8条**　对当事人提出的起诉、自诉，人民法院当场不能判定是否符合法律规定的，应当作出以下处理： （一）对民事、行政起诉，应当在收到起诉状之日起七日内决定是否立案；

新《民事诉讼法》及解读等	修改前《民事诉讼法》等关联规定
	（二）对刑事自诉，应当在收到自诉状次日起十五日内决定是否立案； （三）对第三人撤销之诉，应当在收到起诉状之日起三十日内决定是否立案； （四）对执行异议之诉，应当在收到起诉状之日起十五日内决定是否立案。 人民法院在法定期间内不能判定起诉、自诉是否符合法律规定的，应当先行立案。 **第9条** 人民法院对起诉、自诉不予受理或者不予立案的，应当出具书面裁定或者决定，并载明理由。 **第10条** 人民法院对下列起诉、自诉不予登记立案： （一）违法起诉或者不符合法律规定的； （二）涉及危害国家主权和领土完整的； （三）危害国家安全的； （四）破坏国家统一和民族团结的； （五）破坏国家宗教政策的； （六）所诉事项不属于人民法院主管的。

新《民事诉讼法》及解读等	修改前《民事诉讼法》等关联规定
第一百二十七条　【不予受理情形及其处理】人民法院对下列起诉，分别情形，予以处理： （一）依照行政诉讼法的规定，属于行政诉讼受案范围的，告知原告提起行政诉讼； （二）依照法律规定，双方当事人达成书面仲裁协议申请仲裁、不得向人民法院起诉的，告知原告向仲裁机构申请仲裁； （三）依照法律规定，应当由其他机关处理的争议，告知原告向有关机关申请解决； （四）对不属于本院管辖的案件，告知原告向有管辖权的人民法院起诉； （五）对判决、裁定、调解书已经发生法律效力的案件，当事人又起诉的，告知原告申请再审，但人民法院准许撤诉的裁定除外； （六）依照法律规定，在一定期限内不得起诉的案件，在不得起诉的期限内起诉的，不予受理； （七）判决不准离婚和调解和好的离婚案件，判决、调解维持收养关系的案件，没有新情况、新理由，原告在六个月内又起诉的，不予受理。	**《民事诉讼法》（2021年修正）** **第127条**　人民法院对下列起诉，分别情形，予以处理： （一）依照行政诉讼法的规定，属于行政诉讼受案范围的，告知原告提起行政诉讼； （二）依照法律规定，双方当事人达成书面仲裁协议申请仲裁、不得向人民法院起诉的，告知原告向仲裁机构申请仲裁； （三）依照法律规定，应当由其他机关处理的争议，告知原告向有关机关申请解决； （四）对不属于本院管辖的案件，告知原告向有管辖权的人民法院起诉； （五）对判决、裁定、调解书已经发生法律效力的案件，当事人又起诉的，告知原告申请再审，但人民法院准许撤诉的裁定除外； （六）依照法律规定，在一定期限内不得起诉的案件，在不得起诉的期限内起诉的，不予受理； （七）判决不准离婚和调解和好的离婚案件，判决、调解维持收养关系的案件，没有新情况、新理由，原告在六个月内又起诉的，不予受理。

新《民事诉讼法》及解读等	修改前《民事诉讼法》等关联规定
解读：除因不符合《民事诉讼法》第122条规定的起诉条件而不予受理的起诉外，本条还规定了七种不予受理的情形：1. 依照行政诉讼法的规定，属于行政诉讼受案范围的，告知原告提起行政诉讼。这不难理解，因行政案件只能适用行政诉讼程序解决，而不适用民事诉讼程序。2. 依照法律规定，双方当事人达成书面仲裁协议申请仲裁、不得向法院起诉的，告知原告向仲裁机构申请仲裁。基于“或裁或审”原则，对合同纠纷和其他财产权益纠纷，一旦达成仲裁协议，则排除了法院管辖权。除非出现无仲裁协议，或仲裁协议无效，又没有达成新的仲裁协议的，或仲裁裁决被法院撤销等情况。3. 依照法律规定应由其他机关处理的争议，告知原告向有关机关申请解决。向法院诉讼并非一切纠纷的解决渠道，不是所有纠纷都应由司法机关处理。4. 对不属于本院管辖的案件，告知原告向有管辖权的人民法院起诉。这亦不难理解。5. 对判决、裁定、调解书已经发生法律效力的案件，当事人又起诉的，告知原告申请再审，但人民法院准许撤诉的裁定除外。这属于一事不再理原则的体现。	**《民事诉讼法解释》** **第212条** 裁定不予受理、驳回起诉的案件，原告再次起诉，符合起诉条件且不属于民事诉讼法第一百二十七条规定情形的，人民法院应予受理。 **第213条** 原告应当预交而未预交案件受理费，人民法院应当通知其预交，通知后仍不预交或者申请减、缓、免未获批准而仍不预交的，裁定按撤诉处理。 **第214条** 原告撤诉或者人民法院按撤诉处理后，原告以同一诉讼请求再次起诉的，人民法院应予受理。 原告撤诉或者按撤诉处理的离婚案件，没有新情况、新理由，六个月内又起诉的，比照民事诉讼法第一百二十七条第七项的规定不予受理。 **第215条** 依照民事诉讼法第一百二十七条第二项的规定，当事人在书面合同中订有仲裁条款，或者在发生纠纷后达成书面仲裁协议，一方向人民法院起诉的，人民法院应当告知原告向仲裁机构申请仲裁，其坚持起诉的，裁定不予受理，但仲裁条款或者仲裁协议不成立、无效、失效、内容不明确无法执行的除外。

新《民事诉讼法》及解读等	修改前《民事诉讼法》等关联规定
6. 依照法律规定，在一定期限内不得起诉的案件，在不得起诉的期限内起诉的，不予受理。如女方在怀孕期间、分娩后1年内或中止妊娠后6个月内，男方不得提出离婚。 7. 判决不准离婚和调解和好的离婚案件，判决、调解维持收养关系的案件，没有新情况、新理由，原告在6个月内又起诉的，不予受理。对此项情形，若有新情况或新理由，或在判决或调解6个月之后原告起诉符合条件的，则应予受理。 **案例参考：《陕西某电子科技有限责任公司诉陕西某洁具有限责任公司、苏某民及陕西某节能电器有限公司合同纠纷案》**① 案例要旨：裁定驳回起诉解决的是当事人诉权的问题。人民法院仅在当事人起诉缺乏诉的实质构成要件、违反了人民法院主管范围的规定或者一事不再理原则等情形下，不进行实体审理而裁定驳回当事人的起诉。当事人的起诉符合《民事诉讼法》第119条关于立案受理条件的相关规定，不存在应被驳回起诉的法定情形的，即便其主张的法律关系的性质或者民事行为的效力	**第216条** 在人民法院首次开庭前，被告以有书面仲裁协议为由对受理民事案件提出异议的，人民法院应当进行审查。 经审查符合下列情形之一的，人民法院应当裁定驳回起诉： （一）仲裁机构或者人民法院已经确认仲裁协议有效的； （二）当事人没有在仲裁庭首次开庭前对仲裁协议的效力提出异议的； （三）仲裁协议符合仲裁法第十六条规定且不具有仲裁法第十七条规定情形的。 **第217条** 夫妻一方下落不明，另一方诉至人民法院，只要求离婚，不申请宣告下落不明人失踪或者死亡的案件，人民法院应当受理，对下落不明人公告送达诉讼文书。 **第218条** 赡养费、扶养费、抚养费案件，裁判发生法律效力后，因新情况、新理由，一方当事人再行起诉要求增加或者减少费用的，人民法院应作为新案受理。 **第219条** 当事人超过诉讼时效期间起诉的，人民法院应予受理。受理后对方当事人提出诉讼时效抗

① 参见最高人民法院（2019）最高法民再291号民事裁定书，载中国裁判文书网。

新《民事诉讼法》及解读等	修改前《民事诉讼法》等关联规定
与人民法院根据案件事实作出的认定不一致，经人民法院释明，当事人坚持不变更诉讼请求的，法院应就当事人主张的法律关系进行实体审理并作出判决，而非裁定驳回起诉。	辩，人民法院经审理认为抗辩事由成立的，判决驳回原告的诉讼请求。 **第247条** 当事人就已经提起诉讼的事项在诉讼过程中或者裁判生效后再次起诉，同时符合下列条件的，构成重复起诉： （一）后诉与前诉的当事人相同； （二）后诉与前诉的诉讼标的相同； （三）后诉与前诉的诉讼请求相同，或者后诉的诉讼请求实质上否定前诉裁判结果。 当事人重复起诉的，裁定不予受理；已经受理的，裁定驳回起诉，但法律、司法解释另有规定的除外。 **第248条** 裁判发生法律效力后，发生新的事实，当事人再次提起诉讼的，人民法院应当依法受理。 **第249条** 在诉讼中，争议的民事权利义务转移的，不影响当事人的诉讼主体资格和诉讼地位。人民法院作出的发生法律效力的判决、裁定对受让人具有拘束力。 受让人申请以无独立请求权的第三人身份参加诉讼的，人民法院可予准许。受让人申请替代当事人

新《民事诉讼法》及解读等	修改前《民事诉讼法》等关联规定
	承担诉讼的，人民法院可以根据案件的具体情况决定是否准许；不予准许的，可以追加其为无独立请求权的第三人。 **第250条**　依照本解释第二百四十九条规定，人民法院准许受让人替代当事人承担诉讼的，裁定变更当事人。 变更当事人后，诉讼程序以受让人为当事人继续进行，原当事人应当退出诉讼。原当事人已经完成的诉讼行为对受让人具有拘束力。
第二节　审理前的准备	
第一百二十八条　【送达起诉状和提出答辩状】人民法院应当在立案之日起五日内将起诉状副本发送被告，被告应当在收到之日起十五日内提出答辩状。答辩状应当记明被告的姓名、性别、年龄、民族、职业、工作单位、住所、联系方式；法人或者其他组织的名称、住所和法定代表人或者主要负责人的姓名、职务、联系方式。人民法院应当在收到答辩状之日起五日内将答辩状副本发送原告。 被告不提出答辩状的，不影响人民法院审理。 **解读：**答辩是指被告针对原告提出的诉讼请求及事实和理由，予以	**《民事诉讼法》(2021年修正)** **第128条**　人民法院应当在立案之日起五日内将起诉状副本发送被告，被告应当在收到之日起十五日内提出答辩状。答辩状应当记明被告的姓名、性别、年龄、民族、职业、工作单位、住所、联系方式；法人或者其他组织的名称、住所和法定代表人或者主要负责人的姓名、职务、联系方式。人民法院应当在收到答辩状之日起五日内将答辩状副本发送原告。 被告不提出答辩状的，不影响人民法院审理。

新《民事诉讼法》及解读等	修改前《民事诉讼法》等关联规定
回应和答辩的一种诉讼行为。向被告送达起诉状副本和向原告送达答辩状副本，是民事诉讼辩论原则的基本要求。本条明确了送达起诉状、提出答辩状与送达答辩状副本的时间要求，同时规定了答辩状应载明的基本信息等。本条明确，法院应当自收到答辩状之日起5日内将答辩状副本送给原告。被告在15日内不提交答辩状的，不影响被告在以后的诉讼阶段中答辩，也不影响法院对案件的审理。所谓不影响法院审理，意味着法院应继续诉讼程序，而不因此中断诉讼，被告也并不会由于不答辩而遭受诉讼上的不利。这一规定不同于英美法系国家的强制答辩。	
第一百二十九条　【诉讼权利义务告知】人民法院对决定受理的案件，应当在受理案件通知书和应诉通知书中向当事人告知有关的诉讼权利义务，或者口头告知。 **解读：**告知当事人有关诉讼权利义务是审理前准备阶段的一项重要工作，有助于正常顺利开展诉讼。告知方式上，民事诉讼中的权利义务告知可以采用两种方式：一是书面方式，即在受理案件通知书和应诉通知书中，向当事人写明有关的	**《民事诉讼法》（2021年修正）** **第129条**　人民法院对决定受理的案件，应当在受理案件通知书和应诉通知书中向当事人告知有关的诉讼权利义务，或者口头告知。 **《民事诉讼证据规定》** **第50条**　人民法院应当在审理前的准备阶段向当事人送达举证通知书。 举证通知书应当载明举证责任的分配原则和要求、可以向人民法院申请调查收集证据的情形、人民

新《民事诉讼法》及解读等	修改前《民事诉讼法》等关联规定
诉讼权利和义务。受理案件通知书是法院接到原告起诉后，经审查符合起诉条件的，应当在决定立案后，向原告发出决定立案和预交诉讼费的通知书。应诉通知书是法院对原告的起诉决定受理后，应向被告发出的通知书，主要内容包括：原、被告姓名，案由，送达起诉状副本，告知被告按期提出答辩，可以委托诉讼代理人及其他事项。二是口头方式，如果不在通知书中记明，应当在送达通知书的同时，用口头方式告知，以便当事人及时了解诉讼权利和义务。告知内容上，相关权利主要包括当事人有权申请回避，有权委托代理人，有权收集、提供证据，有权辩论、请求调解、提起上诉、申请执行，可以查阅本案有关材料并可以复制本案有关材料和法律文书，原告可以放弃或变更诉讼请求，被告可以承认或反驳诉讼请求、提起反诉等；相关义务主要包括依法行使诉讼权利，遵守诉讼秩序，履行发生法律效力的判决书、裁定书和调解书等。	法院根据案件情况指定的举证期限以及逾期提供证据的法律后果等内容。
第一百三十条 【管辖权异议和应诉管辖】人民法院受理案件后，当事人对管辖权有异议的，应当在提交答辩状期间提出。人民法院对	**《民事诉讼法》（2021 年修正）** **第 130 条** 人民法院受理案件后，当事人对管辖权有异议的，应当在提交答辩状期间提出。人民法院

新《民事诉讼法》及解读等	修改前《民事诉讼法》等关联规定
当事人提出的异议，应当审查。异议成立的，裁定将案件移送有管辖权的人民法院；异议不成立的，裁定驳回。 当事人未提出管辖异议，并应诉答辩**或者提出反诉**的，视为受诉人民法院有管辖权，但违反级别管辖和专属管辖规定的除外。 **解读：**管辖权异议，是指当事人向受诉法院提出的该法院对所受理案件无管辖权的意见和主张。当事人对管辖权提出异议，是当事人的一项诉讼权利。就管辖权异议而言，需注意以下要点：1. 提出管辖权异议权的主体为双方当事人，并不限于被告。如原告对受移送法院的管辖权提出异议，或对被告的反诉提出管辖权异议等，诉讼第三人则不具有管辖异议权。2. 异议的对象既可能是地域管辖，也可能是级别管辖，但只能针对第一审法院管辖权提出，对第二审法院不得提出管辖权异议。3. 管辖权异议时间，应在当事人提交答辩状期间。若未在此期间提出管辖权异议，则发生失权后果。但《民事级别管辖异议规定》第3条属于例外情形。此外，本条第2款明确了应诉管辖，即当事人未提出管辖异议，并应诉答辩或	对当事人提出的异议，应当审查。异议成立的，裁定将案件移送有管辖权的人民法院；异议不成立的，裁定驳回。 当事人未提出管辖异议，并应诉答辩的，视为受诉人民法院有管辖权，但违反级别管辖和专属管辖规定的除外。 **《民事诉讼法解释》** **第223条** 当事人在提交答辩状期间提出管辖异议，又针对起诉状的内容进行答辩的，人民法院应当依照民事诉讼法第一百三十条第一款的规定，对管辖异议进行审查。 当事人未提出管辖异议，就案件实体内容进行答辩、陈述或者反诉的，可以认定为民事诉讼法第一百三十条第二款规定的应诉答辩。 **《民事级别管辖异议规定》** **第1条** 被告在提交答辩状期间提出管辖权异议，认为受诉人民法院违反级别管辖规定，案件应当由上级人民法院或者下级人民法院管辖的，受诉人民法院应当审查，并在受理异议之日起十五日内作出裁定： （一）异议不成立的，裁定驳回； （二）异议成立的，裁定移送有管辖权的人民法院。

新《民事诉讼法》及解读等	修改前《民事诉讼法》等关联规定
者提出反诉的，视为受诉人民法院有管辖权。"提出反诉"作为应诉管辖的情形属于《民事诉讼法》本次修改增加的一种情形，实际上在《民事诉讼法解释》第223条已经作了规定。此外，由于《民事诉讼法》对级别管辖和专属管辖作了严格的规定，虽然当事人未提出管辖权异议并应诉答辩，若不符合级别管辖和专属管辖之规定，即使应诉答辩，仍不具有管辖权。 **案例参考：《甲银行股份有限公司无锡分行与乙银行股份有限公司长春分行委托合同纠纷管辖权异议案》①** 案例要旨：1. 审查管辖权异议，注重程序公正和司法效率，既要妥当保护当事人的管辖异议权，又要及时矫正、遏制当事人错用、滥用管辖异议权。确定管辖权应当以起诉时为标准，结合诉讼请求对当事人提交的证据材料进行形式要件审查以确定管辖。2. 从双方当事人在两案中的诉讼请求看，后诉的诉讼请求如果成立，存在实质上否定前诉裁判结果的可能，如果后诉的诉讼请求不能完全涵盖于前诉的	**第2条** 在管辖权异议裁定作出前，原告申请撤回起诉，受诉人民法院作出准予撤回起诉裁定的，对管辖权异议不再审查，并在裁定书中一并写明。 **第3条** 提交答辩状期间届满后，原告增加诉讼请求金额致使案件标的额超过受诉人民法院级别管辖标准，被告提出管辖权异议，请求由上级人民法院管辖的，人民法院应当按照本规定第一条审查并作出裁定。 **第4条** 对于应由上级人民法院管辖的第一审民事案件，下级人民法院不得报请上级人民法院交其审理。 **第5条** 被告以受诉人民法院同时违反级别管辖和地域管辖规定为由提出管辖权异议的，受诉人民法院应当一并作出裁定。 **第6条** 当事人未依法提出管辖权异议，但受诉人民法院发现其没有级别管辖权的，应当将案件移送有管辖权的人民法院审理。 **第7条** 对人民法院就级别管辖异议作出的裁定，当事人不服提起上诉的，第二审人民法院应当依

① 参见《最高人民法院公报》2016年第7期。

新《民事诉讼法》及解读等	修改前《民事诉讼法》等关联规定
裁判结果之中，后诉和前诉的诉讼请求所依据的民事法律关系并不完全相同，前诉和后诉并非重复诉讼。3. 案件移送后，当事人的诉讼请求是否在另案中通过反诉解决，超出了管辖异议的审查和处理的范围，应由受移送的人民法院结合当事人对诉权的处分等情况，依据《民事诉讼法解释》第232条、第233条等的有关规定依法处理。	法审理并作出裁定。 **第8条** 对于将案件移送上级人民法院管辖的裁定，当事人未提出上诉，但受移送的上级人民法院认为确有错误的，可以依职权裁定撤销。 **第9条** 经最高人民法院批准的第一审民事案件级别管辖标准的规定，应当作为审理民事级别管辖异议案件的依据。
第一百三十一条 【审判人员告知】审判人员确定后，应当在三日内告知当事人。 **解读：**立案后，案件将交由审判人员承办。适用第一审普通程序审理的案件，需组成合议庭进行审理。第一审合议庭有两种组织形式：一是由审判员、人民陪审员共同组成合议庭；二是由审判员单独组成合议庭，人民陪审员不参与。申请回避的权利是当事人最重要的诉讼权利之一，也是保证案件得到公正审理的基础。为确保审判程序顺利开展，依法保障当事人申请回避的权利，法院应在确定审判组织后3日内将合议庭组成人员告知当事人。在告知当事人合议庭组成人员后，法院可根据需要对其进行必要的调整，但仍需在调整后3日内告知当事人。	**《民事诉讼法》（2021年修正）** **第131条** 审判人员确定后，应当在三日内告知当事人。

新《民事诉讼法》及解读等	修改前《民事诉讼法》等关联规定
第一百三十二条　【审核取证】审判人员必须认真审核诉讼材料，调查收集必要的证据。 **解读：**审核诉讼材料，是指对原、被告双方向受诉法院提交的起诉状、答辩状和有关的证据进行初步审查和核对，包括案件是否属于法院受案范围和受诉法院管辖；审查起诉状、答辩状的形式和内容；审查与核对当事人向法院提交的证据的来源、形式、内容；审查被告是否提出反诉及反诉是否符合条件；确定是否有必要按法定程序通知其他人参加诉讼等。审核诉讼材料，主要是形式上的审查而非实体上的审查。而调查收集证据属于法院职权，这种职权是法院审判权的组成部分，任何单位和个人除非具有法定的理由，均不得对抗这种司法权的行使，服从和配合司法权的行使是单位和个人的法定义务。在法院向有关单位和个人调查收集证据时，被调查的单位和个人必须积极配合，不得以任何理由拒绝。法院在调查收集证据过程中获取的有关单位的证明文书，在证据类型上应当属于书证的范畴。虽然这种证明文书是法院依职权行为获取的，合法性一般不存在问题，但仍需对证明文书	**《民事诉讼法》（2021年修正）** **第132条**　审判人员必须认真审核诉讼材料，调查收集必要的证据。 **《民事诉讼证据规定》** **第20条**　当事人及其诉讼代理人申请人民法院调查收集证据，应当在举证期限届满前提交书面申请。 申请书应当载明被调查人的姓名或者单位名称、住所地等基本情况、所要调查收集的证据名称或者内容、需要由人民法院调查收集证据的原因及其要证明的事实以及明确的线索。 **第50条**　人民法院应当在审理前的准备阶段向当事人送达举证通知书。 举证通知书应当载明举证责任的分配原则和要求、可以向人民法院申请调查收集证据的情形、人民法院根据案件情况指定的举证期限以及逾期提供证据的法律后果等内容。 **第62条第2款**　人民法院根据当事人申请调查收集的证据，审判人员对调查收集证据的情况进行说明后，由提出申请的当事人与对方当事人、第三人进行质证。 **第62条第3款**　人民法院依职权调查收集的证据，由审判人员对调

新《民事诉讼法》及解读等	修改前《民事诉讼法》等关联规定
内容的真实性和与待证事实的关联性进行审查，并结合其他有关证据综合判断证明文书的证据效力和证明力。	查收集证据的情况进行说明后，听取当事人的意见。
第一百三十三条　【法院调查程序】人民法院派出人员进行调查时，应当向被调查人出示证件。 调查笔录经被调查人校阅后，由被调查人、调查人签名或者盖章。 **解读：**民事诉讼过程中，法院有时需向有关单位和个人进行调查，这也是法院行使审判权的重要职权活动，任何单位、个人不得以任何借口予以拒绝。按照相关规定，法院派出的调查人员进行调查时，应当向被调查人出示证件，以证明自己的身份。调查应当由两人以上共同进行。调查应制作调查笔录，笔录经被调查人校阅后，由被调查人、调查人签名或盖章。经核对准确后，由被调查人、调查人、记录人在笔录末尾处签名或者盖章。调查中摘录有关单位制作的与案件事实相关的文件、材料，应当注明出处，并加盖制作单位或者保管单位的印章，摘录人和其他调查人员应当在摘录文件上签名或者盖章。摘录文件、材料应当保持内容相应的完整性，不得断章取义。未经上述程序取得的	**《民事诉讼法》（2021 年修正）** **第 133 条**　人民法院派出人员进行调查时，应当向被调查人出示证件。 调查笔录经被调查人校阅后，由被调查人、调查人签名或者盖章。 **《民事诉讼法解释》** **第 97 条**　人民法院调查收集证据，应当由两人以上共同进行。调查材料要由调查人、被调查人、记录人签名、捺印或者盖章。 **《民事诉讼证据规定》** **第 44 条**　摘录有关单位制作的与案件事实相关的文件、材料，应当注明出处，并加盖制作单位或者保管单位的印章，摘录人和其他调查人员应当在摘录件上签名或者盖章。 摘录文件、材料应当保持内容相应的完整性。

新《民事诉讼法》及解读等	修改前《民事诉讼法》等关联规定
调查材料，不具备证明效力，不可作为作出裁判的依据。	
第一百三十四条 【委托调查】人民法院在必要时可以委托外地人民法院调查。 委托调查，必须提出明确的项目和要求。受委托人民法院可以主动补充调查。 受委托人民法院收到委托书后，应当在三十日内完成调查。因故不能完成的，应当在上述期限内函告委托人民法院。 **解读：**委托调查，是指基于需要，受诉法院依法委托外地人民法院对案件有关的事项进行调查。司法实践中，部分民事案件的相关证据材料并不在受诉法院的行政辖区内，为减少调查成本，提高调查效率，保证调查质量，受诉法院可以委托外地法院进行调查。关于委托调查，需注意：1. 受委托的对象必须是法院，任何其他国家机关、社会团体或个人都不能成为被委托人。2. 受诉法院只有在必要的情况下才委托其他法院调查。“必要”主要是指被调查对象不在受诉法院的管辖区域内。3. 委托法院须向受委托的法院提交委托调查书，并提出明确的委托事项和要求。4. 受托的法	《民事诉讼法》（2021 年修正） **第 134 条** 人民法院在必要时可以委托外地人民法院调查。 委托调查，必须提出明确的项目和要求。受委托人民法院可以主动补充调查。 受委托人民法院收到委托书后，应当在三十日内完成调查。因故不能完成的，应当在上述期限内函告委托人民法院。

新《民事诉讼法》及解读等	修改前《民事诉讼法》等关联规定
院可根据案件情况和自己在调查中发现的情况主动补充调查。5. 受托法院应在收到委托书后30日内完成调查。因故不能完成的，应在30日内函告委托法院，避免过度影响案件审理进程。	
第一百三十五条 【追加必要共同诉讼人】必须共同进行诉讼的当事人没有参加诉讼的，人民法院应当通知其参加诉讼。 **解读：**法院通过审核诉讼材料和审前调查，若发现必须共同进行诉讼的当事人没有参加诉讼，应通知其参加诉讼，以使得法院对纠纷的解决更加全面彻底，避免诉累与诉讼资源浪费。需注意，追加当事人只存在于必要的共同诉讼中，普通的共同诉讼中并不存在追加共同诉讼人的问题。必要的共同诉讼，是指争议的诉讼标的是同一的共同诉讼。普通的共同诉讼，是指争议的诉讼标的是同种类的共同诉讼。必要的共同诉讼须具备两个要件：一是一方或双方当事人为二人以上；二是诉讼标的是共同的。对于必要的共同诉讼，法院应合并审理，作出合一判决。而追加当事人也有两种情况：一是基于当事人的申请而追加，二是法院依职权追加。法院	**《民事诉讼法》（2021年修正）** **第135条** 必须共同进行诉讼的当事人没有参加诉讼的，人民法院应当通知其参加诉讼。 **《民事诉讼法解释》** **第73条** 必须共同进行诉讼的当事人没有参加诉讼的，人民法院应当依照民事诉讼法第一百三十五条的规定，通知其参加；当事人也可以向人民法院申请追加。人民法院对当事人提出的申请，应当进行审查，申请理由不成立的，裁定驳回；申请理由成立的，书面通知被追加的当事人参加诉讼。 **第74条** 人民法院追加共同诉讼的当事人时，应当通知其他当事人。应当追加的原告，已明确表示放弃实体权利的，可不予追加；既不愿意参加诉讼，又不放弃实体权利的，仍应追加为共同原告，其不参加诉讼，不影响人民法院对案件的审理和依法作出判决。

新《民事诉讼法》及解读等	修改前《民事诉讼法》等关联规定
依职权追加的又进一步分为两种：1. 依法追加的当事人是原告时，若应当追加的原告已经明确表示放弃实体权利等，可以不予追加；既不愿意参加诉讼，又不放弃实体权利的，仍应追加为共同原告。其不参加诉讼，不影响人民法院对案件的审理和判决。2. 依法追加的当事人是被告时，则不以其本人和其他诉讼当事人主观意愿为转移，均应通知追加。被追加的被告不参加诉讼并不影响案件审理与裁判。	
第一百三十六条　【受理案件的不同后续程序】人民法院对受理的案件，分别情形，予以处理： （一）当事人没有争议，符合督促程序规定条件的，可以转入督促程序； （二）开庭前可以调解的，采取调解方式及时解决纠纷； （三）根据案件情况，确定适用简易程序或者普通程序； （四）需要开庭审理的，通过要求当事人交换证据等方式，明确争议焦点。 **解读：**经过审理前的准备工作，对不同情形的案件法院如何进一步处理或者说后续程序如何，本条针对不同情形规定了不同的处理程序：	**《民事诉讼法》（2021年修正）** **第136条**　人民法院对受理的案件，分别情形，予以处理： （一）当事人没有争议，符合督促程序规定条件的，可以转入督促程序； （二）开庭前可以调解的，采取调解方式及时解决纠纷； （三）根据案件情况，确定适用简易程序或者普通程序； （四）需要开庭审理的，通过要求当事人交换证据等方式，明确争议焦点。 **《民事诉讼法解释》** **第224条**　依照民事诉讼法第一百三十六条第四项规定，人民法院可以在答辩期届满后，通过组织证

新《民事诉讼法》及解读等	修改前《民事诉讼法》等关联规定
1. 对当事人没有争议，可以适用督促程序的，转入督促程序。督促程序，是指给予债权人给付一定金钱、有价证券为内容的请求，法院不经过开庭审理直接向债务人发出支付令，督促债务人履行一定给付义务的程序，及时实现当事人合法权益。2. 开庭前可以调解的，采取调解方式及时解决纠纷。需注意，审前准备程序中的调解既不同于诉前和解，也不同于开庭审理阶段的调解，其介于诉前调解与开庭审理阶段的调解之间，具有一定的特殊性，是当事人对诉讼结果已具有初步预测而法官对案件事实并未进行审理的情况下展开的。3. 根据案件情况，确定适用简易程序或者普通程序。简易程序和普通程序都是适用于第一审民事诉讼案件的诉讼程序，但有较大区别，本法后面分别通过专章作了规定。4. 需要开庭审理的，通过要求当事人交换证据等方式，明确争议焦点。审前准备程序作为民事诉讼的一个阶段，具有两个特有的功能：一是明确争点。争点应是解决案件最关键的事实，或者说是案件真正的焦点。二是确定证据。开庭审理内容是否充实，能否通过一次性的庭审作出判决，在很大程度上依赖于审前程序中能否就	据交换、召集庭前会议等方式，作好审理前的准备。 **第225条** 根据案件具体情况，庭前会议可以包括下列内容： （一）明确原告的诉讼请求和被告的答辩意见； （二）审查处理当事人增加、变更诉讼请求的申请和提出的反诉，以及第三人提出的与本案有关的诉讼请求； （三）根据当事人的申请决定调查收集证据，委托鉴定，要求当事人提供证据，进行勘验，进行证据保全； （四）组织交换证据； （五）归纳争议焦点； （六）进行调解。 **第226条** 人民法院应当根据当事人的诉讼请求、答辩意见以及证据交换的情况，归纳争议焦点，并就归纳的争议焦点征求当事人的意见。

新《民事诉讼法》及解读等	修改前《民事诉讼法》等关联规定
庭审中欲提出的证据做好充分的准备。	
第三节 开庭审理	
第一百三十七条 【审理方式】 人民法院审理民事案件，除涉及国家秘密、个人隐私或者法律另有规定的以外，应当公开进行。 离婚案件，涉及商业秘密的案件，当事人申请不公开审理的，可以不公开审理。 **解读：** 公开审理是民事诉讼的一项基本原则，也是开庭审理的主要形式，不公开审理则是例外。值得注意的是，开庭审理与公开审理之间既有区别又有联系。开庭审理是指法院的审判组织在法庭上对案件进行审理的过程，而公开审理主要是指将案件审理的有关情况向社会予以展示的方式。公开审理包括对群众公开与社会公开。对群众公开，是指民事案件的审理过程和宣告判决的过程都允许群众旁听。对社会公开，是指允许新闻记者对庭审过程作采访，并允许其对审理过程作报告，将案件裁判向社会披露。虽然以公开审理为原则，但在特殊情形下法院也对案件不公开审理：一是涉及国家秘密、个人隐私或法律另有规定的情形，二是依当事人	**《民事诉讼法》（2021 年修正）** **第 137 条** 人民法院审理民事案件，除涉及国家秘密、个人隐私或者法律另有规定的以外，应当公开进行。 离婚案件，涉及商业秘密的案件，当事人申请不公开审理的，可以不公开审理。 **《民事诉讼法解释》** **第 220 条** 民事诉讼法第七十一条、第一百三十七条、第一百五十九条规定的商业秘密，是指生产工艺、配方、贸易联系、购销渠道等当事人不愿公开的技术秘密、商业情报及信息。

新《民事诉讼法》及解读等	修改前《民事诉讼法》等关联规定
申请而不公开审理的情形，即本条第2款规定的"离婚案件，涉及商业秘密的案件，当事人申请不公开审理的"情形。需说明的是，无论是公开审理还是不公开审理，案件的宣判均应公开进行。	
第一百三十八条　【巡回审理】人民法院审理民事案件，根据需要进行巡回审理，就地办案。 **解读：**巡回审理、就地办案，简而言之就是人民法院派出流动法庭，轮流到民事案件发生地就近审理简单的民事案件。便利人民群众进行诉讼，便利法院审理案件的"两便原则"，是民事诉讼法和审判实践所一贯遵循的。一方面，有利于人民法院查明案情、分清是非、正确及时处理纠纷。另一方面，可以避免当事人和其他诉讼参与人因往返于住所和人民法院之间而延误正常的工作和学习，浪费时间、金钱，浪费诉讼资源。此外，还可以充分发挥案例的警示与教育作用。 **案例参考：《陈某真诉陈某领、陈某霞赡养纠纷案》**① 案例要旨：人民法院审理赡养纠纷案件时，可通过巡回审判的方	**《民事诉讼法》（2021年修正）** **第138条**　人民法院审理民事案件，根据需要进行巡回审理，就地办案。 **《人民法院组织法》** **第19条**　最高人民法院可以设巡回法庭，审理最高人民法院依法确定的案件。 巡回法庭是最高人民法院的组成部分。巡回法庭的判决和裁定即最高人民法院的判决和裁定。 **《巡回法庭审理案件规定》** **第1条**　最高人民法院设立巡回法庭，受理巡回区内相关案件。第一巡回法庭设在广东省深圳市，巡回区为广东、广西、海南、湖南四省区。第二巡回法庭设在辽宁省沈阳市，巡回区为辽宁、吉林、黑龙江三省。第三巡回法庭设在江苏省南京市，巡回区为江苏、上海、浙江、福建、江西五省市。第四巡回

① 参见《最高法院公布婚姻家庭纠纷典型案例（河南）》（案例6），2015年11月20日发布。

新《民事诉讼法》及解读等	修改前《民事诉讼法》等关联规定
式，通过法官的教育，结合社会舆论，迫使不履行赡养义务的当事人认识到自身错误，并保证认真履行法院判决的义务，达到维护老年人合法权益的目的。	法庭设在河南省郑州市，巡回区为河南、山西、湖北、安徽四省。第五巡回法庭设在重庆市，巡回区为重庆、四川、贵州、云南、西藏五省区。第六巡回法庭设在陕西省西安市，巡回区为陕西、甘肃、青海、宁夏、新疆五省区。最高人民法院本部直接受理北京、天津、河北、山东、内蒙古五省区市有关案件。 最高人民法院根据有关规定和审判工作需要，可以增设巡回法庭，并调整巡回法庭的巡回区和案件受理范围。 **第2条**　巡回法庭是最高人民法院派出的常设审判机构。巡回法庭作出的判决、裁定和决定，是最高人民法院的判决、裁定和决定。 **第3条**　巡回法庭审理或者办理巡回区内应当由最高人民法院受理的以下案件： （一）全国范围内重大、复杂的第一审行政案件； （二）在全国有重大影响的第一审民商事案件； （三）不服高级人民法院作出的第一审行政或者民商事判决、裁定提起上诉的案件； （四）对高级人民法院作出的已经发生法律效力的行政或者民商事判

新《民事诉讼法》及解读等	修改前《民事诉讼法》等关联规定
	决、裁定、调解书申请再审的案件； （五）刑事申诉案件； （六）依法定职权提起再审的案件； （七）不服高级人民法院作出的罚款、拘留决定申请复议的案件； （八）高级人民法院因管辖权问题报请最高人民法院裁定或者决定的案件； （九）高级人民法院报请批准延长审限的案件； （十）涉港澳台民商事案件和司法协助案件； （十一）最高人民法院认为应当由巡回法庭审理或者办理的其他案件。 巡回法庭依法办理巡回区内向最高人民法院提出的来信来访事项。 **第4条** 知识产权、涉外商事、海事海商、死刑复核、国家赔偿、执行案件和最高人民检察院抗诉的案件暂由最高人民法院本部审理或者办理。 **第6条** 当事人不服巡回区内高级人民法院作出的第一审行政或者民商事判决、裁定提起上诉的，上诉状应当通过原审人民法院向巡回法庭提出。当事人直接向巡回法庭上诉的，巡回法庭应当在五日内将

新《民事诉讼法》及解读等	修改前《民事诉讼法》等关联规定
	上诉状移交原审人民法院。原审人民法院收到上诉状、答辩状，应当在五日内连同全部案卷和证据，报送巡回法庭。 **第7条** 当事人对巡回区内高级人民法院作出的已经发生法律效力的判决、裁定申请再审或者申诉的，应当向巡回法庭提交再审申请书、申诉书等材料。 **第8条** 最高人民法院认为巡回法庭受理的案件对统一法律适用有重大指导意义的，可以决定由本部审理。 巡回法庭对于已经受理的案件，认为对统一法律适用有重大指导意义的，可以报请最高人民法院本部审理。 **第9条** 巡回法庭根据审判工作需要，可以在巡回区内巡回审理案件、接待来访。
第一百三十九条 【开庭通知和公告】人民法院审理民事案件，应当在开庭三日前通知当事人和其他诉讼参与人。公开审理的，应当公告当事人姓名、案由和开庭的时间、地点。 **解读：**法院审理民事案件，应提前将开庭时间告知双方当事人和其他诉讼参与人，以给双方当事人和其他诉讼参与人准备开庭审理留	**《民事诉讼法》(2021年修正)** **第139条** 人民法院审理民事案件，应当在开庭三日前通知当事人和其他诉讼参与人。公开审理的，应当公告当事人姓名、案由和开庭的时间、地点。 **《民事诉讼法解释》** **第227条** 人民法院适用普通程序审理案件，应当在开庭三日前用传票传唤当事人。对诉讼代理人、

新《民事诉讼法》及解读等	修改前《民事诉讼法》等关联规定
出必要的时间。为此，本条规定法院应在开庭3日前将开庭时间告知双方当事人和其他诉讼参与人，告知当事人用传票，告知诉讼代理人、证人、鉴定人等用通知书。需注意，这里的“三日前”通知，是要求最迟在开庭3日前将通知书“送达到”当事人和其他诉讼参与人。此外，为践行司法公开原则，方便群众旁听和新闻媒体采访报道，本条第2款规定，凡公开审理的民事案件，应在开庭3日前发出公告。公告应包含当事人的姓名、案由和开庭时间、地点等信息。	证人、鉴定人、勘验人、翻译人员应当用通知书通知其到庭。当事人或者其他诉讼参与人在外地的，应当留有必要的在途时间。
第一百四十条　【开庭审理预备阶段事项】开庭审理前，书记员应当查明当事人和其他诉讼参与人是否到庭，宣布法庭纪律。 开庭审理时，由审判长或者独任审判员核对当事人，宣布案由，宣布审判人员、**法官助理**、书记员**等的**名单，告知当事人有关的诉讼权利义务，询问当事人是否提出回避申请。 **解读：**预备阶段是开庭审理的最初阶段，在于解决影响庭审开始有关程序方面的问题，为法庭调查和法庭辩论做准备，该阶段包括开庭审理前的工作以及开庭审理时的	《民事诉讼法》（2021年修正） **第140条**　开庭审理前，书记员应当查明当事人和其他诉讼参与人是否到庭，宣布法庭纪律。 开庭审理时，由审判长或者独任审判员核对当事人，宣布案由，宣布审判人员、书记员名单，告知当事人有关的诉讼权利义务，询问当事人是否提出回避申请。

新《民事诉讼法》及解读等	修改前《民事诉讼法》等关联规定
工作两大项。开庭审理前的工作主要由书记员具体操作，包括：1. 查明当事人和其他诉讼参与人是否到庭。2. 由书记员宣布法庭纪律。开庭审理时的工作主要由审判长或独任审判员（独任审判员为本法 2021 年修正时增加的）具体操作，包括：1. 核对当事人，核对的信息包括原、被告及其诉讼代理人的姓名、性别、年龄、职业等身份情况，诉讼代理人有无授权委托书及代理权限。2. 宣布案由，对依法不公开审理的案件应说明理由。3. 宣布审判人员、法官助理、书记员等的名单。需注意，员额制改革后，法官助理已经成为案件审理程序中非常重要的一员，为此《民事诉讼法》本次修改将其增加在审判人员与书记员之间。此外，还增加“等的”兜底性表述。4. 告知当事人有关的诉讼权利和义务。5. 询问当事人是否提出回避申请。若当事人提出申请回避的，合议庭或独任审判员应宣布休庭。	
第一百四十一条　【法庭调查顺序】法庭调查按照下列顺序进行： （一）当事人陈述； （二）告知证人的权利义务，证人作证，宣读未到庭的证人证言； （三）出示书证、物证、视听资料和电子数据；	**《民事诉讼法》（2021 年修正）** **第 141 条**　法庭调查按照下列顺序进行： （一）当事人陈述； （二）告知证人的权利义务，证人作证，宣读未到庭的证人证言； （三）出示书证、物证、视听资

新《民事诉讼法》及解读等	修改前《民事诉讼法》等关联规定
（四）宣读鉴定意见； （五）宣读勘验笔录。 **解读**：法庭调查，是指法院依照法定程序，在法庭上对案件事实和各种证据予以审查核实的诉讼活动。它是对案件进行实体审理的主要阶段，是开庭审理的中心环节。法庭调查的主要任务是围绕双方当事人争议的事实，通过当事人对证据的质证以及审判人员审查核实证据，查明争议案件事实，并为下一步的法庭辩论奠定基础。根据本条规定，法庭调查的顺序如下：1. 当事人陈述。一般按照原告陈述、被告答辩、第三人陈述或答辩的顺序进行。对与本案无关的陈述，审判人员有权制止；需要在法庭上查明的事实，审判人员有权询问。2. 告知证人的权利义务，证人作证，宣读未到庭的证人证言。证人应客观陈述其亲身感知的事实。证人作证后，应征询当事人对证人证言的意见。经法庭许可，当事人可向证人发问。法院认为有必要的，可以让证人进行对质。特定情况下，经法院许可，证人可以提交书面证言、视听资料或者通过双向视听传输技术手段作证。书面证言应该当庭宣读。未在法庭上宣读的证人证言，不能作为	料和电子数据； （四）宣读鉴定意见； （五）宣读勘验笔录。 **《民事诉讼法解释》** **第228条** 法庭审理应当围绕当事人争议的事实、证据和法律适用等焦点问题进行。 **第229条** 当事人在庭审中对其在审理前的准备阶段认可的事实和证据提出不同意见的，人民法院应当责令其说明理由。必要时，可以责令其提供相应证据。人民法院应当结合当事人的诉讼能力、证据和案件的具体情况进行审查。理由成立的，可以列入争议焦点进行审理。 **第230条** 人民法院根据案件具体情况并征得当事人同意，可以将法庭调查和法庭辩论合并进行。 **第103条** 证据应当在法庭上出示，由当事人互相质证。未经当事人质证的证据，不得作为认定案件事实的根据。 当事人在审理前的准备阶段认可的证据，经审判人员在庭审中说明后，视为质证过的证据。 涉及国家秘密、商业秘密、个人隐私或者法律规定应当保密的证据，不得公开质证。

新《民事诉讼法》及解读等	修改前《民事诉讼法》等关联规定
认定事实的证据。3. 出示书证、物证、视听资料和电子数据。除涉国家秘密、商业秘密和个人隐私或者法律规定的其他应当保密的证据不得在开庭时公开质证以外，其他书证、物证、视听资料和电子数据均应在法庭上出示，由当事人质证。4. 宣读鉴定意见。由鉴定人到庭宣读鉴定意见，阐明作出鉴定意见的鉴定方法、鉴定过程以及鉴定的依据。宣读后，由双方当事人发表意见。5. 宣读勘验笔录。由勘验人当庭宣读勘验笔录，说明勘验的时间、地点、勘验人、在场人、经过、结果。需注意，本条规定的法庭调查顺序，并非绝对硬性规定，不应机械地按照这个顺序逐项提问，法庭应根据案件审理的具体情况灵活掌握。	
第一百四十二条 【当事人在法庭调查阶段的诉讼权利】 当事人在法庭上可以提出新的证据。 当事人经法庭许可，可以向证人、鉴定人、勘验人发问。 当事人要求重新进行调查、鉴定或者勘验的，是否准许，由人民法院决定。 **解读：** 对于证据，当事人既可以在起诉阶段和受理阶段提供，也可以在法院审理前的准备阶段提供。	**《民事诉讼法》（2021 年修正）** **第 142 条** 当事人在法庭上可以提出新的证据。 当事人经法庭许可，可以向证人、鉴定人、勘验人发问。 当事人要求重新进行调查、鉴定或者勘验的，是否准许，由人民法院决定。 **第 68 条第 2 款** 人民法院根据当事人的主张和案件审理情况，确定当事人应当提供的证据及其期限。

新《民事诉讼法》及解读等	修改前《民事诉讼法》等关联规定
此外，在法庭调查中，当事人也可提出新的证据。由于未经质证的证据不可作为判决的根据，对此阶段当事人提出的新证据，法庭仍需组织质证。一般来讲，一审程序中的“新的证据”主要包括：当事人在一审举证期限届满后新发现的证据；当事人确因客观原因无法在举证期限内提供，经人民法院准许，在延长的期限内仍无法提供的证据。此外，法庭调查中，当事人对证人证言、鉴定的方法、过程和鉴定意见，以及勘验的情况和勘验笔录有异议的，经法庭许可，当事人及其诉讼代理人可以向证人、鉴定人、勘验人发问。但不得使用威胁、侮辱及不适当引导的言语。若当事人及其诉讼代理人认为证据有问题、鉴定意见不实或者勘验笔录有问题，可要求重新调查、重新鉴定或者重新勘验，但是否准许，由法院决定。	当事人在该期限内提供证据确有困难的，可以向人民法院申请延长期限，人民法院根据当事人的申请适当延长。当事人逾期提供证据的，人民法院应当责令其说明理由；拒不说明理由或者理由不成立的，人民法院根据不同情形可以不予采纳该证据，或者采纳该证据但予以训诫、罚款。 **《民事诉讼法解释》** **第 231 条**　当事人在法庭上提出新的证据的，人民法院应当依照民事诉讼法第六十八条第二款规定和本解释相关规定处理。 **第 101 条**　当事人逾期提供证据的，人民法院应当责令其说明理由，必要时可以要求其提供相应的证据。 当事人因客观原因逾期提供证据，或者对方当事人对逾期提供证据未提出异议的，视为未逾期。 **第 102 条**　当事人因故意或者重大过失逾期提供的证据，人民法院不予采纳。但该证据与案件基本事实有关的，人民法院应当采纳，并依照民事诉讼法第六十八条、第一百一十八条第一款的规定予以训诫、罚款。 当事人非因故意或者重大过失逾期提供的证据，人民法院应当采纳，并对当事人予以训诫。

新《民事诉讼法》及解读等	修改前《民事诉讼法》等关联规定
	当事人一方要求另一方赔偿因逾期提供证据致使其增加的交通、住宿、就餐、误工、证人出庭作证等必要费用的，人民法院可予支持。
第一百四十三条　【合并审理】原告增加诉讼请求，被告提出反诉，第三人提出与本案有关的诉讼请求，可以合并审理。 **解读：**合并审理对于充分保护各方当事人权益，简化诉讼程序，构建高效、便捷的民事纠纷解决方式具有积极的意义。从理论上看，将原告新的诉讼请求、被告反诉以及第三人提出的诉讼请求与本诉合并审理应具备以下条件：1. 原告新的诉讼请求、被告反诉以及第三人提出的诉讼请求，都是在本诉进行中提起的。若本诉已审理终结，则无法合并审理。2. 原告新的诉讼请求、被告反诉以及第三人的诉讼请求，与正在进行的诉讼在决定诉讼标的的基础法律关系、讼争事实或诉讼理由上有足够的联系。一般而言，原告增加的诉讼请求与已经提出的诉讼请求是基于同一事实，或者同一实体权利义务关系，或者同一诉讼理由；被告的反诉则属于针对原告提出的与本诉相关联的诉讼请求，反诉被告须是本诉原告，诉	**《民事诉讼法》（2021 年修正）** **第 143 条**　原告增加诉讼请求，被告提出反诉，第三人提出与本案有关的诉讼请求，可以合并审理。 **《民事诉讼法解释》** **第 232 条**　在案件受理后，法庭辩论结束前，原告增加诉讼请求，被告提出反诉，第三人提出与本案有关的诉讼请求，可以合并审理的，人民法院应当合并审理。 **第 233 条**　反诉的当事人应当限于本诉的当事人的范围。 反诉与本诉的诉讼请求基于相同法律关系、诉讼请求之间具有因果关系，或者反诉与本诉的诉讼请求基于相同事实的，人民法院应当合并审理。 反诉应由其他人民法院专属管辖，或者与本诉的诉讼标的及诉讼请求所依据的事实、理由无关联的，裁定不予受理，告知另行起诉。 **第 251 条**　二审裁定撤销一审判决发回重审的案件，当事人申请变更、增加诉讼请求或者提出反诉，第三人提出与本案有关的诉讼请求

新《民事诉讼法》及解读等	修改前《民事诉讼法》等关联规定
讼标的或者诉讼理由须有联系；第三人提出的诉讼请求虽然基于另外的请求权，与本诉的基础法律关系也可能不同，但在很多情况下，其诉讼请求与本诉的诉讼标的密切相关，关系到讼争利益的最终归属。	的，依照民事诉讼法第一百四十三条规定处理。
第一百四十四条　【法庭辩论】法庭辩论按照下列顺序进行： （一）原告及其诉讼代理人发言； （二）被告及其诉讼代理人答辩； （三）第三人及其诉讼代理人发言或者答辩； （四）互相辩论。 法庭辩论终结，由审判长或者独任审判员按照原告、被告、第三人的先后顺序征询各方最后意见。 **解读：**法庭辩论，是指在法院审判人员主持下，双方当事人及其诉讼代理人为支持己方主张，在法庭上就案件有争议的事实、证据和法律问题进行辩驳和论证的活动，它是《民事诉讼法》规定的当事人的辩论权的直接体现，是在法庭调查的基础上进行的，也是当事人庭审交锋的最后一环。法庭辩论应按照下列顺序进行：1. 原告及其诉讼代理人发言。由原告就法庭调查的事实和证据、应当适用的法律，陈述自己的意见。代理人可作补充或	**《民事诉讼法》（2021年修正）** **第144条**　法庭辩论按照下列顺序进行： （一）原告及其诉讼代理人发言； （二）被告及其诉讼代理人答辩； （三）第三人及其诉讼代理人发言或者答辩； （四）互相辩论。 法庭辩论终结，由审判长或者独任审判员按照原告、被告、第三人的先后顺序征询各方最后意见。 **《民事诉讼法解释》** **第230条**　人民法院根据案件具体情况并征得当事人同意，可以将法庭调查和法庭辩论合并进行。

新《民事诉讼法》及解读等	修改前《民事诉讼法》等关联规定
者进一步说明。2. 被告及其诉讼代理人答辩。被告就法庭调查的事实和证据、应当适用的法律发表意见，并针对原告的发言进行答辩。代理人可作补充或进一步说明。3. 第三人及其诉讼代理人发言或者答辩。第三人就法庭调查的事实和证据，应当适用的法律，以及原、被告的发言、答辩，提出自己的意见。代理人亦可发言或答辩。4. 互相辩论。双方当事人、第三人就本案的问题可互相向对方发问，辩驳对方的主张并阐述自己的意见。辩论过程中，审判人员应注意引导当事人就案件的争议焦点问题进行辩论，对当事人与案件争议无关的发言则应当予以制止。必要时，法庭可以根据案件的具体情况，限定当事人及其诉讼代理人每次发言的时间。当事人在法庭辩论终结时，都有陈述最后意见的权利。各方当事人陈述最后意见后，法律辩论终结。实践中，有时会在法庭调查中合并一部分法庭辩论内容。法院可根据案件的不同情况和特点，从有利于发挥开庭审理的效率和提高审理的效果出发进行，但不得省略诉讼阶段依法应进行的事项。	

新《民事诉讼法》及解读等	修改前《民事诉讼法》等关联规定
第一百四十五条　【法庭辩论后的调解】法庭辩论终结，应当依法作出判决。判决前能够调解的，还可以进行调解，调解不成的，应当及时判决。 **解读：**调解原则，是民事诉讼的基本原则之一。调解可以在开庭审理前进行，也可以在开庭审理阶段进行。法院在法庭辩论终结后可分别以判决和调解两种方式终结案件。一般而言，法院对民事案件进行审理，经过了法庭调查和法庭辩论两个阶段后，事实已经查明，是非也已分清，这时，即可以根据本条的规定直接作出判决。但为了更好地贯彻调解原则，避免激化双方当事人对立情绪，在作出判决前，法院认为能够调解的或双方当事人表达调解愿望的，还可依法进行调解。法庭辩论终结后的调解工作，是在双方争议的法律关系明确、事实清楚、可以分清是非的前提下进行的，不应能调不调，也不应久调不决。	**《民事诉讼法》（2021 年修正）** **第 145 条**　法庭辩论终结，应当依法作出判决。判决前能够调解的，还可以进行调解，调解不成的，应当及时判决。
第一百四十六条　【按撤诉处理】原告经传票传唤，无正当理由拒不到庭的，或者未经法庭许可中途退庭的，可以按撤诉处理；被告反诉的，可以缺席判决。	**《民事诉讼法》（2021 年修正）** **第 146 条**　原告经传票传唤，无正当理由拒不到庭的，或者未经法庭许可中途退庭的，可以按撤诉处理；被告反诉的，可以缺席判决。

新《民事诉讼法》及解读等	修改前《民事诉讼法》等关联规定
解读：为保证诉讼活动及时、顺利地进行，民事诉讼的当事人经法院传票传唤，有义务按时到庭，以明确当事人的权利义务关系，维护法律的严肃性和法院的权威。本条就原告不履行相应出庭义务的法律后果作了明确：1. 原告无正当理由拒不到庭的法律后果。若原告确有不能到庭的事由，在接到传票后，应及时向法院提出。法院经审查，认为原告提出的不能到庭的理由正当，确实不能到庭的，可以决定延期审理，并及时将延期审理的情况通知被告。法院经审查，认为原告提出的理由不正当，可以决定不延期审理，并通知原告。原告接到不延期审理的通知后，应当按时出庭。原告经法院传票传唤，没有正当理由拒不到庭的，可以视为放弃自身的诉讼请求，这也是一种对自己诉讼权利的消极处分，可以按照撤诉处理。如果被告提出反诉，为了保障被告的合法权益，法院可以缺席判决。2. 原告未经法庭许可中途退庭的法律后果。原告未经法庭许可中途退庭，无疑属于藐视法庭的行为，违反了法庭纪律，扰乱了诉讼程序，干扰了诉讼进程。为维护法律的尊严和法院权威，对原告未经法	**《民事诉讼法解释》** **第234条** 无民事行为能力人的离婚诉讼，当事人的法定代理人应当到庭；法定代理人不能到庭的，人民法院应当在查清事实的基础上，依法作出判决。 **第235条** 无民事行为能力的当事人的法定代理人，经传票传唤无正当理由拒不到庭，属于原告方的，比照民事诉讼法第一百四十六条的规定，按撤诉处理；属于被告方的，比照民事诉讼法第一百四十七条的规定，缺席判决。必要时，人民法院可以拘传其到庭。 **第236条** 有独立请求权的第三人经人民法院传票传唤，无正当理由拒不到庭的，或者未经法庭许可中途退庭的，比照民事诉讼法第一百四十六条的规定，按撤诉处理。 **第237条** 有独立请求权的第三人参加诉讼后，原告申请撤诉，人民法院在准许原告撤诉后，有独立请求权的第三人作为另案原告，原案原告、被告作为另案被告，诉讼继续进行。 **第238条** 当事人申请撤诉或者依法可以按撤诉处理的案件，如果当事人有违反法律的行为需要依法处理的，人民法院可以不准许撤诉

新《民事诉讼法》及解读等	修改前《民事诉讼法》等关联规定
庭许可中途退庭的，法院亦可按原告撤诉处理，被告反诉的，可缺席判决。值得注意的是，对有独立请求权的第三人，对其经法院传票传唤，无正当理由拒不到庭的，或者未经法庭许可中途退庭的，可比照本条关于原告相应规定，按撤诉处理。 **案例参考：《曹某清诉上海某传动机械有限公司追索劳动报酬纠纷案》**① 案例要旨：裁定按撤诉处理的事实基础在于原告拒不到庭，由此对于正当适用按撤诉处理的时间点问题即转化到对拒不到庭的时间点的认定上。拒不到庭的时间点应为法庭辩论结束，即法庭辩论结束后，原告仍未到庭的，可按撤诉处理，但法庭辩论已经终结，其后法院另行开庭，原告未到庭的，不应认定为拒不到庭，不宜按撤诉处理。	或者不按撤诉处理。 法庭辩论终结后原告申请撤诉，被告不同意的，人民法院可以不予准许。 **第239条** 人民法院准许本诉原告撤诉的，应当对反诉继续审理；被告申请撤回反诉的，人民法院应予准许。 **第240条** 无独立请求权的第三人经人民法院传票传唤，无正当理由拒不到庭，或者未经法庭许可中途退庭的，不影响案件的审理。
第一百四十七条 【缺席判决】被告经传票传唤，无正当理由拒不到庭的，或者未经法庭许可中途退庭的，可以缺席判决。	**《民事诉讼法》（2021年修正）** **第147条** 被告经传票传唤，无正当理由拒不到庭的，或者未经法庭许可中途退庭的，可以缺席判决。

① 参见朱川、周喆：《按撤诉处理裁定的再审申请审查标准》，载《人民司法·案例》2012年第18期。

新《民事诉讼法》及解读等	修改前《民事诉讼法》等关联规定
解读：前条对原告不履行相应出庭义务的法律后果作了规定，本条则对被告不履行相应出庭义务的法律后果作了明确。作为民事案件当事人，被告确有不能按时到庭的事由，亦应及时向法院提出。法院经审查，认为其理由正当，确实不能到庭的，可决定延期审理，并将延期审理的情况及时通知原告。经审理认为其理由不正当，可以决定不延期审理，并将不延期审理的决定通知被告。被告接到法院通知后，应按时出庭。其无正当理由拒不到庭或者虽到庭，但在审理过程中未经法庭许可中途退庭的，法院可以缺席判决。需注意，不同于有独立请求权的第三人，对无独立请求权的第三人无正当理由拒不到庭或者未经法庭许可中途退庭的，由于其没有独立的诉讼请求，同时考虑到法院有可能在此情形下对无独立请求权的第三人作出要求其承担责任的判决，此时可参照被告相应情形进行缺席判决，《民事诉讼法解释》亦对此作了明确，即"不影响案件的审理"，这可以视为一种特殊的缺席判决。	**《民事诉讼法解释》** **第234条**　无民事行为能力人的离婚诉讼，当事人的法定代理人应当到庭；法定代理人不能到庭的，人民法院应当在查清事实的基础上，依法作出判决。 **第235条**　无民事行为能力的当事人的法定代理人，经传票传唤无正当理由拒不到庭，属于原告方的，比照民事诉讼法第一百四十六条的规定，按撤诉处理；属于被告方的，比照民事诉讼法第一百四十七条的规定，缺席判决。必要时，人民法院可以拘传其到庭。 **第240条**　无独立请求权的第三人经人民法院传票传唤，无正当理由拒不到庭，或者未经法庭许可中途退庭的，不影响案件的审理。 **第241条**　被告经传票传唤无正当理由拒不到庭，或者未经法庭许可中途退庭的，人民法院应当按期开庭或者继续开庭审理，对到庭的当事人诉讼请求、双方的诉辩理由以及已经提交的证据及其他诉讼材料进行审理后，可以依法缺席判决。

新《民事诉讼法》及解读等	修改前《民事诉讼法》等关联规定
第一百四十八条　【申请撤诉】宣判前，原告申请撤诉的，是否准许，由人民法院裁定。 人民法院裁定不准许撤诉的，原告经传票传唤，无正当理由拒不到庭的，可以缺席判决。 **解读：**撤诉是原告所享有的一项诉讼权利，是原告行使处分权的一种体现。一般而言，申请撤诉的条件包括：一是必须向法院明确提出撤诉申请；二是撤诉必须是原告自愿的行为；三是撤诉的目的必须正当、合法；四是撤诉必须在法院宣判前。原告申请撤诉除了应满足撤诉的条件外，还须经过法院准许。得到法院准许的，则导致撤诉的效果，即撤销已经成立的诉，不再由法院审理，从而终结案件的诉讼程序。但这并不意味着原告不可以再行提起诉讼，在一定条件下，如在获得有效证据的情况下，其还可以再次向法院起诉。若原告撤诉申请没有得到法院的准许，那么诉讼程序继续进行。原告尽管有撤诉的主观意愿，此时仍应出庭，配合法院审理案件。经法院传票传唤，原告无正当理由拒不到庭的，法院可以缺席判决。另需注意，因有	**《民事诉讼法》（2021年修正）** **第148条**　宣判前，原告申请撤诉的，是否准许，由人民法院裁定。 人民法院裁定不准许撤诉的，原告经传票传唤，无正当理由拒不到庭的，可以缺席判决。 **《民事诉讼法解释》** **第238条**　当事人申请撤诉或者依法可以按撤诉处理的案件，如果当事人有违反法律的行为需要依法处理的，人民法院可以不准许撤诉或者不按撤诉处理。 法庭辩论终结后原告申请撤诉，被告不同意的，人民法院可以不予准许。 **第239条**　人民法院准许本诉原告撤诉的，应当对反诉继续审理；被告申请撤回反诉的，人民法院应予准许。 **第288条**　公益诉讼案件的原告在法庭辩论终结后申请撤诉的，人民法院不予准许。 **第335条**　在第二审程序中，当事人申请撤回上诉，人民法院经审查认为一审判决确有错误，或者当事人之间恶意串通损害国家利益、社会公共利益、他人合法权益的，不应准许。 **第336条**　在第二审程序中，原审原告申请撤回起诉，经其他当事

新《民事诉讼法》及解读等	修改前《民事诉讼法》等关联规定
独立请求权的第三人类似原告的诉讼地位，故原告申请撤诉的规定可适用于该第三人，但无独立请求权的第三人不具有独立的诉讼地位，故不可适用，其也无权申请撤诉。 **案例参考：《牡丹江市某建筑安装有限责任公司诉牡丹江市某房地产开发有限责任公司、张某增建设工程施工合同纠纷案》**① 案例要旨：人民法院接到民事抗诉书后，经审查发现案件纠纷已经解决，当事人申请撤诉，且不损害国家利益、社会公共利益或第三人利益的，应当依法作出对抗诉案终结审查的裁定；如果已裁定再审，应当依法作出终结再审诉讼的裁定。	人同意，且不损害国家利益、社会公共利益、他人合法权益的，人民法院可以准许。准许撤诉的，应当一并裁定撤销一审裁判。 原审原告在第二审程序中撤回起诉后重复起诉的，人民法院不予受理。 **第408条**　一审原告在再审审理程序中申请撤回起诉，经其他当事人同意，且不损害国家利益、社会公共利益、他人合法权益的，人民法院可以准许。裁定准许撤诉的，应当一并撤销原判决。 一审原告在再审审理程序中撤回起诉后重复起诉的，人民法院不予受理。 **《环境民事公益诉讼解释》** **第26条**　负有环境资源保护监督管理职责的部门依法履行监管职责而使原告诉讼请求全部实现，原告申请撤诉的，人民法院应予准许。 **第27条**　法庭辩论终结后，原告申请撤诉的，人民法院不予准许，但本解释第二十六条规定的情形除外。 **《防范制裁虚假诉讼意见》** 11. 经查明属于虚假诉讼，原告申请撤诉的，不予准许，并应当根据民事诉讼法第一百一十二条的规定，驳回其请求。

① 参见《最高人民法院关于发布第二批指导性案例的通知》（指导案例7号），2012年4月9日发布。

新《民事诉讼法》及解读等	修改前《民事诉讼法》等关联规定
第一百四十九条　【延期审理】有下列情形之一的，可以延期开庭审理： （一）必须到庭的当事人和其他诉讼参与人有正当理由没有到庭的； （二）当事人临时提出回避申请的； （三）需要通知新的证人到庭，调取新的证据，重新鉴定、勘验，或者需要补充调查的； （四）其他应当延期的情形。 **解读：**民事诉讼中的延期审理，是指在诉讼过程中，由于发生了法律规定的情况，致使法院不能在原定的日期对案件进行审理时，而把已经开庭审理的案件推迟到其他时间进行审理的情形。本条明确了可延期审理的四种情形：1. 必须到庭的当事人和其他诉讼参与人有正当理由没有到庭。这里的“必须到庭”，是指不到庭法院就无法查清案件事实从而影响案件审理的情形；“有正当理由没有到庭”，是指未到庭是因为无法克服、不能避免的客观上的理由而非故意地拒绝到庭。2. 当事人临时申请回避。根据本法规定，被申请回避的人员，在法院作出回避决定前，应当暂停参与本案的	**《民事诉讼法》（2021年修正）** **第149条**　有下列情形之一的，可以延期开庭审理： （一）必须到庭的当事人和其他诉讼参与人有正当理由没有到庭的； （二）当事人临时提出回避申请的； （三）需要通知新的证人到庭，调取新的证据，重新鉴定、勘验，或者需要补充调查的； （四）其他应当延期的情形。

新《民事诉讼法》及解读等	修改前《民事诉讼法》等关联规定
工作。被申请回避的人员不参加本案工作，致使案件审理一时无法进行的，可延期审理。3. 需要通知新的证人到庭，调取新的证据，重新鉴定、勘验或者需要补充调查。此种情形需要一定时间进行，不难理解。4. 其他应当延期审理的情形。此为兜底性规定，亦为弹性条款，由法院根据实际情况决定是否延期审理。如一方当事人在诉讼过程中因妨害民事诉讼而被拘留以致无法到庭。实践中，是否存在需要延期审理的情况往往是开庭前准备的重要内容。开庭审理前，应查明当事人和其他诉讼参与人是否到庭。	
第一百五十条　【法庭笔录】 书记员应当将法庭审理的全部活动记入笔录，由审判人员和书记员签名。 法庭笔录应当当庭宣读，也可以告知当事人和其他诉讼参与人当庭或者在五日内阅读。当事人和其他诉讼参与人认为对自己的陈述记录有遗漏或者差错的，有权申请补正。如果不予补正，应当将申请记录在案。 法庭笔录由当事人和其他诉讼参与人签名或者盖章。拒绝签名盖章的，记明情况附卷。	**《民事诉讼法》（2021 年修正）** **第 150 条**　书记员应当将法庭审理的全部活动记入笔录，由审判人员和书记员签名。 法庭笔录应当当庭宣读，也可以告知当事人和其他诉讼参与人当庭或者在五日内阅读。当事人和其他诉讼参与人认为对自己的陈述记录有遗漏或者差错的，有权申请补正。如果不予补正，应当将申请记录在案。 法庭笔录由当事人和其他诉讼参与人签名或者盖章。拒绝签名盖章的，记明情况附卷。

新《民事诉讼法》及解读等	修改前《民事诉讼法》等关联规定
解读：法庭笔录，也称开庭审理笔录，是指书记员对开庭审理全过程所作的记录，是法院重要的诉讼文书。真实、准确的法庭笔录，有利于法院正确及时解决当事人之间的纠纷，有利于审判人员总结工作经验、提高审判工作的质量，有利于人民检察院、上级人民法院对民事审判活动进行法律监督，也有利于上诉审和再审人民法院处理上诉案件和再审案件。法庭笔录主要载明的内容包括：1. 笔录名称，如开庭笔录、宣判笔录等；2. 案由，开庭时间和地点，审判人员、书记员的姓名；3. 原告、被告、第三人、诉讼代理人的姓名、性别、年龄等，若有未到庭的，应当记明未到庭的情况；4. 审判长或者独任审判员告知当事人的诉讼权利和义务，以及是否要求审判人员或者其他出庭人员回避的情况；5. 当事人陈述；6. 法庭调查的全部情况：法庭对所有证据进行的调查，当事人对各种证据的辨认和提出的意见和要求，在审理过程中提出的新证据；7. 原告、被告、第三人、诉讼代理人法庭辩论的发言；8. 原告提出增加、变更、撤回的诉讼请求，被告提出的反诉，第三人提出的诉讼请	**《最高人民法院关于人民法院庭审录音录像的若干规定》** **第6条**　人民法院通过使用智能语音识别系统同步转换生成的庭审文字记录，经审判人员、书记员、诉讼参与人核对签字后，作为法庭笔录管理和使用。 **第7条**　诉讼参与人对法庭笔录有异议并申请补正的，书记员可以播放庭审录音录像进行核对、补正；不予补正的，应当将申请记录在案。 **第8条**　适用简易程序审理民事案件的庭审录音录像，经当事人同意的，可以替代法庭笔录。 **第9条**　人民法院应当将替代法庭笔录的庭审录音录像同步保存在服务器或者刻录成光盘，并由当事人和其他诉讼参与人对其完整性校验值签字或者采取其他方法进行确认。

新《民事诉讼法》及解读等	修改前《民事诉讼法》等关联规定
求等，以及审判人员对其处理；9. 审判人员、书记员、当事人和其他诉讼参与人的签名或盖章，或者当事人和其他诉讼参与人拒绝签名或盖章的情况。由于法庭笔录是非常重要的诉讼材料，其应当制作得准确、清楚、全面，如实反映案件开庭审理的真实情况。也基于此，本条第2款、第3款分别对笔录的宣读、补正与签名、盖章、附卷等进行了明确。	
第一百五十一条 【宣判】 人民法院对公开审理或者不公开审理的案件，一律公开宣告判决。 当庭宣判的，应当在十日内发送判决书；定期宣判的，宣判后立即发给判决书。 宣告判决时，必须告知当事人上诉权利、上诉期限和上诉的法院。 宣告离婚判决，必须告知当事人在判决发生法律效力前不得另行结婚。 **解读：** 宣判是法院在民事诉讼审判程序的最后一个环节，也是当事人之间争议的民事法律关系得到司法确认的标志。宣判应注意以下几点：1. 无论是公开审理的案件，还是不公开审理的案件，宣告判决都一律公开进行。2. 法院当庭宣判的，应在10日内发送判决书；定期	**《民事诉讼法》（2021年修正）** **第151条** 人民法院对公开审理或者不公开审理的案件，一律公开宣告判决。 当庭宣判的，应当在十日内发送判决书；定期宣判的，宣判后立即发给判决书。 宣告判决时，必须告知当事人上诉权利、上诉期限和上诉的法院。 宣告离婚判决，必须告知当事人在判决发生法律效力前不得另行结婚。 **《互联网公布裁判文书规定》** **第1条** 人民法院在互联网公布裁判文书，应当依法、全面、及时、规范。 **第2条** 中国裁判文书网是全国法院公布裁判文书的统一平台。各级人民法院在本院政务网站及司法公开平台设置中国裁判文书网的链接。

新《民事诉讼法》及解读等	修改前《民事诉讼法》等关联规定
宣判的，宣判后即发给判决书。3. 法院宣告一审判决时，须告知当事人上诉权利、上诉期限和上诉的法院。4. 对判决离婚的一审案件宣判，须告知当事人在判决发生法律效力前不得另行结婚。这是因为，对一审而言，超过上诉期没有上诉的判决才最终发生法律效力。离婚判决未生效的，双方婚姻关系仍存续。只有离婚判决生效后，当事人才可另行结婚。	
第一百五十二条　【审限】 人民法院适用普通程序审理的案件，应当在立案之日起六个月内审结。有特殊情况需要延长的，经本院院长批准，可以延长六个月；还需要延长的，报请上级人民法院批准。 **解读：** 审限即审理期限，是指法律规定人民法院审理案件的期限。对民事案件设定审限，目的在于提高审判效率，减轻当事人的讼累。本条明确了适用普通程序审理的案件，应在立案之日起6个月内审结。但由于民事案件范围广、种类多，疑难、复杂程度不一，为此应允许特殊情况下经特定程序延长审限，即“有特殊情况需要延长的经本院院长批准，可以延长六个月；还需要延长的，报请上级人民法院批准”。另需注意，审限计算应从立案的次日起至裁判宣告、	**《民事诉讼法》（2021 年修正）** **第 152 条**　人民法院适用普通程序审理的案件，应当在立案之日起六个月内审结。有特殊情况需要延长的，经本院院长批准，可以延长六个月；还需要延长的，报请上级人民法院批准。 **《民事诉讼法解释》** **第 243 条**　民事诉讼法第一百五十二条规定的审限，是指从立案之日起至裁判宣告、调解书送达之日止的期间，但公告期间、鉴定期间、双方当事人和解期间、审理当事人提出的管辖异议以及处理人民法院之间的管辖争议期间不应计算在内。 **第 128 条**　再审案件按照第一审程序或者第二审程序审理的，适用民事诉讼法第一百五十二条、第一百八十三条规定的审限。审限自再

新《民事诉讼法》及解读等	修改前《民事诉讼法》等关联规定
调解书送达之日止的期间，但公告期间、鉴定期间、双方当事人和解期间、审理当事人提出的管辖权异议以及处理人民法院之间的管辖争议期间，不应计算在内。《民事诉讼法解释》对此亦作了规定。	审立案的次日起算。 **第129条**　对申请再审案件，人民法院应当自受理之日起三个月内审查完毕，但公告期间、当事人和解期间等不计入审查期限。有特殊情况需要延长的，由本院院长批准。 **《最高人民法院关于严格规范民商事案件延长审限和延期开庭问题的规定》** **第1条**　人民法院审理民商事案件时，应当严格遵守法律及司法解释有关审限的规定。适用普通程序审理的第一审案件，审限为六个月；适用简易程序审理的第一审案件，审限为三个月。审理对判决的上诉案件，审限为三个月；审理对裁定的上诉案件，审限为三十日。 法律规定有特殊情况需要延长审限的，独任审判员或合议庭应当在期限届满十五日前向本院院长提出申请，并说明详细情况和理由。院长应当在期限届满五日前作出决定。 经本院院长批准延长审限后尚不能结案，需要再次延长的，应当在期限届满十五日前报请上级人民法院批准。上级人民法院应当在审限届满五日前作出决定。 **第2条**　民事诉讼法第一百四十六条第四项规定的“其他应当延期的情形”，是指因不可抗力或者意外事

新《民事诉讼法》及解读等	修改前《民事诉讼法》等关联规定
	件导致庭审无法正常进行的情形。 **第3条** 人民法院应当严格限制延期开庭审理次数。适用普通程序审理民商事案件，延期开庭审理次数不超过两次；适用简易程序以及小额速裁程序审理民商事案件，延期开庭审理次数不超过一次。 **第4条** 基层人民法院及其派出的法庭审理事实清楚、权利义务关系明确、争议不大的简单民商事案件，适用简易程序。 基层人民法院及其派出的法庭审理符合前款规定且标的额为各省、自治区、直辖市上年度就业人员年平均工资两倍以下的民商事案件，应当适用简易程序，法律及司法解释规定不适用简易程序的案件除外。 适用简易程序审理的民商事案件，证据交换、庭前会议等庭前准备程序与开庭程序一并进行，不再另行组织。 适用简易程序的案件，不适用公告送达。 **第5条** 人民法院开庭审理民商事案件后，认为需要延期开庭审理的，应当依法告知当事人下次开庭的时间。两次开庭间隔时间不得超过一个月，但因不可抗力或当事人同意的除外。 **第6条** 独任审判员或者合议

新《民事诉讼法》及解读等	修改前《民事诉讼法》等关联规定
	庭适用民事诉讼法第一百四十六条第四项规定决定延期开庭的，应当报本院院长批准。 **第7条**　人民法院应当将案件的立案时间、审理期限，扣除、延长、重新计算审限，延期开庭审理的情况及事由，按照《最高人民法院关于人民法院通过互联网公开审判流程信息的规定》及时向当事人及其法定代理人、诉讼代理人公开。当事人及其法定代理人、诉讼代理人有异议的，可以依法向受理案件的法院申请监督。 **《最高人民法院案件审限管理规定》** **第14条**　立案庭应当在决定立案并办妥有关诉讼收费事宜后，三日内将案卷材料移送相关审判庭。 **第15条**　案件的审理期限从立案次日起计算。 申诉或申请再审的审查期限从收到申诉或申请再审材料并经立案后的次日起计算。 涉外、涉港、澳、台民事案件的结案期限从最后一次庭审结束后的次日起计算。 **第19条**　其他案件需要延长审理期限的，应当在审理期限届满十日以前，向院长提出申请。

<table>
<tr><th>新《民事诉讼法》及解读等</th><th>修改前《民事诉讼法》等关联规定</th></tr>
<tr><td></td><td>第 20 条　需要院长批准延长审理期限的，院长应当在审限届满以前作出决定。
《提级管辖和再审提审意见》
第 14 条　按照本意见提级管辖的案件，审理期限自上级人民法院立案之日起重新计算。
下级人民法院向上级人民法院报送提级管辖请示的期间和上级人民法院审查处理期间，均不计入案件审理期限。
对依报请不同意提级管辖的案件，自原受诉人民法院收到相关法律文书之日起恢复案件审限计算。</td></tr>
<tr><td>第四节　诉讼中止和终结</td><td></td></tr>
<tr><td>第一百五十三条　【诉讼中止】有下列情形之一的，中止诉讼：
（一）一方当事人死亡，需要等待继承人表明是否参加诉讼的；
（二）一方当事人丧失诉讼行为能力，尚未确定法定代理人的；
（三）作为一方当事人的法人或者其他组织终止，尚未确定权利义务承受人的；
（四）一方当事人因不可抗拒的事由，不能参加诉讼的；
（五）本案必须以另一案的审理结果为依据，而另一案尚未审结的；</td><td>《民事诉讼法》（2021 年修正）
第 153 条　有下列情形之一的，中止诉讼：
（一）一方当事人死亡，需要等待继承人表明是否参加诉讼的；
（二）一方当事人丧失诉讼行为能力，尚未确定法定代理人的；
（三）作为一方当事人的法人或者其他组织终止，尚未确定权利义务承受人的；
（四）一方当事人因不可抗拒的事由，不能参加诉讼的；
（五）本案必须以另一案的审理结果为依据，而另一案尚未审结的；</td></tr>
</table>

新《民事诉讼法》及解读等	修改前《民事诉讼法》等关联规定
（六）其他应当中止诉讼的情形。 中止诉讼的原因消除后，恢复诉讼。 **解读：**诉讼中止，是指在诉讼进行的过程中，因出现法定事由而使诉讼活动无法继续进行，法院裁定暂停诉讼，待法定事由消除后，再行恢复诉讼程序的情形。根据本条规定，中止诉讼的事由主要包括：1. 一方当事人死亡，需要等待继承人表明是否参加诉讼。此为诉讼主体的更换，一般需要一定时间确定，故需中止诉讼。需注意，该种情形仅发生在因财产关系发生争议的案件中，因身份关系提起的诉讼，一般无需等待继承人参加诉讼。如离婚案件一方当事人死亡，婚姻关系自然解除。2. 一方当事人丧失诉讼行为能力，尚未确定法定代理人。此种情况下一般需确定监护人，由监护人作为法定代理人代为诉讼。3. 作为一方当事人的法人或者其他组织终止，尚未确定权利义务承受人。这种情况也属主体更迭的情形。4. 一方当事人因不可抗拒的事由，不能参加诉讼。不可抗拒的事由是指因地震、洪水等自然灾害或者战争等个人力量无法避免的情况。5. 本	（六）其他应当中止诉讼的情形。 中止诉讼的原因消除后，恢复诉讼。 **《民事诉讼法解释》** **第55条** 在诉讼中，一方当事人死亡，需要等待继承人表明是否参加诉讼的，裁定中止诉讼。人民法院应当及时通知继承人作为当事人承担诉讼，被继承人已经进行的诉讼行为对承担诉讼的继承人有效。 **第246条** 裁定中止诉讼的原因消除，恢复诉讼程序时，不必撤销原裁定，从人民法院通知或者准许当事人双方继续进行诉讼时起，中止诉讼的裁定即失去效力。 **《专利纠纷解释》** **第5条** 人民法院受理的侵犯实用新型、外观设计专利权纠纷案件，被告在答辩期间内请求宣告该项专利权无效的，人民法院应当中止诉讼，但具备下列情形之一的，可以不中止诉讼： （一）原告出具的检索报告或者专利权评价报告未发现导致实用新型或者外观设计专利权无效的事由的； （二）被告提供的证据足以证明其使用的技术已经公知的；

新《民事诉讼法》及解读等	修改前《民事诉讼法》等关联规定
案必须以另一案的审理结果为依据，而另一案件尚未审结。此为避免矛盾裁判的出现，以更好地保护当事人的合法权益，保障法院判决、裁定的严肃性。6. 其他应当中止的情形。此为兜底性条款。需注意，中止诉讼应当由法院以书面形式作出裁定，由审判人员、书记员署名并加盖法院印章。中止诉讼的裁定一经作出即发生法律效力，当事人不得上诉，不得申请复议。中止诉讼裁定的效力体现为：除了已经作出的保全和先予执行的裁定需要继续执行以外，一切属于本案诉讼程序的活动一律暂停，但已经进行的一切诉讼行为继续有效。中止诉讼的原因消除后，应及时恢复诉讼程序，自诉讼程序恢复之日起，中止诉讼裁定自行失效。	（三）被告请求宣告该项专利权无效所提供的证据或者依据的理由明显不充分的； （四）人民法院认为不应当中止诉讼的其他情形。 **第6条** 人民法院受理的侵犯实用新型、外观设计专利权纠纷案件，被告在答辩期间届满后请求宣告该项专利权无效的，人民法院不应当中止诉讼，但经审查认为有必要中止诉讼的除外。 **第7条** 人民法院受理的侵犯发明专利权纠纷案件或者经国务院专利行政部门审查维持专利权的侵犯实用新型、外观设计专利权纠纷案件，被告在答辩期间内请求宣告该项专利权无效的，人民法院可以不中止诉讼。
第一百五十四条 【诉讼终结】有下列情形之一的，终结诉讼： （一）原告死亡，没有继承人，或者继承人放弃诉讼权利的； （二）被告死亡，没有遗产，也没有应当承担义务的人的； （三）离婚案件一方当事人死亡的；	**《民事诉讼法》（2021年修正）** **第154条** 有下列情形之一的，终结诉讼： （一）原告死亡，没有继承人，或者继承人放弃诉讼权利的； （二）被告死亡，没有遗产，也没有应当承担义务的人的； （三）离婚案件一方当事人死亡的；

新《民事诉讼法》及解读等	修改前《民事诉讼法》等关联规定
（四）追索赡养费、扶养费、抚养费以及解除收养关系案件的一方当事人死亡的。 **解读：**诉讼终结，是指因出现法定事由，使诉讼无法进行下去或者没有必要继续进行下去，而由法院裁定结束诉讼程序的情况。诉讼终结与诉讼中止都导致诉讼活动停止，但两者性质不同。诉讼终结是最终停止诉讼程序，以后不再恢复诉讼程序；诉讼中止则是暂时停止诉讼程序，通常情况下，在阻碍诉讼进行的事由消除后，法院将恢复原来的诉讼程序。本条规定了四种终结诉讼的情形：1. 原告死亡，没有继承人，或者继承人放弃诉讼权利。此种情况并无承继权利的主体，无诉讼之必要。2. 被告死亡，没有遗产，也没有应当承担义务的人。此种情况并无承担义务的主体与财产，也无诉讼的意义。3. 离婚案件一方当事人死亡。一方当事人死亡，婚姻关系自然消灭，也无诉讼之必要。4. 追索赡养费、扶养费、抚养费以及解除收养关系案件的一方当事人死亡。此种情况原告死亡的，提出给付要求的人不存在了；而被告死亡，也不能再支付赡养费、扶养费和抚养费；解除收养关	（四）追索赡养费、扶养费、抚养费以及解除收养关系案件的一方当事人死亡的。

新《民事诉讼法》及解读等	修改前《民事诉讼法》等关联规定
系案件的一方当事人死亡的，收养关系已经不复存在，也无诉讼之必要。	
第五节　判决和裁定	
第一百五十五条　【判决书】 判决书应当写明判决结果和作出该判决的理由。判决书内容包括： （一）案由、诉讼请求、争议的事实和理由； （二）判决认定的事实和理由、适用的法律和理由； （三）判决结果和诉讼费用的负担； （四）上诉期间和上诉的法院。 判决书由审判人员、书记员署名，加盖人民法院印章。 **解读：** 民事判决是法院通过法定程序行使国家审判权，对所受理的民事案件，经过审理而依法作出的解决当事人之间争议问题的判定。判决的目的在于定分止争，判决结果直接决定了当事人权利义务的归属，是判决书的重要内容。具体而言，判决书应依次写明下述内容：1. 案由、诉讼请求、争议的事实和理由。案由，是指审理的案件的种类，原告提出的诉讼请求以及根据的事实和理由，被告对原告诉讼请求的承认、反驳以及所根据的事实	**《民事诉讼法》（2021年修正）** **第155条**　判决书应当写明判决结果和作出该判决的理由。判决书内容包括： （一）案由、诉讼请求、争议的事实和理由； （二）判决认定的事实和理由、适用的法律和理由； （三）判决结果和诉讼费用的负担； （四）上诉期间和上诉的法院。 判决书由审判人员、书记员署名，加盖人民法院印章。 **《民事诉讼法解释》** **第270条**　适用简易程序审理的案件，有下列情形之一的，人民法院在制作判决书、裁定书、调解书时，对认定事实或者裁判理由部分可以适当简化： （一）当事人达成调解协议并需要制作民事调解书的； （二）一方当事人明确表示承认对方全部或者部分诉讼请求的； （三）涉及商业秘密、个人隐私的案件，当事人一方要求简化裁判

新《民事诉讼法》及解读等	修改前《民事诉讼法》等关联规定
和理由，都应当按原告或者被告的陈述如实载明。被告提出反诉的，也一并表述。2. 判决认定的事实和理由、适用的法律和理由。判决书所表述的这一内容，是法院作出判决的根据，包括法院根据证据所认定的事实，分明争议双方的责任，表明法院对诉讼请求的意见以及所适用的法律条款和理由。3. 判决结果和诉讼费用负担。判决结果是法院根据上述认定的事实和理由以及适用的法律和理由对案件争议解决的内容，一般称判决主文。判决主文要求明确具体，有执行内容的主文应当具有可操作性。4. 上诉期间和上诉的法院。结束部分写明上诉期间、手续和应当向哪个人民法院提起上诉。除上述外，判决书开端应写明原告、被告、第三人及他们诉讼代理人的基本情况，主文下面应由审判员和书记员署名，法官助理也可署名（一般署在书记员上方），加盖法院印章并注明作出判决书的日期。	文书中的相关内容，人民法院认为理由正当的； （四）当事人双方同意简化的。 **《人民法院民事裁判文书制作规范》** 正文略。
第一百五十六条　【先行判决】人民法院审理案件，其中一部分事实已经清楚，可以就该部分先行判决。	**《民事诉讼法》（2021年修正）** **第156条**　人民法院审理案件，其中一部分事实已经清楚，可以就该部分先行判决。

新《民事诉讼法》及解读等	修改前《民事诉讼法》等关联规定
解读：先行判决，也称部分判决，是相对于全部判决而言的，是指法院在审理民事案件的过程中，对于已经查清的案件事实，针对当事人提出的部分诉讼请求所作出的判决。先行判决一般针对有多项诉讼请求、几个诉的合并或者四个当事人的案件，该制度有利于确认和保护当事人的一部分合法权益。对先行判决的理解，需注意以下四点：1. 先行判决是独立的判决，应严格按照判决书制作要求进行，对可上诉的判决也应单独计算。2. 对较为复杂的案件，法定审理期限内不能审结的，可适用先行判决。3. 当事人互有给付义务的，不必适用先行判决。4. 先行判决与先予执行。先行判决是整个判决的一部分，属法院对实体问题的处理，而先予执行则是法院对程序问题的处理，采用裁定。先行判决具有裁判效力，当事人可提起上诉，而先予执行是判决尚未作出前针对当事人生产或生活上的问题作出，该裁定不可上诉。 **案例参考**：《宁波某建筑工程有限公司诉宁波某实业有限公司建设工程施工合同案》①	

① 参见孙长虎、张远金：《先行判决时不能径直驳回剩余诉讼请求》，载《人民司法》2013 年第 12 期。

新《民事诉讼法》及解读等	修改前《民事诉讼法》等关联规定
案例要旨：先行判决时，不能径直驳回剩余部分的诉讼请求，而是应当待先行判决部分生效后继续审理其他诉讼请求。对部分案件事实暂时无法查清的，不能要求当事人就涉及的诉讼请求另行起诉，因该处理方法属于拒绝裁判。	
第一百五十七条 【裁定适用范围】裁定适用于下列范围： （一）不予受理； （二）对管辖权有异议的； （三）驳回起诉； （四）保全和先予执行； （五）准许或者不准许撤诉； （六）中止或者终结诉讼； （七）补正判决书中的笔误； （八）中止或者终结执行； （九）撤销或者不予执行仲裁裁决； （十）不予执行公证机关赋予强制执行效力的债权文书； （十一）其他需要裁定解决的事项。 对前款第一项至第三项裁定，可以上诉。 裁定书应当写明裁定结果和作出该裁定的理由。裁定书由审判人员、书记员署名，加盖人民法院印章。口头裁定的，记入笔录。	**《民事诉讼法》（2021 年修正）** **第 157 条** 裁定适用于下列范围： （一）不予受理； （二）对管辖权有异议的； （三）驳回起诉； （四）保全和先予执行； （五）准许或者不准许撤诉； （六）中止或者终结诉讼； （七）补正判决书中的笔误； （八）中止或者终结执行； （九）撤销或者不予执行仲裁裁决； （十）不予执行公证机关赋予强制执行效力的债权文书； （十一）其他需要裁定解决的事项。 对前款第一项至第三项裁定，可以上诉。 裁定书应当写明裁定结果和作出该裁定的理由。裁定书由审判人员、书记员署名，加盖人民法院印

新《民事诉讼法》及解读等	修改前《民事诉讼法》等关联规定
解读：民事裁定，是指法院在审理案件的过程中，对程序上应解决的事项所作的权威性判定。其主要在于解决程序性问题，一般不涉及实体权利义务问题，但财产保全和先予执行的裁定除外。民事诉讼中适用裁定的情形主要包括：1. 不予受理。不予受理裁定是对不符合起诉条件的起诉的处理方式，直接关涉到原告起诉权的保障，其适用以慎重为妥，尤其立案登记制改革后。2. 对管辖权有异议的。对管辖权异议的处理，有两种结果：异议成立的，受诉法院要裁定将案件移送有管辖权的法院；异议不成立的，受诉法院要裁定驳回管辖权异议。3. 驳回起诉。驳回起诉与不予受理裁定都是对原告起诉的消极评判，只是二者发生的时间段不同：不予受理裁定适用于法院的立案阶段，驳回起诉裁定适用于案件审理阶段。4. 保全和先予执行。该裁定，当事人不服的，可以申请复议一次。5. 准许或者不准许撤诉。6. 中止或者终结诉讼。中止诉讼的障碍消除，可以恢复诉讼程序时，法院应当作出恢复诉讼的裁定。7. 补正判决书中的笔误。判决书中的笔误，是指错写、误算了个别的字、词和数字等	章。口头裁定的，记入笔录。 **《民事诉讼法解释》** **第245条** 民事诉讼法第一百五十七条第一款第七项规定的笔误是指法律文书误写、误算，诉讼费用漏写、误算和其他笔误。

新《民事诉讼法》及解读等	修改前《民事诉讼法》等关联规定
情况。8. 中止或者终结执行。中止执行情况消除后，具有恢复执行的条件时，应作出恢复执行的裁定。9. 不予执行仲裁裁决。对国内仲裁裁决和涉外仲裁裁决，被申请人提出证据证明仲裁裁决有法定情形之一的，经法院组成合议庭审查核实，裁定不予执行。10. 不予执行公证机关赋予强制执行效力的债权文书。法院受理执行申请之后，确认据以执行的债权文书确有错误的，裁定不予执行。11. 其他需要裁定解决的事项。此为兜底性规定，如简易程序转普通程序、按审判监督程序决定再审、中止原裁定的执行等。需注意，对第1—3项的裁定，当事人不服的，可以上诉，对第4项的裁定不服的，可以申请复议一次。其他的，既不可以上诉也不能申请复议。对于可以上诉的裁定，上诉期间，原裁定不发生法律效力。对于可以申请复议的裁定，当事人申请复议的，在作出新的裁定前，原裁定不停止执行。	
第一百五十八条　【生效裁判】 最高人民法院的判决、裁定，以及依法不准上诉或者超过上诉期没有上诉的判决、裁定，是发生法律效力的判决、裁定。	**《民事诉讼法》(2021年修正)** **第158条**　最高人民法院的判决、裁定，以及依法不准上诉或者超过上诉期没有上诉的判决、裁定，是发生法律效力的判决、裁定。

新《民事诉讼法》及解读等	修改前《民事诉讼法》等关联规定
解读：不同级别的法院和适用不同程序而作出的判决，其法律效力发生的时间或者说条件有所不同，主要可分如下四种：1. 最高人民法院作出的裁判，一经宣判即发生法律效力。此不难理解，作为最高审判机关，其作出的裁判无法上诉，也没有上诉机关。2. 各级人民法院适用第二审程序作出的裁判，一经宣判即发生法律效力。我国实行二审终审制，这也意味着二审裁判属于生效裁判，不存在对二审裁判不服再次上诉的可能。当然，虽然当事人仍有其他救济渠道如再审、申请检察院抗诉等，但在生效裁判被撤销前，并不影响生效裁判的效力。3. 实行一审终审不准上诉的裁判，一经宣判即发生法律效力。主要指依照特别程序审理的选民资格案件、宣告失踪或宣告死亡案件、认定公民无民事行为能力或限制民事行为能力案件、认定财产无主案件、确认调解协议案件和实现担保物权案件，以及前条除不予受理、决定管辖权异议、驳回起诉外的其他裁定。4. 实行两审终审的案件，一审裁判作出后，当事人未在上诉期内提出上诉，也没有延长上诉期限的正当理由。	

新《民事诉讼法》及解读等	修改前《民事诉讼法》等关联规定
第一百五十九条 【裁判文书公开】公众可以查阅发生法律效力的判决书、裁定书，但涉及国家秘密、商业秘密和个人隐私的内容除外。 **解读：**裁判文书是人民法院审判工作的最终产品，是承载全部诉讼活动、实现定分止争、体现司法水平的重要载体。推进裁判文书的依法公开，是推动司法能力提升、保障司法公正的重要举措。本条明确了公众可以查阅发生法律效力的判决书、裁定书，但涉及国家秘密、商业秘密和个人隐私的内容除外。为有效实施本条关于裁判文书公开的规定，应采取相应措施，依法保障公众查阅发生法律效力的判决书、裁定书的权利。最高人民法院也出台相应强化司法公开的文件，其中《关于人民法院在互联网公布裁判文书的规定》专门就裁判文书在互联网的公开作了较为详细具体的规定。2013年7月1日，中国裁判文书网正式开通。全国各级人民法院均在中国裁判文书网上传裁判文书，当然，除了互联网公开方式外，也可以通过出版物、报刊、文书查阅室等进行公开。但互联网方式适应了信息化的要求，具有技术简单、成	**《民事诉讼法》（2021年修正）** **第159条** 公众可以查阅发生法律效力的判决书、裁定书，但涉及国家秘密、商业秘密和个人隐私的内容除外。 **《人民法院组织法》** **第7条** 人民法院实行司法公开，法律另有规定的除外。 **《民事诉讼法解释》** **第254条** 公民、法人或者其他组织申请查阅发生法律效力的判决书、裁定书的，应当向作出该生效裁判的人民法院提出。申请应当以书面形式提出，并提供具体的案号或者当事人姓名、名称。 **第255条** 对于查阅判决书、裁定书的申请，人民法院根据下列情形分别处理： （一）判决书、裁定书已经通过信息网络向社会公开的，应当引导申请人自行查阅； （二）判决书、裁定书未通过信息网络向社会公开，且申请符合要求的，应当及时提供便捷的查阅服务； （三）判决书、裁定书尚未发生法律效力，或者已失去法律效力的，不提供查阅并告知申请人； （四）发生法律效力的判决书、裁定书不是本院作出的，应当告知申

新《民事诉讼法》及解读等	修改前《民事诉讼法》等关联规定
本低、时效性的优点。	请人向作出生效裁判的人民法院申请查阅； （五）申请查阅的内容涉及国家秘密、商业秘密、个人隐私的，不予准许并告知申请人。 **《互联网公布裁判文书规定》** **第1条** 人民法院在互联网公布裁判文书，应当依法、全面、及时、规范。 **第2条** 中国裁判文书网是全国法院公布裁判文书的统一平台。各级人民法院在本院政务网站及司法公开平台设置中国裁判文书网的链接。 **第3条** 人民法院作出的下列裁判文书应当在互联网公布： （一）刑事、民事、行政判决书； （二）刑事、民事、行政、执行裁定书； （三）支付令； （四）刑事、民事、行政、执行驳回申诉通知书； （五）国家赔偿决定书； （六）强制医疗决定书或者驳回强制医疗申请的决定书； （七）刑罚执行与变更决定书； （八）对妨害诉讼行为、执行行为作出的拘留、罚款决定书，提前解除拘留决定书，因对不服拘留、

新《民事诉讼法》及解读等	修改前《民事诉讼法》等关联规定
	罚款等制裁决定申请复议而作出的复议决定书； （九）行政调解书、民事公益诉讼调解书； （十）其他有中止、终结诉讼程序作用或者对当事人实体权益有影响、对当事人程序权益有重大影响的裁判文书。 **第4条** 人民法院作出的裁判文书有下列情形之一的，不在互联网公布： （一）涉及国家秘密的； （二）未成年人犯罪的； （三）以调解方式结案或者确认人民调解协议效力的，但为保护国家利益、社会公共利益、他人合法权益确有必要公开的除外； （四）离婚诉讼或者涉及未成年子女抚养、监护的； （五）人民法院认为不宜在互联网公布的其他情形。 **第5条** 人民法院应当在受理案件通知书、应诉通知书中告知当事人在互联网公布裁判文书的范围，并通过政务网站、电子触摸屏、诉讼指南等多种方式，向公众告知人民法院在互联网公布裁判文书的相关规定。 **第6条** 不在互联网公布的裁判

新《民事诉讼法》及解读等	修改前《民事诉讼法》等关联规定
	文书，应当公布案号、审理法院、裁判日期及不公开理由，但公布上述信息可能泄露国家秘密的除外。 **第7条** 发生法律效力的裁判文书，应当在裁判文书生效之日起七个工作日内在互联网公布。依法提起抗诉或者上诉的一审判决书、裁定书，应当在二审裁判生效后七个工作日内在互联网公布。 **第8条** 人民法院在互联网公布裁判文书时，应当对下列人员的姓名进行隐名处理： （一）婚姻家庭、继承纠纷案件中的当事人及其法定代理人； （二）刑事案件被害人及其法定代理人、附带民事诉讼原告人及其法定代理人、证人、鉴定人； （三）未成年人及其法定代理人。 **第9条** 根据本规定第八条进行隐名处理时，应当按以下情形处理： （一）保留姓氏，名字以“某”替代； （二）对于少数民族姓名，保留第一个字，其余内容以“某”替代； （三）对于外国人、无国籍人姓名的中文译文，保留第一个字，

新《民事诉讼法》及解读等	修改前《民事诉讼法》等关联规定
	其余内容以“某”替代；对于外国人、无国籍人的英文姓名，保留第一个英文字母，删除其他内容。 对不同姓名隐名处理后发生重复的，通过在姓名后增加阿拉伯数字进行区分。 **第10条**　人民法院在互联网公布裁判文书时，应当删除下列信息： （一）自然人的家庭住址、通讯方式、身份证号码、银行账号、健康状况、车牌号码、动产或不动产权属证书编号等个人信息； （二）法人以及其他组织的银行账号、车牌号码、动产或不动产权属证书编号等信息； （三）涉及商业秘密的信息； （四）家事、人格权益等纠纷中涉及个人隐私的信息； （五）涉及技术侦查措施的信息； （六）人民法院认为不宜公开的其他信息。 按照本条第一款删除信息影响对裁判文书正确理解的，用符号“×”作部分替代。 **第11条**　人民法院在互联网公布裁判文书，应当保留当事人、法定代理人、委托代理人、辩护人的下列信息：

新《民事诉讼法》及解读等	修改前《民事诉讼法》等关联规定
	（一）除根据本规定第八条进行隐名处理的以外，当事人及其法定代理人是自然人的，保留姓名、出生日期、性别、住所地所属县、区；当事人及其法定代理人是法人或其他组织的，保留名称、住所地、组织机构代码，以及法定代表人或主要负责人的姓名、职务； （二）委托代理人、辩护人是律师或者基层法律服务工作者的，保留姓名、执业证号和律师事务所、基层法律服务机构名称；委托代理人、辩护人是其他人员的，保留姓名、出生日期、性别、住所地所属县、区，以及与当事人的关系。 **第12条** 办案法官认为裁判文书具有本规定第四条第五项不宜在互联网公布情形的，应当提出书面意见及理由，由部门负责人审查后报主管副院长审定。 **第15条** 在互联网公布的裁判文书，除依照本规定要求进行技术处理的以外，应当与裁判文书的原本一致。 人民法院对裁判文书中的笔误进行补正的，应当及时在互联网公布补正笔误的裁定书。 办案法官对在互联网公布的裁判文书与裁判文书原本的一致性，

新《民事诉讼法》及解读等	修改前《民事诉讼法》等关联规定
	以及技术处理的规范性负责。 **第16条**　在互联网公布的裁判文书与裁判文书原本不一致或者技术处理不当的，应当及时撤回并在纠正后重新公布。 在互联网公布的裁判文书，经审查存在本规定第四条列明情形的，应当及时撤回，并按照本规定第六条处理。
第十三章　简易程序	
第一百六十条　【简易程序适用范围】基层人民法院和它派出的法庭审理事实清楚、权利义务关系明确、争议不大的简单的民事案件，适用本章规定。 基层人民法院和它派出的法庭审理前款规定以外的民事案件，当事人双方也可以约定适用简易程序。 **解读：**简易程序是基层法院及其派出法庭审理简单民事案件所适用的一种简便易行的诉讼程序。其是相对于普通程序来说的，在起诉形式、传唤当事人方式、审理程序以及审限等方面都做了简化，也可以理解为是一种简化了的普通程序。简易程序只能适用于基层人民法院和它派出的法庭，中级以上法院不得适用简易程序。简易程序只能适用于简单民事案件。简单民事案件指	**《民事诉讼法》（2021年修正）** **第160条**　基层人民法院和它派出的法庭审理事实清楚、权利义务关系明确、争议不大的简单的民事案件，适用本章规定。 基层人民法院和它派出的法庭审理前款规定以外的民事案件，当事人双方也可以约定适用简易程序。 **《民事诉讼法解释》** **第256条**　民事诉讼法第一百六十条规定的简单民事案件中的事实清楚，是指当事人对争议的事实陈述基本一致，并能提供相应的证据，无须人民法院调查收集证据即可查明事实；权利义务关系明确是指能明确区分谁是责任的承担者，谁是权利的享有者；争议不大是指当事人对案件的是非、责任承担以及诉讼标的争执无原则分歧。

新《民事诉讼法》及解读等	修改前《民事诉讼法》等关联规定
"事实清楚、权利义务关系明确、争议不大的"案件。"事实清楚"，是指当事人所争议的民事法律关系发生变化的事实基本是清楚的，双方都能提出有关证据，法院不需要进行大量的调查和取证工作，可以在全面审核当事人证据或者做少量调查工作后就能查清案件的事实，进行审理工作。"权利义务关系明确"，是指诉讼当事人之间的民事权利义务关系简单、清楚，双方争议的矛盾也比较明确，当事人之间的纠纷的形成和发展过程也不太复杂。"争议不大"，是指双方当人对他们之间的法律关系的发展、变更或者消灭的法律事实，以及案件发生的原因、权利义务的归属等没有太大争议。此外，本条第2款还规定当事人对简易程序的程序选择权，即基层法院和它派出的法庭审理前款规定以外的民事案件，当事人双方也可约定适用简易程序。需注意，这里应为双方约定，仅原告或者被告一方选择适用简易程序时，不能适用简易程序。且仅限于对依据《民事诉讼法》的规定适用普通程序的民事案件，而不能对依据规定本就适用简易程序的民事案件约定选择适用普通程序。	**第257条** 下列案件，不适用简易程序： （一）起诉时被告下落不明的； （二）发回重审的； （三）当事人一方人数众多的； （四）适用审判监督程序的； （五）涉及国家利益、社会公共利益的； （六）第三人起诉请求改变或者撤销生效判决、裁定、调解书的； （七）其他不宜适用简易程序的案件。 **第258条** 适用简易程序审理的案件，审理期限到期后，有特殊情况需要延长的，经本院院长批准，可以延长审理期限。延长后的审理期限累计不得超过四个月。 人民法院发现案件不宜适用简易程序，需要转为普通程序审理的，应当在审理期限届满前作出裁定并将审判人员及相关事项书面通知双方当事人。 案件转为普通程序审理的，审理期限自人民法院立案之日计算。 **第260条** 已经按照普通程序审理的案件，在开庭后不得转为简易程序审理。 **第264条** 当事人双方根据民事诉讼法第一百六十条第二款规定

新《民事诉讼法》及解读等	修改前《民事诉讼法》等关联规定
	约定适用简易程序的，应当在开庭前提出。口头提出的，记入笔录，由双方当事人签名或者捺印确认。 本解释第二百五十七条规定的案件，当事人约定适用简易程序的，人民法院不予准许。 **第269条**　当事人就案件适用简易程序提出异议，人民法院经审查，异议成立的，裁定转为普通程序；异议不成立的，裁定驳回。裁定以口头方式作出的，应当记入笔录。 转为普通程序的，人民法院应当将审判人员及相关事项以书面形式通知双方当事人。 转为普通程序前，双方当事人已确认的事实，可以不再进行举证、质证。 **《简易程序规定》** **第1条**　基层人民法院根据民事诉讼法第一百五十七条规定审理简单的民事案件，适用本规定，但有下列情形之一的案件除外： （一）起诉时被告下落不明的； （二）发回重审的； （三）共同诉讼中一方或者双方当事人人数众多的； （四）法律规定应当适用特别程序、审判监督程序、督促程序、公示催告程序和企业法人破产还债

新《民事诉讼法》及解读等	修改前《民事诉讼法》等关联规定
	程序的； （五）人民法院认为不宜适用简易程序进行审理的。 **第2条** 基层人民法院适用第一审普通程序审理的民事案件，当事人各方自愿选择适用简易程序，经人民法院审查同意的，可以适用简易程序进行审理。 人民法院不得违反当事人自愿原则，将普通程序转为简易程序。 **第3条** 当事人就适用简易程序提出异议，人民法院认为异议成立的，或者人民法院在审理过程中发现不宜适用简易程序的，应当将案件转入普通程序审理。
第一百六十一条 【简易程序起诉方式】对简单的民事案件，原告可以口头起诉。 当事人双方可以同时到基层人民法院或者它派出的法庭，请求解决纠纷。基层人民法院或者它派出的法庭可以当即审理，也可以另定日期审理。 **解读：**简易程序，在起诉和受理方式上较第一审普通程序更为简化，主要表现在以下两方面：一是可以采取口头方式起诉。第一审普通程序以书面起诉为原则，以口头形式为例外；只有书写起诉书有困难	**《民事诉讼法》（2021年修正）** **第161条** 对简单的民事案件，原告可以口头起诉。 当事人双方可以同时到基层人民法院或者它派出的法庭，请求解决纠纷。基层人民法院或者它派出的法庭可以当即审理，也可以另定日期审理。 **《民事诉讼法解释》** **第265条** 原告口头起诉的，人民法院应当将当事人的姓名、性别、工作单位、住所、联系方式等基本信息，诉讼请求，事实及理由等准确记入笔录，由原告核对无误后

新《民事诉讼法》及解读等	修改前《民事诉讼法》等关联规定
的，才可以用口头形式起诉。而适用简易程序起诉的案件，原告可以用口头形式起诉，法律上没有附加任何条件。二是可当即审理。普通一审程序中，原告起诉后，法院受理的，应当在立案之日起5日内将起诉状副本发送被告。被告在起诉状送达后15日内提出答辩状。这种方式在简易程序中可以使用，但并非必需。简易程序中当事人双方可以同时到基层人民法院或者它派出的法庭，请求解决纠纷。基层法院或者它派出的法庭可当即审理，也可另定日期审理。但在适用简易程序审理案件时，法院仍应告知当事人诉讼权利义务。	签名或者捺印。对当事人提交的证据材料，应当出具收据。 **第266条第3款**　当事人双方均表示不需要举证期限、答辩期间的，人民法院可以立即开庭审理或者确定开庭日期。 **《简易程序规定》** **第4条**　原告本人不能书写起诉状，委托他人代写起诉状确有困难的，可以口头起诉。 原告口头起诉的，人民法院应当将当事人的基本情况、联系方式、诉讼请求、事实及理由予以准确记录，将相关证据予以登记。人民法院应当将上述记录和登记的内容向原告当面宣读，原告认为无误后应当签名或者按指印。 **第5条**　当事人应当在起诉或者答辩时向人民法院提供自己准确的送达地址、收件人、电话号码等其他联系方式，并签名或者按指印确认。 送达地址应当写明受送达人住所地的邮政编码和详细地址；受送达人是有固定职业的自然人的，其从业的场所可以视为送达地址。 **第7条**　双方当事人到庭后，被告同意口头答辩的，人民法院可以当即开庭审理；被告要求书面答辩的，人民法院应当将提交答辩状的

新《民事诉讼法》及解读等	修改前《民事诉讼法》等关联规定
	期限和开庭的具体日期告知各方当事人，并向当事人说明逾期举证以及拒不到庭的法律后果，由各方当事人在笔录和开庭传票的送达回证上签名或者按指印。
第一百六十二条　【简易程序的传唤、送达、审理】基层人民法院和它派出的法庭审理简单的民事案件，可以用简便方式传唤当事人和证人、送达诉讼文书、审理案件，但应当保障当事人陈述意见的权利。 **解读：**简易程序的简便性、灵活性不仅体现在起诉与受理方式上，在传唤当事人和证人、送达文书、审理案件的方式上也有体现。简易程序传唤当事人、证人虽然也可使用传票、通知书等形式，但也可使用口头或其他简便形式，如委托他人捎口信、电话、短信、传真、电子邮件等简便方式。传唤的时间也不受在开庭前3日通知当事人和其他诉讼参与人的时间限制。送达文书方面，简易程序不受普通程序关于相关送达时间的限制。审理方式方面，如开庭前已经书面或口头告知当事人诉讼权利义务，或当事人各方均委托律师代理诉讼的，审判人员除告知当事人申请回避的权利外，可不再告知当事人其他的诉讼	**《民事诉讼法》（2021年修正）** **第162条**　基层人民法院和它派出的法庭审理简单的民事案件，可以用简便方式传唤当事人和证人、送达诉讼文书、审理案件，但应当保障当事人陈述意见的权利。 **《民事诉讼法解释》** **第261条**　适用简易程序审理案件，人民法院可以依照民事诉讼法第九十条、第一百六十二条的规定采取捎口信、电话、短信、传真、电子邮件等简便方式传唤双方当事人、通知证人和送达诉讼文书。 以简便方式送达的开庭通知，未经当事人确认或者没有其他证据证明当事人已经收到的，人民法院不得缺席判决。 适用简易程序审理案件，由审判员独任审判，书记员担任记录。 **第267条**　适用简易程序审理案件，可以简便方式进行审理前的准备。 **《简易程序规定》** **第5条**　当事人应当在起诉或者

新《民事诉讼法》及解读等	修改前《民事诉讼法》等关联规定
权利义务。下条亦对简易程序审理方式可突破普通程序的要求作了明确。但需注意，当事人陈述意见的权利是基本权利，无论简易程序在传唤当事人和证人、送达文书、审理案件方面如何简化，都应保障当事人能够充分陈述意见，而不能剥夺当事人的这一诉讼权利。	答辩时向人民法院提供自己准确的送达地址、收件人、电话号码等其他联系方式，并签名或者按指印确认。 送达地址应当写明受送达人住所地的邮政编码和详细地址；受送达人是有固定职业的自然人的，其从业的场所可以视为送达地址。 **第 6 条**　原告起诉后，人民法院可以采取捎口信、电话、传真、电子邮件等简便方式随时传唤双方当事人、证人。 **第 7 条**　双方当事人到庭后，被告同意口头答辩的，人民法院可以当即开庭审理；被告要求书面答辩的，人民法院应当将提交答辩状的期限和开庭的具体日期告知各方当事人，并向当事人说明逾期举证以及拒不到庭的法律后果，由各方当事人在笔录和开庭传票的送达回证上签名或者按指印。
第一百六十三条　**【简易程序审理方式】**简单的民事案件由审判员一人独任审理，并不受本法第一百三十九条、第一百四十一条、第一百四十四条规定的限制。 **解读：**简易程序实行独任审判，但需注意，独任审判虽然是审判组织的简化，但同样要遵守有关回避	**《民事诉讼法》（2021 年修正）** **第 163 条**　简单的民事案件由审判员一人独任审理，并不受本法第一百三十九条、第一百四十一条、第一百四十四条规定的限制。 **第 139 条**　人民法院审理民事案件，应当在开庭三日前通知当事人和其他诉讼参与人。公开审理的，

新《民事诉讼法》及解读等	修改前《民事诉讼法》等关联规定
的规定。如前所述，简易程序的开庭审理中，法庭调查和法庭辩论也可更为灵活，不受普通程序关于庭审通知、法庭调查、法庭辩论要求的约束。庭审通知上，开庭前通知诉讼参与人没有时限要求，只要以合适方式通知诉讼参与人并且能够让其有合理的准备时间以按时参加庭审即可。在遵循公开审理原则下，无需提前公告当事人的姓名、案由和开庭的时间地点。法庭调查和法庭辩论上，不受本法规定的法庭调查和法庭辩论顺序限制，且法院还可根据实际情况，将法庭调查和法庭辩论两个阶段有机结合起来，合并进行。	应当公告当事人姓名、案由和开庭的时间、地点。 **第141条**　法庭调查按照下列顺序进行： （一）当事人陈述； （二）告知证人的权利义务，证人作证，宣读未到庭的证人证言； （三）出示书证、物证、视听资料和电子数据； （四）宣读鉴定意见； （五）宣读勘验笔录。 **第144条**　法庭辩论按照下列顺序进行： （一）原告及其诉讼代理人发言； （二）被告及其诉讼代理人答辩； （三）第三人及其诉讼代理人发言或者答辩； （四）互相辩论。 法庭辩论终结，由审判长或者独任审判员按照原告、被告、第三人的先后顺序征询各方最后意见。 **《简易程序规定》** **第19条**　开庭前已经书面或者口头告知当事人诉讼权利义务，或者当事人各方均委托律师代理诉讼的，审判人员除告知当事人申请回避的权利外，可以不再告知当事人其他的诉讼权利义务。

新《民事诉讼法》及解读等	修改前《民事诉讼法》等关联规定
	第20条 对没有委托律师代理诉讼的当事人，审判人员应当对回避、自认、举证责任等相关内容向其作必要的解释或者说明，并在庭审过程中适当提示当事人正确行使诉讼权利、履行诉讼义务，指导当事人进行正常的诉讼活动。 **第21条** 开庭时，审判人员可以根据当事人的诉讼请求和答辩意见归纳出争议焦点，经当事人确认后，由当事人围绕争议焦点举证、质证和辩论。 当事人对案件事实无争议的，审判人员可以在听取当事人就适用法律方面的辩论意见后径行判决、裁定。 **第22条** 当事人双方同时到基层人民法院请求解决简单的民事纠纷，但未协商举证期限，或者被告一方经简便方式传唤到庭的，当事人在开庭审理时要求当庭举证的，应予准许；当事人当庭举证有困难的，举证的期限由当事人协商决定，但最长不得超过十五日；协商不成的，由人民法院决定。 **第23条** 适用简易程序审理的民事案件，应当一次开庭审结，但人民法院认为确有必要再次开庭的除外。

新《民事诉讼法》及解读等	修改前《民事诉讼法》等关联规定
	第24条 书记员应当将适用简易程序审理民事案件的全部活动记入笔录。对于下列事项，应当详细记载： （一）审判人员关于当事人诉讼权利义务的告知、争议焦点的概括、证据的认定和裁判的宣告等重大事项； （二）当事人申请回避、自认、撤诉、和解等重大事项； （三）当事人当庭陈述的与其诉讼权利直接相关的其他事项。 **第25条** 庭审结束时，审判人员可以根据案件的审理情况对争议焦点和当事人各方举证、质证和辩论的情况进行简要总结，并就是否同意调解征询当事人的意见。
第一百六十四条 【简易程序审理期限】人民法院适用简易程序审理案件，应当在立案之日起三个月内审结。有特殊情况需要延长的，经本院院长批准，可以延长一个月。 **解读：**一审普通程序审理案件审限为6个月，有特殊情况需要延长的，报本院院长批准；还需要延长的，报请上级人民法院批准。而适用简易程序的案件多数为事实清楚、争议不大的案件，将其审理期限规定为3个月，这也是设置简易	**《民事诉讼法》（2021年修正）** **第164条** 人民法院适用简易程序审理案件，应当在立案之日起三个月内审结。有特殊情况需要延长的，经本院院长批准，可以延长一个月。 **《民事诉讼法解释》** **第258条** 适用简易程序审理的案件，审理期限到期后，有特殊情况需要延长的，经本院院长批准，可以延长审理期限。延长后的审理期限累计不得超过四个月。

新《民事诉讼法》及解读等	修改前《民事诉讼法》等关联规定
程序的应有之义。需注意，本法2021年修正前，《民事诉讼法解释》规定的简易程序可以再延长3个月，也就是6个月，但2021年修正后的《民事诉讼法》将其最长审限规定为4个月，之后《民事诉讼法解释》也进行了相应调整。实践中，随着市场经济的发展与经济活动、权利意识的增强，民商事案件数量长期高位运行，存在简易案件3个月审限不够的情况，为避免因为纯粹的审限问题进行“简转普”的操作，《民事诉讼法》2021年修正时明确了简易程序审限可延长1个月，即最长为4个月。	人民法院发现案件不宜适用简易程序，需要转为普通程序审理的，应当在审理期限届满前作出裁定并将审判人员及相关事项书面通知双方当事人。 案件转为普通程序审理的，审理期限自人民法院立案之日计算。
第一百六十五条 【小额诉讼程序适用范围】基层人民法院和它派出的法庭审理事实清楚、权利义务关系明确、争议不大的简单金钱给付民事案件，标的额为各省、自治区、直辖市上年度就业人员年平均工资百分之五十以下的，适用小额诉讼的程序审理，实行一审终审。 基层人民法院和它派出的法庭审理前款规定的民事案件，标的额超过各省、自治区、直辖市上年度就业人员年平均工资百分之五十但在二倍以下的，当事人双方也可以约定适用小额诉讼的程序。	**《民事诉讼法》（2021年修正）** **第165条** 基层人民法院和它派出的法庭审理事实清楚、权利义务关系明确、争议不大的简单金钱给付民事案件，标的额为各省、自治区、直辖市上年度就业人员年平均工资百分之五十以下的，适用小额诉讼的程序审理，实行一审终审。 基层人民法院和它派出的法庭审理前款规定的民事案件，标的额超过各省、自治区、直辖市上年度就业人员年平均工资百分之五十但在二倍以下的，当事人双方也可以约定适用小额诉讼的程序。

新《民事诉讼法》及解读等	修改前《民事诉讼法》等关联规定
解读：小额诉讼程序属于特殊的简易程序，是较简易程序更为简化的诉讼程序，对当事人的上诉权作了限制，实行一审终审制。也正是基于此，小额诉讼程序须严格限定适用范围。本条明确了小额诉讼的两种适用情形：一是法定情形，即基层法院和它派出的法庭审理事实清楚、权利义务关系明确、争议不大的简单金钱给付民事案件，标的额为各省、自治区、直辖市上年度就业人员年平均工资百分之五十以下的。二是约定情形，即基层法院和它派出的法庭审理前款规定的民事案件，标的额超过各省、自治区、直辖市上年度就业人员年平均工资百分之五十但在二倍以下的，当事人双方可约定适用小额诉讼程序。值得注意的是，这是《民事诉讼法》2021年修正时调整后的规定，本次修正予以保留。2021年修正前的《民事诉讼法》规定的法院直接适用小额诉讼的标的额为上年度就业人员年平均工资百分之三十以下，2021年修正时将这一标准提高为上年度就业人员年平均工资百分之五十以下，这显著扩大了小额诉讼的适用范围。同时还增加了当事人约定适用的情形，即标的额在	**《民事诉讼法解释》** **第271条**　人民法院审理小额诉讼案件，适用民事诉讼法第一百六十五条的规定，实行一审终审。 **第272条**　民事诉讼法第一百六十五条规定的各省、自治区、直辖市上年度就业人员年平均工资，是指已经公布的各省、自治区、直辖市上一年度就业人员年平均工资。在上一年度就业人员年平均工资公布前，以已经公布的最近年度就业人员年平均工资为准。 **第273条**　海事法院可以适用小额诉讼的程序审理海事、海商案件。案件标的额应当以实际受理案件的海事法院或者其派出法庭所在的省、自治区、直辖市上年度就业人员年平均工资为基数计算。 **第274条**　人民法院受理小额诉讼案件，应当向当事人告知该类案件的审判组织、一审终审、审理期限、诉讼费用交纳标准等相关事项。 **第275条**　小额诉讼案件的举证期限由人民法院确定，也可以由当事人协商一致并经人民法院准许，但一般不超过七日。 被告要求书面答辩的，人民法院可以在征得其同意的基础上合理确定答辩期间，但最长不得超过十五日。

新《民事诉讼法》及解读等	修改前《民事诉讼法》等关联规定
上年度就业人员年平均工资百分之五十但在二倍以下，当事人约定适用小额诉讼程序的，也可适用小额诉讼程序，这无疑为当事人提供了自主选择权，进一步提高了诉讼效率。此外，2021年修正的《民事诉讼法》亦将小额诉讼的适用范围明确限定为“金钱给付”案件，这里的标的额一般以当事人的诉讼主张为准。	当事人到庭后表示不需要举证期限和答辩期间的，人民法院可立即开庭审理。 **第276条**　当事人对小额诉讼案件提出管辖异议的，人民法院应当作出裁定。裁定一经作出即生效。 **第277条**　人民法院受理小额诉讼案件后，发现起诉不符合民事诉讼法第一百二十二条规定的起诉条件的，裁定驳回起诉。裁定一经作出即生效。 **第280条**　小额诉讼案件的裁判文书可以简化，主要记载当事人基本信息、诉讼请求、裁判主文等内容。 **第281条**　人民法院审理小额诉讼案件，本解释没有规定的，适用简易程序的其他规定。
第一百六十六条　【不适用小额诉讼程序的情形】人民法院审理下列民事案件，不适用小额诉讼的程序： （一）人身关系、财产确权案件； （二）涉外案件； （三）需要评估、鉴定或者对诉前评估、鉴定结果有异议的案件； （四）一方当事人下落不明的案件； （五）当事人提出反诉的案件；	**《民事诉讼法》（2021年修正）** **第166条**　人民法院审理下列民事案件，不适用小额诉讼的程序： （一）人身关系、财产确权案件； （二）涉外案件； （三）需要评估、鉴定或者对诉前评估、鉴定结果有异议的案件； （四）一方当事人下落不明的案件； （五）当事人提出反诉的案件； （六）其他不宜适用小额诉讼的程序审理的案件。

新《民事诉讼法》及解读等	修改前《民事诉讼法》等关联规定
（六）其他不宜适用小额诉讼的程序审理的案件。 **解读：**本条为《民事诉讼法》2021年修正时增加的一条，属排除适用小额诉讼程序的清单条款，该条为小额诉讼程序设置“排除清单”，有利于保障当事人诉权。如前所述，小额程序的适用前提不仅在于标的额，还有相应的实质性标准，即“事实清楚、权利义务关系明确、争议不大的简单”金钱给付民事案件。司法实践中，经常遇到一些小标的额但大矛盾的案例，这种案件则不应适用小额诉讼程序。关于本条规定的几类排除适用情形，除第3项外，其他几项理解起来并不困难。第3项“需要评估、鉴定或者对诉前评估、鉴定结果有异议”中的“诉前评估、鉴定”在《民事诉讼法解释》关于小额诉讼程序规定中已出现，2021年本法修正时将其正式纳入法律。目前，不少法院在推行诉前评估和诉前鉴定，但启动诉前评估和诉前鉴定的主体也不一定是法院，可能是调解组织或其他部门，甚至也可能是当事人。另值得注意的是，这里的“诉前评估、鉴定结果”不同于《民事诉讼法》（2021年修正）第66条所列举的证据	**《民事诉讼法解释》** **第278条**　因当事人申请增加或者变更诉讼请求、提出反诉、追加当事人等，致使案件不符合小额诉讼案件条件的，应当适用简易程序的其他规定审理。 前款规定案件，应当适用普通程序审理的，裁定转为普通程序。 适用简易程序的其他规定或者普通程序审理前，双方当事人已确认的事实，可以不再进行举证、质证。 **第279条**　当事人对按照小额诉讼案件审理有异议的，应当在开庭前提出。人民法院经审查，异议成立的，适用简易程序的其他规定审理或者裁定转为普通程序；异议不成立的，裁定驳回。裁定以口头方式作出的，应当记入笔录。

新《民事诉讼法》及解读等	修改前《民事诉讼法》等关联规定
类型中的“鉴定意见”，其所指的应为更大范畴意义上的评估和鉴定结果，并不限定在第66条规定的“鉴定意见”范围。	
第一百六十七条 【小额诉讼程序可一次开庭并当庭宣判】 人民法院适用小额诉讼的程序审理案件，可以一次开庭审结并且当庭宣判。 **解读：** 对当事人来讲，反复到法庭参加诉讼和对裁判结果的漫长期待都是难以忍受的。公认的高效庭审应该是公开、集中、持续、一次完成的，也就是所谓的一次开庭审结。尽可能减少开庭次数乃至一次开庭审结案件，有利于保证案件处理的效率，尤其对适用小额诉讼程序的案件而言，其多为简单案件，故本条明确适用小额诉讼程序的案件可以一次开庭审结并当庭宣判，属于以最小的诉讼消耗取得最佳审判效果的做法。当然需注意，这里用的是“可以”而非“应当”。	**《民事诉讼法》（2021年修正）** **第167条** 人民法院适用小额诉讼的程序审理案件，可以一次开庭审结并且当庭宣判。 **《民事诉讼程序繁简分流改革试点实施办法》** **第8条** 适用小额诉讼程序审理的案件，可以比照简易程序进一步简化传唤、送达、证据交换的方式，但不得减损当事人答辩、举证、质证、陈述、辩论等诉讼权利。 适用小额诉讼程序审理的案件，庭审可以不受法庭调查、法庭辩论等庭审程序限制，直接围绕诉讼请求或者案件要素进行，原则上应当一次开庭审结，但人民法院认为确有必要再次开庭的除外。
第一百六十八条 【小额诉讼程序审限】 人民法院适用小额诉讼的程序审理案件，应当在立案之日起两个月内审结。有特殊情况需要延长的，经本院院长批准，可以延长一个月。	**《民事诉讼法》（2021年修正）** **第168条** 人民法院适用小额诉讼的程序审理案件，应当在立案之日起两个月内审结。有特殊情况需要延长的，经本院院长批准，可以延长一个月。

新《民事诉讼法》及解读等	修改前《民事诉讼法》等关联规定
解读：2021年修正的《民事诉讼法》为将小额诉讼的审限与简易程序的审限相区分，小额诉讼的审限被明确规定为2个月，同时可有条件地延长1个月。由于简易程序基本审限为3个月，小额程序在审限上应更少才能凸显其程序价值，但基于目前的基层现实，缩短为1个月不太现实，故只能规定为2个月。当然，考虑到特殊情况的存在，小额程序同样明确了经院长批准可延长一个月，即适用小额诉讼程序审理案件的审限最长为3个月。	
第一百六十九条　【小额诉讼程序转简易程序、普通程序】人民法院在审理过程中，发现案件不宜适用小额诉讼的程序的，应当适用简易程序的其他规定审理或者裁定转为普通程序。 当事人认为案件适用小额诉讼的程序审理违反法律规定的，可以向人民法院提出异议。人民法院对当事人提出的异议应当审查，异议成立的，应当适用简易程序的其他规定审理或者裁定转为普通程序；异议不成立的，裁定驳回。 **解读：**本条亦为《民事诉讼法》2021年修正时增加的内容，本次修正仍予保留。一般而言，民事案	**《民事诉讼法》（2021年修正）** **第169条**　人民法院在审理过程中，发现案件不宜适用小额诉讼的程序的，应当适用简易程序的其他规定审理或者裁定转为普通程序。 当事人认为案件适用小额诉讼的程序审理违反法律规定的，可以向人民法院提出异议。人民法院对当事人提出的异议应当审查，异议成立的，应当适用简易程序的其他规定审理或者裁定转为普通程序；异议不成立的，裁定驳回。 **《民事诉讼法解释》** **第278条**　因当事人申请增加或者变更诉讼请求、提出反诉、追加当事人等，致使案件不符合小额诉

新《民事诉讼法》及解读等	修改前《民事诉讼法》等关联规定
件适用小额诉讼程序、一般简易程序（除小额诉讼程序外的其他简易程序）、普通程序审理，逻辑上是存在一定递进性的。作为简易程序的特殊一类，小额诉讼程序在符合条件的情况下应优先适用。但在审理中难免会出现或者发现不符合小额诉讼程序条件的，此时则需要转向一般简易程序或普通程序。启动主体上，既可以是法院主动发现而启动的（本条第1款），也可以是当事人认为不适宜而向法院提出异议后法院审查成立而启动的（本条第2款）。而具体是转为一般简易程序还是普通程序，则需结合简易程序与普通程序的案件标准确定。需注意的是，转为一般的简易程序审理并不要求通过裁定方式，可直接适用简易程序规定即可，但转为普通程序审理的，则需通过“裁定”的方式进行。	讼案件条件的，应当适用简易程序的其他规定审理。 前款规定案件，应当适用普通程序审理的，裁定转为普通程序。 适用简易程序的其他规定或者普通程序审理前，双方当事人已确认的事实，可以不再进行举证、质证。 **第279条**　当事人对按照小额诉讼案件审理有异议的，应当在开庭前提出。人民法院经审查，异议成立的，适用简易程序的其他规定审理或者裁定转为普通程序；异议不成立的，裁定驳回。裁定以口头方式作出的，应当记入笔录。 **第281条**　人民法院审理小额诉讼案件，本解释没有规定的，适用简易程序的其他规定。
第一百七十条　【简易程序转普通程序】人民法院在审理过程中，发现案件不宜适用简易程序的，裁定转为普通程序。 **解读：**由于法院在立案阶段无法对案件进行深入的调查和审理，故此时对案件属简单案件的判断可能与实际存在出入。在后续审理进程中，法院发现案件疑难复杂，并不属	**《民事诉讼法》（2021年修正）** **第170条**　人民法院在审理过程中，发现案件不宜适用简易程序的，裁定转为普通程序。 **《民事诉讼法解释》** **第199条**　适用简易程序审理的案件转为普通程序的，原告自接到人民法院交纳诉讼费用通知之日起七日内补交案件受理费。

新《民事诉讼法》及解读等	修改前《民事诉讼法》等关联规定
简单案件的，此时无论从独任审判上还是审理期限上，将不宜再适用简易程序。为此，本条对此种情况下的简易程序转普通程序作了明确。但在程序转换中应注意以下四点：一是需在审限届满前作出裁定，而不能超出简易程序审限；二是转为普通程序后的审限虽然变长，但起算时间仍为法院立案次日而非程序转换之日或次日；三是转为普通程序前，双方当事人已确认的事实，无需再举证、质证；四是裁定转为普通程序的，应将合议庭组成等事项通知当事人。	原告无正当理由未按期足额补交的，按撤诉处理，已经收取的诉讼费用退还一半。 **第258条** 适用简易程序审理的案件，审理期限到期后，有特殊情况需要延长的，经本院院长批准，可以延长审理期限。延长后的审理期限累计不得超过四个月。 人民法院发现案件不宜适用简易程序，需要转为普通程序审理的，应当在审理期限届满前作出裁定并将审判人员及相关事项书面通知双方当事人。 案件转为普通程序审理的，审理期限自人民法院立案之日计算。 **第269条** 当事人就案件适用简易程序提出异议，人民法院经审查，异议成立的，裁定转为普通程序；异议不成立的，裁定驳回。裁定以口头方式作出的，应当记入笔录。 转为普通程序的，人民法院应当将审判人员及相关事项以书面形式通知双方当事人。 转为普通程序前，双方当事人已确认的事实，可以不再进行举证、质证。

新《民事诉讼法》及解读等	修改前《民事诉讼法》等关联规定
第十四章 第二审程序	
第一百七十一条 【上诉权】 当事人不服地方人民法院第一审判决的，有权在判决书送达之日起十五日内向上一级人民法院提起上诉。 当事人不服地方人民法院第一审裁定的，有权在裁定书送达之日起十日内向上一级人民法院提起上诉。 **解读：**上诉权是当事人的一项诉讼权利，当事人既可以行使也可以放弃。当事人是否提起上诉，应由其自行决定，任何组织和个人都无权加以干涉。当事人在行使上诉权时，须符合以下法定条件：一是第一审人民法院作出的未生效裁判必须是法律允许上诉的判决或裁定。除了最高人民法院作为第一审人民法院作出的裁判，基层人民法院及其派出法庭针对小额诉讼案件作出的裁判，以及各级地方人民法院依照特别程序、督促程序、公示催告程序所作的裁判不准上诉外，地方各级人民法院依普通程序和简易程序所作出的第一审判决以及不予受理、驳回起诉和对管辖权异议的裁定，当事人都可以提起上诉。二是上诉人必须是享有上诉权的当事人。可以提起上诉的主体包含：第一审	**《民事诉讼法》（2021年修正）** **第171条** 当事人不服地方人民法院第一审判决的，有权在判决书送达之日起十五日内向上一级人民法院提起上诉。 当事人不服地方人民法院第一审裁定的，有权在裁定书送达之日起十日内向上一级人民法院提起上诉。 **《民事诉讼法解释》** **第244条** 可以上诉的判决书、裁定书不能同时送达双方当事人的，上诉期从各自收到判决书、裁定书之日计算。 **第317条** 必要共同诉讼人的一人或者部分人提起上诉的，按下列情形分别处理： （一）上诉仅对与对方当事人之间权利义务分担有意见，不涉及其他共同诉讼人利益的，对方当事人为被上诉人，未上诉的同一方当事人依原审诉讼地位列明； （二）上诉仅对共同诉讼人之间权利义务分担有意见，不涉及对方当事人利益的，未上诉的同一方当事人为被上诉人，对方当事人依原审诉讼地位列明； （三）上诉对双方当事人之间以

新《民事诉讼法》及解读等	修改前《民事诉讼法》等关联规定
程序中的原告和被告（有权提起上诉的公民如果死亡，其继承人可以提起上诉。有权提起上诉的法人或者其他组织终止，承受其权利的法人或者其他组织可以提起上诉）、有独立请求权的第三人、无独立请求权的第三人（一审法院对其作承担实体权利义务的判决的）、第一审程序中的共同诉讼人（必要的共同诉讼人、普通的共同诉讼人）、第二审程序中的被上诉人（一审程序中作为上诉人相对一方的当事人，或者与其争诉的第三人）等。享有上诉权的主体一般都能自己提起上诉，如果享有上诉权的主体无诉讼行为能力，应由其法定代理人代为提起上诉或者指定代理人提起上诉。三是上诉应在法定期限内提出。对判决提起上诉的期限为15日，对裁定提起上诉的期限为10日。上诉期限应以每个有上诉权的诉讼参加人各自收到判决书、裁定书后分别计算，任何一方均可在自己的上诉期内上诉，只有在所有有上诉权的诉讼参加人的上诉期限都届满而没有提起上诉的情况下，判决和裁定才发生法律效力。	及共同诉讼人之间权利义务承担有意见的，未提起上诉的其他当事人均为被上诉人。 **第319条** 无民事行为能力人、限制民事行为能力人的法定代理人，可以代理当事人提起上诉。 **第321条** 第二审人民法院应当围绕当事人的上诉请求进行审理。 当事人没有提出请求的，不予审理，但一审判决违反法律禁止性规定，或者损害国家利益、社会公共利益、他人合法权益的除外。 **第322条** 开庭审理的上诉案件，第二审人民法院可以依照民事诉讼法第一百三十六条第四项规定进行审理前的准备。 **第336条** 在第二审程序中，原审原告申请撤回起诉，经其他当事人同意，且不损害国家利益、社会公共利益、他人合法权益的，人民法院可以准许。准许撤诉的，应当一并裁定撤销一审裁判。 原审原告在第二审程序中撤回起诉后重复起诉的，人民法院不予受理。

新《民事诉讼法》及解读等	修改前《民事诉讼法》等关联规定
第一百七十二条　【上诉状】 上诉应当递交上诉状。上诉状的内容，应当包括当事人的姓名，法人的名称及其法定代表人的姓名或者其他组织的名称及其主要负责人的姓名；原审人民法院名称、案件的编号和案由；上诉的请求和理由。 **解读：** 提交上诉状是上诉人提起上诉的法定方式，是二审接受上诉请求的依据。上诉状的提起是通过要求上级人民法院撤销或者改变原审人民法院的判决、裁定来达到维护权利的目的。上诉状要符合法定要求，其内容应包含以下项目：1. 上诉人、被上诉人的姓名，法人或者其他组织的名称及其法定代表人或者主要负责人的姓名。2. 原审人民法院名称、案件的编号和案由。3. 上诉的请求和理由。该项为上诉状中的核心内容。上诉请求中须载明：请求改判或者撤销原判决、裁定；上述理由中须清楚叙述要求改判或者撤销原判决、裁定的理由，是认为认定事实不清还是适用法律不当，抑或是两者兼有。同时，可以提出在一审程序中未提出的事实、理由和证据。与起诉状可以口头提出不同，上诉人要提出上诉必须书面提出上诉状，而不能口头提出。	**《民事诉讼法》(2021 年修正)** **第 172 条**　上诉应当递交上诉状。上诉状的内容，应当包括当事人的姓名，法人的名称及其法定代表人的姓名或者其他组织的名称及其主要负责人的姓名；原审人民法院名称、案件的编号和案由；上诉的请求和理由。

新《民事诉讼法》及解读等	修改前《民事诉讼法》等关联规定
第一百七十三条　【提出上诉状】上诉状应当通过原审人民法院提出，并按照对方当事人或者代表人的人数提出副本。 当事人直接向第二审人民法院上诉的，第二审人民法院应当在五日内将上诉状移交原审人民法院。 **解读：**本条规定了当事人提起上诉的方式。本次修法保持原《民事诉讼法》的规定，即应当通过原审法院提出上诉。但实践中并不排除存在向二审法院提出的情况，此时二审法院应当在5日内将上诉状移交原审人民法院，而不应拒绝接收上诉状。原审人民法院收到当事人提交的上诉状，应当审查以下事项：一是对上诉人是否具有上诉权进行审查；二是对上诉形式要件进行审查；三是对是否超过了法定上诉期限进行审查。在人民法院将上诉状副本送达被上诉人后，被上诉人应于15日内提交答辩状。提交答辩状是被上诉人的诉讼权利，意味着被上诉人可以放弃提交答辩状。放弃提交答辩状的，被上诉人还可以采用口头答辩或再行提交书面答辩材料。如果15日内被上诉人不提出答辩的，视为被上诉人放弃提出答辩状的权利。如果提出答辩状的，	**《民事诉讼法》（2021年修正）** **第173条**　上诉状应当通过原审人民法院提出，并按照对方当事人或者代表人的人数提出副本。 当事人直接向第二审人民法院上诉的，第二审人民法院应当在五日内将上诉状移交原审人民法院。 **《民事诉讼法解释》** **第139条**　公告送达应当说明公告送达的原因；公告送达起诉状或者上诉状副本的，应当说明起诉或者上诉要点，受送达人答辩期限及逾期不答辩的法律后果；公告送达传票，应当说明出庭的时间和地点及逾期不出庭的法律后果；公告送达判决书、裁定书的，应当说明裁判主要内容，当事人有权上诉的，还应当说明上诉权利、上诉期限和上诉的人民法院。 **第318条**　一审宣判时或者判决书、裁定书送达时，当事人口头表示上诉的，人民法院应告知其必须在法定上诉期间内递交上诉状。未在法定上诉期间内递交上诉状的，视为未提起上诉。虽递交上诉状，但未在指定的期限内交纳上诉费的，按自动撤回上诉处理。

新《民事诉讼法》及解读等	修改前《民事诉讼法》等关联规定
原审人民法院应当在收到答辩状之日起5日内，将答辩状副本送达上诉人。在原审人民法院收到上诉状、答辩状后，即使被上诉人超期提交答辩状或不提交答辩状的，原审法院均应连同上述材料及一审的全部案卷于5日内报送第二审人民法院。	
第一百七十四条　【原审法院工作】原审人民法院收到上诉状，应当在五日内将上诉状副本送达对方当事人，对方当事人在收到之日起十五日内提出答辩状。人民法院应当在收到答辩状之日起五日内将副本送达上诉人。对方当事人不提出答辩状的，不影响人民法院审理。 原审人民法院收到上诉状、答辩状，应当在五日内连同全部案卷和证据，报送第二审人民法院。 **解读：**向原审人民法院提起上诉是当事人行使上诉权的一种方式，原审人民法院收到当事人提交的上诉状，应当在5日内将上诉状副本送达被上诉人，被上诉人应于15日内提交答辩状。提交答辩状是被上诉人的诉讼权利，意味着被上诉人可以放弃提交答辩状。放弃提交答辩	**《民事诉讼法》（2021年修正）** **第174条**　原审人民法院收到上诉状，应当在5日内将上诉状副本送达对方当事人，对方当事人在收到之日起15日内提出答辩状。人民法院应当在收到答辩状之日起五日内将副本送达上诉人。对方当事人不提出答辩状的，不影响人民法院审理。 原审人民法院收到上诉状、答辩状，应当在五日内连同全部案卷和证据，报送第二审人民法院。 **《民事诉讼法解释》** **第316条**　民事诉讼法第一百七十三条、第一百七十四条规定的对方当事人包括被上诉人和原审其他当事人。

新《民事诉讼法》及解读等	修改前《民事诉讼法》等关联规定
状的，被上诉人还可以采用口头答辩或再行提交书面答辩材料。如果15日内被上诉人不提出答辩的，视为被上诉人放弃提出答辩状的权利。如果提出答辩状的，原审人民法院应当在收到答辩状之日起5日内，将答辩状副本送达上诉人。在原审人民法院收到起诉状、答辩状后，除了向当事人送达外，还应在收到上诉状、答辩状后，连同上述材料及一审的全部案卷于5日内报送第二审人民法院。	
第一百七十五条　【二审审理范围】第二审人民法院应当对上诉请求的有关事实和适用法律进行审查。 **解读：**第二审法院的审理范围包含两部分，一是需要对事实进行重新认定，并判断一审法院认定的事实正确与否。即针对上诉人提出的原判决、裁定中需要撤销或者变更的部分，以及其主张的民事权利有无事实根据进行审查。如果上诉请求涉及整个案件事实的认定，即应当全面审查一审人民法院对案件的全部事实是否查明、证据是否充分、是非是否分清。二是第二审法院需要对一审适用的法律进行甄别，并对案件适用的实体法及程序法正确、得当与否作	**《民事诉讼法》**（2021年修正） **第175条**　第二审人民法院应当对上诉请求的有关事实和适用法律进行审查。 **《民事诉讼法解释》** **第323条**　下列情形，可以认定为民事诉讼法第一百七十七条第一款第四项规定的严重违反法定程序： （一）审判组织的组成不合法的； （二）应当回避的审判人员未回避的； （三）无诉讼行为能力人未经法定代理人代为诉讼的； （四）违法剥夺当事人辩论权利的。

新《民事诉讼法》及解读等	修改前《民事诉讼法》等关联规定
出独立的判断。如果上诉请求涉及一审判决、裁定的所有内容，则对一审判决、裁定所有适用法律的事项都要进行审查。总之，上诉案件的审理范围应当以当事人上诉请求的有关事实和事实理由为限，超出这一范围的不予审理。第二审法院同样遵循“不告不理”的原则。即二审法院的审理范围限于当事人的诉讼请求，当事人未提出请求的，法院不予审查，当事人在二审中新增加的诉讼请求，亦不属于二审法院的审理范围。但是仍然存在例外情形，如对当事人在一审中已经提出的诉讼请求，原审人民法院未作审理、判决的，第二审人民法院可以根据当事人自愿的原则进行调解，调解不成的，发回重审；一审判决不准离婚的案件，上诉后，第二审人民法院认为应当判决离婚的，可以根据当事人自愿的原则，与子女抚养、财产问题一并调解，调解不成的，发回重审。	
第一百七十六条 【二审审理方式】第二审人民法院对上诉案件应当开庭审理。经过阅卷、调查和询问当事人，对没有提出新的事实、证据或者理由，人民法院认为不需要开庭审理的，可以不开庭审理。	**《民事诉讼法》（2021年修正）** **第176条** 第二审人民法院对上诉案件应当开庭审理。经过阅卷、调查和询问当事人，对没有提出新的事实、证据或者理由，人民法院认为不需要开庭审理的，可以不开庭审理。

新《民事诉讼法》及解读等	修改前《民事诉讼法》等关联规定
第二审人民法院审理上诉案件，可以在本院进行，也可以到案件发生地或者原审人民法院所在地进行。 **解读：**人民法院审理方式分为两种，一种是开庭审理；另一种是不开庭审理，即书面审理。第二审人民法院审理上诉案件应以开庭审理为原则，不开庭审理为例外。开庭审理方式下，当事人可以在一审的基础上进一步举证、质证、发表辩论意见，有助于案件事实的呈现和法律争点的确定。不开庭审理有助于及时、有效、经济地解决纠纷。但是应对不开庭审理进行严格限制：1. 即使不开庭审理，第二审仍须组成合议庭，且合议庭应当阅卷、调查和询问当事人，不能仅通过阅读上诉状、答辩状和原审判决或裁定径行作出判决或裁定。2. 不开庭审理的情形严格限于“没有提出新的事实、证据或者理由”的情形。只要当事人提出原审以外的事实、证据或者理由，第二审一律应当开庭审理。3. 认定是否需要开庭的标准应是事实清楚与否、法律关系明确与否。如果案件事实比较清楚、法律关系比较明确，则可以作出不需要开庭审理的判断。如果案件事实真伪不明，法律关系繁杂，即使符合	第二审人民法院审理上诉案件，可以在本院进行，也可以到案件发生地或者原审人民法院所在地进行。 **《民事诉讼法解释》** **第322条** 开庭审理的上诉案件，第二审人民法院可以依照民事诉讼法第一百三十六条第四项规定进行审理前的准备。 **第331条** 第二审人民法院对下列上诉案件，依照民事诉讼法第一百七十六条规定可以不开庭审理： （一）不服不予受理、管辖权异议和驳回起诉裁定的； （二）当事人提出的上诉请求明显不能成立的； （三）原判决、裁定认定事实清楚，但适用法律错误的； （四）原判决严重违反法定程序，需要发回重审的。

新《民事诉讼法》及解读等	修改前《民事诉讼法》等关联规定
第一个、第二个条件，第二审仍然应当开庭审理。从以上也可以看出，不论是否开庭审理，二审都应组成合议庭。合议庭成员共同参与庭审，能直接、全面地了解案件，互相弥补思维和知识局限，以集体智慧保障认定事实的客观准确、适用法律的正确得当。为方便当事人、提高审判效率，第二审人民法院审理上诉案件的，可以在本院进行，也可以到案件发生地或者原审人民法院所在地进行。	
第一百七十七条　【二审裁判】 第二审人民法院对上诉案件，经过审理，按照下列情形，分别处理： （一）原判决、裁定认定事实清楚，适用法律正确的，以判决、裁定方式驳回上诉，维持原判决、裁定； （二）原判决、裁定认定事实错误或者适用法律错误的，以判决、裁定方式依法改判、撤销或者变更； （三）原判决认定基本事实不清的，裁定撤销原判决，发回原审人民法院重审，或者查清事实后改判； （四）原判决遗漏当事人或者违法缺席判决等严重违反法定程序的，裁定撤销原判决，发回原审人民法院重审。	**《民事诉讼法》（2021年修正）** **第177条**　第二审人民法院对上诉案件，经过审理，按照下列情形，分别处理： （一）原判决、裁定认定事实清楚，适用法律正确的，以判决、裁定方式驳回上诉，维持原判决、裁定； （二）原判决、裁定认定事实错误或者适用法律错误的，以判决、裁定方式依法改判、撤销或者变更； （三）原判决认定基本事实不清的，裁定撤销原判决，发回原审人民法院重审，或者查清事实后改判； （四）原判决遗漏当事人或者违法缺席判决等严重违反法定程序的，裁定撤销原判决，发回原审人民法院重审。

新《民事诉讼法》及解读等	修改前《民事诉讼法》等关联规定
原审人民法院对发回重审的案件作出判决后，当事人提起上诉的，第二审人民法院不得再次发回重审。 **解读：**本条规定了第二审人民法院对上诉案件不同情形采取不同处理方式以及第二审人民法院发回重审的次数限制。第二审人民法院对上诉案件不同处理方式如下：一是本条第1款第1项规定，针对原判决或裁定认定事实清楚，适用法律正确的，应以判决或裁定方式驳回上诉，维持原判决。二是针对本条第2项规定的两种情形及第3项规定的最后一种情形的，应以判决、裁定方式依法改判、撤销或者变更。三是针对第3项规定的第一种及第4项规定的情形，第二审人民法院应当发回重审。为避免程序空转，本条第2款规定了裁定发回重审仅限于一次，且不存在例外情形。二审法院在发回重审后当事人再次上诉的，即使符合本条规定的发回重审的情形，第二审人民法院也只能依法判决或裁定驳回上诉，或者自行改正原判决或裁定。	原审人民法院对发回重审的案件作出判决后，当事人提起上诉的，第二审人民法院不得再次发回重审。 **《民事审判监督指令再审和发回重审规定》** **第4条**　人民法院按照第二审程序审理再审案件，发现原判决认定基本事实不清的，一般应当通过庭审认定事实后依法作出判决。但原审人民法院未对基本事实进行过审理的，可以裁定撤销原判决，发回重审。原判决认定事实错误的，上级人民法院不得以基本事实不清为由裁定发回重审。 **第5条**　人民法院按照第二审程序审理再审案件，发现第一审人民法院有下列严重违反法定程序情形之一的，可以依照民事诉讼法第一百七十条第一款第（四）项的规定，裁定撤销原判决，发回第一审人民法院重审： （一）原判决遗漏必须参加诉讼的当事人的； （二）无诉讼行为能力人未经法定代理人代为诉讼，或者应当参加诉讼的当事人，因不能归责于本人或者其诉讼代理人的事由，未参加诉讼的； （三）未经合法传唤缺席判决，

新《民事诉讼法》及解读等	修改前《民事诉讼法》等关联规定
	或者违反法律规定剥夺当事人辩论权利的； （四）审判组织的组成不合法或者依法应当回避的审判人员没有回避的； （五）原判决、裁定遗漏诉讼请求的。
第一百七十八条 【裁定上诉处理】第二审人民法院对不服第一审人民法院裁定的上诉案件的处理，一律使用裁定。 **解读：**当事人对不予受理的裁定、管辖权异议的裁定、驳回起诉的裁定，可以上诉。由于裁定主要处理的是程序问题，因此，第二审法院对不服一审法院裁定的上诉案件的处理，只能采用裁定作最终处理，不能适用判决。审理一审就不予受理、驳回起诉和管辖权异议作出的裁定，二审法院可以不开庭审理。二审人民法院在对不服一审裁定的上诉案件的审查中应当查明原审裁定所依据的事实，判断原审裁定是否正确。如果第二审人民法院查明第一审人民法院作出的不予受理裁定有错误的，应当撤销或变更原裁定，指令第一审人民法院立案受理；如果第二审人民法院查明第一审人民法院作出的驳回起诉裁定	**《民事诉讼法》（2021年修正）** **第178条** 第二审人民法院对不服第一审人民法院裁定的上诉案件的处理，一律使用裁定。

新《民事诉讼法》及解读等	修改前《民事诉讼法》等关联规定
有错误的，应当撤销或变更原裁定，指令第一审人民法院径行审理；如果原审裁定依据的事实清楚，适用法律正确，第二审法院应裁定驳回上诉；如果原审裁定依据的事实不清，适用法律错误，第二审法院应当撤销原审裁定，自行裁定。	
第一百七十九条　【二审调解】第二审人民法院审理上诉案件，可以进行调解。调解达成协议，应当制作调解书，由审判人员、书记员署名，加盖人民法院印章。调解书送达后，原审人民法院的判决即视为撤销。 **解读：**用调解的方式解决民事纠纷，是《民事诉讼法》的特点之一，是民事审判工作的优良传统，是人民法院审理民事纠纷的重要方式，在民事诉讼中具有十分重要的意义。调解有利于促进纠纷双方互相谅解，彻底解决民事纠纷，维护社会安定。有利于减少诉讼，节约诉讼成本，提高办案效率。有利于普及法律知识，增强群众的法治观念。因此，在二审程序中也应当依法进行调解。二审达成调解协议的，应当制作调解书，由审判人员、书记员署名，加盖人民法院印章，并向当事人进行送达。送达后，产生	**《民事诉讼法》（2021年修正）** **第179条**　第二审人民法院审理上诉案件，可以进行调解。调解达成协议，应当制作调解书，由审判人员、书记员署名，加盖人民法院印章。调解书送达后，原审人民法院的判决即视为撤销。 **《民事诉讼法解释》** **第324条**　对当事人在第一审程序中已经提出的诉讼请求，原审人民法院未作审理、判决的，第二审人民法院可以根据当事人自愿的原则进行调解；调解不成的，发回重审。 **第325条**　必须参加诉讼的当事人或者有独立请求权的第三人，在第一审程序中未参加诉讼，第二审人民法院可以根据当事人自愿的原则予以调解；调解不成的，发回重审。 **第326条**　在第二审程序中，原审原告增加独立的诉讼请求或者原审被告提出反诉的，第二审人民法院可以根据当事人自愿的原则就新

新《民事诉讼法》及解读等	修改前《民事诉讼法》等关联规定
撤销原审判决的法律效果，当事人则要按照民事调解书的内容履行义务。二审达成调解协议的内容，可以超出上诉请求的范围，亦可超出一审中原告的诉讼请求的范围。这与禁止不利益变更原则及禁止利益变更原则并不冲突，因为在此情形下，意味着一方当事人变更了其上诉请求（或原审中的诉讼请求）并得到了对方当事人的同意，反而是尊重当事人处分权和程序选择权的结果。	增加的诉讼请求或者反诉进行调解；调解不成的，告知当事人另行起诉。 双方当事人同意由第二审人民法院一并审理的，第二审人民法院可以一并裁判。 **第327条** 一审判决不准离婚的案件，上诉后，第二审人民法院认为应当判决离婚的，可以根据当事人自愿的原则，与子女抚养、财产问题一并调解；调解不成的，发回重审。 双方当事人同意由第二审人民法院一并审理的，第二审人民法院可以一并裁判。 **《民事调解规定》** **第2条** 当事人在诉讼过程中自行达成和解协议的，人民法院可以根据当事人的申请依法确认和解协议制作调解书。双方当事人申请庭外和解的期间，不计入审限。 当事人在和解过程中申请人民法院对和解活动进行协调的，人民法院可以委派审判辅助人员或者邀请、委托有关单位和个人从事协调活动。 **第7条** 调解协议内容超出诉讼请求的，人民法院可以准许。

新《民事诉讼法》及解读等	修改前《民事诉讼法》等关联规定
第一百八十条　【撤回上诉】 第二审人民法院判决宣告前，上诉人申请撤回上诉的，是否准许，由第二审人民法院裁定。 **解读：** 上诉权是当事人的权利，当然上诉人也可以对其权利进行处分。因此，在第二审宣告判决前，上诉人可以申请撤回上诉。但是最终是否准许撤诉由第二审人民法院最终决定。一般情形下，撤回上诉既然是对权利的处分，而且撤回上诉使一审人民法院的判决、裁定产生法律效力，因此，第二审法院亦不会不准许上诉人撤回上诉申请。但是若存在《民事诉讼法解释》第335条及第336条规定的情形的，一审判决确有错误，或者当事人之间恶意串通损害国家利益、社会公共利益、他人合法权益，或者申请撤回上诉未经其他当事人同意，损害国家利益、社会公共利益、他人合法权益的，第二审人民法院会作出不准许上诉人撤回上诉的裁定。	**《民事诉讼法》（2021年修正）** **第180条**　第二审人民法院判决宣告前，上诉人申请撤回上诉的，是否准许，由第二审人民法院裁定。 **《民事诉讼法解释》** **第335条**　在第二审程序中，当事人申请撤回上诉，人民法院经审查认为一审判决确有错误，或者当事人之间恶意串通损害国家利益、社会公共利益、他人合法权益的，不应准许。 **第336条**　在第二审程序中，原审原告申请撤回起诉，经其他当事人同意，且不损害国家利益、社会公共利益、他人合法权益的，人民法院可以准许。准许撤诉的，应当一并裁定撤销一审裁判。 原审原告在第二审程序中撤回起诉后重复起诉的，人民法院不予受理。 **《最高人民法院研究室关于第二审法院裁定按自动撤回上诉处理的案件，二审裁定确有错误，如何适用程序问题的答复》** 安徽省高级人民法院： 你院皖高法〔1999〕282号《关于第二审法院裁定按自动撤回上诉处理的案件，二审裁定确有错误，如何适用程序问题的请示》收悉。经研究，答复如下：

新《民事诉讼法》及解读等	修改前《民事诉讼法》等关联规定
	第二审法院裁定按自动撤回上诉处理的案件，二审裁定确有错误的，应当依照审判监督程序再审。
第一百八十一条 【二审适用程序】第二审人民法院审理上诉案件，除依照本章规定外，适用第一审普通程序。 **解读：**上诉案件之所以要适用第一审普通程序，是因为其具有以下优点：一是具有程序的完整性。第一审普通程序历经“起诉—受理—开庭前准备—开庭审理—法庭辩论—当事人最后陈述—裁判—上诉”全部的程序节点。二是具有广泛的适用性。适用法院具有广泛性，适用于各级人民法院。适用案件具有广泛性，除简单的民事案件适用简易程序审理外，其他民事案件的审理都适用第一审普通程序。可以说，在所有的审判程序中，普通程序是适用范围最广的程序。与其他审判程序相比，普通程序是全部审判程序中规定得最完整、最系统的程序，形成了一套完整的程序体系。因此，除了本章针对二审所作的专门规定外，人民法院在适用第二审程序时，应准用本法关于第一审普通程序的有关规定。	**《民事诉讼法》（2021年修正）** **第181条** 第二审人民法院审理上诉案件，除依照本章规定外，适用第一审普通程序。

新《民事诉讼法》及解读等	修改前《民事诉讼法》等关联规定
第一百八十二条　【二审裁判效力】第二审人民法院的判决、裁定，是终审的判决、裁定。 **解读：**我国实行两审终审制，依据两审终审制的要求，第二审人民法院的裁判为终审裁判。终审裁判一经送达，即发生终审的法律效力。其法律效力主要体现在以下三个方面：1. 对当事人而言，不得再对二审裁判进行上诉，也不得就同一诉讼标的重新起诉。因为，第二审人民法院的裁判是对当事人之间实体权利义务的最终确认，一经送达当事人，即发生法律效力，当事人不得就此再行上诉。根据“一事不再理”原则，第二审人民法院的裁判一经送达，当事人之间争议的事实即产生了既判力，当事人不得就同一诉讼标的，以同一事实和理由重新起诉，但是，判决不准离婚、调解和好的离婚案件以及判决、调解维持收养关系的案件除外。2. 非经法定事由及法定程序，不得擅自更改二审已生效裁判的内容。如果二审裁判确有错误，则只能由法定的主体提起再审程序，按照审判监督程序进行处理。3. 具有给付内容的二审已生效裁判具有强制执行的效力。如果义务人拒不履行义务的，	**《民事诉讼法》（2021年修正）** **第182条**　第二审人民法院的判决、裁定，是终审的判决、裁定。

新《民事诉讼法》及解读等	修改前《民事诉讼法》等关联规定
当事人可向法院申请强制执行；人民法院也可以根据具体情况依职权强制执行，以促使义务人履行义务，保证权利人权利的实现。	
第一百八十三条　【二审审限】人民法院审理对判决的上诉案件，应当在第二审立案之日起三个月内审结。有特殊情况需要延长的，由本院院长批准。 人民法院审理对裁定的上诉案件，应当在第二审立案之日起三十日内作出终审裁定。 **解读：**审限制度，是国家审判机关审理案件必须遵守法定期限的制度，是我国审判程序高效运转的重要制度保障。审限的设置可以防止人民法院审判久拖不决，损害当事人的合法权益。针对一审判决和裁定的案件，本条规定了不同的审限，之所以这样规定，是考虑到审查实体与程序的简繁不同。第二审人民法院审理对民事裁定的上诉案件，都是关系到第一审民事案件的审理能否开始进行的程序问题，需要及时作出处理决定，同时审查程序问题也相对简单，因此，审限设置为30日。但是对于一审判决的二审案件，不仅需要审查程序，还要审查实体，所需时间自然比裁定的一	**《民事诉讼法》（2021年修正）** **第183条**　人民法院审理对判决的上诉案件，应当在第二审立案之日起三个月内审结。有特殊情况需要延长的，由本院院长批准。 人民法院审理对裁定的上诉案件，应当在第二审立案之日起三十日内作出终审裁定。 **《民事诉讼法解释》** **第128条**　再审案件按照第一审程序或者第二审程序审理的，适用民事诉讼法第一百五十二条、第一百八十三条规定的审限。审限自再审立案的次日起算。 **第341条**　宣告失踪或者宣告死亡案件，人民法院可以根据申请人的请求，清理下落不明人的财产，并指定案件审理期间的财产管理人。公告期满后，人民法院判决宣告失踪的，应当同时依照民法典第四十二条的规定指定失踪人的财产代管人。 **第342条**　失踪人的财产代管人经人民法院指定后，代管人申请变更代管的，比照民事诉讼法特别程序的有关规定进行审理。申请理由

新《民事诉讼法》及解读等	修改前《民事诉讼法》等关联规定
审案件更长。但是从总体而言，二审案件的审限比一审普通程序的审限较短，这是因为第二审案件的审理是在第一审的基础上进行的，大量审查核实和调查取证工作已由第一审人民法院进行，第二审人民法院审查的重点是对上诉请求的有关事实和适用法律进行审查。相对而言，适用第二审程序审理上诉案件的工作量与第一审相比要少。但是考虑到针对一审判决案件不乏存在特殊情形，则可以由本院院长批准，延长审限。但是对不服原审裁定提起上诉的案件审理期限，仅规定为30日，且不得延长。	成立的，裁定撤销申请人的代管人身份，同时另行指定财产代管人；申请理由不成立的，裁定驳回申请。 失踪人的其他利害关系人申请变更代管的，人民法院应当告知其以原指定的代管人为被告起诉，并按普通程序进行审理。 **《执行案件审理期限规定》** **第2条** 适用普通程序审理的第一审民事案件，期限为六个月；有特殊情况需要延长的，经本院院长批准，可以延长六个月，还需延长的，报请上一级人民法院批准，可以再延长三个月。 适用简易程序审理的民事案件，期限为三个月。 适用特别程序审理的民事案件，期限为三十日；有特殊情况需要延长的，经本院院长批准，可以延长三十日，但审理选民资格案件必须在选举日前审结。 审理第一审船舶碰撞、共同海损案件的期限为一年；有特殊情况需要延长的，经本院院长批准，可以延长六个月。 审理对民事判决的上诉案件，审理期限为三个月；有特殊情况需要延长的，经本院院长批准，可以延长三个月。

新《民事诉讼法》及解读等	修改前《民事诉讼法》等关联规定
	审理对民事裁定的上诉案件，审理期限为三十日。 对罚款、拘留民事决定不服申请复议的，审理期限为五日。 审理涉外民事案件，根据民事诉讼法第二百四十八条的规定，不受上述案件审理期限的限制。 审理涉港、澳、台的民事案件的期限，参照涉外审理民事案件的规定办理。
第十五章　特别程序	
第一节　一般规定	
第一百八十四条　【适用范围】人民法院审理选民资格案件、宣告失踪或者宣告死亡案件、**指定遗产管理人案件**、认定公民无民事行为能力或者限制民事行为能力案件、认定财产无主案件、确认调解协议案件和实现担保物权案件，适用本章规定。本章没有规定的，适用本法和其他法律的有关规定。 **解读：**本条较原法增加了“指定遗产管理人案件”作为特别程序适用范围的规定，进一步增加了特别程序的适用范围。遗产管理人制度是《民法典》新增的内容。遗产管理人，是指在继承开始后、遗产交付前，依据法律规定、遗嘱人或有关机关的指定，以维护遗产价值和	**《民事诉讼法》（2021年修正）** **第184条**　人民法院审理选民资格案件、宣告失踪或者宣告死亡案件、认定公民无民事行为能力或者限制民事行为能力案件、认定财产无主案件、确认调解协议案件和实现担保物权案件，适用本章规定。本章没有规定的，适用本法和其他法律的有关规定。 **《民法典》** **第1145条**　继承开始后，遗嘱执行人为遗产管理人；没有遗嘱执行人的，继承人应当及时推选遗产管理人；继承人未推选的，由继承人共同担任遗产管理人；没有继承人或者继承人均放弃继承的，由被继承人生前住所地的民政部门或者

新《民事诉讼法》及解读等	修改前《民事诉讼法》等关联规定
利害关系人利益为宗旨，对被继承人的遗产负有保存和管理职责的主体。遗产管理人争议不属于民事权益争议，而且纠纷的解决有较强的时效性要求。因此，该类案件应适用特别程序进行审理。总体而言，适用特别程序审理的案件有两类，即选民资格案件和非讼案件。选民资格案件不属于一般的民事案件，其是指公民不服选举委员会对选民资格的申诉所作的处理决定，向人民法院提起诉讼，人民法院进行审理并作出裁判的案件。非讼案件，是指利害关系人在没有发生民事权益争执的情况下，请求人民法院对某一事实或者某种权利的存在与否加以确认，以保障有关主体之间民事法律关系处于稳定状态的案件。具体包括宣告失踪或者宣告死亡案件、指定遗产管理人案件、认定公民无民事行为能力或者限制民事行为能力案件，以及认定财产无主案件，确认调解协议案件和实现担保物权案件。非讼案件适用本章的规定。只有基层人民法院才能够适用特别程序审理特殊类型案件，中级以上的人民法院都不能适用特别程序审理第一审民事案件。	村民委员会担任遗产管理人。 **第1146条** 对遗产管理人的确定有争议的，利害关系人可以向人民法院申请指定遗产管理人。 **《民事案件案由规定》** **第十部分 非讼程序案件案由** …… 三十五、指定遗产管理人案件 406. 申请指定遗产管理人

新《民事诉讼法》及解读等	修改前《民事诉讼法》等关联规定
案例参考：《某市粮油贸易公司诉胡某某劳动争议案》① 案例要旨：自然死亡或意外事故死亡，公安机关出示的证明具有法律效力，而宣告死亡必须是利害关系人按《民事诉讼法》特别程序向下落不明人住所地基层人民法院申请，法院发出寻找下落不明人的公告，在公告届满后仍找不到下落不明人，则法院依法宣告其死亡，宣告死亡的时间为法院作出判决的时间。 **案例参考：《某银行天津河北支行诉张某某金融借款合同纠纷案》**② 案例要旨：当事人在担保物权案件中可以选择实现担保物权案件特别程序，也可以选择实现担保物权的一般诉讼程序，两个程序没有先后顺序。选择特别程序，对于符合条件的案件，法院可以通过直接裁定拍卖、变卖担保财产进入执行程序；选择一般诉讼程序，法院在确认债权的同时，也可以一并解决拍卖、变卖担保财产问题。	

① 参见国家法官学院、中国人民大学法院编：《中国审判案例要览》（2005年民事审判案例卷），中国人民大学出版社、人民法院出版社2006年版。

② 参见最高人民法院中国应用法研究所编：《人民法院案例选·总第103辑》（2016年第9辑），人民法院出版社2017年版。

新《民事诉讼法》及解读等	修改前《民事诉讼法》等关联规定
第一百八十五条 【特别程序审级与审判组织】依照本章程序审理的案件，实行一审终审。选民资格案件或者重大、疑难的案件，由审判员组成合议庭审理；其他案件由审判员一人独任审理。 **解读：**特别程序审理的案件，实行一审终审，不得上诉、不得再审。人民法院依法受理选民资格案件后，应当由审判员组成合议庭进行审理，即使案情简单也不能由审判员一人独任审理。因为审理选民资格案件关系到公民的政治权利。在审理此类案件时，起诉人、选举委员会的代表和有关公民必须参加。审判人员在审理选民资格案件中，应当依照民事诉讼法的有关规定，认真听取起诉人、选举委员会和有关公民的陈述和辩论，查明情况，对选民资格进行审查，然后根据认定的事实，适用法律，作出公民是否有选举权的判决。因为这类案件时间紧迫，不在选举前审结，会影响选举工作的正常进行，就有可能造成有选举权的公民不能行使权利，无选举权的人却取得了选举权的情况。因此，人民法院受理选民资格案件后，必须在选举日前审结。人民法院作出判决，制作判决书后，应	**《民事诉讼法》（2021 年修正）** **第 185 条** 依照本章程序审理的案件，实行一审终审。选民资格案件或者重大、疑难的案件，由审判员组成合议庭审理；其他案件由审判员一人独任审理。 **《最高人民法院关于当事人对人民法院作出的确认仲裁协议效力的裁定不服提出再审申请人民法院是否受理问题的复函》** 北京市高级人民法院： 你院《关于对申请确认仲裁协议效力的裁定能否申请再审问题的请示》（京高法［2011］119 号）收悉。经研究，答复如下： 1. 当事人根据《中华人民共和国仲裁法》第二十条的规定申请确认仲裁协议效力的，人民法院应当依照《中华人民共和国民事诉讼法》第十五章关于特别程序的规定进行审理。 2. 根据《中华人民共和国民事诉讼法》第一百六十一条的规定，依照特别程序审理的案件，实行一审终审。因此对确认仲裁条款效力的裁定，当事人不服向上级人民法院申请再审的，人民法院不予受理。

新《民事诉讼法》及解读等	修改前《民事诉讼法》等关联规定
在选举日前将判决书送达选举委员会和起诉人，并通知有关公民。除了选民资格案件，其他重大、疑难的案件，亦要由审判员组成合议庭进行审理。除了以上情况的案件，可由审判员一人独任审理。	
第一百八十六条　【特别程序转化】人民法院在依照本章程序审理案件的过程中，发现本案属于民事权益争议的，应当裁定终结特别程序，并告知利害关系人可以另行起诉。 **解读：**特别程序与普通程序、简易程序不同，适用特别程序的案件实行一审终审、审限较短。之所以如此规定，是因为特别程序案件是不涉及民事权益争议的案件，其仅是为了确定某一法律事实或者权利状态。因此，人民法院审理特别程序案件时，一旦发现其中涉及民事权益争议，人民法院则不应继续适用特别程序审理。例如，当人民法院依特别程序对确认财产无主案件进行审理时，有人提出自己是财产继承人，要求继承财产。在此种情况下，案件的性质就由请求确认某种法律事实转变为财产争议，由非讼案件转变为争讼案件。为此，一旦出现上述类似情形，人民法院应当裁定	**《民事诉讼法》（2021年修正）** **第186条**　人民法院在依照本章程序审理案件的过程中，发现本案属于民事权益争议的，应当裁定终结特别程序，并告知利害关系人可以另行起诉。

新《民事诉讼法》及解读等	修改前《民事诉讼法》等关联规定
终结特别程序，并告知利害关系人可以另行起诉。需要注意的是，利害关系人在特别程序终结后是否另行起诉，是利害关系人的一项诉讼权利，不受法院的限制，人民法院不得直接转为普通程序，但是按普通程序或简易程序审理的案件，则不发生转换为特别程序的问题。	
第一百八十七条 【特别程序审限】人民法院适用特别程序审理的案件，应当在立案之日起三十日内或者公告期满后三十日内审结。有特殊情况需要延长的，由本院院长批准。但审理选民资格的案件除外。 **解读：**特别程序相比普通程序和简易程序而言，具有快捷、高效的特点，主要体现在审理期限较短的设置上。适用特别程序审理的案件，主要是确认法律事实，一般不存在民事权益争议，应及时审结。所以规定了适用特别程序审理的案件，应当在立案之日起30日内或者公告期满后30日内审结。有特殊情况需要延长的，由本院院长批准。需要注意的是，选民资格案件的审限，不受30日审限的限制，并且不得延长，以选举日为最终审结时间。本法明确规定了选民资格案件的审限，必须在选举日前审结。如果此类	**《民事诉讼法》（2021年修正）** **第187条** 人民法院适用特别程序审理的案件，应当在立案之日起三十日内或者公告期满后三十日内审结。有特殊情况需要延长的，由本院院长批准。但审理选民资格的案件除外。 **《民事诉讼法解释》** **第372条** 适用特别程序作出的判决、裁定，当事人、利害关系人认为有错误的，可以向作出该判决、裁定的人民法院提出异议。人民法院经审查，异议成立或者部分成立的，作出新的判决、裁定撤销或者改变原判决、裁定；异议不成立的，裁定驳回。 对人民法院作出的确认调解协议、准许实现担保物权的裁定，当事人有异议的，应当自收到裁定之日起十五日内提出；利害关系人有异议的，自知道或者应当知道其民

新《民事诉讼法》及解读等	修改前《民事诉讼法》等关联规定
案件从立案之日至选举日的间隔时间短于30日的，人民法院依然应当在选举日前审结。	事权益受到侵害之日起六个月内提出。
第二节　选民资格案件	
第一百八十八条　【起诉与管辖】公民不服选举委员会对选民资格的申诉所作的处理决定，可以在选举日的五日以前向选区所在地基层人民法院起诉。 **解读：**选民资格案件适用特别程序进行审理就是通过民事程序保障公民能够行使和实现自己的政治权利，防止没有选民资格的人非法参加选举。选民资格的确定，对于选举的正常进行有着极其重要的意义。公民对选举委员会所公布的选民资格名单有不同意见的，应当先向选举委员会提出申诉，选举委员会应当在3日内对申请作出决定。公民不服选举委员会所作的处理决定，可以在选举日的5日以前向选区所在地基层人民法院起诉。如果公民在离选举日不足5日提出诉讼，人民法院将不予受理。选民资格案件由选区所在地基层人民法院管辖，其他地域法院或者中级以上法院没有管辖权。之所以这样规定，主要是考虑到这样有利于公民起诉和选举委员会指派代表参加诉讼，同时	**《民事诉讼法》（2021年修正）** **第188条**　公民不服选举委员会对选民资格的申诉所作的处理决定，可以在选举日的五日以前向选区所在地基层人民法院起诉。 **《全国人民代表大会和地方各级人民代表大会选举法》** **第11条**　选举委员会履行下列职责： （一）划分选举本级人民代表大会代表的选区，分配各选区应选代表的名额； （二）进行选民登记，审查选民资格，公布选民名单；受理对于选民名单不同意见的申诉，并作出决定； （三）确定选举日期； （四）了解核实并组织介绍代表候选人的情况；根据较多数选民的意见，确定和公布正式代表候选人名单； （五）主持投票选举； （六）确定选举结果是否有效，公布当选代表名单； （七）法律规定的其他职责。

新《民事诉讼法》及解读等	修改前《民事诉讼法》等关联规定
便于人民法院与选举委员会取得联系，及时查明事实真相，尽快解决问题，迅速审理案件。 **案例参考：《吴某某不服选民资格处理决定案》**① 案例要旨：选举村民委员会，由本村有选举权的村民直接提名候选人。村民委员会成员候选人，由有选举权的村民以单独或者联合的方式直接提名。每一选民提名的人数不得多于应选人数。对选民依法直接提出的候选人或者依法确定的正式候选人，任何组织或者个人非经法定程序不得取消、调整或者变更。	选举委员会应当及时公布选举信息。
第一百八十九条　【审限和判决】人民法院受理选民资格案件后，必须在选举日前审结。 审理时，起诉人、选举委员会的代表和有关公民必须参加。 人民法院的判决书，应当在选举日前送达选举委员会和起诉人，并通知有关公民。 **解读：**人民法院受理选民资格案件后，应当指定开庭审理日期，通知起诉人、选举委员会的代表和有关公民必须参加诉讼。选民资格案件要注意以下三点：第一，审限。	**《民事诉讼法》（2021 年修正）** **第 189 条**　人民法院受理选民资格案件后，必须在选举日前审结。 审理时，起诉人、选举委员会的代表和有关公民必须参加。 人民法院的判决书，应当在选举日前送达选举委员会和起诉人，并通知有关公民。 **《全国人民代表大会和地方各级人民代表大会选举法》** **第 29 条**　对于公布的选民名单有不同意见的，可以在选民名单公布之日起五日内向选举委员会提出

① 参见《最高人民法院公报》2003 年第 6 期（总第 86 期）。

新《民事诉讼法》及解读等	修改前《民事诉讼法》等关联规定
人民法院对选民资格案件的审理，必须在选举日前作出判决。第二，诉讼参加人。选民资格案件的诉讼参加人包括起诉人、选举委员会的代表和有关公民。第三，判决的送达与通知。人民法院应在选举日前审结并完成判决书的送达，将判决书送达选举委员会和起诉人并通知有关公民，以便于有选举权的公民在选举日到来时能够庄严地行使自己的选举权。 **案例参考：《吴某某诉路下村村民选举委员会选民资格纠纷案》①** 案例要旨：选举村民委员会，由本村有选举权的村民直接提名候选人。村民委员会成员候选人，由有选举权的村民以单独或者联合的方式直接提名。每一选民提名的人数不得多于应选人数。对选民依法直接提出的候选人或者依法确定的正式候选人，任何组织或者个人非经法定程序不得取消、调整或者变更。我国公民享有选举权与被选举权，村民选举委员会不得以户籍为由拒绝为选民进行登记。	申诉。选举委员会对申诉意见，应在三日内作出处理决定。申诉人如果对处理决定不服，可以在选举日的五日以前向人民法院起诉，人民法院应在选举日以前作出判决。人民法院的判决为最后决定。

① 参见《最高人民法院公报》2003 年第 6 期（总第 86 期）。

新《民事诉讼法》及解读等	修改前《民事诉讼法》等关联规定
第三节　宣告失踪、宣告死亡案件	
第一百九十条　【宣告失踪】 公民下落不明满二年，利害关系人申请宣告其失踪的，向下落不明人住所地基层人民法院提出。 申请书应当写明失踪的事实、时间和请求，并附有公安机关或者其他有关机关关于该公民下落不明的书面证明。 **解读：** 宣告失踪是指自然人下落不明达到法定的期限，经利害关系人申请，人民法院依照法定程序宣告其为失踪人的一项制度。申请人应当是与失踪人有利害关系的人：失踪人的配偶；父母、子女；债权人以及有其他利害关系的人。申请不能口头提出，申请人必须递交申请书。申请书应当写明失踪或者下落不明的事实、时间和请求，并附有公安机关或者其他有关机关关于该公民下落不明的书面证明。利害关系人应向下落不明人住所地的基层人民法院提出申请，请求法院宣告该公民失踪，如果住所地与居所地不一致，则由最后居所地的人民法院管辖。自然人的失踪将使与其相关的法律关系处于不确定状态，法律设立宣告失踪制度，就是为了调整这种不确定状态，保护相关当	《民事诉讼法》（2021 年修正） **第 190 条**　公民下落不明满二年，利害关系人申请宣告其失踪的，向下落不明人住所地基层人民法院提出。 申请书应当写明失踪的事实、时间和请求，并附有公安机关或者其他有关机关关于该公民下落不明的书面证明。

新《民事诉讼法》及解读等	修改前《民事诉讼法》等关联规定
事人的利益。通过设立宣告失踪制度，由人民法院宣告自然人失踪，以结束失踪人财产无人管理以及其应当履行的义务不能得到及时履行的不确定状态，保护失踪人和利害关系人的利益，维护社会经济秩序的稳定。	
第一百九十一条　【宣告死亡】公民下落不明满四年，或者因意外事件下落不明满二年，或者因意外事件下落不明，经有关机关证明该公民不可能生存，利害关系人申请宣告其死亡的，向下落不明人住所地基层人民法院提出。 申请书应当写明下落不明的事实、时间和请求，并附有公安机关或者其他有关机关关于该公民下落不明的书面证明。 **解读：**宣告死亡是指自然人离开住所，下落不明达到法定期限，经利害关系人申请，由人民法院宣告其死亡的一种法律制度。宣告公民死亡，必须具备一定的条件：1. 应由利害关系人提出申请，利害关系人与可以申请宣告失踪的利害关系人的范围相同。2. 申请人应向下落不明人住所地的基层人民法院提出；如果住所地与居所地不一致，则由最后居所地的人民法院管辖。利害关系人应向有管辖权的人民法	**《民事诉讼法》（2021 年修正）** **第 191 条**　公民下落不明满四年，或者因意外事件下落不明满二年，或者因意外事件下落不明，经有关机关证明该公民不可能生存，利害关系人申请宣告其死亡的，向下落不明人住所地基层人民法院提出。 申请书应当写明下落不明的事实、时间和请求，并附有公安机关或者其他有关机关关于该公民下落不明的书面证明。

新《民事诉讼法》及解读等	修改前《民事诉讼法》等关联规定
院提出申请。3. 利害关系人向人民法院申请宣告下落不明人死亡，必须是书面形式，不能以口头形式提出。申请人提交的申请书应当载明申请人的姓名、性别、与被申请人的关系，被申请人下落不明的事实、时间，申请人的请求，并附有公安机关或者其他机关出具的关于该公民下落不明的书面证明。如果被申请人已经被人民法院宣告为失踪人的，申请人应附上人民法院宣告失踪的判决。	
第一百九十二条　【公告与判决】人民法院受理宣告失踪、宣告死亡案件后，应当发出寻找下落不明人的公告。宣告失踪的公告期间为三个月，宣告死亡的公告期间为一年。因意外事件下落不明，经有关机关证明该公民不可能生存的，宣告死亡的公告期间为三个月。 公告期间届满，人民法院应当根据被宣告失踪、宣告死亡的事实是否得到确认，作出宣告失踪、宣告死亡的判决或者驳回申请的判决。 **解读：**公告寻找下落不明人是人民法院审理宣告失踪和宣告死亡案件的必经程序。人民法院受理宣告失踪、宣告死亡案件后，应当以张贴、广播或登报的方式发出寻找	**《民事诉讼法》（2021年修正）** **第192条**　人民法院受理宣告失踪、宣告死亡案件后，应当发出寻找下落不明人的公告。宣告失踪的公告期间为三个月，宣告死亡的公告期间为一年。因意外事件下落不明，经有关机关证明该公民不可能生存的，宣告死亡的公告期间为三个月。 公告期间届满，人民法院应当根据被宣告失踪、宣告死亡的事实是否得到确认，作出宣告失踪、宣告死亡的判决或者驳回申请的判决。 **《民事诉讼法解释》** **第343条**　人民法院判决宣告公民失踪后，利害关系人向人民法院申请宣告失踪人死亡，自失踪之日起满四年的，人民法院应当受理，

新《民事诉讼法》及解读等	修改前《民事诉讼法》等关联规定
下落不明人的公告，使其有机会向人民法院报告其生存下落，或者使知道其下落的人有机会向法院报告其生存情况。根据失踪原因不同，宣告失踪的公告期间为3个月，宣告死亡的公告期间为1年。因意外事故下落不明，经有关机关证明该公民不可能生存的，宣告死亡的公告期间为3个月。在公告期间，如果该公民出现或其生死状况已有确切消息，人民法院应作出判决，终结案件审理。如果公告期间届满后，该公民的生死状况仍不明确，人民法院即应根据审理核实的事实依法作出宣告失踪或者宣告死亡的判决。宣告死亡判决书除发给申请人外，还应当在被宣告死亡人的原住所地和人民法院所在地公告。宣告死亡的判决，从人民法院宣告之日起生效。判决宣告之日，即是被宣告死亡人死亡日期。上述判决，均为终审判决，不得提起上诉。	宣告失踪的判决即是该公民失踪的证明，审理中仍应依照民事诉讼法第一百九十二条规定进行公告。 **第344条**　符合法律规定的多个利害关系人提出宣告失踪、宣告死亡申请的，列为共同申请人。 **第347条**　在诉讼中，当事人的利害关系人或者有关组织提出该当事人不能辨认或者不能完全辨认自己的行为，要求宣告该当事人无民事行为能力或者限制民事行为能力的，应由利害关系人或者有关组织向人民法院提出申请，由受诉人民法院按照特别程序立案审理，原诉讼中止。 **第348条**　认定财产无主案件，公告期间有人对财产提出请求的，人民法院应当裁定终结特别程序，告知申请人另行起诉，适用普通程序审理。
第一百九十三条　【撤销判决】被宣告失踪、宣告死亡的公民重新出现，经本人或者利害关系人申请，人民法院应当作出新判决，撤销原判决。 **解读：**本条规定，被宣告失踪人重新出现，或者已知其下落的，人	**《民事诉讼法》（2021年修正）** **第193条**　被宣告失踪、宣告死亡的公民重新出现，经本人或者利害关系人申请，人民法院应当作出新判决，撤销原判决。 **《民法典》** **第45条**　失踪人重新出现，经

新《民事诉讼法》及解读等	修改前《民事诉讼法》等关联规定
民法院可根据本人或利害关系人的申请，在查证属实后，作出新判决，撤销原判决。因为宣告死亡只是根据公民失踪的事实，从法律上推定其死亡，不一定是真正死亡。宣告失踪、死亡的判决撤销后，产生的法律后果如下：1. 关于财产的处理。撤销失踪宣告后，取消财产代管。在宣告死亡判决生效期间，国家、集体或者个人无偿取得的财产，应当予以返还。被撤销死亡宣告的公民可以要求返还原物等。2. 关于婚姻的处理。宣告公民死亡的判决被撤销后，该公民因死亡宣告而消灭的人身关系，仅对于那些有条件恢复的才可以恢复。如原配偶在该公民被宣告死亡期间，尚未再婚的，夫妻关系从撤销宣告死亡判决之日起自行恢复；如果原配偶再婚，或者再婚后又离婚及再婚后配偶又死亡的，其夫妻关系不能自行恢复。	本人或者利害关系人申请，人民法院应当撤销失踪宣告。 失踪人重新出现，有权请求财产代管人及时移交有关财产并报告财产代管情况。 **第46条** 自然人有下列情形之一的，利害关系人可以向人民法院申请宣告该自然人死亡： （一）下落不明满四年； （二）因意外事件，下落不明满二年。 因意外事件下落不明，经有关机关证明该自然人不可能生存的，申请宣告死亡不受二年时间的限制。 **第47条** 对同一自然人，有的利害关系人申请宣告死亡，有的利害关系人申请宣告失踪，符合本法规定的宣告死亡条件的，人民法院应当宣告死亡。
第四节　指定遗产管理人案件	
第一百九十四条　【管辖与申请书】对遗产管理人的确定有争议，利害关系人申请指定遗产管理人的，向被继承人死亡时住所地或者主要遗产所在地基层人民法院提出。 **申请书应当写明被继承人死亡**	**《民法典》** **第1145条** 继承开始后，遗嘱执行人为遗产管理人；没有遗嘱执行人的，继承人应当及时推选遗产管理人；继承人未推选的，由继承人共同担任遗产管理人；没有继承人

新《民事诉讼法》及解读等	修改前《民事诉讼法》等关联规定
的时间、申请事由和具体请求，并附有被继承人死亡的相关证据。 **解读：**本条是新增规定，规定了指定遗产管理人案件管辖和申请。之所以增加指定遗产管理人案件的相关规定，是为了与《民法典》规定的遗产管理人制度相适用，完善了程序法上对指定遗产管理人启动程序的缺失，有助于保护利害关系人的诉讼权利，保障人民法院公正、高效审理案件。在对遗产管理人确定产生争议时，利害关系人可以向人民法院提出申请，由人民法院经审理后指定遗产管理人。遗产管理人争议不属于民事权益争议，纠纷的解决有较强的时效性要求。因此，针对遗产管理人的指定程序应适用特别程序。本条规定的对遗产管理人的确定有争议的，该争议系指：1. 对遗嘱执行人担任遗产管理人有异议。2. 被指定的遗嘱执行人拒绝担任遗产管理人。3. 继承人无法达成推举合意。4. 与选任遗产管理人有关的继承事实的争议。5. 遗嘱执行人之间或者不同民政部门、村民委员会之间对担任遗产管理人的争议。6. 其他应当由人民法院指定遗产管理人的争议。提起执行遗产管理人异议的主体应当是指与遗产有	或者继承人均放弃继承的，由被继承人生前住所地的民政部门或者村民委员会担任遗产管理人。 **第1146条**　对遗产管理人的确定有争议的，利害关系人可以向人民法院申请指定遗产管理人。

新《民事诉讼法》及解读等	修改前《民事诉讼法》等关联规定
利害关系的主体。具体包括遗嘱执行人、继承人、被继承人生前住所地的民政部门或者村民委员会，以及受遗赠人等与遗产有利害关系的人。涉及继承遗产的纠纷应当由特定法院专属管辖，确定遗产管理人的纠纷也属于因继承遗产引发的纠纷，故也应由被继承人死亡时的住所地或者主要遗产所在地法院管辖。	
第一百九十五条　【判决】人民法院受理申请后，应当审查核实，并按照有利于遗产管理的原则，判决指定遗产管理人。 **解读**：本条是新增规定，规定了指定遗产管理人案件的判决。人民法院在受理指定遗产管理人案件后，首先应当审查，以便于选任出合适的遗产管理人。法院应秉承有利于遗产保护的原则，以及维护继承人、遗产债权人利益的原则，结合具体实际情况，选任合适的遗产管理人。具体确定人选时，应当结合被继承人所立遗嘱等有关文件，坚持尊重被继承人内心意愿，具体审查是否有遗嘱，遗嘱是否有效、是否附有义务；主要遗产实际占有、使用、收益的情况；是否有侵害遗产的情况；债权人利益是否能够得到保护；人选的人格品行是否能够	

新《民事诉讼法》及解读等	修改前《民事诉讼法》等关联规定
保证其尽到合理的注意义务、能力水平是否能够满足遗产管理的需要、与被继承人关系的亲疏程度等；如果要指定组织担任遗产管理人的，还应审查被继承人的居民身份、是否确无继承人以及申请人是否为利害关系人、是否具备诉讼主体资格等。按照上述要素进行审查，作出指定遗产管理人的判决。 **案例参考：《欧某士申请指定遗产管理人案》**① 案例要旨：针对侨乡涉侨房产因年代久远、继承人散落海外往往析产确权困难的问题，人民法院创造性地在可查明的继承人中引入管养房屋方案“竞标”方式，让具有管养维护遗产房屋优势条件的部分继承人担任侨房遗产管理人，妥善解决了涉侨祖宅的管养维护问题。	
第一百九十六条 【撤销判决】被指定的遗产管理人死亡、终止、丧失民事行为能力或者存在其他无法继续履行遗产管理职责情形的，人民法院可以根据利害关系人或者本人的申请另行指定遗产管理人。	**《民法典》** **第1147条** 遗产管理人应当履行下列职责： （一）清理遗产并制作遗产清单； （二）向继承人报告遗产情况； （三）采取必要措施防止遗产毁损、灭失；

① 参见《人民法院贯彻实施民法典典型案例（第一批）》（案例9），2022年2月25日发布。

新《民事诉讼法》及解读等	修改前《民事诉讼法》等关联规定
解读：本条是新增规定，规定了指定遗产管理人案件判决的撤销。经人民法院指定遗产管理人之后，难免出现遗产管理人不能或不适宜继续担任遗产管理人的情形，此时需要变更遗产管理人，另行指定新的遗产管理人。本条规定了原遗产管理人不能继续履行遗产管理职责的情形，包括被指定的遗产管理人死亡、终止、丧失行为能力或者存在其他无法继续履行遗产管理职责情形。存在以上情形的，人民法院可以根据利害关系人或者本人的申请另行指定遗产管理人。	（四）处理被继承人的债权债务； （五）按照遗嘱或者依照法律规定分割遗产； （六）实施与管理遗产有关的其他必要行为。 **第1148条** 遗产管理人应当依法履行职责，因故意或者重大过失造成继承人、受遗赠人、债权人损害的，应当承担民事责任。
第一百九十七条 【遗产管理人责任】遗产管理人违反遗产管理职责，严重侵害继承人、受遗赠人或者债权人合法权益的，人民法院可以根据利害关系人的申请，撤销其遗产管理人资格，并依法指定新的遗产管理人。 **解读**：本条规定了需要撤销原遗产管理人资格的情形，具体是指被指定的遗产管理人违反遗产管理职责，严重侵害继承人、受遗赠人或者债权人合法权益的。在利害关系人的申请下，人民法院可以撤销违反以上遗产管理职责的遗产管理人的资格，另行指定新的遗产管理人。	

新《民事诉讼法》及解读等	修改前《民事诉讼法》等关联规定
第五节 认定公民无民事行为能力、限制民事行为能力案件	
第一百九十八条 【管辖与申请书】申请认定公民无民事行为能力或者限制民事行为能力，由利害关系人或者有关组织向该公民住所地基层人民法院提出。 申请书应当写明该公民无民事行为能力或者限制民事行为能力的事实和根据。 **解读：**认定公民无民事行为能力、限制民事行为能力案件，是指人民法院依据利害关系人的申请，对不能正确辨认自己行为或不能完全辨认自己行为的精神病人，按照法定程序，认定并宣告该公民无民事行为能力或限制民事行为能力的案件。申请认定公民无民事行为能力、限制民事行为能力必须具备下列条件：其一，申请人为被申请人的近亲属或其他利害关系人。包括被申请人的配偶、父母、子女、兄弟姐妹、祖父母、外祖父母、孙子女、外孙子女等。其二，申请必须采用书面形式。申请书的内容应包括申请人与被申请人的基本情况和相互关系；申请事项；被申请人无民事行为能力或限制民事行为能力的事实和根据。如果有医院出具的诊	**《民事诉讼法》（2021 年修正）** **第 194 条** 申请认定公民无民事行为能力或者限制民事行为能力，由利害关系人或者有关组织向该公民住所地基层人民法院提出。 申请书应当写明该公民无民事行为能力或者限制民事行为能力的事实和根据。 **《民事诉讼法解释》** **第 347 条** 在诉讼中，当事人的利害关系人或者有关组织提出该当事人不能辨认或者不能完全辨认自己的行为，要求宣告该当事人无民事行为能力或者限制民事行为能力的，应由利害关系人或者有关组织向人民法院提出申请，由受诉人民法院按照特别程序立案审理，原诉讼中止。

新《民事诉讼法》及解读等	修改前《民事诉讼法》等关联规定
断证明或鉴定意见，也应当一并提交人民法院。其三，管辖原则。为方便了解被申请人实际情况，申请认定公民无民事行为能力、限制民事行为能力的案件由被申请人住所地的基层人民法院管辖。	
第一百九十九条　【鉴定】人民法院受理申请后，必要时应当对被请求认定为无民事行为能力或者限制民事行为能力的公民进行鉴定。申请人已提供鉴定意见的，应当对鉴定意见进行审查。 **解读：**本条规定了认定公民无民事行为能力、限制民事行为能力案件的鉴定程序。一个公民是否已丧失民事行为能力或者部分丧失民事行为能力，必须通过法定程序加以确认，不能单凭生活经验作出判断。人民法院在受理申请后，必要时应当对被申请认定为无民事行为能力或者限制民事行为能力的公民进行鉴定。申请人已提供鉴定意见的，应当对鉴定意见进行审查，如果对鉴定意见有怀疑的，应当提交法定鉴定部门或者指定鉴定部门重新进行鉴定。在司法实践中，对被申请人应当进行医学鉴定，以取得科学依据。鉴定应由法定部门鉴定；没有法定部门的，由人民法院指定的鉴定部门鉴定。	**《民事诉讼法》（2021 年修正）** **第 195 条**　人民法院受理申请后，必要时应当对被请求认定为无民事行为能力或者限制民事行为能力的公民进行鉴定。申请人已提供鉴定意见的，应当对鉴定意见进行审查。

新《民事诉讼法》及解读等	修改前《民事诉讼法》等关联规定
第二百条　【代理、审理和判决】人民法院审理认定公民无民事行为能力或者限制民事行为能力的案件，应当由该公民的近亲属为代理人，但申请人除外。近亲属互相推诿的，由人民法院指定其中一人为代理人。该公民健康情况许可的，还应当询问本人的意见。 人民法院经审理认定申请有事实根据的，判决该公民为无民事行为能力或者限制民事行为能力人；认定申请没有事实根据的，应当判决予以驳回。 **解读：**人民法院在审理认定公民无民事行为能力或者限制民事行为能力的案件时，应当为该公民确定代理人。首先应当由该公民的近亲属为代理人，但如果申请人是近亲属，则不能担任代理人。如果近亲属互相推诿的，由人民法院指定其中一人为代理人。该公民健康情况许可的，还应当询问本人的意见指定谁做代理人。在人民法院审理认定公民无民事行为能力、限制民事行为能力案件后，应当根据不同情况作出判决。经审查，认为申请人申请没有根据，该公民精神正常，并未丧失民事行为能力，则不能认定该公民为无民事行为能力或者限制	**《民事诉讼法》（2021 年修正）** **第 196 条**　人民法院审理认定公民无民事行为能力或者限制民事行为能力的案件，应当由该公民的近亲属为代理人，但申请人除外。近亲属互相推诿的，由人民法院指定其中一人为代理人。该公民健康情况许可的，还应当询问本人的意见。 人民法院经审理认定申请有事实根据的，判决该公民为无民事行为能力或者限制民事行为能力人；认定申请没有事实根据的，应当判决予以驳回。 **《民事诉讼法解释》** **第 350 条**　申请认定公民无民事行为能力或者限制民事行为能力的案件，被申请人没有近亲属的，人民法院可以指定经被申请人住所地的居民委员会、村民委员会或者民政部门同意，且愿意担任代理人的个人或者组织为代理人。 没有前款规定的代理人的，由被申请人住所地的居民委员会、村民委员会或者民政部门担任代理人。 代理人可以是一人，也可以是同一顺序中的两人。

新《民事诉讼法》及解读等	修改前《民事诉讼法》等关联规定
民事行为能力人，应当作出驳回申请的判决。审理后，有充分的事实根据认为该公民精神不正常、不能辨认自己的行为或者不能完全辨认自己的行为，那么应当作出认定该公民为无民事行为能力或者限制民事行为能力人的判决。	
第二百零一条　【撤销判决】 人民法院根据被认定为无民事行为能力人、限制民事行为能力人本人、利害关系人或者有关组织的申请，证实该公民无民事行为能力或者限制民事行为能力的原因已经消除的，应当作出新判决，撤销原判决。 **解读：** 所谓限制民事行为能力人，包括不能完全辨认自己行为的精神病人，比如轻度弱智人、间歇性精神病人等。所谓无民事行为能力人是指不能辨认自己行为的精神病人。对于这两部分民事主体而言，精神病等是可以被治愈的。因此，如果精神病治愈或者好转，其认知能力得到改善或者有了完全辨认能力，则其民事行为能力也自然应当恢复。自然这部分主体也就不再是限制民事行为能力人或无民事行为能力人。因此，需要撤销之前作出的认定其属于无民事行为能力人或者限制民事行为能力人的判决，来恢复其应当	**《民事诉讼法》(2021 年修正)** **第 197 条**　人民法院根据被认定为无民事行为能力人、限制民事行为能力人本人、利害关系人或者有关组织的申请，证实该公民无民事行为能力或者限制民事行为能力的原因已经消除的，应当作出新判决，撤销原判决。

新《民事诉讼法》及解读等	修改前《民事诉讼法》等关联规定
具有的民事行为能力。值得注意的是，撤销原判决，应秉持“不告不理”的原则，由本人或者其监护人向法院提出申请，否则法院不得主动作出撤销原判决的新判决。人民法院收到撤销申请后，应当按照公民无民事行为能力或者限制民事行为能力的原因是否已经消除的事实，作出是否撤销原判决作出新判决。	
第六节　认定财产无主案件	
第二百零二条　【管辖与申请书】申请认定财产无主，由公民、法人或者其他组织向财产所在地基层人民法院提出。 申请书应当写明财产的种类、数量以及要求认定财产无主的根据。 **解读：**认定财产无主案件，是指对于所有人不明或者所有人不存在的财产，人民法院根据申请人的申请，经查明属实后，作出判决，宣布为无主财产，判归国家或者集体组织所有的案件。认定财产无主案件的成立，需具备以下条件：一是财产必须是有形财产。无形财产或者精神财富，不能成为认定财产无主案件的对象。二是财产所有人确已消失或者财产所有权人不明，权利的归属问题长期无法确定。三是财产没有所有人或者所有人不明的，	**《民事诉讼法》（2021年修正）** **第198条**　申请认定财产无主，由公民、法人或者其他组织向财产所在地基层人民法院提出。 申请书应当写明财产的种类、数量以及要求认定财产无主的根据。

新《民事诉讼法》及解读等	修改前《民事诉讼法》等关联规定
其无主的持续状态超过一定期限。申请认定财产无主案件的程序包含以下三个方面：其一，由适格申请人提出申请。申请人包括财产的发现人、财产所在地的基层组织或者基层人民政府、该继承人死亡后的财产管理人、企业事业单位、基层组织或者个人等。其二，申请人应写出申请书。申请书主要写明财产的种类、数量以及要求认定财产无主的根据。其三，管辖原则。认定财产无主案件由财产所在地的基层人民法院管辖。这与由申请人住所地管辖原则不同。之所以如此规定，是为了便于法院了解无主财产情况，便于寻找财产原财产所有人，便于法院及时作出裁判。	
第二百零三条　【公告和判决】 人民法院受理申请后，经审查核实，应当发出财产认领公告。公告满一年无人认领的，判决认定财产无主，收归国家或者集体所有。 **解读：** 人民法院在受理申请认定财产无主案件后，首先应当进行审查，核实申请财产是否为无主或有主财产。如果经审查核实，申请财产为无主财产或查不清是否为有主财产的，应当发出财产认领公告。如果查明申请财产是有主的，则应判	**《民事诉讼法》（2021 年修正）** **第 199 条**　人民法院受理申请后，经审查核实，应当发出财产认领公告。公告满一年无人认领的，判决认定财产无主，收归国家或者集体所有。 **《民事诉讼法解释》** **第 348 条**　认定财产无主案件，公告期间有人对财产提出请求的，人民法院应当裁定终结特别程序，告知申请人另行起诉，适用普通程序审理。

新《民事诉讼法》及解读等	修改前《民事诉讼法》等关联规定
决驳回申请人申请认定财产无主的诉讼请求，并通知所有人认领财产。如果公告期间无人提出请求，则判决认定财产无主，收归国家或者集体所有。公告期间若有人认领财产，表明认领人与申请人就该项财产的所有权发生了争议，应当裁定终结特别程序，告知申请人另行起诉。	
第二百零四条　【判决撤销】 判决认定财产无主后，原财产所有人或者继承人出现，在民法典规定的诉讼时效期间可以对财产提出请求，人民法院审查属实后，应当作出新判决，撤销原判决。 **解读：** 认定财产无主制度是法律上的拟制，是为了促进物尽其用，资源流通而进行的法律推定。但是在实践中，有的财产并非无主财产，而是财产所有人或者继承人因不知悉公告等原因而未能在人民法院公告期内前来认领财产，为了保护财产所有人或者继承人的合法权益，法律允许在一定期限内要求撤销已生效的宣告财产无主的判决。在判决认定财产无主并将财产收归国家或者集体所有后，如果原财产所有人或者合法继承人出现，人民法院不应以公告期满为由驳回申请，而应	**《民事诉讼法》（2021 年修正）** **第 200 条**　判决认定财产无主后，原财产所有人或者继承人出现，在民法典规定的诉讼时效期间可以对财产提出请求，人民法院审查属实后，应当作出新判决，撤销原判决。 **《民法典》** **第 188 条**　向人民法院请求保护民事权利的诉讼时效期间为三年。法律另有规定的，依照其规定。 诉讼时效期间自权利人知道或者应当知道权利受到损害以及义务人之日起计算。法律另有规定的，依照其规定。但是，自权利受到损害之日起超过二十年的，人民法院不予保护，有特殊情况的，人民法院可以根据权利人的申请决定延长。 **第 318 条**　遗失物自发布招领公告之日起一年内无人认领的，归国家所有。

新《民事诉讼法》及解读等	修改前《民事诉讼法》等关联规定
审查其是否属实。不属实的，驳回申请；属实的，应当撤销原判决。当然，申请人须在诉讼时效期间对该财产提出请求，这样规定是为了保证财产所有权的稳定，避免造成不确定的经济状态。	
第七节　确认调解协议案件	
第二百零五条　【申请与管辖】经依法设立的调解组织调解达成调解协议，申请司法确认的，由双方当事人自调解协议生效之日起三十日内，共同向下列人民法院提出： （一）人民法院邀请调解组织开展先行调解的，向作出邀请的人民法院提出； （二）调解组织自行开展调解的，向当事人住所地、标的物所在地、调解组织所在地的基层人民法院提出；调解协议所涉纠纷应当由中级人民法院管辖的，向相应的中级人民法院提出。 **解读：**为充分发挥人民调解在化解矛盾纠纷中的作用，提升人民调解协议的履行率，设立了司法确认制度。经过司法确认的调解协议，即被赋予了强制执行力，当事人可以直接申请人民法院强制执行。申请司法确认须满足以下条件：一是	**《民事诉讼法》（2021 年修正）** **第 201 条**　经依法设立的调解组织调解达成调解协议，申请司法确认的，由双方当事人自调解协议生效之日起三十日内，共同向下列人民法院提出： （一）人民法院邀请调解组织开展先行调解的，向作出邀请的人民法院提出； （二）调解组织自行开展调解的，向当事人住所地、标的物所在地、调解组织所在地的基层人民法院提出；调解协议所涉纠纷应当由中级人民法院管辖的，向相应的中级人民法院提出。 **《民事诉讼法解释》** **第 351 条**　申请司法确认调解协议的，双方当事人应当本人或者由符合民事诉讼法第六十一条规定的代理人依照民事诉讼法第二百零一条的规定提出申请。 **第 352 条**　调解组织自行开展的

新《民事诉讼法》及解读等	修改前《民事诉讼法》等关联规定
由双方当事人共同提出申请。调解协议的双方在达成调解协议后，按照自己的意愿决定是否申请司法确认程序。如果认为需要对调解协议进行司法确认，应当双方共同提出申请。包括由双方共同或单独提交申请书，或者一方当事人提出申请，另一方当事人表示同意的，可以视为共同提出申请。二是在调解协议生效之日起30日内提出申请。书面调解协议书自各方当事人签名、盖章或者按指印，人民调解员签名并加盖人民调解委员会印章之日起生效；口头调解协议自各方当事人达成协议之日起生效。申请人应自上述生效之日起30日内向人民法院提出司法确认的申请。三是司法确认案件的管辖。应区分是否由人民法院邀请的调解组织等确认不同的管辖原则，人民法院邀请调解组织开展先行调解的，司法确认案件的管辖法院为作出邀请的人民法院。调解组织自行开展调解的，当事人住所地、标的物所在地、调解组织所在地的基层人民法院均具有管辖权。当然，调解协议所涉纠纷应当由中级人民法院管辖的，申请人应向相应的中级人民法院提出司法确认申请。四是提出申请。当事人申请确认调	调解，有两个以上调解组织参与的，符合民事诉讼法第二百零一条规定的各调解组织所在地人民法院均有管辖权。 双方当事人可以共同向符合民事诉讼法第二百零一条规定的其中一个有管辖权的人民法院提出申请；双方当事人共同向两个以上有管辖权的人民法院提出申请的，由最先立案的人民法院管辖。 **第353条** 当事人申请司法确认调解协议，可以采用书面形式或者口头形式。当事人口头申请的，人民法院应当记入笔录，并由当事人签名、捺印或者盖章。 **第354条** 当事人申请司法确认调解协议，应当向人民法院提交调解协议、调解组织主持调解的证明，以及与调解协议相关的财产权利证明等材料，并提供双方当事人的身份、住所、联系方式等基本信息。 当事人未提交上述材料的，人民法院应当要求当事人限期补交。 **第355条** 当事人申请司法确认调解协议，有下列情形之一的，人民法院裁定不予受理： （一）不属于人民法院受理范围的； （二）不属于收到申请的人民法

新《民事诉讼法》及解读等	修改前《民事诉讼法》等关联规定
解协议，应当向人民法院提交司法确认申请书、调解协议和身份证明、资格证明，以及与调解协议相关的财产权利证明等证明材料，并提供双方当事人的送达地址、电话号码等联系方式。委托他人代为申请的，必须向人民法院提交由委托人签名或者盖章的授权委托书。最后，必须明确一点，对调解协议进行司法确认不是法定义务，在达成调解协议后，如果双方当事人认为没有进行司法确认的必要，存在调解协议的内容已经即时履行完毕，调解协议的内容不涉及民事给付内容等情形的，双方当事人可以不用申请司法确认。	院管辖的； （三）申请确认婚姻关系、亲子关系、收养关系等身份关系无效、有效或者解除的； （四）涉及适用其他特别程序、公示催告程序、破产程序审理的； （五）调解协议内容涉及物权、知识产权确权的。 人民法院受理申请后，发现有上述不予受理情形的，应当裁定驳回当事人的申请。 **《人民调解协议司法确认规定》** **第1-13条**，正文略。 **《人民调解法》** **第33条** 经人民调解委员会调解达成调解协议后，双方当事人认为有必要的，可以自调解协议生效之日起三十日内共同向人民法院申请司法确认，人民法院应当及时对调解协议进行审查，依法确认调解协议的效力。 人民法院依法确认调解协议有效，一方当事人拒绝履行或者未全部履行的，对方当事人可以向人民法院申请强制执行。 人民法院依法确认调解协议无效的，当事人可以通过人民调解方式变更原调解协议或者达成新的调解协议，也可以向人民法院提起诉讼。

新《民事诉讼法》及解读等	修改前《民事诉讼法》等关联规定
第二百零六条 【审查和裁定】人民法院受理申请后，经审查，符合法律规定的，裁定调解协议有效，一方当事人拒绝履行或者未全部履行的，对方当事人可以向人民法院申请执行；不符合法律规定的，裁定驳回申请，当事人可以通过调解方式变更原调解协议或者达成新的调解协议，也可以向人民法院提起诉讼。 **解读：**本条是关于人民法院审理确认调解协议案件的处理结果规定。人民法院受理司法确认申请后，应当对调解协议进行审查，根据《民事诉讼法解释》第356条的规定，审查相关情况时，应当通知双方当事人共同到场对案件进行核实。根据审查的结果，存在两种处理方式：一是裁定调解协议有效；二是裁定驳回申请，不予确认。其中确认调解协议的，需要同时满足调解协议有效的要求、不属于《民事诉讼法解释》第355条和第358条规定的情形。首先，调解协议的当事人应具有完全民事行为能力，调解协议系当事人的真实意思表示、内容不违反法律、法规的强制性规定或社会公共利益，人民法院应当进行确认，裁定调解协议有效。其次，	**《民事诉讼法》（2021年修正）** **第202条** 人民法院受理申请后，经审查，符合法律规定的，裁定调解协议有效，一方当事人拒绝履行或者未全部履行的，对方当事人可以向人民法院申请执行；不符合法律规定的，裁定驳回申请，当事人可以通过调解方式变更原调解协议或者达成新的调解协议，也可以向人民法院提起诉讼。 **《民事诉讼法解释》** **第355条** 当事人申请司法确认调解协议，有下列情形之一的，人民法院裁定不予受理： （一）不属于人民法院受理范围的； （二）不属于收到申请的人民法院管辖的； （三）申请确认婚姻关系、亲子关系、收养关系等身份关系无效、有效或者解除的； （四）涉及适用其他特别程序、公示催告程序、破产程序审理的； （五）调解协议内容涉及物权、知识产权确权的。 人民法院受理申请后，发现有上述不予受理情形的，应当裁定驳回当事人的申请。 **第356条** 人民法院审查相关情

新《民事诉讼法》及解读等	修改前《民事诉讼法》等关联规定
若调解协议属于《民事诉讼法解释》第355条规定的不予受理的五种情形，人民法院则应裁定不予受理。最后，若调解协议属于《民事诉讼法解释》第358条规定的情形，应予裁定驳回司法确认申请。在人民法院确认调解协议有效后，该调解协议即具有强制执行力，一方不履行协议或者履行协议不符合约定的，另一方当事人可以申请法院进行强制执行。但是申请人的确认申请被驳回或者不予受理的，也并不必然等同于调解协议无效。当事人可以再次通过调解变更原调解协议或重新达成新的调解协议；而在变更原调解协议或重新达成新的调解协议后，还可以再次向人民法院申请确认调解协议。	况时，应当通知双方当事人共同到场对案件进行核实。 人民法院经审查，认为当事人的陈述或者提供的证明材料不充分、不完备或者有疑义的，可以要求当事人限期补充陈述或者补充证明材料。必要时，人民法院可以向调解组织核实有关情况。 **第357条** 确认调解协议的裁定作出前，当事人撤回申请的，人民法院可以裁定准许。 当事人无正当理由未在限期内补充陈述、补充证明材料或者拒不接受询问的，人民法院可以按撤回申请处理。 **第358条** 经审查，调解协议有下列情形之一的，人民法院应当裁定驳回申请： （一）违反法律强制性规定的； （二）损害国家利益、社会公共利益、他人合法权益的； （三）违背公序良俗的； （四）违反自愿原则的； （五）内容不明确的； （六）其他不能进行司法确认的情形。

新《民事诉讼法》及解读等	修改前《民事诉讼法》等关联规定
第八节　实现担保物权案件	
第二百零七条　【申请与管辖】申请实现担保物权，由担保物权人以及其他有权请求实现担保物权的人依照民法典等法律，向担保财产所在地或者担保物权登记地基层人民法院提出。 **解读：**本条是关于提出实现担保物权案件的规定。实现担保物权案件应注意以下三点：1. 实现担保物权案件的适用范围：通常情况下，抵押权、留置权、质权等法定担保物权都属于可以通过实现担保物权程序直接实现的权利。2. 实现担保物权案件的申请主体：抵押权人、质权人、留置权人等权利人均属于可以申请实现担保物权的主体。同时担保人亦有权基于自身利益的判断，在其无法与担保物权人就担保物变现达成一致时，请求适用实现担保物权程序，对担保财产进行拍卖、变卖。3. 实现担保物权案件的管辖：依据非讼案件“准专属管辖”原则，实现担保物权案件一般不能适用约定管辖。同一主债权有多个担保物，且担保物所在地不同的，申请人既可以向不同担保物所在地法院分别申请实现担保物权，也可以选择其中一个担保物权所在地法院集中申请。	**《民事诉讼法》（2021 年修正）** **第 203 条**　申请实现担保物权，由担保物权人以及其他有权请求实现担保物权的人依照民法典等法律，向担保财产所在地或者担保物权登记地基层人民法院提出。 **《民事诉讼法解释》** **第 359 条**　民事诉讼法第二百零三条规定的担保物权人，包括抵押权人、质权人、留置权人；其他有权请求实现担保物权的人，包括抵押人、出质人、财产被留置的债务人或者所有权人等。 **第 361 条**　实现担保物权案件属于海事法院等专门人民法院管辖的，由专门人民法院管辖。 **第 362 条**　同一债权的担保物有多个且所在地不同，申请人分别向有管辖权的人民法院申请实现担保物权的，人民法院应当依法受理。 **第 363 条**　依照民法典第三百九十二条的规定，被担保的债权既有物的担保又有人的担保，当事人对实现担保物权的顺序有约定，实现担保物权的申请违反该约定的，人民法院裁定不予受理；没有约定或者约定不明的，人民法院应当受理。

新《民事诉讼法》及解读等	修改前《民事诉讼法》等关联规定
	第365条 申请实现担保物权，应当提交下列材料： （一）申请书。申请书应当记明申请人、被申请人的姓名或者名称、联系方式等基本信息，具体的请求和事实、理由； （二）证明担保物权存在的材料，包括主合同、担保合同、抵押登记证明或者他项权利证书，权利质权的权利凭证或者质权出质登记证明等； （三）证明实现担保物权条件成就的材料； （四）担保财产现状的说明； （五）人民法院认为需要提交的其他材料。 **第366条** 人民法院受理申请后，应当在五日内向被申请人送达申请书副本、异议权利告知书等文书。 被申请人有异议的，应当在收到人民法院通知后的五日内向人民法院提出，同时说明理由并提供相应的证据材料。
第二百零八条 【审查和裁定】人民法院受理申请后，经审查，符合法律规定的，裁定拍卖、变卖担保财产，当事人依据该裁定可以向人民法院申请执行；不符合法律规定的，裁定驳回申请，当事人可以向人民法院提起诉讼。	**《民事诉讼法》（2021年修正）** **第204条** 人民法院受理申请后，经审查，符合法律规定的，裁定拍卖、变卖担保财产，当事人依据该裁定可以向人民法院申请执行；不符合法律规定的，裁定驳回申请，当事人可以向人民法院提起诉讼。

新《民事诉讼法》及解读等	修改前《民事诉讼法》等关联规定
解读：本条是关于实现担保物权案件的处理结果的规定。人民法院在受理实现担保物权案件后至审理前，应首先在5日内向被申请人送达申请书副本、异议权利告知书等文书。被申请人有异议的，应当在收到人民法院通知后的5日内向人民法院提出，同时说明理由并提供相应的证据材料。在案件审理时，可以由审判员一人独任审查。如果担保财产标的额超过基层人民法院管辖范围的，则应当组成合议庭进行审查。人民法院审查实现担保物权案件，可以询问申请人、被申请人、利害关系人，必要时可以依职权调查相关事实。在案件审理时，主要围绕是否具备实现担保物权的条件，如债务是否确实发生、债务数额有无异议、担保物权是否生效、债务人的债务到期有无履行等进行审查。经审查，符合上述条件的，则裁定拍卖、变卖担保财产。经审查，如果债权人和债务人对债权债务有异议，或对抵押合同效力、抵押权的效力存在争议，则实现担保物权的前提条件都不具备，自然无法处理实现担保案件，对于实现担保物权的申请则应予裁定驳回，当事人可以向人民法院另行提起诉讼。	**《民事诉讼法解释》** **第368条**　人民法院审查实现担保物权案件，可以询问申请人、被申请人、利害关系人，必要时可以依职权调查相关事实。 **第369条**　人民法院应当就主合同的效力、期限、履行情况，担保物权是否有效设立、担保财产的范围、被担保的债权范围、被担保的债权是否已届清偿期等担保物权实现的条件，以及是否损害他人合法权益等内容进行审查。 被申请人或者利害关系人提出异议的，人民法院应当一并审查。 **第370条**　人民法院审查后，按下列情形分别处理： （一）当事人对实现担保物权无实质性争议且实现担保物权条件成就的，裁定准许拍卖、变卖担保财产； （二）当事人对实现担保物权有部分实质性争议的，可以就无争议部分裁定准许拍卖、变卖担保财产； （三）当事人对实现担保物权有实质性争议的，裁定驳回申请，并告知申请人向人民法院提起诉讼。 **第372条**　适用特别程序作出的判决、裁定，当事人、利害关系人认为有错误的，可以向作出该判决、

新《民事诉讼法》及解读等	修改前《民事诉讼法》等关联规定
	裁定的人民法院提出异议。人民法院经审查，异议成立或者部分成立的，作出新的判决、裁定撤销或者改变原判决、裁定；异议不成立的，裁定驳回。 对人民法院作出的确认调解协议、准许实现担保物权的裁定，当事人有异议的，应当自收到裁定之日起十五日内提出；利害关系人有异议的，自知道或者应当知道其民事权益受到侵害之日起六个月内提出。
第十六章　审判监督程序	
第二百零九条　【法院依职权提起再审】各级人民法院院长对本院已经发生法律效力的判决、裁定、调解书，发现确有错误，认为需要再审的，应当提交审判委员会讨论决定。 最高人民法院对地方各级人民法院已经发生法律效力的判决、裁定、调解书，上级人民法院对下级人民法院已经发生法律效力的判决、裁定、调解书，发现确有错误的，有权提审或者指令下级人民法院再审。 **解读：**本条是对人民法院依职权提起再审的规定。人民法院决定再审，是指人民法院发现本院或者	**《民事诉讼法》（2021年修正）** **第205条**　各级人民法院院长对本院已经发生法律效力的判决、裁定、调解书，发现确有错误，认为需要再审的，应当提交审判委员会讨论决定。 最高人民法院对地方各级人民法院已经发生法律效力的判决、裁定、调解书，上级人民法院对下级人民法院已经发生法律效力的判决、裁定、调解书，发现确有错误的，有权提审或者指令下级人民法院再审。 **《人民法院组织法》** **第39条**　合议庭认为案件需要提交审判委员会讨论决定的，由审判长提出申请，院长批准。

新《民事诉讼法》及解读等	修改前《民事诉讼法》等关联规定
下级人民法院的生效判决、裁定确有违法或者错误的，依职权启动再审程序对原案件进行再审。但人民法院依职权再审，主要是针对特定情形，即当事人丧失了申请再审的条件时，而向法院寻求救助的一种手段。人民法院依职权启动包含两种情形：一是本条第1款规定的，各级法院院长对本院的生效判决、裁定、调解书发现确有错误，在本院审判委员会确认并决定后，应当进入再审程序。因此，按照“有错必纠”的原则，各级人民法院应当对本院作出的生效裁判负责。二是本条第2款规定的，基于最高人民法院对地方各级人民法院审判工作的监督，以及上级人民法院对下级人民法院审判工作的监督而引起案件再审的规定。最高人民法院是国家的最高审判机关，有权监督地方各级人民法院和专门人民法院的审判工作。同时，上级人民法院有权监督下级人民法院的审判工作。上级法院对下级法院监督的主要内容之一就是对下级人民法院已经发生法律效力的判决、裁定、调解书，发现确有错误的，有权提审或者指令下级人民法院再审。	审判委员会讨论案件，合议庭对其汇报的事实负责，审判委员会委员对本人发表的意见和表决负责。审判委员会的决定，合议庭应当执行。 审判委员会讨论案件的决定及其理由应当在裁判文书中公开，法律规定不公开的除外。 **《审判监督程序解释》** **第18条** 上一级人民法院经审查认为申请再审事由成立的，一般由本院提审。最高人民法院、高级人民法院也可以指定与原审人民法院同级的其他人民法院再审，或者指令原审人民法院再审。 **第19条** 上一级人民法院可以根据案件的影响程度以及案件参与人等情况，决定是否指定再审。需要指定再审的，应当考虑便利当事人行使诉讼权利以及便利人民法院审理等因素。 接受指定再审的人民法院，应当按照民事诉讼法第二百零七条第一款规定的程序审理。 **第20条** 有下列情形之一的，不得指令原审人民法院再审： （一）原审人民法院对该案无管辖权的； （二）审判人员在审理该案件时

新《民事诉讼法》及解读等	修改前《民事诉讼法》等关联规定
	有贪污受贿，徇私舞弊，枉法裁判行为的； （三）原判决、裁定系经原审人民法院审判委员会讨论作出的； （四）其他不宜指令原审人民法院再审的。 **第21条** 当事人未申请再审、人民检察院未抗诉的案件，人民法院发现原判决、裁定、调解协议有损害国家利益、社会公共利益等确有错误情形的，应当依照民事诉讼法第一百九十八条的规定提起再审。 **《提级管辖和再审提审意见》** **第3条** 本意见所称“再审提审”，是指根据《中华人民共和国民事诉讼法》第二百零五条第二款、第二百一十一条第二款，《中华人民共和国行政诉讼法》第九十一条、第九十二条第二款的规定，上级人民法院对下级人民法院已经发生法律效力的民事、行政判决、裁定，认为确有错误并有必要提审的，裁定由本院再审，包括上级人民法院依职权提审、上级人民法院依当事人再审申请提审、最高人民法院依高级人民法院报请提审。 **第15条** 上级人民法院对下级人民法院已经发生法律效力的民事、行政判决、裁定，认为符合再审条件

新《民事诉讼法》及解读等	修改前《民事诉讼法》等关联规定
	的，一般应当提审。 对于符合再审条件的民事、行政判决、裁定，存在下列情形之一的，最高人民法院、高级人民法院可以指令原审人民法院再审，或者指定与原审人民法院同级的其他人民法院再审，但法律和司法解释另有规定的除外： （一）原判决、裁定认定事实的主要证据未经质证的； （二）对审理案件需要的主要证据，当事人因客观原因不能自行收集，书面申请人民法院调查收集，人民法院未调查收集的； （三）违反法律规定，剥夺当事人辩论权利的； （四）发生法律效力的判决、裁定是由第一审法院作出的； （五）当事人一方人数众多或者当事人双方均为公民的民事案件； （六）经审判委员会讨论决定的其他情形。 **第16条**　最高人民法院依法受理的民事、行政申请再审审查案件，除法律和司法解释规定应当提审的情形外，符合下列情形之一的，也应当裁定提审： （一）在全国有重大影响的； （二）具有普遍法律适用指导意

新《民事诉讼法》及解读等	修改前《民事诉讼法》等关联规定
	义的； （三）所涉法律适用问题在最高人民法院内部存在重大分歧的； （四）所涉法律适用问题在不同高级人民法院之间裁判生效的同类案件存在重大分歧的； （五）由最高人民法院提审更有利于案件公正审理的； （六）最高人民法院认为应当提审的其他情形。 最高人民法院依职权主动发现地方各级人民法院已经发生法律效力的民事、行政判决、裁定确有错误，并且符合前款规定的，应当提审。 **第17条** 高级人民法院对于本院和辖区内人民法院作出的已经发生法律效力的民事、行政判决、裁定，认为适用法律确有错误，且属于本意见第十六条第一款第一项至第五项所列情形之一的，经本院审判委员会讨论决定后，可以报请最高人民法院提审。 **《规范再审立案意见》** **第1-4条**，正文略。
第二百一十条 【当事人申请再审】 当事人对已经发生法律效力的判决、裁定，认为有错误的，可以向上一级人民法院申请再审；	**《民事诉讼法》（2021年修正）** **第206条** 当事人对已经发生法律效力的判决、裁定，认为有错误的，可以向上一级人民法院申请

新《民事诉讼法》及解读等	修改前《民事诉讼法》等关联规定
当事人一方人数众多或者当事人双方为公民的案件，也可以向原审人民法院申请再审。当事人申请再审的，不停止判决、裁定的执行。 **解读：**本条是关于当事人申请再审的规定。当事人申请是启动再审的方式之一。当事人申请再审需要具备的前提条件是判决、裁定已经发生法律效力，当事人未在上诉期内进行上诉的一审判决、裁定和二审的判决、裁定。当事人提起再审申请的裁判文书类型，只有判决和裁定，不包括调解书。当事人提出再审申请的，原则上应当向作出已生效判决的人民法院的上一级人民法院提出。但是存在例外情形，当事人一方人数众多或者当事人双方为公民的案件，也可以向原审人民法院申请再审。如此规定，是为了便利当事人进行权利救济，同时向原审人民法院申请再审，也有利于查清事实。当事人申请再审的，不停止判决、裁定的执行。这是因为，在再审判决、裁定未作出前，原判决、裁定已经生效，当事人自然可以依据生效的文书申请执行。	再审；当事人一方人数众多或者当事人双方为公民的案件，也可以向原审人民法院申请再审。当事人申请再审的，不停止判决、裁定的执行。 **第20条**　高级人民法院管辖在本辖区有重大影响的第一审民事案件。 **《人民法院组织法》** **第10条**　最高人民法院是最高审判机关。 最高人民法院监督地方各级人民法院和专门人民法院的审判工作，上级人民法院监督下级人民法院的审判工作。 **《民事诉讼法解释》** **第377条**　当事人一方人数众多或者当事人双方为公民的案件，当事人分别向原审人民法院和上一级人民法院申请再审且不能协商一致的，由原审人民法院受理。 **《民事案件发回重审和指令再审通知》** 1. 各级人民法院对本院已经发生法律效力的民事判决、裁定，不论以何种方式启动审判监督程序的，一般只能再审一次。 2. 对于下级人民法院已经再审过的民事案件，上一级人民法院认为

新《民事诉讼法》及解读等	修改前《民事诉讼法》等关联规定
案例参考：《某银行上海分行诉毕某某房屋抵押贷款合同纠纷案》① 案例要旨：再审的对象是生效裁判，再审的范围是生效裁判确定的事实范围，再审中只能对原生效裁判认定事实、适用法律、审理程序等是否确有错误进行评判。再审恢复到原生效裁判的审级即二审，再审判决是终审判决，该判决不能提出上诉。如果再审对二审终审之后新发生的事实一并审理，则剥夺了当事人对新发生的事实的上诉权，在诉讼程序上有缺陷。因此，再审对二审终审之后新发生的事实不能一并处理，应告知当事人另案起诉。 **案例参考：《朱某某拒不执行判决、裁定案》**② 案例要旨：原具有执行内容的判决、裁定发生法律效力后，经再审调解重新确定双方当事人权利义务，在执行原判决期间，负有执行义务的人有隐藏、转移、故意毁损财产等拒不执行行为，致使判决、裁定无法执行，情节严重的，应当以拒不执行判决、裁定罪定罪处罚。	需要再审的，应当依法提审。提审的人民法院对该案件只能再审一次。 3. 人民检察院按照审判监督程序提起抗诉的民事案件，一般应当由作出生效裁判的人民法院再审；作出生效裁判的人民法院已经再审过的，由上一级人民法院提审，或者指令该法院的其他同级人民法院再审。 4. 各级人民法院院长发现本院发生法律效力的再审裁判确有错误依法必须改判的，应当提出书面意见请示上一级人民法院，并附全部案卷。上一级人民法院一般应当提审，也可以指令该法院的其他同级人民法院再审。 人民法院对行政案件进行再审的，参照上述原则执行。

① 参见最高人民法院审判监督庭编：《审判监督指导·总第13辑》（2004年第1辑），人民法院出版社2004年版。

② 参见最高人民法院审判监督庭编：《审判监督指导·总第131辑》（2019年第1辑），人民法院出版社2019年版。

新《民事诉讼法》及解读等	修改前《民事诉讼法》等关联规定
案例参考：《蒋某3诉蒋某2、蒋某1继承纠纷案》① 案例要旨：当事人申请再审应依法行使诉讼权利，不能越级申请。除非有法律或司法解释的明确规定，对于人民法院已生效的裁定，当事人无权申请再审。	
第二百一十一条　【申请再审的条件】当事人的申请符合下列情形之一的，人民法院应当再审： （一）有新的证据，足以推翻原判决、裁定的； （二）原判决、裁定认定的基本事实缺乏证据证明的； （三）原判决、裁定认定事实的主要证据是伪造的； （四）原判决、裁定认定事实的主要证据未经质证的； （五）对审理案件需要的主要证据，当事人因客观原因不能自行收集，书面申请人民法院调查收集，人民法院未调查收集的； （六）原判决、裁定适用法律确有错误的；	**《民事诉讼法》（2021年修正）** **第207条**　当事人的申请符合下列情形之一的，人民法院应当再审： （一）有新的证据，足以推翻原判决、裁定的； （二）原判决、裁定认定的基本事实缺乏证据证明的； （三）原判决、裁定认定事实的主要证据是伪造的； （四）原判决、裁定认定事实的主要证据未经质证的； （五）对审理案件需要的主要证据，当事人因客观原因不能自行收集，书面申请人民法院调查收集，人民法院未调查收集的； （六）原判决、裁定适用法律确有错误的；

① 参见最高人民法院中国应用法研究所编：《人民法院案例选·总第132辑》（2019年第2辑），人民法院出版社2019年版。

新《民事诉讼法》及解读等	修改前《民事诉讼法》等关联规定
（七）审判组织的组成不合法或者依法应当回避的审判人员没有回避的； （八）无诉讼行为能力人未经法定代理人代为诉讼或者应当参加诉讼的当事人，因不能归责于本人或者其诉讼代理人的事由，未参加诉讼的； （九）违反法律规定，剥夺当事人辩论权利的； （十）未经传票传唤，缺席判决的； （十一）原判决、裁定遗漏或者超出诉讼请求的； （十二）据以作出原判决、裁定的法律文书被撤销或者变更的； （十三）审判人员审理该案件时有贪污受贿，徇私舞弊，枉法裁判行为的。 **解读：**申请再审是当事人的权利，只要当事人认为判决、裁定有错误，就可以向有关法院申请再审。但最终是否启动再审程序，由人民法院进行审核，本条规定的十三种情形是人民法院审核是否符合再审的条件。即当事人的申请符合本条规定十三项条件之一的人民法院就应当启动再审。其中第1项是有新的证据，足以推翻原判决、裁定的。	（七）审判组织的组成不合法或者依法应当回避的审判人员没有回避的； （八）无诉讼行为能力人未经法定代理人代为诉讼或者应当参加诉讼的当事人，因不能归责于本人或者其诉讼代理人的事由，未参加诉讼的； （九）违反法律规定，剥夺当事人辩论权利的； （十）未经传票传唤，缺席判决的； （十一）原判决、裁定遗漏或者超出诉讼请求的； （十二）据以作出原判决、裁定的法律文书被撤销或者变更的； （十三）审判人员审理该案件时有贪污受贿，徇私舞弊，枉法裁判行为的。 **《民事诉讼法解释》** **第384条** 人民法院受理申请再审案件后，应当依照民事诉讼法第二百零七条、第二百零八条、第二百一十一条等规定，对当事人主张的再审事由进行审查。 **第385条** 再审申请人提供的新的证据，能够证明原判决、裁定认定基本事实或者裁判结果错误的，应当认定为民事诉讼法第二百零七条第一项规定的情形。

新《民事诉讼法》及解读等	修改前《民事诉讼法》等关联规定
当事人在原审中提供的主要证据，原审未予质证、认证，但足以推翻原判决、裁定的，应当视为新的证据。第2项是原判决、裁定认定的基本事实缺乏证据证明。“基本事实”是指对原判决、裁定的结果有实质影响，用于确定当事人主体资格、案件性质、具体权利义务和民事责任等主要内容所依据的事实。第3项是原判决、裁定认定事实的主要证据是伪造的。作为定案的证据必须是客观的真实的证据，建立在伪造证据之上的判决、裁定应当进行再审。第4项是原判决、裁定认定事实的主要证据未经质证的。证据只有经过质证，才能查明真伪，才能作为认定事实的根据，未经质证的证据违反了程序，应当启动再审。第5项是当事人因客观原因不能自行收集主要证据，书面申请人民法院调查收集，人民法院未调查收集的。查明该证据是当事人不能自行调查收集的，人民法院有义务进行调查收集。第6项是原判决、裁定适用法律确有错误的。《民事诉讼法解释》第388条规定的六种情形即是认定适用错误的依据。第7项是审判组织的组成不合法，或者依法应当回避的审判人员没有回避	对于符合前款规定的证据，人民法院应当责令再审申请人说明其逾期提供该证据的理由；拒不说明理由或者理由不成立的，依照民事诉讼法第六十八条第二款和本解释第一百零二条的规定处理。 **第386条**　再审申请人证明其提交的新的证据符合下列情形之一的，可以认定逾期提供证据的理由成立： （一）在原审庭审结束前已经存在，因客观原因于庭审结束后才发现的； （二）在原审庭审结束前已经发现，但因客观原因无法取得或者在规定的期限内不能提供的； （三）在原审庭审结束后形成，无法据此另行提起诉讼的。 再审申请人提交的证据在原审中已经提供，原审人民法院未组织质证且未作为裁判根据的，视为逾期提供证据的理由成立，但原审人民法院依照民事诉讼法第六十八条规定不予采纳的除外。 **第387条**　当事人对原判决、裁定认定事实的主要证据在原审中拒绝发表质证意见或者质证中未对证据发表质证意见的，不属于民事诉讼法第二百零七条第四项规定的未经质证的情形。

新《民事诉讼法》及解读等	修改前《民事诉讼法》等关联规定
的。如果应当回避而没有回避，则很有可能造成案件审理不公。第8项是无诉讼行为能力人未经法定代理人代为诉讼或者应当参加诉讼的当事人，因不能归责于本人或者其诉讼代理人的事由，未参加诉讼的。因不能归责于本人或者其诉讼代理人的事由导致应当参加诉讼的当事人未参加诉讼主要是指必须共同进行诉讼的当事人没有参加诉讼的。第9项是违反法律规定，剥夺当事人辩论权利的。辩论权是《民事诉讼法》赋予当事人的基本权利，剥夺当事人辩论权利的属于再审的理由。第10项是未经传票传唤，缺席审判的。如果未向被告送达传票，也未经传票传唤，就作出缺席判决，属于严重违反法定程序的行为，应作为再审事由之一。第11项是原判决、裁定遗漏或者超出诉讼请求的。在审判过程中和判决、裁定的文书中遗漏了当事人的某项诉讼请求，属于审判工作的重大失误，应当再审。第12项是据以作出原判决、裁定的法律文书被撤销或者变更的。以其他法律文书为依据认定案件基本事实和案件性质的，当其他文书被撤销或者变更时，相当于判案的依据发生了变化，理应根据新的法	**第388条** 有下列情形之一，导致判决、裁定结果错误的，应当认定为民事诉讼法第二百零七条第六项规定的原判决、裁定适用法律确有错误： （一）适用的法律与案件性质明显不符的； （二）确定民事责任明显违背当事人约定或者法律规定的； （三）适用已经失效或者尚未施行的法律的； （四）违反法律溯及力规定的； （五）违反法律适用规则的； （六）明显违背立法原意的。 **第389条** 原审开庭过程中有下列情形之一的，应当认定为民事诉讼法第二百零七条第九项规定的剥夺当事人辩论权利： （一）不允许当事人发表辩论意见的； （二）应当开庭审理而未开庭审理的； （三）违反法律规定送达起诉状副本或者上诉状副本，致使当事人无法行使辩论权利的； （四）违法剥夺当事人辩论权利的其他情形。 **第390条** 民事诉讼法第二百零七条第十一项规定的诉讼请求，包

新《民事诉讼法》及解读等	修改前《民事诉讼法》等关联规定
律文书进行重新审理。第13项是审判人员审理该案件时有贪污受贿，徇私舞弊，枉法裁判行为的。案件审判人员从事审理工作时有不端行为的，当事人自然容易质疑审判结果的公平性，可以启动再审。法院也可以依职权启动再审。 **案例参考：《江苏南通某建设集团有限公司与衡水某房地产开发有限公司建设工程施工合同纠纷案》**① 案例要旨：《民事诉讼法》第205条规定，当事人申请再审，应当在判决、裁定发生法律效力后6个月内提出；有本法第200条第1项、第3项、第12项、第13项规定情形的，自知道或者应当知道之日起6个月内提出。本条是关于当事人申请再审期限的规定。法律之所以规定当事人申请再审期限，一方面是为了维护生效判决的既判力，避免经生效判决所确定的法律权利义务关系长期处于可能被提起再审的不安定状态，从而维护社会关系的稳定；另一方面是为了督促当事人及时行使申请再审的权利，避免影响对方当事人对生效判决稳定性的信赖利益。据此，当事人依据	括一审诉讼请求、二审上诉请求，但当事人未对一审判决、裁定遗漏或者超出诉讼请求提起上诉的除外。 **第391条** 民事诉讼法第二百零七条第十二项规定的法律文书包括： （一）发生法律效力的判决书、裁定书、调解书； （二）发生法律效力的仲裁裁决书； （三）具有强制执行效力的公证债权文书。 **第392条** 民事诉讼法第二百零七条第十三项规定的审判人员审理该案件时有贪污受贿、徇私舞弊、枉法裁判行为，是指已经由生效刑事法律文书或者纪律处分决定所确认的行为。 **第393条** 当事人主张的再审事由成立，且符合民事诉讼法和本解释规定的申请再审条件的，人民法院应当裁定再审。 当事人主张的再审事由不成立，或者当事人申请再审超过法定申请再审期限、超出法定再审事由范围等不符合民事诉讼法和本解释规定

① 参见《最高人民法院公报》2019年第10期（总第276期）。

新《民事诉讼法》及解读等	修改前《民事诉讼法》等关联规定
《民事诉讼法》第200条第1项、第3项、第12项、第13项以外的其他事由申请再审，应当在判决、裁定发生法律效力后6个月内提出；而当事人在判决、裁定发生法律效力6个月后，依据《民事诉讼法》第200条第1项、第3项、第12项、第13项规定申请再审的同时，一并提起其他再审事由的，人民法院不予审查。 **案例参考：《某省起重机厂有限公司与某省山起重工有限公司侵犯企业名称权纠纷案》**① 案例要旨：若原审判决证据真实充分，不存在伪造证据、非法证据等现象，且法律适用适当，没有程序性问题，申请再审人无法提出新的有效证据的，针对该案件的再审请求，不予受理。	的申请再审条件的，人民法院应当裁定驳回再审申请。 **第394条** 人民法院对已经发生法律效力的判决、裁定、调解书依法决定再审，依照民事诉讼法第二百一十三条规定，需要中止执行的，应当在再审裁定中同时写明中止原判决、裁定、调解书的执行；情况紧急的，可以将中止执行裁定口头通知负责执行的人民法院，并在通知后十日内发出裁定书。 **第395条** 人民法院根据审查案件的需要决定是否询问当事人。新的证据可能推翻原判决、裁定的，人民法院应当询问当事人。 **第396条** 审查再审申请期间，被申请人及原审其他当事人依法提出再审申请的，人民法院应当将其列为再审申请人，对其再审事由一并审查，审查期限重新计算。经审查，其中一方再审申请人主张的再审事由成立的，应当裁定再审。各方再审申请人主张的再审事由均不成立的，一并裁定驳回再审申请。 **第397条** 审查再审申请期间，再审申请人申请人民法院委托鉴定、勘验的，人民法院不予准许。

① 参见《最高人民法院公报》2010年第3期（总第161期）。

新《民事诉讼法》及解读等	修改前《民事诉讼法》等关联规定
第二百一十二条　【调解书再审】当事人对已经发生法律效力的调解书，提出证据证明调解违反自愿原则或者调解协议的内容违反法律的，可以申请再审。经人民法院审查属实的，应当再审。 **解读：**调解书一经双方当事人签收后即发生法律效力。一般而言，调解书一经签收，当事人不得反悔。但是对于某些调解违反自愿原则或调解协议的内容违反法律的，则应当给予当事人救济的途径，即启动再审程序进行。第一，违反自愿原则包括两种情形：一是法院为追求调解率，强迫当事人进行调解结案；二是在双方当事人都同意调解的基础上，强迫一方或者双方当事人接受调解协议方案的内容，如果不接受方案，就采取久调不决的方式强迫当事人最终接受。第二，调解协议的内容违法。调解应当依法进行，调解协议的内容应当符合实体法的规定，不得违反法律的强制性规定。如果调解协议的内容违反法律的禁止性规定，应属于违反法律规定从而启动再审的事由。 案例参考：《某保险（集团）股份有限公司与某资产管理公司青岛办事处、王某某、胡某某船舶保	**《民事诉讼法》（2021年修正）** **第208条**　当事人对已经发生法律效力的调解书，提出证据证明调解违反自愿原则或者调解协议的内容违反法律的，可以申请再审。经人民法院审查属实的，应当再审。 **《民事诉讼法解释》** **第373条**　当事人死亡或者终止的，其权利义务承继者可以根据民事诉讼法第二百零六条、第二百零八条的规定申请再审。 判决、调解书生效后，当事人将判决、调解书确认的债权转让，债权受让人对该判决、调解书不服申请再审的，人民法院不予受理。 **第382条**　当事人对已经发生法律效力的调解书申请再审，应当在调解书发生法律效力后六个月内提出。 **第407条**　人民法院对调解书裁定再审后，按照下列情形分别处理： （一）当事人提出的调解违反自愿原则的事由不成立，且调解书的内容不违反法律强制性规定的，裁定驳回再审申请； （二）人民检察院抗诉或者再审检察建议所主张的损害国家利益、社会公共利益的理由不成立的，裁定终结再审程序。

新《民事诉讼法》及解读等	修改前《民事诉讼法》等关联规定
险合同纠纷再审案》① 案例要旨：案外人已将其债权转让给他人，又基于已转让的债权，对涉及该债权的生效民事调解书申请再审，没有法律依据，应予以驳回。合同双方当事人在损失能够基本得到补偿的情况下，各自出于对诉讼风险等因素的考虑而自愿达成调解协议，不宜认定为恶意串通放弃债权损害第三人利益。 **案例参考：《兰州某农垦食品有限公司与林某君、郑州某食品有限公司债务纠纷申请再审案》**② 案例要旨：案外人在可以通过另行提起诉讼解决其与案件一方当事人之间的债权债务关系，且案件双方当事人在人民法院主持下达成调解协议、人民法院作出的调解书不涉及案外人与案件一方当事人之间的债权债务关系的情况下，对人民法院作出的调解书申请再审的，不符合《民事诉讼法》第204条、《审判监督程序解释》第5条关于案外人提起再审申请的规定，应予驳回。	前款规定情形，人民法院裁定中止执行的调解书需要继续执行的，自动恢复执行。

① 参见《最高人民法院公报》2012年第11期（总第193期）。

② 参见《最高人民法院公报》2011年第4期（总第174期）。

新《民事诉讼法》及解读等	修改前《民事诉讼法》等关联规定
案例参考：《武汉某证券劳动服务公司与某实业返还财产纠纷案》① 案例要旨：1. 根据《民事诉讼法》第85条的规定，人民法院审理民事案件，根据当事人自愿的原则进行调解的，也必须在事实清楚的基础上分清是非。2. 对于已经发生法律效力的调解书，当事人虽然没有申请再审，但损害了案外人的合法权益，人民法院发现确有错误，必须进行再审的，人民法院可以按照审判监督程序进行再审。	
第二百一十三条 【离婚判决、调解不得再审】当事人对已经发生法律效力的解除婚姻关系的判决、调解书，不得申请再审。 **解读：**调解书与判决书具有同等法律效力。因此，通过调解解除婚姻关系的，依然可以产生如同判决解除婚姻关系的法律效果。因此，解除婚姻关系的调解生效后，任何一方都可以与他人再婚。如果一方已经再婚，未再婚的一方希望通过申请启动再审恢复婚姻关系的，已经失去实际意义，而且再婚一方已经缔结的婚姻关系也是受到法律保护的，不可能被强行解除，否则违	**《民事诉讼法》(2021年修正)** **第209条** 当事人对已经发生法律效力的解除婚姻关系的判决、调解书，不得申请再审。 **《民事诉讼法解释》** **第378条** 适用特别程序、督促程序、公示催告程序、破产程序等非讼程序审理的案件，当事人不得申请再审。 **第380条** 当事人就离婚案件中的财产分割问题申请再审，如涉及判决中已分割的财产，人民法院应当依照民事诉讼法第二百零七条的规定进行审查，符合再审条件的，应当裁定再审；如涉及判决中未作

① 参见《最高人民法院公报》2007年第5期（总第127期）。

新《民事诉讼法》及解读等	修改前《民事诉讼法》等关联规定
反了结婚自愿原则。但是若在解除婚姻关系的调解生效后，双方均未再婚的，可以通过到婚姻登记机关进行复婚登记的方式恢复婚姻关系，没有必要申请对离婚判决进行再审。但是，如果一方当事人认为离婚判决中关于财产分割问题的部分有错误，可以就该部分判决申请再审。	处理的夫妻共同财产，应当告知当事人另行起诉。
第二百一十四条　【当事人申请再审的程序】当事人申请再审的，应当提交再审申请书等材料。人民法院应当自收到再审申请书之日起五日内将再审申请书副本发送对方当事人。对方当事人应当自收到再审申请书副本之日起十五日内提交书面意见；不提交书面意见的，不影响人民法院审查。人民法院可以要求申请人和对方当事人补充有关材料，询问有关事项。 **解读：**本条是关于当事人申请再审程序的规定。提交审查材料是申请再审过程中一个重要环节，当事人可以通过提交的材料充分表达己方的诉求。因此，当事人申请再审，应当向人民法院提交再审申请书，并按照对方当事人人数提交副本。再审申请书应当载明下列事项：1. 申请再审人是自然人的，应提交身份证明复印件；申请再审人是法	**《民事诉讼法》（2021 年修正）** **第 210 条**　当事人申请再审的，应当提交再审申请书等材料。人民法院应当自收到再审申请书之日起五日内将再审申请书副本发送对方当事人。对方当事人应当自收到再审申请书副本之日起十五日内提交书面意见；不提交书面意见的，不影响人民法院审查。人民法院可以要求申请人和对方当事人补充有关材料，询问有关事项。 **《民事诉讼法解释》** **第 375 条**　当事人申请再审，应当提交下列材料： （一）再审申请书，并按照被申请人和原审其他当事人的人数提交副本； （二）再审申请人是自然人的，应当提交身份证明；再审申请人是法人或者其他组织的，应当提交营业执照、组织机构代码证书、法定

新《民事诉讼法》及解读等	修改前《民事诉讼法》等关联规定
人或其他组织的，应提交营业执照复印件、组织机构代码证复印件、法定代表人或主要负责人身份证明书。委托他人代为申请，委托代理人是律师的，应提交授权委托书、律师事务所函和律师执业证复印件；委托代理人是自然人的，应提交授权委托书和代理人身份证明复印件。2. 申请再审的判决、裁定、调解书原件，或者经核对无误的复印件；判决、裁定、调解书系二审裁判的，应同时提交一审裁判文书原件，或者经核对无误的复印件；判决、裁定、调解书系再审裁判的，应同时提交一审、二审裁判文书原件，或者经核对无误的复印件。3. 在原审诉讼过程中提交的主要证据复印件。4. 支持申请再审所依据的法定情形和再审请求的证据材料。人民法院自收到符合条件的再审申请书等材料后5日内，将受理通知书等送达申请再审人，并向对方当事人发送受理通知书及再审申请书副本。对方当事人应当自收到再审申请书副本之日起15日内提交书面意见，不提交书面意见的，不影响人民法院审查。人民法院在审查过程中可以向双方当事人询问案件的有关情况。	代表人或者主要负责人身份证明书。委托他人代为申请的，应当提交授权委托书和代理人身份证明； （三）原审判决书、裁定书、调解书； （四）反映案件基本事实的主要证据及其他材料。 前款第二项、第三项、第四项规定的材料可以是与原件核对无异的复印件。 **第376条** 再审申请书应当记明下列事项： （一）再审申请人与被申请人及原审其他当事人的基本信息； （二）原审人民法院的名称，原审裁判文书案号； （三）具体的再审请求； （四）申请再审的法定情形及具体事实、理由。 再审申请书应当明确申请再审的人民法院，并由再审申请人签名、捺印或者盖章。 **第383条** 人民法院应当自收到符合条件的再审申请书等材料之日起五日内向再审申请人发送受理通知书，并向被申请人及原审其他当事人发送应诉通知书、再审申请书副本等材料。

新《民事诉讼法》及解读等	修改前《民事诉讼法》等关联规定
	第392条 民事诉讼法第二百零七条第十三项规定的审判人员审理该案件时有贪污受贿、徇私舞弊、枉法裁判行为，是指已经由生效刑事法律文书或者纪律处分决定所确认的行为。 **《关于受理审查民事申请再审案件的若干意见》** **第1-7条**，正文略。
第二百一十五条 【再审申请的审查和再审案件的审级】人民法院应当自收到再审申请书之日起三个月内审查，符合本法规定的，裁定再审；不符合本法规定的，裁定驳回申请。有特殊情况需要延长的，由本院院长批准。 因当事人申请裁定再审的案件由中级人民法院以上的人民法院审理，但当事人依照本法第二百一十条的规定选择向基层人民法院申请再审的除外。最高人民法院、高级人民法院裁定再审的案件，由本院再审或者交其他人民法院再审，也可以交原审人民法院再审。 **解读：**本条是对人民法院对再审申请进行审查的程序和再审案件管辖法院的规定。首先，关于再审申请的审查，为了提升司法效率，防止再审审限申请无限延长，本条限制了人民法院对再审申请书的审	**《民事诉讼法》(2021年修正)** **第211条** 人民法院应当自收到再审申请书之日起三个月内审查，符合本法规定的，裁定再审；不符合本法规定的，裁定驳回申请。有特殊情况需要延长的，由本院院长批准。 因当事人申请裁定再审的案件由中级人民法院以上的人民法院审理，但当事人依照本法第二百零六条的规定选择向基层人民法院申请再审的除外。最高人民法院、高级人民法院裁定再审的案件，由本院再审或者交其他人民法院再审，也可以交原审人民法院再审。 **《民事诉讼法解释》** **第537条** 人民法院对涉外民事案件的当事人申请再审进行审查的期间，不受民事诉讼法第二百一十一条规定的限制。 **第400条** 再审申请审查期间，有下列情形之一的，裁定终结审查：

新《民事诉讼法》及解读等	修改前《民事诉讼法》等关联规定
查期限，即3个月内审查完毕。审查内容包括申请书的审查，还可以在需要时结合原审卷宗进行审查。人民法院对再审申请的审查，应当围绕再审事由是否成立进行。经审查，如果当事人申请再审超过《民事诉讼法》第216条规定的期限，或者超出《民事诉讼法》第211条所列明的再审事由范围的，人民法院应当裁定驳回再审申请；如果再审申请符合规定的，人民法院应当径行裁定再审；发现再审不符合法定主体资格的，不予受理再审申请；对于依照督促程序、公示催告程序和破产还债程序审理的案件、裁定撤销仲裁裁决和裁定不予执行仲裁裁决的案件、判决、调解解除婚姻关系的案件，不包含当事人就财产分割问题申请再审的，人民法院不予受理再审申请；对于上级人民法院对经终审法院的上一级人民法院依照审判监督程序审理后维持原判或者经两级人民法院依照审判监督程序复查均驳回的申请再审或申诉的案件，人民法院也一般不予受理再审申请，但符合相关情形的除外，这里的相关情形，主要是指《规范再审立案意见》第15条规定的情形。其次，关于再审案件的受理法院，	（一）再审申请人死亡或者终止，无权利义务承继者或者权利义务承继者声明放弃再审申请的； （二）在给付之诉中，负有给付义务的被申请人死亡或者终止，无可供执行的财产，也没有应当承担义务的人的； （三）当事人达成和解协议且已履行完毕的，但当事人在和解协议中声明不放弃申请再审权利的除外； （四）他人未经授权以当事人名义申请再审的； （五）原审或者上一级人民法院已经裁定再审的； （六）有本解释第三百八十一条第一款规定情形的。 **《规范再审立案意见》** **第6条** 申请再审或申诉一般由终审人民法院审查处理。 上一级人民法院对未经终审人民法院审查处理的申请再审或申诉，一般交终审人民法院审查；对经终审人民法院审查处理后仍坚持申请再审或申诉的，应当受理。 对未经终审人民法院及其上一级人民法院审查处理，直接向上级人民法院申请再审或申诉的，上级人民法院应当交下一级人民法院处理。

新《民事诉讼法》及解读等	修改前《民事诉讼法》等关联规定
分以下四种情况：第一，基层人民法院所作的判决、裁定、调解书生效后，当事人认为判决、裁定确有错误，或者调解违反自愿原则，调解协议内容违反法律规定的，应当向当地中级人民法院提出再审申请的。第二，中级人民法院所作的判决、裁定、调解书生效后，应当向当地高级人民法院提出再审申请，对该再审案件的管辖法院可以是该高级人民法院，也可以由该高级人民法院视情况将案件交与原审法院同级的其他人民法院再审，也可以交与原审人民法院再审。第三，高级人民法院所作的判决、裁定、调解书生效后，应当向最高人民法院提出再审申请，最高人民法院经过审查，认为符合《民事诉讼法》的规定，裁定再审的，对该再审案件的管辖法院可以是最高人民法院，最高人民法院也可以视情况将案件交与原审法院同级的其他人民法院再审，也可以交与原审人民法院再审。第四，如果是当事人一方人数众多或者当事人双方为公民的案件，也可以由当事人选择向原审人民法院申请再审。如果原审人民法院是基层人民法院的，该案件的再审法院即为该基层人民法院。	**第8条** 对终审民事裁判、调解的再审申请，具备下列情形之一的，人民法院应当裁定再审： （一）有再审申请人以前不知道或举证不能的证据，可能推翻原裁判的； （二）主要证据不充分或者不具有证明力的； （三）原裁判的主要事实依据被依法变更或撤销的； （四）就同一法律事实或同一法律关系，存在两个相互矛盾的生效法律文书，再审申请人对后一生效法律文书提出再审申请的； （五）引用法律条文错误或者适用失效、尚未生效法律的； （六）违反法律关于溯及力规定的； （七）调解协议明显违反自愿原则，内容违反法律或者损害国家利益、公共利益和他人利益的； （八）审判程序不合法，影响案件公正裁判的； （九）审判人员在审理案件时索贿受贿、徇私舞弊并导致枉法裁判的。 **第13条** 人民法院对不符合法定主体资格的再审申请或申诉，不予受理。

新《民事诉讼法》及解读等	修改前《民事诉讼法》等关联规定
案例参考：《王某某与卢某某、宁夏某集团房地产开发有限公司、第三人宁夏某房地产开发有限公司民间借贷纠纷案》① 案例要旨：一审胜诉或部分胜诉的当事人未提起上诉，且在二审期间明确表示一审判决正确应予维持，在二审判决维持原判后，该当事人又申请再审的，因其缺乏再审利益，对其再审请求不应予以支持，否则将变相鼓励或者放纵不守诚信的当事人滥用再审程序，导致对诉讼权利的滥用和对司法资源的浪费。	**第14条**　人民法院对下列民事案件的再审申请不予受理： （一）人民法院依照督促程序、公示催告程序和破产还债程序审理的案件； （二）人民法院裁定撤销仲裁裁决和裁定不予执行仲裁裁决的案件； （三）人民法院判决、调解解除婚姻关系的案件，但当事人就财产分割问题申请再审的除外。 **第15条**　上级人民法院对经终审法院的上一级人民法院依照审判监督程序审理后维持原判或者经两级人民法院依照审判监督程序复查均驳回的申请再审或申诉案件，一般不予受理。但再审申请人或申诉人提出新的理由，且符合《中华人民共和国刑事诉讼法》第二百零四条、《中华人民共和国民事诉讼法》第一百七十九条、《中华人民共和国行政诉讼法》第六十二条及本规定第七、八、九条规定条件的，以及刑事案件的原审被告人可能被宣告无罪的除外。

① 参见《最高人民法院公报》2007年第5期（总第127期）。

新《民事诉讼法》及解读等	修改前《民事诉讼法》等关联规定
	第 16 条 最高人民法院再审裁判或者复查驳回的案件，再审申请人或申诉人仍不服提出再审申请或申诉的，不予受理。 **《提级管辖和再审提审意见》** **第 3 条** 本意见所称“再审提审”，是指根据《中华人民共和国民事诉讼法》第二百零五条第二款、第二百一十一条第二款，《中华人民共和国行政诉讼法》第九十一条、第九十二条第二款的规定，上级人民法院对下级人民法院已经发生法律效力的民事、行政判决、裁定，认为确有错误并有必要提审的，裁定由本院再审，包括上级人民法院依职权提审、上级人民法院依当事人再审申请提审、最高人民法院依高级人民法院报请提审。 **第 20 条** 案件报请最高人民法院再审提审的期间和最高人民法院审查处理期间，不计入申请再审审查案件办理期限。 对不同意再审提审的案件，自高级人民法院收到批复之日起，恢复申请再审审查案件的办理期限计算。 **《审判监督程序解释》（2020 年修正）** **第 7-15 条**，正文略。

新《民事诉讼法》及解读等	修改前《民事诉讼法》等关联规定
第二百一十六条　【申请再审期限】当事人申请再审，应当在判决、裁定发生法律效力后六个月内提出；有本法第二百一十一条第一项、第三项、第十二项、第十三项规定情形的，自知道或者应当知道之日起六个月内提出。 **解读：**对再审审限进行规定，一方面，是为了维护既判力的权威，维护社会关系的稳定；另一方面，也是维护当事人的诉权，提升再审审判的效率。因此，规定再审审限并不构成对当事人申请再审权利的限制。再审审限的起止时间自再审立案次日开始至文书送达之日止。再审审限为6个月，该6个月为不变期间，不存在中断或者中止的情况，但是公告期间、当事人和解期间等不计入审查期限。还有存在不受6个月再审审限限制的情形：存在新的证据，足以推翻原判决、裁定的；原判决、裁定认定事实的主要证据是伪造的；据以作出原判决、裁定的法律文书被撤销或者变更的；审判人员审理该案件时有贪污受贿，徇私舞弊，枉法裁判行为的，存在上述情形的，应当在自知道或者应当知道之日起6个月内提起再审。	**《民事诉讼法》（2021年修正）** **第212条**　当事人申请再审，应当在判决、裁定发生法律效力后六个月内提出；有本法第二百零七条第一项、第三项、第十二项、第十三项规定情形的，自知道或者应当知道之日起六个月内提出。 **《民事诉讼法解释》** **第128条**　再审案件按照第一审程序或者第二审程序审理的，适用民事诉讼法第一百五十二条、第一百八十三条规定的审限。审限自再审立案的次日起算。 **第129条**　对申请再审案件，人民法院应当自受理之日起三个月内审查完毕，但公告期间、当事人和解期间等不计入审查期限。有特殊情况需要延长的，由本院院长批准。

新《民事诉讼法》及解读等	修改前《民事诉讼法》等关联规定
第二百一十七条　【原裁判和调解书执行中止】按照审判监督程序决定再审的案件，裁定中止原判决、裁定、调解书的执行，但追索赡养费、扶养费、抚养费、抚恤金、医疗费用、劳动报酬等案件，可以不中止执行。 **解读：**再审是针对发生法律效力的判决、裁定、调解。在再审案件未审结前，原审判决、裁定、调解一直处于生效状态，当事人自然可以依据有效的文书申请执行。本条是关于再审期间，裁定中止执行的规定。之所以如此规定，是因为再审事由之一是对原判决可能存在错误，或者原调解书可能存在违反法律规定的内容决定对案件进行再审的，如果此类案件确实存在错误，或者违反法律规定的，而继续执行原判决、调解书，对再审申请人或者第三人的利益可能造成损害，并且造成司法资源的浪费。因此，在当事人自觉履行未完毕的情况下，或者人民法院强制执行未终结的情况下，人民法院可以裁定中止原判决、调解书的执行。另外，针对追索赡养费、扶养费、抚养费、抚恤金、医疗费用、劳动报酬等案件，这些费用或报酬是生活或治疗所必	**《民事诉讼法》（2021 年修正）** **第 213 条**　按照审判监督程序决定再审的案件，裁定中止原判决、裁定、调解书的执行，但追索赡养费、扶养费、抚养费、抚恤金、医疗费用、劳动报酬等案件，可以不中止执行。 **《民事诉讼法解释》** **第 394 条**　人民法院对已经发生法律效力的判决、裁定、调解书依法决定再审，依照民事诉讼法第二百一十三条规定，需要中止执行的，应当在再审裁定中同时写明中止原判决、裁定、调解书的执行；情况紧急的，可以将中止执行裁定口头通知负责执行的人民法院，并在通知后十日内发出裁定书。 **《审判监督程序解释》** **第 23 条**　申请再审人在再审期间撤回再审申请的，是否准许由人民法院裁定。裁定准许的，应终结再审程序。申请再审人经传票传唤，无正当理由拒不到庭的，或者未经法庭许可中途退庭的，可以裁定按自动撤回再审申请处理。 人民检察院抗诉再审的案件，申请抗诉的当事人有前款规定的情形，且不损害国家利益、社会公共利益或第三人利益的，人民法院应当

新《民事诉讼法》及解读等	修改前《民事诉讼法》等关联规定
需或急需的，如果中止执行，会导致当事人生活陷入困境。因此，基于司法人性关怀，应当对此类案件进行特殊对待。	裁定终结再审程序；人民检察院撤回抗诉的，应当准予。 终结再审程序的，恢复原判决的执行。
第二百一十八条 【再审审理程序】人民法院按照审判监督程序再审的案件，发生法律效力的判决、裁定是由第一审法院作出的，按照第一审程序审理，所作的判决、裁定，当事人可以上诉；发生法律效力的判决、裁定是由第二审法院作出的，按照第二审程序审理，所作的判决、裁定，是发生法律效力的判决、裁定；上级人民法院按照审判监督程序提审的，按照第二审程序审理，所作的判决、裁定是发生法律效力的判决、裁定。 人民法院审理再审案件，应当另行组成合议庭。 **解读：**本条是关于再审案件审理程序，再审判决、裁定效力以及再审审判组织的规定。审判监督程序是一种救济性的特殊程序，本质上是对案件的再次审理，因此，再审审理程序应视不同情况分别适用第一审程序或第二审程序。原生效判决、裁定是一审的，再审应当适用一审程序审理。适用一审程序审理后作出的判决，当事人不服的，还	**《民事诉讼法》（2021年修正）** **第214条** 人民法院按照审判监督程序再审的案件，发生法律效力的判决、裁定是由第一审法院作出的，按照第一审程序审理，所作的判决、裁定，当事人可以上诉；发生法律效力的判决、裁定是由第二审法院作出的，按照第二审程序审理，所作的判决、裁定，是发生法律效力的判决、裁定；上级人民法院按照审判监督程序提审的，按照第二审程序审理，所作的判决、裁定是发生法律效力的判决、裁定。 人民法院审理再审案件，应当另行组成合议庭。 **《民事诉讼法解释》** **第401条** 人民法院审理再审案件应当组成合议庭开庭审理，但按照第二审程序审理，有特殊情况或者双方当事人已经通过其他方式充分表达意见，且书面同意不开庭审理的除外。 符合缺席判决条件的，可以缺席判决。

新《民事诉讼法》及解读等	修改前《民事诉讼法》等关联规定
可以上诉。原生效判决、裁定是二审的，应当适用二审程序审理，作出的判决是终审判决，当事人不能上诉。最高人民法院或者上级人民法院对下级人民法院已经发生法律效力的判决、裁定决定再审并进行提审的，由提审法院组成合议庭，按照第二审程序进行审理，所作的判决、裁定是发生法律效力的判决、裁定。最高人民法院或者上级人民法院对下级人民法院已经发生法律效力的判决、裁定决定再审并指令下级人民法院再审的，如果下级人民法院是一审法院，则适用第一审程序；如果下级人民法院是二审法院，则适用第二审程序。因当事人申请裁定再审的案件，被最高人民法院、高级人民法院交其他人民法院或者交原审人民法院再审，如果原生效判决、裁定是一审程序作出的，则再审适用一审程序；如果原生效判决、裁定是二审程序作出的，则再审适用二审程序。如果交原审人民法院再审，原审人民法院应当另行组成合议庭。人民检察院抗诉的案件，交下一级人民法院再审的，如果原生效判决、裁定是一审程序作出的，则再审适用一审程序；如果原生效判决、裁定是二审程序作	**《民事审判监督指令再审和发回重审规定》** **第3条** 虽然符合本规定第二条可以指令再审的条件，但有下列情形之一的，应当提审： （一）原判决、裁定系经原审人民法院再审审理后作出的； （二）原判决、裁定系经原审人民法院审判委员会讨论作出的； （三）原审审判人员在审理该案件时有贪污受贿，徇私舞弊，枉法裁判行为的； （四）原审人民法院对该案无再审管辖权的； （五）需要统一法律适用或裁量权行使标准的； （六）其他不宜指令原审人民法院再审的情形。 **第4条** 人民法院按照第二审程序审理再审案件，发现原判决认定基本事实不清的，一般应当通过庭审认定事实后依法作出判决。但原审人民法院未对基本事实进行过审理的，可以裁定撤销原判决，发回重审。原判决认定事实错误的，上级人民法院不得以基本事实不清为由裁定发回重审。 **第5条** 人民法院按照第二审程序审理再审案件，发现第一审人民法院有下列严重违反法定程序情形

新《民事诉讼法》及解读等	修改前《民事诉讼法》等关联规定
出的，则再审适用二审程序。按照审判监督程序再审的案件，应当另行组成合议庭进行审理。原来是一审的，按照一审程序组成，原来是第二审的，按第二审程序组成，无论是一审还是二审，原合议庭成员或者独任审判员均不得参加新组成的合议庭。	之一的，可以依照民事诉讼法第一百七十条第一款第（四）项的规定，裁定撤销原判决，发回第一审人民法院重审： （一）原判决遗漏必须参加诉讼的当事人的； （二）无诉讼行为能力人未经法定代理人代为诉讼，或者应当参加诉讼的当事人，因不能归责于本人或者其诉讼代理人的事由，未参加诉讼的； （三）未经合法传唤缺席判决，或者违反法律规定剥夺当事人辩论权利的； （四）审判组织的组成不合法或者依法应当回避的审判人员没有回避的； （五）原判决、裁定遗漏诉讼请求的。 **第6条**　上级人民法院裁定指令再审、发回重审的，应当在裁定书中阐明指令再审或者发回重审的具体理由。
第二百一十九条　【检察院提出抗诉与检察建议】最高人民检察院对各级人民法院已经发生法律效力的判决、裁定，上级人民检察院对下级人民法院已经发生法律效力的判决、裁定，发现有本法第二百一十一条规定情形之一的，或者发现	**《民事诉讼法》（2021年修正）** **第215条**　最高人民检察院对各级人民法院已经发生法律效力的判决、裁定，上级人民检察院对下级人民法院已经发生法律效力的判决、裁定，发现有本法第二百零七条规定情形之一的，或者发现调解

新《民事诉讼法》及解读等	修改前《民事诉讼法》等关联规定
调解书损害国家利益、社会公共利益的，应当提出抗诉。 地方各级人民检察院对同级人民法院已经发生法律效力的判决、裁定，发现有本法第二百一十一条规定情形之一的，或者发现调解书损害国家利益、社会公共利益的，可以向同级人民法院提出检察建议，并报上级人民检察院备案；也可以提请上级人民检察院向同级人民法院提出抗诉。 各级人民检察院对审判监督程序以外的其他审判程序中审判人员的违法行为，有权向同级人民法院提出检察建议。 **解读：**本条是关于人民检察院对生效判决、裁定、调解书抗诉的规定。人民检察院对人民法院的审判活动进行监督是我国民事诉讼法律制度的一项原则。对人民法院作出的发生法律效力的民事判决、裁定、调解书进行抗诉属于事后监督，是对民事审判活动实行法律监督的重要内容。从来源上看，人民检察院提出的抗诉，一方面，来源于当事人向人民检察院提出的申诉；另一方面，来源于人民检察院从其他渠道发现某民事案件的判决、裁定有错误，或者发现调解书损害国家利益、社会	书损害国家利益、社会公共利益的，应当提出抗诉。 地方各级人民检察院对同级人民法院已经发生法律效力的判决、裁定，发现有本法第二百零七条规定情形之一的，或者发现调解书损害国家利益、社会公共利益的，可以向同级人民法院提出检察建议，并报上级人民检察院备案；也可以提请上级人民检察院向同级人民法院提出抗诉。 各级人民检察院对审判监督程序以外的其他审判程序中审判人员的违法行为，有权向同级人民法院提出检察建议。 **《民事诉讼法解释》** **第411条**　人民检察院依法对损害国家利益、社会公共利益的发生法律效力的判决、裁定、调解书提出抗诉，或者经人民检察院检察委员会讨论决定提出再审检察建议的，人民法院应予受理。 **第412条**　人民检察院对已经发生法律效力的判决以及不予受理、驳回起诉的裁定依法提出抗诉的，人民法院应予受理，但适用特别程序、督促程序、公示催告程序、破产程序以及解除婚姻关系的判决、裁定等不适用审判监督程序的判决、

新《民事诉讼法》及解读等	修改前《民事诉讼法》等关联规定
公共利益的情形。有权提出抗诉的检察院有：最高人民检察院对各级人民法院已经生效的判决、裁定，发现确有错误的，或者发现调解书危害国家利益、社会公共利益的，有权提起抗诉；上级人民检察院对下级人民法院已经生效的判决、裁定，发现确有错误的，或者发现调解书危害国家利益、社会公共利益的，有权提起抗诉。对生效民事判决、裁定、调解书的抗诉原则上实行“上级抗”，即由上级人民检察院对下级人民法院生效的民事判决、裁定、调解书提出抗诉。地方各级人民检察院对同级人民法院不能“同级抗”，只能提请上级人民检察院提出抗诉。最高人民检察院可以进行“同级抗”，最高人民检察院对符合抗诉条件的案件有权向最高人民法院提起抗诉。在审判监督程序中人民检察院还可以运用检察建议。检察建议不同于抗诉：1. 检察建议不能立刻引发对生效判决、裁定、调解书的再审，但检察建议却可以加强人民法院和人民检察院在审判监督方面的合作配合，能够促使人民法院发现错误、纠正错误；2. 检察建议不同于上级人民检察院提出的抗诉，检察建议是人民检察	裁定除外。 **第413条**　人民检察院依照民事诉讼法第二百一十六条第一款第三项规定对有明显错误的再审判决、裁定提出抗诉或者再审检察建议的，人民法院应予受理。 **第414条**　地方各级人民检察院依当事人的申请对生效判决、裁定向同级人民法院提出再审检察建议，符合下列条件的，应予受理： （一）再审检察建议书和原审当事人申请书及相关证据材料已经提交； （二）建议再审的对象为依照民事诉讼法和本解释规定可以进行再审的判决、裁定； （三）再审检察建议书列明该判决、裁定有民事诉讼法第二百一十五条第二款规定情形； （四）符合民事诉讼法第二百一十六条第一款第一项、第二项规定情形； （五）再审检察建议经该人民检察院检察委员会讨论决定。 不符合前款规定的，人民法院可以建议人民检察院予以补正或者撤回；不予补正或者撤回的，应当函告人民检察院不予受理。

新《民事诉讼法》及解读等	修改前《民事诉讼法》等关联规定
院向同级人民法院发出的监督建议；3. 检察建议还可以用于帮助人民法院发现其他审判程序中审判人员的违法行为，及时纠正相应失误。检察机关对民事诉讼实行法律监督，是保证依法行使审判权，正确实施法律的重要制度，对促进司法公正、维护社会公共利益具有重要作用。	**《人民检察院民事诉讼监督规则》** **第19条** 有下列情形之一的，当事人可以向人民检察院申请监督： （一）已经发生法律效力的民事判决、裁定、调解书符合《中华人民共和国民事诉讼法》第二百零九条第一款规定的； （二）认为民事审判程序中审判人员存在违法行为的； （三）认为民事执行活动存在违法情形的。 **第20条** 当事人依照本规则第十九条第一项规定向人民检察院申请监督，应当在人民法院作出驳回再审申请裁定或者再审判决、裁定发生法律效力之日起两年内提出。 本条规定的期间为不变期间，不适用中止、中断、延长的规定。 人民检察院依职权启动监督程序的案件，不受本条第一款规定期限的限制。 **第21条** 当事人向人民检察院申请监督，应当提交监督申请书、身份证明、相关法律文书及证据材料。提交证据材料的，应当附证据清单。 申请监督材料不齐备的，人民检察院应当要求申请人限期补齐，并一次性明确告知应补齐的全部材

新《民事诉讼法》及解读等	修改前《民事诉讼法》等关联规定
	料。申请人逾期未补齐的，视为撤回监督申请。 **第22条**　本规则第二十一条规定的监督申请书应当记明下列事项： （一）申请人的姓名、性别、年龄、民族、职业、工作单位、住所、有效联系方式，法人或者非法人组织的名称、住所和法定代表人或者主要负责人的姓名、职务、有效联系方式； （二）其他当事人的姓名、性别、工作单位、住所、有效联系方式等信息，法人或者非法人组织的名称、住所、负责人、有效联系方式等信息； （三）申请监督请求； （四）申请监督的具体法定情形及事实、理由。 申请人应当按照其他当事人的人数提交监督申请书副本。 **第23条**　本规则第二十一条规定的身份证明包括： （一）自然人的居民身份证、军官证、士兵证、护照等能够证明本人身份的有效证件； （二）法人或者非法人组织的统一社会信用代码证书或者营业执照副本、组织机构代码证书和法定代表人或者主要负责人的身份证明等有效证照。 对当事人提交的身份证明，人民

新《民事诉讼法》及解读等	修改前《民事诉讼法》等关联规定
	检察院经核对无误留存复印件。 **第24条** 本规则第二十一条规定的相关法律文书是指人民法院在该案件诉讼过程中作出的全部判决书、裁定书、决定书、调解书等法律文书。 **《加强虚假诉讼犯罪惩治意见》** **第18条** 人民检察院发现已经发生法律效力的判决、裁定、调解书系民事诉讼当事人通过虚假诉讼获得的，应当依照民事诉讼法第二百零八条第一款、第二款等法律和相关司法解释的规定，向人民法院提出再审检察建议或者抗诉。
第二百二十条 【当事人向检察院申请检察建议或抗诉】有下列情形之一的，当事人可以向人民检察院申请检察建议或者抗诉： （一）人民法院驳回再审申请的； （二）人民法院逾期未对再审申请作出裁定的； （三）再审判决、裁定有明显错误的。 人民检察院对当事人的申请应当在三个月内进行审查，作出提出或者不予提出检察建议或者抗诉的决定。当事人不得再次向人民检察院申请检察建议或者抗诉。	**《民事诉讼法》（2021年修正）** **第216条** 有下列情形之一的，当事人可以向人民检察院申请检察建议或者抗诉： （一）人民法院驳回再审申请的； （二）人民法院逾期未对再审申请作出裁定的； （三）再审判决、裁定有明显错误的。 人民检察院对当事人的申请应当在三个月内进行审查，作出提出或者不予提出检察建议或者抗诉的决定。当事人不得再次向人民检察院申请检察建议或者抗诉。

新《民事诉讼法》及解读等	修改前《民事诉讼法》等关联规定
解读：本条是关于当事人向人民检察院申请再审检察建议或者抗诉的规定。在司法实践中，存在当事人同时向法院申请再审和向检察院申请抗诉的情形，为避免浪费司法资源、增强法律监督实效，需要明确当事人申请再审检察建议或者抗诉的条件。因此，当事人对于已经发生法律效力的判决、裁定、调解书，应当首先依法向人民法院申请再审，只有存在以下三种情况的才可以向人民检察院申请检察建议或者抗诉：一是人民法院驳回再审申请的。在人民法院申请再审已经结束的前提下，向人民检察院申请检察建议或者抗诉不会造成重复工作。二是人民法院逾期未对再审申请作出裁定的。此时人民法院对于再审申请并未及时处理，则向人民检察院申请检察建议或者抗诉有利于发挥监督效能，反向督促审判监督程序的进行。三是再审判决、裁定有明显错误的。给予再审判决、裁定错误的救济途径。允许当事人针对再审结果向人民检察院申请检察建议或者抗诉能够及时纠正错误，有利于保障当事人的权利。人民检察院对当事人的申请应当在3个月内进行审查，作出提出或者不予提出	**《民事诉讼法解释》** **第381条** 当事人申请再审，有下列情形之一的，人民法院不予受理： （一）再审申请被驳回后再次提出申请的； （二）对再审判决、裁定提出申请的； （三）在人民检察院对当事人的申请作出不予提出再审检察建议或者抗诉决定后又提出申请的。 前款第一项、第二项规定情形，人民法院应当告知当事人可以向人民检察院申请再审检察建议或者抗诉，但因人民检察院提出再审检察建议或者抗诉而再审作出的判决、裁定除外。 **第414条** 地方各级人民检察院依当事人的申请对生效判决、裁定向同级人民法院提出再审检察建议，符合下列条件的，应予受理： （一）再审检察建议书和原审当事人申请书及相关证据材料已经提交； （二）建议再审的对象为依照民事诉讼法和本解释规定可以进行再审的判决、裁定； （三）再审检察建议书列明该判决、裁定有民事诉讼法第二百一十五条第二款规定情形； （四）符合民事诉讼法第二百一

新《民事诉讼法》及解读等	修改前《民事诉讼法》等关联规定
检察建议或者抗诉的决定。检察院应当严格遵守3个月的审查期限，保证检察监督的及时性。同时，对当事人的回应亦应是明确的。人民检察院要对当事人的申请予以明确回应。要么决定提出检察建议或者抗诉，要么不予提出，都应当按期给当事人以明确答复，以切实保障当事人的申请权。值得注意的是，当事人不得再次向人民检察院申请检察建议或者抗诉，以避免当事人反复缠诉，导致“终审不终”的后果。	十六条第一款第一项、第二项规定情形； （五）再审检察建议经该人民检察院检察委员会讨论决定。 不符合前款规定的，人民法院可以建议人民检察院予以补正或者撤回；不予补正或者撤回的，应当函告人民检察院不予受理。 **《贯彻民事诉讼法通知》** **四**、当事人向人民检察院申请监督，由作出生效判决、裁定、调解书或者正在审理、执行案件的人民法院的同级人民检察院控告检察部门受理。人民检察院受理监督申请时，应当要求当事人提交申请书、相关法律文书、身份证明和相关证据材料。 人民检察院控告检察部门在接收材料后应进行审查，并作出是否受理的决定。符合受理条件的，控告检察部门应当在决定受理之日起三日内向申请人、被申请人送达《受理通知书》。 下级人民检察院向上级人民检察院提请抗诉的，由上级人民检察院案件管理部门受理。

新《民事诉讼法》及解读等	修改前《民事诉讼法》等关联规定
第二百二十一条 【检察院调查权】人民检察院因履行法律监督职责提出检察建议或者抗诉的需要，可以向当事人或者案外人调查核实有关情况。 **解读：**经过再审监督程序的案件，出现问题的一般都是集中在事实认定、证据证明、适用法律、适用程序等方面。人民检察院履行法律监督职责就是要在调查清楚上述问题的前提下决定抗诉或者发送检察建议。因此，这也确定了人民检察院调查事项的范围，包括事实问题和程序问题。尤其是针对事实问题，向作为亲历者的当事人和案外人调查核实有关情况，是能够全面掌握案件事实、了解案情的最佳途径。	**《民事诉讼法》（2021 年修正）** **第 217 条** 人民检察院因履行法律监督职责提出检察建议或者抗诉的需要，可以向当事人或者案外人调查核实有关情况。
第二百二十二条 【裁定再审】人民检察院提出抗诉的案件，接受抗诉的人民法院应当自收到抗诉书之日起三十日内作出再审的裁定；有本法第二百一十一条第一项至第五项规定情形之一的，可以交下一级人民法院再审，但经该下一级人民法院再审的除外。 **解读：**本条是关于人民检察院抗诉的法律后果和抗诉案件管辖法院的规定。与当事人申请而发生的	**《民事诉讼法》（2021 年修正）** **第 218 条** 人民检察院提出抗诉的案件，接受抗诉的人民法院应当自收到抗诉书之日起三十日内作出再审的裁定；有本法第二百零七条第一项至第五项规定情形之一的，可以交下一级人民法院再审，但经该下一级人民法院再审的除外。 **《民事诉讼法解释》** **第 416 条** 当事人的再审申请被上级人民法院裁定驳回后，人民

新《民事诉讼法》及解读等	修改前《民事诉讼法》等关联规定
再审不同，只要是人民检察院提出抗诉的案件，接受抗诉的人民法院都必须在收到抗诉书之日起30日内作出再审裁定。30日并不能认为是人民法院审查是否启动再审程序的期限，因为无论如何，只要检察院抗诉的，再审程序必须要启动。受理再审的法院一般是提起抗诉人民检察院的下级人民法院。但是按照本法第211条第1项至第5项的规定，主要是涉及案件的事实问题，由原审法院进行审理，更容易查清案情、审查证据。因此，存在这五种再审理由的，可以交由提起抗诉人民检察院的下一级人民法院进行审理。但是如果下一级人民法院已经再审过的案件，鉴于其已经对该案件进行过一次再审，仍然引起人民检察院的抗诉，继续再交给该人民法院审理，容易引起当事人的不满，亦会损害原再审法院的公信力。因此，人民检察院对经过再审程序案件提起抗诉的，不能由下一级人民法院再行审理，应由上级人民法院自行再审。	检察院对原判决、裁定、调解书提出抗诉，抗诉事由符合民事诉讼法第二百零七条第一项至第五项规定情形之一的，受理抗诉的人民法院可以交由下一级人民法院再审。 **《审判监督程序解释》** **第17条** 人民法院审查再审申请期间，人民检察院对该案提出抗诉的，人民法院应依照民事诉讼法第二百一十一条的规定裁定再审。申请再审人提出的具体再审请求应纳入审理范围。
第二百二十三条 【抗诉书】 人民检察院决定对人民法院的判决、裁定、调解书提出抗诉的，应当制作抗诉书。	**《民事诉讼法》（2021年修正）** **第219条** 人民检察院决定对人民法院的判决、裁定、调解书提出抗诉的，应当制作抗诉书。

新《民事诉讼法》及解读等	修改前《民事诉讼法》等关联规定
解读：抗诉书是人民检察院对人民法院生效裁判提出抗诉的法律文书，也是引起人民法院对案件再审的法律依据。根据我国《民事诉讼法》的规定，一审普通程序和二审程序，原告或者上诉人都应当提交起诉状、上诉状，只有一审的简易程序，允许原告口头起诉。人民检察院提起抗诉，必须采用书面形式，而不是口头或者其他形式。提出抗诉的人民检察院应当制作抗诉书，并将抗诉书抄送上一级人民检察院，上级人民检察院认为抗诉不当的，有权撤销下级人民检察院的抗诉，并通知下级人民检察院。人民法院收到抗诉书，应当再审，并裁定中止原判决、裁定的执行。抗诉书是人民检察院制作的诉讼文书，应当包含以下要素：1. 提出抗诉的人民检察院的名称；2. 作出生效判决、裁定，或者制作调解书的人民法院的名称、案件编号和案由；3. 抗诉要求和所根据的事实与理由；4. 证据和证据来源。	
第二百二十四条　【检察官出庭】人民检察院提出抗诉的案件，人民法院再审时，应当通知人民检察院派员出席法庭。	**《民事诉讼法》（2021 年修正）** **第 220 条**　人民检察院提出抗诉的案件，人民法院再审时，应当通知人民检察院派员出席法庭。

新《民事诉讼法》及解读等	修改前《民事诉讼法》等关联规定
解读：人民检察院对生效民事判决、裁定或者调解书提起抗诉的，除了应向法院提交抗诉书以外，还应派员出庭。被派出席法庭的检察官，在法庭上既不处于原告地位，也不处于被告地位，而是在法庭上陈述抗诉请求和所依据的事实理由，并监督人民法院的审判活动是否合法。检察官出庭，不影响原审当事人的诉讼地位。	
第十七章　督促程序	
第二百二十五条　【申请支付令条件】债权人请求债务人给付金钱、有价证券，符合下列条件的，可以向有管辖权的基层人民法院申请支付令： （一）债权人与债务人没有其他债务纠纷的； （二）支付令能够送达债务人的。 申请书应当写明请求给付金钱或者有价证券的数量和所根据的事实、证据。 **解读：**申请支付令须具备以下要件：1. 债权人申请给付的范围，仅限于请求给付金钱或有价证券。债权人所提出的请求应属于给付请求，该请求仅适用于金钱或有价证券。2. 请求给付的金钱或者有价证	**《民事诉讼法》（2021 年修正）** **第 221 条**　债权人请求债务人给付金钱、有价证券，符合下列条件的，可以向有管辖权的基层人民法院申请支付令： （一）债权人与债务人没有其他债务纠纷的； （二）支付令能够送达债务人的。 申请书应当写明请求给付金钱或者有价证券的数量和所根据的事实、证据。 **《劳动合同法》** **第 30 条**　用人单位应当按照劳动合同约定和国家规定，向劳动者及时足额支付劳动报酬。 用人单位拖欠或者未足额支付劳动报酬的，劳动者可以依法向当地人民法院申请支付令，人民法院

新《民事诉讼法》及解读等	修改前《民事诉讼法》等关联规定
券已到偿付期且数额确定。如果债务尚未到期，则债权人不得申请支付令追索。如有关文书中未载明具体数额，双方对金额、数量或计算方法尚有争议的，则不能适用督促程序。3. 债权人没有对待给付义务，即债权人与债务人之间没有其他债务纠纷，债务关系是单向的。凭一方当事人的申请就可以认定非互负的、单向的债权债务关系，凭一方当事人的请求而向其相对人就可以发出限期清偿债务的命令。4. 支付令能够送达债务人。这里的“能够送达”是指人民法院按照法定送达方式，能使债务人直接收到支付令。符合上述要件的，当事人仅能向有管辖权的基层人民法院以书面的形式申请支付令，申请书上还须载明请求给付金钱或者有价证券的数量和所根据的事实、证据。	应当依法发出支付令。 **《民事诉讼法解释》** **第425条**　两个以上人民法院都有管辖权的，债权人可以向其中一个基层人民法院申请支付令。 债权人向两个以上有管辖权的基层人民法院申请支付令的，由最先立案的人民法院管辖。 **《劳动争议解释一》** **第13条**　劳动者依据劳动合同法第三十条第二款和调解仲裁法第十六条规定向人民法院申请支付令，符合民事诉讼法第十七章督促程序规定的，人民法院应予受理。 依据劳动合同法第三十条第二款规定申请支付令被人民法院裁定终结督促程序后，劳动者就劳动争议事项直接提起诉讼的，人民法院应当告知其先向劳动争议仲裁机构申请仲裁。 依据调解仲裁法第十六条规定申请支付令被人民法院裁定终结督促程序后，劳动者依据调解协议直接提起诉讼的，人民法院应予受理。
第二百二十六条　【受理支付令申请】 债权人提出申请后，人民法院应当在五日内通知债权人是否受理。	**《民事诉讼法》（2021年修正）** **第222条**　债权人提出申请后，人民法院应当在五日内通知债权人是否受理。

新《民事诉讼法》及解读等	修改前《民事诉讼法》等关联规定
解读：本条是关于支付令受理的规定。债权人提出申请后，人民法院应当在收到申请后5日内，作出是否受理的决定并通知债权人。人民法院审查是否受理债权人申请时，应按照本法第225条规定的要件进行审查，符合该规定的，人民法院都应当受理。	《民事诉讼法解释》 **第426条** 人民法院收到债权人的支付令申请书后，认为申请书不符合要求的，可以通知债权人限期补正。人民法院应当自收到补正材料之日起五日内通知债权人是否受理。 **第427条** 债权人申请支付令，符合下列条件的，基层人民法院应当受理，并在收到支付令申请书后五日内通知债权人： （一）请求给付金钱或者汇票、本票、支票、股票、债券、国库券、可转让的存款单等有价证券； （二）请求给付的金钱或者有价证券已到期且数额确定，并写明了请求所根据的事实、证据； （三）债权人没有对待给付义务； （四）债务人在我国境内且未下落不明； （五）支付令能够送达债务人； （六）收到申请书的人民法院有管辖权； （七）债权人未向人民法院申请诉前保全。 不符合前款规定的，人民法院应当在收到支付令申请书后五日内通知债权人不予受理。 基层人民法院受理申请支付令案件，不受债权金额的限制。

新《民事诉讼法》及解读等	修改前《民事诉讼法》等关联规定
第二百二十七条 【支付令的审理、异议与执行】人民法院受理申请后，经审查债权人提供的事实、证据，对债权债务关系明确、合法的，应当在受理之日起十五日内向债务人发出支付令；申请不成立的，裁定予以驳回。 债务人应当自收到支付令之日起十五日内清偿债务，或者向人民法院提出书面异议。 债务人在前款规定的期间不提出异议又不履行支付令的，债权人可以向人民法院申请执行。 **解读：**本条是关于支付令的审查、异议和执行的规定。人民法院受理支付令的申请后，一般只审查债权人提供的事实和证据，而不进行开庭审理。经审查认为债权债务关系明确、合法，人民法院应当在受理之日起15日内直接向债务人发出支付令。如果经审查认为申请不成立的，应当裁定驳回申请。为了平等保护债务人的权益，债务人自收到支付令之日起15日内可以提出书面异议，债务人可以对债权债务关系的效力、债务的履行等问题提出异议。债务人在收到人民法院发出的支付令后，如果没有异议，就应当在15日内向债权人清偿债务；	**《民事诉讼法》（2021年修正）** **第223条** 人民法院受理申请后，经审查债权人提供的事实、证据，对债权债务关系明确、合法的，应当在受理之日起十五日内向债务人发出支付令；申请不成立的，裁定予以驳回。 债务人应当自收到支付令之日起十五日内清偿债务，或者向人民法院提出书面异议。 债务人在前款规定的期间不提出异议又不履行支付令的，债权人可以向人民法院申请执行。 **《民事诉讼法解释》** **第428条** 人民法院受理申请后，由审判员一人进行审查。经审查，有下列情形之一的，裁定驳回申请： （一）申请人不具备当事人资格的； （二）给付金钱或者有价证券的证明文件没有约定逾期给付利息或者违约金、赔偿金，债权人坚持要求给付利息或者违约金、赔偿金的； （三）要求给付的金钱或者有价证券属于违法所得的； （四）要求给付的金钱或者有价证券尚未到期或者数额不确定的。

新《民事诉讼法》及解读等	修改前《民事诉讼法》等关联规定
如果债务人未按照规定时间进行清偿，且未提出异议的，申请人可以申请人民法院强制执行。	人民法院受理支付令申请后，发现不符合本解释规定的受理条件的，应当在受理之日起十五日内裁定驳回申请。
第二百二十八条　【终结督促程序】人民法院收到债务人提出的书面异议后，经审查，异议成立的，应当裁定终结督促程序，支付令自行失效。 支付令失效的，转入诉讼程序，但申请支付令的一方当事人不同意提起诉讼的除外。 **解读：**人民法院在收到债务人提出的书面异议后，应当进行审查。审查的内容包含事实和证据。审查的方式并不需要开庭进行。最终经审查，认定债权人提出的异议不成立的，则支付令继续发生法律效力。如果经审查，认定债权人异议成立的，应当裁定终结督促程序，支付令也会失去效力。支付令失效后，将转入民事诉讼程序进行审理，申请支付令的一方当事人为原告，被申请人为被告。但是如果申请支付令的一方当事人不同意提起诉讼，人民法院应当尊重其意愿，原督促程序将不会转入民事诉讼程序，进而终结。	**《民事诉讼法》（2021 年修正）** **第 224 条**　人民法院收到债务人提出的书面异议后，经审查，异议成立的，应当裁定终结督促程序，支付令自行失效。 支付令失效的，转入诉讼程序，但申请支付令的一方当事人不同意提起诉讼的除外。 **《民事诉讼法解释》** **第 429 条**　向债务人本人送达支付令，债务人拒绝接收的，人民法院可以留置送达。 **第 430 条**　有下列情形之一的，人民法院应当裁定终结督促程序，已发出支付令的，支付令自行失效： （一）人民法院受理支付令申请后，债权人就同一债权债务关系又提起诉讼的； （二）人民法院发出支付令之日起三十日内无法送达债务人的； （三）债务人收到支付令前，债权人撤回申请的。

新《民事诉讼法》及解读等	修改前《民事诉讼法》等关联规定
第十八章　公示催告程序	
第二百二十九条　【申请条件】按照规定可以背书转让的票据持有人，因票据被盗、遗失或者灭失，可以向票据支付地的基层人民法院申请公示催告。依照法律规定可以申请公示催告的其他事项，适用本章规定。 申请人应当向人民法院递交申请书，写明票面金额、发票人、持票人、背书人等票据主要内容和申请的理由、事实。 **解读：**公示催告程序适用于按照规定可以背书转让的票据被盗、遗失或者灭失的情形，其中票据是指汇票、支票、本票三种。“可以背书转让”是指按照法律规定，票据持有人可以在票据的背面签名，将票据上的权利转让给他人。公示催告程序的管辖法院：背书转让的票据持有人，可以向票据支付地的基层人民法院申请公示催告。按照“票据支付地”确定案件的地域管辖，按照“基层人民法院”确定案件的级别管辖。公示催告程序采用当事人申请主义，即公示催告程序依申请开始，申请人应当向人民法院递交申请书，写明票面金额、发票人、持票人、背书人等票据主要内容和申请的理由、事实。	**《民事诉讼法》（2021年修正）** **第225条**　按照规定可以背书转让的票据持有人，因票据被盗、遗失或者灭失，可以向票据支付地的基层人民法院申请公示催告。依照法律规定可以申请公示催告的其他事项，适用本章规定。 申请人应当向人民法院递交申请书，写明票面金额、发票人、持票人、背书人等票据主要内容和申请的理由、事实。 **《公司法》** **第143条**　记名股票被盗、遗失或者灭失，股东可以依照《中华人民共和国民事诉讼法》规定的公示催告程序，请求人民法院宣告该股票失效。人民法院宣告该股票失效后，股东可以向公司申请补发股票。 **《民事诉讼法解释》** **第442条**　民事诉讼法第二百二十五条规定的票据持有人，是指票据被盗、遗失或者灭失前的最后持有人。

新《民事诉讼法》及解读等	修改前《民事诉讼法》等关联规定
第二百三十条 【公告】人民法院决定受理申请，应当同时通知支付人停止支付，并在三日内发出公告，催促利害关系人申报权利。公示催告的期间，由人民法院根据情况决定，但不得少于六十日。 **解读：**本条是关于人民法院受理申请后，应当通知支付人停止支付和进行公示催告的规定。人民法院在收到公示催告的申请后，应当进行审查，认为可以适用公示催告程序的，应当受理。在决定受理后，人民法院应当通知付款人及代理付款人停止支付，并在3日内发出公告，催促利害关系人申报权利。公示催告期间可以根据情况由人民法院决定，但是最少不得少于60日。付款人或者代理付款人在收到人民法院发出的止付通知后，应当立即停止支付，直至公示催告程序终结。	**《民事诉讼法》（2021年修正）** **第226条** 人民法院决定受理申请，应当同时通知支付人停止支付，并在三日内发出公告，催促利害关系人申报权利。公示催告的期间，由人民法院根据情况决定，但不得少于六十日。 **《民事诉讼法解释》** **第445条** 人民法院依照民事诉讼法第二百二十六条规定发出的受理申请的公告，应当写明下列内容： （一）公示催告申请人的姓名或者名称； （二）票据的种类、号码、票面金额、出票人、背书人、持票人、付款期限等事项以及其他可以申请公示催告的权利凭证的种类、号码、权利范围、权利人、义务人、行权日期等事项； （三）申报权利的期间； （四）在公示催告期间转让票据等权利凭证，利害关系人不申报的法律后果。
第二百三十一条 【止付通知及效力】支付人收到人民法院停止支付的通知，应当停止支付，至公示催告程序终结。 公示催告期间，转让票据权利的行为无效。	**《民事诉讼法》（2021年修正）** **第227条** 支付人收到人民法院停止支付的通知，应当停止支付，至公示催告程序终结。 公示催告期间，转让票据权利的行为无效。

新《民事诉讼法》及解读等	修改前《民事诉讼法》等关联规定
解读： 本条是关于停止支付的规定。支付人收到人民法院停止支付的通知后，应当停止向持有该票据的人支付票据所载款额，直至公示催告程序终结。如果支付人在接到止付通知后，支付了该票据，则票据权利人的损失要由支付人赔偿。 在公示催告期间，票据上的权利归属并不明确，转让票据权利的行为均为无效。	**《民事诉讼法解释》** **第 454 条** 人民法院依照民事诉讼法第二百二十七条规定通知支付人停止支付，应当符合有关财产保全的规定。支付人收到停止支付通知后拒不止付的，除可依照民事诉讼法第一百一十四条、第一百一十七条规定采取强制措施外，在判决后，支付人仍应承担付款义务。 **《票据纠纷解释》** **第 33 条** 依照民事诉讼法第二百二十条第二款的规定，在公示催告期间，以公示催告的票据质押、贴现，因质押、贴现而接受该票据的持票人主张票据权利的，人民法院不予支持，但公示催告期间届满以后人民法院作出除权判决以前取得该票据的除外。
第二百三十二条 【申报权利】 利害关系人应当在公示催告期间向人民法院申报。 人民法院收到利害关系人的申报后，应当裁定终结公示催告程序，并通知申请人和支付人。 申请人或者申报人可以向人民法院起诉。 **解读：** 本条是关于申报票据权利的规定。人民法院决定发出公示催告，是为了保护其他权利人的合	**《民事诉讼法》（2021 年修正）** **第 228 条** 利害关系人应当在公示催告期间向人民法院申报。 人民法院收到利害关系人的申报后，应当裁定终结公示催告程序，并通知申请人和支付人。 申请人或者申报人可以向人民法院起诉。 **《民事诉讼法解释》** **第 448 条** 在申报期届满后、判决作出之前，利害关系人申报权利

新《民事诉讼法》及解读等	修改前《民事诉讼法》等关联规定
法权益，防止票据权利长期处于不确定的状态。在公示催告期间，除申请人外，对票据主张权利的人，应当在公示催告期间向人民法院申报，表明自己对该票据享有权利，防止人民法院判决宣告票据无效。在其他票据权利人申报票据权利后，就需要对该票据权利进行确认。因此，人民法院在收到利害关系人的申报后，应当裁定终结公示催告程序，并通知申请人和支付人。申请人或者申报人可以就票据权利归属向人民法院提起确权之诉。	的，应当适用民事诉讼法第二百二十八条第二款、第三款规定处理。 **第449条**　利害关系人申报权利，人民法院应当通知其向法院出示票据，并通知公示催告申请人在指定的期间查看该票据。公示催告申请人申请公示催告的票据与利害关系人出示的票据不一致的，应当裁定驳回利害关系人的申报。 **第455条**　人民法院依照民事诉讼法第二百二十八条规定终结公示催告程序后，公示催告申请人或者申报人向人民法院提起诉讼，因票据权利纠纷提起的，由票据支付地或者被告住所地人民法院管辖；因非票据权利纠纷提起的，由被告住所地人民法院管辖。 **第456条**　依照民事诉讼法第二百二十八条规定制作的终结公示催告程序的裁定书，由审判员、书记员署名，加盖人民法院印章。
第二百三十三条　【除权判决】没有人申报的，人民法院应当根据申请人的申请，作出判决，宣告票据无效。判决应当公告，并通知支付人。自判决公告之日起，申请人有权向支付人请求支付。 **解读：**本条是关于公示催告的判决的规定。在公示催告期间，没	**《民事诉讼法》(2021年修正)** **第229条**　没有人申报的，人民法院应当根据申请人的申请，作出判决，宣告票据无效。判决应当公告，并通知支付人。自判决公告之日起，申请人有权向支付人请求支付。 **《民事诉讼法解释》** **第450条**　在申报权利的期间无

新《民事诉讼法》及解读等	修改前《民事诉讼法》等关联规定
有人申报权利的，表明票据上的权利为申请人所有，人民法院可以根据申请人的申请作出判决，宣告票据无效。宣告票据无效的判决具有以下法律后果：一是除了申请人之外，其他人均失去了主张票据权利的机会，其他任何持票人主张票据权利，要求支付的，票据支付人均有权拒付；二是自判决公告之日起，申请人有权向支付人请求支付。宣告票据无效的判决应当公告，并通知票据支付人。	人申报权利，或者申报被驳回的，申请人应当自公示催告期间届满之日起一个月内申请作出判决。逾期不申请判决的，终结公示催告程序。 裁定终结公示催告程序的，应当通知申请人和支付人。 **第451条**　判决公告之日起，公示催告申请人有权依据判决向付款人请求付款。 付款人拒绝付款，申请人向人民法院起诉，符合民事诉讼法第一百二十二条规定的起诉条件的，人民法院应予受理。
第二百三十四条　【除权判决撤销之诉】利害关系人因正当理由不能在判决前向人民法院申报的，自知道或者应当知道判决公告之日起一年内，可以向作出判决的人民法院起诉。 **解读：**本条是对因故未申报票据权利的利害关系人的权利保护的规定。基于公平原则，允许有正当理由不能在判决前向人民法院申报的利害关系人采取一定的救济措施。在公示催告期间，利害关系人因为正当理由不能在判决前向人民法院申报的，自知道或者应当知道判决公告之日起1年内，可以向作出判决的人民法院起诉。其中“正当理	**《民事诉讼法》（2021年修正）** **第230条**　利害关系人因正当理由不能在判决前向人民法院申报的，自知道或者应当知道判决公告之日起一年内，可以向作出判决的人民法院起诉。 **《民事诉讼法解释》** **第457条**　依照民事诉讼法第二百三十条的规定，利害关系人向人民法院起诉的，人民法院可按票据纠纷适用普通程序审理。 **第458条**　民事诉讼法第二百三十条规定的正当理由，包括： （一）因发生意外事件或者不可抗力致使利害关系人无法知道公告事实的；

新《民事诉讼法》及解读等	修改前《民事诉讼法》等关联规定
由”是指利害关系人由于客观原因不能或者不可能知道公示催告而无法如期申报，具体是指《民事诉讼法解释》第458条规定的五种情形。“判决公告之日起一年内”是指利害关系人应当在知道或者应当知道判决公告之日起1年之内提起诉讼。超过1年提起诉讼的，人民法院不予保护。	（二）利害关系人因被限制人身自由而无法知道公告事实，或者虽然知道公告事实，但无法自己或者委托他人代为申报权利的； （三）不属于法定申请公示催告情形的； （四）未予公告或者未按法定方式公告的； （五）其他导致利害关系人在判决作出前未能向人民法院申报权利的客观事由。 **第459条** 根据民事诉讼法第二百三十条的规定，利害关系人请求人民法院撤销除权判决的，应当将申请人列为被告。 利害关系人仅诉请确认其为合法持票人的，人民法院应当在裁判文书中写明，确认利害关系人为票据权利人的判决作出后，除权判决即被撤销。
第三编 执行程序	
第十九章 一般规定	
第二百三十五条 【执行管辖】发生法律效力的民事判决、裁定，以及刑事判决、裁定中的财产部分，由第一审人民法院或者与第一审人民法院同级的被执行的财产所在地人民法院执行。 法律规定由人民法院执行的其	**《民事诉讼法》（2021年修正）** **第231条** 发生法律效力的民事判决、裁定，以及刑事判决、裁定中的财产部分，由第一审人民法院或者与第一审人民法院同级的被执行的财产所在地人民法院执行。 法律规定由人民法院执行的其他

新《民事诉讼法》及解读等	修改前《民事诉讼法》等关联规定
他法律文书，由被执行人住所地或者被执行的财产所在地人民法院执行。 **解读**：本条是关于执行根据和执行管辖的规定。本条规定的执行根据是指执行机关据以执行的法律文书，是由有关机构依法出具的、载明债权人享有一定债权，债权人可据以请求执行的法律文书。执行根据是启动强制执行程序的前提，在执行过程中，执行机关必须严格遵守执行根据。执行根据分为以下六种：1. 发生法律效力的民事判决书、裁定书和调解书。2. 人民法院依督促程序发布的支付令。3. 发生法律效力而具有财产内容的刑事判决书、裁定书。4. 仲裁机构制作的生效的裁决书。5. 公证机构制作的依法赋予强制执行效力的债权文书。6. 法律规定的由人民法院执行的其他法律文书，为今后可能出现的新执行依据留下空间。本条还规定了执行管辖，即生效法律文书的执行法院如何确定的问题。1. 对于人民法院作出的生效的法律文书，执行法院应当为第一审人民法院或者被执行的财产所在地人民法院。基层人民法院终审的案件和中级人民法院审结的上诉案件，由基层人民法院	法律文书，由被执行人住所地或者被执行的财产所在地人民法院执行。 **《公证法》** **第37条**　对经公证的以给付为内容并载明债务人愿意接受强制执行承诺的债权文书，债务人不履行或者履行不适当的，债权人可以依法向有管辖权的人民法院申请执行。 前款规定的债权文书确有错误的，人民法院裁定不予执行，并将裁定书送达双方当事人和公证机构。 **《民事诉讼法解释》** **第460条**　发生法律效力的实现担保物权裁定、确认调解协议裁定、支付令，由作出裁定、支付令的人民法院或者与其同级的被执行财产所在地的人民法院执行。 认定财产无主的判决，由作出判决的人民法院将无主财产收归国家或者集体所有。 **第461条**　当事人申请人民法院执行的生效法律文书应当具备下列条件： （一）权利义务主体明确； （二）给付内容明确。 法律文书确定继续履行合同的，应当明确继续履行的具体内容。 **《刑事裁判涉财产部分执行规定》** **第2条**　刑事裁判涉财产部分，

新《民事诉讼法》及解读等	修改前《民事诉讼法》等关联规定
执行；中级人民法院一审终审的案件和高级人民法院审结的上诉案件，由中级人民法院执行。2. 该人民法院辖区有可供执行财产的证明材料。如果被执行的财产在不同地方的，对两个以上人民法院都有管辖权的执行案件，人民法院在立案前发现其他有管辖权的人民法院已经立案的，不得重复立案。立案后发现其他有管辖权的人民法院已经立案的，应当撤销案件；已经采取执行措施的，应当将控制的财产交先立案的执行法院处理。3. 对于仲裁机构制作的生效的裁决书、公证机构制作的依法赋予强制执行效力的债权文书等并非由人民法院作出的法律文书，则由被执行人住所地或者被执行的财产所在地的人民法院执行。另外，人民法院受理执行申请后，当事人对管辖权有异议的，应当自收到执行通知书之日起10日内提出。人民法院对当事人提出的异议，应当审查。异议成立的，应当撤销执行案件，并告知当事人向有管辖权的人民法院申请执行；异议不成立的，裁定驳回。当事人对裁定不服的，可以向上一级人民法院申请复议。管辖权异议审查和复议期间，不停止执行。	由第一审人民法院执行。第一审人民法院可以委托财产所在地的同级人民法院执行。 **《民事诉讼法执行程序解释》** **第1条** 申请执行人向被执行的财产所在地人民法院申请执行的，应当提供该人民法院辖区有可供执行财产的证明材料。 **第2条** 对两个以上人民法院都有管辖权的执行案件，人民法院在立案前发现其他有管辖权的人民法院已经立案的，不得重复立案。 立案后发现其他有管辖权的人民法院已经立案的，应当撤销案件；已经采取执行措施的，应当将控制的财产交先立案的执行法院处理。 **第3条** 人民法院受理执行申请后，当事人对管辖权有异议的，应当自收到执行通知书之日起十日内提出。 人民法院对当事人提出的异议，应当审查。异议成立的，应当撤销执行案件，并告知当事人向有管辖权的人民法院申请执行；异议不成立的，裁定驳回。当事人对裁定不服的，可以向上一级人民法院申请复议。 管辖权异议审查和复议期间，不停止执行。

新《民事诉讼法》及解读等	修改前《民事诉讼法》等关联规定
	《仲裁法解释》 **第29条**　当事人申请执行仲裁裁决案件，由被执行人住所地或者被执行的财产所在地的中级人民法院管辖。
第二百三十六条　【执行异议】当事人、利害关系人认为执行行为违反法律规定的，可以向负责执行的人民法院提出书面异议。当事人、利害关系人提出书面异议的，人民法院应当自收到书面异议之日起十五日内审查，理由成立的，裁定撤销或者改正；理由不成立的，裁定驳回。当事人、利害关系人对裁定不服的，可以自裁定送达之日起十日内向上一级人民法院申请复议。 **解读：**本条是关于对违法的执行行为提出异议、复议的规定。执行行为异议是指人民法院在民事案件执行过程中，当事人、利害关系人认为执行行为违反法律规定并要求人民法院撤销或者改正执行的请求。执行行为异议赋予当事人或者利害关系人在执行程序中对其正当权利保护的救济途径，是保证执行公正、公平的重要制度。根据本条的规定，对于执行行为提出异议的，首先应书面提起申请，由人民法院	**《民事诉讼法》（2021年修正）** **第232条**　当事人、利害关系人认为执行行为违反法律规定的，可以向负责执行的人民法院提出书面异议。当事人、利害关系人提出书面异议的，人民法院应当自收到书面异议之日起十五日内审查，理由成立的，裁定撤销或者改正；理由不成立的，裁定驳回。当事人、利害关系人对裁定不服的，可以自裁定送达之日起十日内向上一级人民法院申请复议。 **《民事诉讼法执行程序解释》** **第1条**　申请执行人向被执行的财产所在地人民法院申请执行的，应当提供该人民法院辖区有可供执行财产的证明材料。 **第2条**　对两个以上人民法院都有管辖权的执行案件，人民法院在立案前发现其他有管辖权的人民法院已经立案的，不得重复立案。 立案后发现其他有管辖权的人民法院已经立案的，应当撤销案件；已经采取执行措施的，应当将控制的财产交先立案的执行法院处理。

新《民事诉讼法》及解读等	修改前《民事诉讼法》等关联规定
在收到执行行为异议的15日内进行审查，如果认为提出执行行为异议的理由成立的，应作出裁定撤销执行或者改正违法的执行行为；如果认为理由不成立，则可以裁定驳回。对于执行异议作出裁定不服的，可以自裁定送达之日起10日内向上一级人民法院申请复议。上一级人民法院对当事人、利害关系人的复议申请，应当组成合议庭进行审查。合议庭应当自收到复议申请之日起30日内审查完毕，并作出裁定。有特殊情况需要延长的，经本院院长批准，可以延长，延长的期限不得超过30日。执行异议审查和复议期间，不停止执行。	**第3条** 人民法院受理执行申请后，当事人对管辖权有异议的，应当自收到执行通知书之日起十日内提出。 人民法院对当事人提出的异议，应当审查。异议成立的，应当撤销执行案件，并告知当事人向有管辖权的人民法院申请执行；异议不成立的，裁定驳回。当事人对裁定不服的，可以向上一级人民法院申请复议。 管辖权异议审查和复议期间，不停止执行。
第二百三十七条 【向上级法院申请执行】人民法院自收到申请执行书之日起超过六个月未执行的，申请执行人可以向上一级人民法院申请执行。上一级人民法院经审查，可以责令原人民法院在一定期限内执行，也可以决定由本院执行或者指令其他人民法院执行。 **解读：**人民法院自收到申请执行书之日起超过6个月未执行的，申请执行人可以向上一级人民法院申请执行。上一级人民法院经审查，	**《民事诉讼法》(2021年修正)** **第233条** 人民法院自收到申请执行书之日起超过六个月未执行的，申请执行人可以向上一级人民法院申请执行。上一级人民法院经审查，可以责令原人民法院在一定期限内执行，也可以决定由本院执行或者指令其他人民法院执行。 **《民事诉讼法执行程序解释》** **第10条** 依照民事诉讼法第二百二十六条的规定，有下列情形之一的，上一级人民法院可以根据申请

新《民事诉讼法》及解读等	修改前《民事诉讼法》等关联规定
可以责令原人民法院在一定期限内执行，也可以决定由本院执行或者指令其他人民法院执行。经审查需要责令限期执行或者变更执行法院的具体情形主要规定在《民事诉讼法执行程序解释》第10条中，即：1. 债权人申请执行时被执行人有可供执行的财产，执行法院自收到申请执行书之日起超过6个月对该财产未执行完结的；2. 执行过程中发现被执行人可供执行的财产，执行法院自发现财产之日起超过6个月对该财产未执行完结的；3. 对法律文书确定的行为义务的执行，执行法院自收到申请执行书之日起超过6个月未依法采取相应执行措施的；4. 其他有条件执行超过6个月未执行的。根据上述司法解释第11条、第12条的规定，如果上一级人民法院责令执行法院限期执行的，应当向其发出督促执行令，并将有关情况书面通知申请执行人；上一级人民法院责令执行法院限期执行，执行法院在指定期间内无正当理由仍未执行完结的，上一级人民法院应当裁定由本院执行或者指令本辖区其他人民法院执行。对于本条规定的“超过六个月未执行”的情形，这6个月期间不应当计算执行中的	执行人的申请，责令执行法院限期执行或者变更执行法院： （一）债权人申请执行时被执行人有可供执行的财产，执行法院自收到申请执行书之日起超过六个月对该财产未执行完结的； （二）执行过程中发现被执行人可供执行的财产，执行法院自发现财产之日起超过六个月对该财产未执行完结的； （三）对法律文书确定的行为义务的执行，执行法院自收到申请执行书之日起超过六个月未依法采取相应执行措施的； （四）其他有条件执行超过六个月未执行的。 **第11条** 上一级人民法院依照民事诉讼法第二百二十六条规定责令执行法院限期执行的，应当向其发出督促执行令，并将有关情况书面通知申请执行人。 上一级人民法院决定由本院执行或者指令本辖区其他人民法院执行的，应当作出裁定，送达当事人并通知有关人民法院。 **第12条** 上一级人民法院责令执行法院限期执行，执行法院在指定期间内无正当理由仍未执行完结的，上一级人民法院应当裁定由本院

新《民事诉讼法》及解读等	修改前《民事诉讼法》等关联规定
公告期间、鉴定评估期间、管辖争议处理期间、执行争议协调期间、暂缓执行期间以及中止执行期间。	执行或者指令本辖区其他人民法院执行。 **第13条** 民事诉讼法第二百二十六条规定的六个月期间，不应当计算执行中的公告期间、鉴定评估期间、管辖争议处理期间、执行争议协调期间、暂缓执行期间以及中止执行期间。 **《执行案件督办工作规定》** **第2条** 当事人反映下级法院有消极执行或者案件长期不能执结，上级法院认为情况属实的，应当督促下级法院及时采取执行措施，或者在指定期限内办结。
第二百三十八条 【案外人异议】执行过程中，案外人对执行标的提出书面异议的，人民法院应当自收到书面异议之日起十五日内审查，理由成立的，裁定中止对该标的的执行；理由不成立的，裁定驳回。案外人、当事人对裁定不服，认为原判决、裁定错误的，依照审判监督程序办理；与原判决、裁定无关的，可以自裁定送达之日起十五日内向人民法院提起诉讼。 **解读：**案外人异议是指执行案件当事人以外的第三人，对执行标的主张阻止执行的实体权利，请求对该标的停止执行而向执行法院提	**《民事诉讼法》（2021年修正）** **第234条** 执行过程中，案外人对执行标的提出书面异议的，人民法院应当自收到书面异议之日起十五日内审查，理由成立的，裁定中止对该标的的执行；理由不成立的，裁定驳回。案外人、当事人对裁定不服，认为原判决、裁定错误的，依照审判监督程序办理；与原判决、裁定无关的，可以自裁定送达之日起十五日内向人民法院提起诉讼。 **《民事诉讼法解释》** **第302条** 根据民事诉讼法第二百三十四条规定，案外人、当事人对执行异议裁定不服，自裁定送

新《民事诉讼法》及解读等	修改前《民事诉讼法》等关联规定
出的实体异议。案外人异议分为两种，一种是程序异议，另一种是实体异议。前者是指利害关系人异议是因执行行为本身违反程序性规定，侵害了执行案件当事人以外第三人的合法权益，由利益受损的第三人以法院违反执行程序为由提出的异议。后者是指案外人认为法院的执行行为侵害了其实体权利，是基于对执行标的主张实体权利提出的异议。执行过程中，案外人对执行标的提出书面异议的，人民法院应当自收到书面异议之日起15日内审查，理由成立的，裁定中止对该标的的执行；理由不成立的，裁定驳回。案外人、当事人对裁定不服，认为原判决、裁定错误的，依照审判监督程序办理；与原判决、裁定无关的，可以自裁定送达之日起15日内向人民法院提起诉讼。在案外人异议审查期间，人民法院不得对执行标的进行处分。案外人向人民法院提供充分、有效的担保请求解除对异议标的的查封、扣押、冻结的，人民法院可以准许。案外人依照本条规定提起诉讼的，诉讼期间不停止执行。案外人的诉讼请求确有理由或者提供充分、有效的担保请求停止执行的，可以裁定停止对	达之日起十五日内向人民法院提起执行异议之诉的，由执行法院管辖。 **第303条**　案外人提起执行异议之诉，除符合民事诉讼法第一百二十二条规定外，还应当具备下列条件： （一）案外人的执行异议申请已经被人民法院裁定驳回； （二）有明确的排除对执行标的的执行的诉讼请求，且诉讼请求与原判决、裁定无关； （三）自执行异议裁定送达之日起十五日内提起。 人民法院应当在收到起诉状之日起十五日内决定是否立案。 **第305条**　案外人提起执行异议之诉的，以申请执行人为被告。被执行人反对案外人异议的，被执行人为共同被告；被执行人不反对案外人异议的，可以列被执行人为第三人。 **第308条**　人民法院审理执行异议之诉案件，适用普通程序。 **第309条**　案外人或者申请执行人提起执行异议之诉的，案外人应当就其对执行标的享有足以排除强制执行的民事权益承担举证证明责任。 **第310条**　对案外人提起的执行异议之诉，人民法院经审理，按照下列情形分别处理：

新《民事诉讼法》及解读等	修改前《民事诉讼法》等关联规定
执行标的进行处分；申请执行人提供充分、有效的担保请求继续执行的，应当继续执行。案外人请求停止执行，请求解除查封、扣押、冻结或者申请执行人请求继续执行有错误，给对方造成损失的，应当予以赔偿。在案外人异议之诉中，对执行标的主张实体权利，并请求对执行标的停止执行的，应当以申请执行人为被告；被执行人反对案外人对执行标的所主张的实体权利的，应当以申请执行人和被执行人为共同被告。案外人异议之诉，由执行法院管辖。执行法院应当依照诉讼程序审理。经审理，理由不成立的，判决驳回其诉讼请求；理由成立的，根据案外人的诉讼请求作出相应的裁判。 **案例参考：《某信托有限公司申请执行复议案》**① 案例要旨：案外人基于对执行标的物主张实体权利而提出异议，以排除对该执行标的物之强制执行的，属于案外人异议，不管该案外人主张实体权利的依据是否涉及其他法院的相关生效法律文书，均应当适用《民事诉讼法》第227条规定	（一）案外人就执行标的享有足以排除强制执行的民事权益的，判决不得执行该执行标的； （二）案外人就执行标的不享有足以排除强制执行的民事权益的，判决驳回诉讼请求。 案外人同时提出确认其权利的诉讼请求的，人民法院可以在判决中一并作出裁判。 **第312条** 对案外人执行异议之诉，人民法院判决不得对执行标的的执行的，执行异议裁定失效。 对申请执行人执行异议之诉，人民法院判决准许对该执行标的执行的，执行异议裁定失效，执行法院可以根据申请执行人的申请或者依职权恢复执行。 **第313条** 案外人执行异议之诉审理期间，人民法院不得对执行标的进行处分。申请执行人请求人民法院继续执行并提供相应担保的，人民法院可以准许。 被执行人与案外人恶意串通，通过执行异议、执行异议之诉妨害执行的，人民法院应当依照民事诉讼法第一百一十六条规定处理。申请执行人因此受到损害的，可以提起

① 参见《最高人民法院公报》2013年第12期（总第206期）。

新《民事诉讼法》及解读等	修改前《民事诉讼法》等关联规定
处理，以保护案外人和当事人通过诉讼途径寻求实体救济的合法权利。 **案例参考：《某银行股份有限公司哈尔滨分行申请执行异议纠纷案》**① 案例要旨：金融机构以享有金钱质权为由请求中止执行的，人民法院应当适用《民事诉讼法》第227条规定的案外人异议及执行异议之诉程序处理。即便未约定金融机构享有直接扣划权，只要金融机构、出质人就“未经质权人同意，出质人不得动用资金”作出明确约定，仍应认定金钱质权成立并生效。作出最终裁判结果时，人民法院不仅要对质押合同关系是否存在、金钱质权是否有效设立等进行判断，还要对金融机构的兑付是否符合条件进行判断。	诉讼要求被执行人、案外人赔偿。 **《执行异议和复议规定》** **第8条** 案外人基于实体权利既对执行标的提出排除执行异议又作为利害关系人提出执行行为异议的，人民法院应当依照民事诉讼法第二百二十七条规定进行审查。 案外人既基于实体权利对执行标的提出排除执行异议又作为利害关系人提出与实体权利无关的执行行为异议的，人民法院应当分别依照民事诉讼法第二百二十七条和第二百二十五条规定进行审查。
第二百三十九条 【执行机构】执行工作由执行员进行。 采取强制执行措施时，执行员应当出示证件。执行完毕后，应当将执行情况制作笔录，由在场的有关人员签名或者盖章。 人民法院根据需要可以设立执行机构。 **解读：**本条是关于执行机构、执	**《民事诉讼法》（2021年修正）** **第235条** 执行工作由执行员进行。 采取强制执行措施时，执行员应当出示证件。执行完毕后，应当将执行情况制作笔录，由在场的有关人员签名或者盖章。 人民法院根据需要可以设立执行机构。

① 参见刘旭峰：《金钱质押执行异议的处理》，载《人民司法·案例》2019年第11期。

新《民事诉讼法》及解读等	修改前《民事诉讼法》等关联规定
行程序的规定。依照本条的规定，执行工作由执行员进行，这样规定能够较好地完成执行任务，保证已经生效的法律文书的履行，同时对于执行中出现的异议，也能够以较为中立的立场进行判断，有利于保护公民、法人和其他组织的合法权益。执行员在强制执行时，应当遵循法定程序。1. 执行员应当出示证件；2. 在执行完毕后，应当将执行情况制作笔录，执行笔录应当能够详细地反映整个执行的情况，执行笔录应当由在场的被执行人、单位的法定代表人或者被执行人住所地基层组织的代表等有关人员签名、盖章。另外，人民法院根据需要可以设立执行机构。	**《执行工作规定》** 1. 人民法院根据需要，依据有关法律的规定，设立执行机构，专门负责执行工作。 2. 执行机构负责执行下列生效法律文书： （1）人民法院民事、行政判决、裁定、调解书，民事制裁决定、支付令，以及刑事附带民事判决、裁定、调解书，刑事裁判涉财产部分； （2）依法应由人民法院执行的行政处罚决定、行政处理决定； （3）我国仲裁机构作出的仲裁裁决和调解书，人民法院依据《中华人民共和国仲裁法》有关规定作出的财产保全和证据保全裁定； （4）公证机关依法赋予强制执行效力的债权文书； （5）经人民法院裁定承认其效力的外国法院作出的判决、裁定，以及国外仲裁机构作出的仲裁裁决； （6）法律规定由人民法院执行的其他法律文书。
第二百四十条　【委托执行】被执行人或者被执行的财产在外地的，可以委托当地人民法院代为执行。受委托人民法院收到委托函件后，必须在十五日内开始执行，不得拒绝。执行完毕后，应当将执行	**《民事诉讼法》（2021年修正）** **第236条**　被执行人或者被执行的财产在外地的，可以委托当地人民法院代为执行。受委托人民法院收到委托函件后，必须在十五日内开始执行，不得拒绝。执行完毕

新《民事诉讼法》及解读等	修改前《民事诉讼法》等关联规定
结果及时函复委托人民法院；在三十日内如果还未执行完毕，也应当将执行情况函告委托人民法院。 受委托人民法院自收到委托函件之日起十五日内不执行的，委托人民法院可以请求受委托人民法院的上级人民法院指令受委托人民法院执行。 **解读：**在实践中，当事人财产可能存在于不同地区，委托异地法院代为执行，利于节省成本，更好地完成执行任务。关于委托执行，需要注意以下九个重点问题：1. 委托执行案件的管辖法院。委托执行应当以执行标的物所在地或者执行行为实施地的同级人民法院为受托执行法院。有两处以上财产在异地的，可以委托主要财产所在地的人民法院执行。2. 案件委托执行后，受托法院应当依法立案，委托法院应当在收到受托法院的立案通知书后作委托结案处理。3. 委托执行案件应当由委托法院直接向受托法院办理委托手续，并层报各自所在的高级人民法院备案。事项委托应当以机要形式送达委托事项的相关手续，不需报高级人民法院备案。4. 受托法院收到委托执行函后，应当在7日内予以立案，并及时将立案	后，应当将执行结果及时函复委托人民法院；在三十日内如果还未执行完毕，也应当将执行情况函告委托人民法院。 受委托人民法院自收到委托函件之日起十五日内不执行的，委托人民法院可以请求受委托人民法院的上级人民法院指令受委托人民法院执行。 **《委托执行规定》** **第1条**　执行法院经调查发现被执行人在本辖区内已无财产可供执行，且在其他省、自治区、直辖市内有可供执行财产的，可以将案件委托异地的同级人民法院执行。 执行法院确需赴异地执行案件的，应当经其所在辖区高级人民法院批准。 **第2条**　案件委托执行后，受托法院应当依法立案，委托法院应当在收到受托法院的立案通知书后作销案处理。 委托异地法院协助查询、冻结、查封、调查或者送达法律文书等有关事项的，受托法院不作为委托执行案件立案办理，但应当积极予以协助。 **第3条**　委托执行应当以执行标的物所在地或者执行行为实施地的同级人民法院为受托执行法院。

新《民事诉讼法》及解读等	修改前《民事诉讼法》等关联规定
通知书通过委托法院送达申请执行人，同时将指定的承办人、联系电话等书面告知委托法院。5. 受托法院如发现委托执行的手续、材料不全，可以要求委托法院补办。委托法院既不补办又不说明原因的，视为撤回委托，受托法院可以将委托材料退回委托法院。6. 委托法院在案件委托执行后又发现有可供执行财产的，应当及时告知受托法院。7. 受委托人民法院收到委托函件后，必须在15日内开始执行，不得拒绝。执行完毕后，应当将执行结果及时函复委托人民法院；在30日内如果还未执行完毕，也应当将执行情况函告委托人民法院。8. 受委托人民法院自收到委托函件之日起15日内不执行的，委托人民法院可以请求受委托人民法院的上级人民法院指令受委托人民法院执行。9. 受托法院未能在6个月内将受托案件执结的，申请执行人有权请求受托法院的上一级人民法院提级执行或者指定执行，上一级人民法院应当立案审查，发现受托法院无正当理由不予执行的，应当限期执行或者作出裁定提级执行或者指定执行。	有两处以上财产在异地的，可以委托主要财产所在地的人民法院执行。 被执行人是现役军人或者军事单位的，可以委托对其有管辖权的军事法院执行。 执行标的物是船舶的，可以委托有管辖权的海事法院执行。 **第7条** 受托法院收到委托执行函后，应当在7日内予以立案，并及时将立案通知书通过委托法院送达申请执行人，同时将指定的承办人、联系电话等书面告知委托法院。 委托法院收到上述通知书后，应当在7日内书面通知申请执行人案件已经委托执行，并告知申请执行人可以直接与受托法院联系执行相关事宜。 **第11条** 受托法院未能在6个月内将受托案件执结的，申请执行人有权请求受托法院的上一级人民法院提级执行或者指定执行，上一级人民法院应当立案审查，发现受托法院无正当理由不予执行的，应当限期执行或者作出裁定提级执行或者指定执行。

新《民事诉讼法》及解读等	修改前《民事诉讼法》等关联规定
第二百四十一条 【执行和解】 在执行中，双方当事人自行和解达成协议的，执行员应当将协议内容记入笔录，由双方当事人签名或者盖章。 申请执行人因受欺诈、胁迫与被执行人达成和解协议，或者当事人不履行和解协议的，人民法院可以根据当事人的申请，恢复对原生效法律文书的执行。 **解读：** 执行和解是指在民事执行程序中，执行当事人经自愿平等协商，就权利人行使权利和义务人履行义务的主体、标的物及其数额、履行期限、履行方式等达成协议，一致同意中止执行程序的法律制度。执行和解，作为法律行为的一种，也必须具备法律行为的成立和生效要件：1. 满足主体要件。执行和解是在执行程序中申请执行人与被执行人达成的就原生效法律文书的内容变更执行的协议，执行和解的主体只能是申请执行人和被执行人。2. 满足主观要件。执行和解的基础是双方当事人的完全自愿，达成执行和解必须是当事人真实的意思表示。3. 满足时空要件。执行和解必须是在执行过程中达成的。依照本条的规定，在执行中，双方当事人自行和解达成协议的，执行员应当	**《民事诉讼法》（2021 年修正）** **第 237 条** 在执行中，双方当事人自行和解达成协议的，执行员应当将协议内容记入笔录，由双方当事人签名或者盖章。 申请执行人因受欺诈、胁迫与被执行人达成和解协议，或者当事人不履行和解协议的，人民法院可以根据当事人的申请，恢复对原生效法律文书的执行。 **《民事诉讼法解释》** **第 464 条** 申请执行人与被执行人达成和解协议后请求中止执行或者撤回执行申请的，人民法院可以裁定中止执行或者终结执行。 **第 465 条** 一方当事人不履行或者不完全履行在执行中双方自愿达成的和解协议，对方当事人申请执行原生效法律文书的，人民法院应当恢复执行，但和解协议已履行的部分应当扣除。和解协议已经履行完毕的，人民法院不予恢复执行。 **第 466 条** 申请恢复执行原生效法律文书，适用民事诉讼法第二百四十六条申请执行期间的规定。申请执行期间因达成执行中的和解协议而中断，其期间自和解协议约定履行期限的最后一日起重新计算。

新《民事诉讼法》及解读等	修改前《民事诉讼法》等关联规定
将协议内容记入笔录，由双方当事人签名或者盖章。当事人双方和解，达成和解协议并履行后，人民法院就没有必要采取执行措施，迫使义务人按照生效法律文书履行义务。但是如果一方当事人不履行和解协议，人民法院可以根据对方当事人的申请，恢复对原生效法律文书的执行。本条还规定了恢复原生效法律文书的执行的情形：一是申请执行人因受欺诈、胁迫与被执行人达成和解协议的；二是当事人不履行和解协议的。主要包括义务人不按照和解协议履行义务，以及对达成的和解协议表示反悔等情况。在这两种情形下，当事人应当可以申请人民法院恢复对原生效法律文书的执行。 **案例参考：《安徽省某市建筑安装工程有限公司与湖北某电气股份有限公司执行复议案》**① 案例要旨：执行程序开始前，双方当事人自行达成和解协议并履行，一方当事人申请强制执行原生效法律文书的，人民法院应予受理。被执行人以已履行和解协议为由提出执行异议的，可以参照《执行和解规定》第19条。	**《执行和解规定》** **第1条** 当事人可以自愿协商达成和解协议，依法变更生效法律文书确定的权利义务主体、履行标的、期限、地点和方式等内容。 和解协议一般采用书面形式。 **第2条** 和解协议达成后，有下列情形之一的，人民法院可以裁定中止执行： （一）各方当事人共同向人民法院提交书面和解协议的； （二）一方当事人向人民法院提交书面和解协议，其他当事人予以认可的； （三）当事人达成口头和解协议，执行人员将和解协议内容记入笔录，由各方当事人签名或者盖章的。 **第3条** 中止执行后，申请执行人申请解除查封、扣押、冻结的，人民法院可以准许。 **第4条** 委托代理人代为执行和解，应当有委托人的特别授权。 **第5条** 当事人协商一致，可以变更执行和解协议，并向人民法院提交变更后的协议，或者由执行人员将变更后的内容记入笔录，并由各方当事人签名或者盖章。

① 参见《最高人民法院关于发布第二十三批指导性案例的通知》（指导案例119号），2019年12月24日发布。

新《民事诉讼法》及解读等	修改前《民事诉讼法》等关联规定
案例参考：《某科技学院与某教育发展有限公司执行监督案》① 案例要旨：申请执行人与被执行人对执行和解协议的内容产生争议，客观上已无法继续履行的，可以执行原生效法律文书。对执行和解协议中原执行依据未涉及的内容，以及履行过程中产生的争议，当事人可以通过其他救济程序解决。	**第9条**　被执行人一方不履行执行和解协议的，申请执行人可以申请恢复执行原生效法律文书，也可以就履行执行和解协议向执行法院提起诉讼。
第二百四十二条　【执行担保】在执行中，被执行人向人民法院提供担保，并经申请执行人同意的，人民法院可以决定暂缓执行及暂缓执行的期限。被执行人逾期仍不履行的，人民法院有权执行被执行人的担保财产或者担保人的财产。 **解读：**执行担保是指在执行程序中，被执行人确有困难，缺乏偿付能力时，向人民法院提供担保，人民法院经申请执行人同意，暂缓执行的制度。执行担保必须具备下列条件，才能产生应有的法律效力：1. 被执行人须向法院提出执行担保的申请，法院不得以职权主动裁定执行担保。2. 提供充分、可靠的担保。担保的形式可以是银行担保、	**《民事诉讼法》（2021年修正）** **第238条**　在执行中，被执行人向人民法院提供担保，并经申请执行人同意的，人民法院可以决定暂缓执行及暂缓执行的期限。被执行人逾期仍不履行的，人民法院有权执行被执行人的担保财产或者担保人的财产。 **《民事诉讼法解释》** **第467条**　人民法院依照民事诉讼法第二百三十八条规定决定暂缓执行的，如果担保是有期限的，暂缓执行的期限应当与担保期限一致，但最长不得超过一年。被执行人或者担保人对担保的财产在暂缓执行期间有转移、隐藏、变卖、毁损等行为的，人民法院可以恢复强制执行。 **第468条**　根据民事诉讼法第

① 参见《最高人民法院关于发布第二十三批指导性案例的通知》（指导案例124号），2019年12月24日发布。

新《民事诉讼法》及解读等	修改前《民事诉讼法》等关联规定
财产担保、保证人担保或者被执行人提存财产担保等。提供的担保必须是充分的，即担保执行的财产须与被执行人的义务相等，且留足因暂缓或缓期执行给权利人造成的损失的赔偿费和执行费用。执行担保须是可靠的，即担保人、保证人的担保资格和资信能力达到足以担保执行的程度。3. 须经申请执行人同意。4. 由法院决定是否同意执行担保。当事人提出申请，法院决定是否准许执行担保。法院同意执行担保的，则制作裁定书，确定担保范围、担保履行期限及担保责任等问题。送达双方当事人及担保人、保证人后即生效。被执行人向人民法院提供执行担保，并经申请执行人同意的，人民法院可以决定暂缓执行及暂缓执行的期限。如果在暂缓执行期间内发生了不利于法律文书的执行，甚至使法律文书难以执行的情况，人民法院就可以停止暂缓执行，恢复强制执行。被执行人在人民法院决定暂缓执行的期限届满后仍不履行义务的，人民法院可以直接执行担保财产，或者裁定执行担保人的财产，但执行担保人的财产以担保人应当履行义务部分的财产为限。	二百三十八条规定向人民法院提供执行担保的，可以由被执行人或者他人提供财产担保，也可以由他人提供保证。担保人应当具有代为履行或者代为承担赔偿责任的能力。 他人提供执行保证的，应当向执行法院出具保证书，并将保证书副本送交申请执行人。被执行人或者他人提供财产担保的，应当参照民法典的有关规定办理相应手续。 **第469条** 被执行人在人民法院决定暂缓执行的期限届满后仍不履行义务的，人民法院可以直接执行担保财产，或者裁定执行担保人的财产，但执行担保人的财产以担保人应当履行义务部分的财产为限。 **《执行担保规定》** **第1条** 本规定所称执行担保，是指担保人依照民事诉讼法第二百三十一条规定，为担保被执行人履行生效法律文书确定的全部或者部分义务，向人民法院提供的担保。 **第2条** 执行担保可以由被执行人提供财产担保，也可以由他人提供财产担保或者保证。 **第3条** 被执行人或者他人提供执行担保的，应当向人民法院提交担保书，并将担保书副本送交申请执行人。

新《民事诉讼法》及解读等	修改前《民事诉讼法》等关联规定
案例参考：《天津某网络科技有限公司与南京某电子商务有限公司、某易购集团股份有限公司不当得利纠纷案》① 案例要旨：对于财产纠纷案件，被保全人或第三人提供充分有效担保请求解除保全的，人民法院应当裁定准许，故如果保险保函属于充分、有效的担保形式，能够避免出现生效判决不能执行的风险，以保险保函作为反担保提请解除财产保全措施的，法院应予以准许。 **案例参考：《华某某与宁波某医疗设备制造有限公司、李某2民间借贷纠纷执行异议审查案》**② 案例要旨：设立执行担保制度，目的在于维护债权人的合法权益，尽量避免因强制执行给社会经济发展造成不利。本文拟从执行担保的司法强制性、与一般担保的区别及既判力的扩张等方面对执行担保人性质进行解析。	**第4条**　担保书中应当载明担保人的基本信息、暂缓执行期限、担保期间、被担保的债权种类及数额、担保范围、担保方式、被执行人于暂缓执行期限届满后仍不履行时担保人自愿接受直接强制执行的承诺等内容。 提供财产担保的，担保书中还应当载明担保财产的名称、数量、质量、状况、所在地、所有权或者使用权归属等内容。 **第5条**　公司为被执行人提供执行担保的，应当提交符合公司法第十六条规定的公司章程、董事会或者股东会、股东大会决议。 **第6条**　被执行人或者他人提供执行担保，申请执行人同意的，应当向人民法院出具书面同意意见，也可以由执行人员将其同意的内容记入笔录，并由申请执行人签名或者盖章。 **第7条**　被执行人或者他人提供财产担保，可以依照民法典规定办理登记等担保物权公示手续；已经办理公示手续的，申请执行人可以依法主张优先受偿权。 申请执行人申请人民法院查封、

① 参见《人民法院服务和保障长三角一体化发展典型案例》（案例4），2021年11月2日发布。

② 参见最高人民法院中国应用法研究所编：《人民法院案例选·总第81辑》（2012年第3辑），人民法院出版社2012年版。

新《民事诉讼法》及解读等	修改前《民事诉讼法》等关联规定
	扣押、冻结担保财产的，人民法院应当准许，但担保书另有约定的除外。 **第9条** 担保书内容与事实不符，且对申请执行人合法权益产生实质影响的，人民法院可以依申请执行人的申请恢复执行。
第二百四十三条 【执行当事人变更】作为被执行人的公民死亡的，以其遗产偿还债务。作为被执行人的法人或者其他组织终止的，由其权利义务承受人履行义务。 **解读：**作为被执行人的公民死亡的，按照《民事诉讼法解释》第473条的规定，其遗产继承人没有放弃继承的，人民法院可以裁定变更被执行人，由该继承人在遗产的范围内偿还债务。继承人放弃继承的，人民法院可以直接执行被执行人的遗产。作为被执行人的法人或者其他组织终止的，由其权利义务承受人履行义务。按照《民事诉讼法解释》第470条的规定，执行中作为被执行人的法人或者其他组织分立、合并的，人民法院可以裁定变更后的法人或者其他组织为被执行人；被注销的，如果依照有关实体法的规定有权利义务承受人的，可以裁定该权利义务承受人为被执行人。	**《民事诉讼法》（2021年修正）** **第239条** 作为被执行人的公民死亡的，以其遗产偿还债务。作为被执行人的法人或者其他组织终止的，由其权利义务承受人履行义务。 **《民事诉讼法解释》** **第470条** 依照民事诉讼法第二百三十九条规定，执行中作为被执行人的法人或者其他组织分立、合并的，人民法院可以裁定变更后的法人或者其他组织为被执行人；被注销的，如果依照有关实体法的规定有权利义务承受人的，可以裁定该权利义务承受人为被执行人。 **第471条** 其他组织在执行中不能履行法律文书确定的义务的，人民法院可以裁定执行对该其他组织依法承担义务的法人或者公民个人的财产。 **第472条** 在执行中，作为被执行人的法人或者其他组织名称变更的，人民法院可以裁定变更后的法人或者其他组织为被执行人。

新《民事诉讼法》及解读等	修改前《民事诉讼法》等关联规定
案例参考：《重庆某贸易有限公司申请执行买卖合同纠纷案》① 案例要旨：当出现股东未依法履行出资义务即转让股权且公司资产不足以清偿债务的情形时，股东应当在未依法出资的范围内向债权人承担责任。法定的当事人变更情形时，执行机关应当依法变更执行债权人或变更、追加执行债务人。	**第473条** 作为被执行人的公民死亡，其遗产继承人没有放弃继承的，人民法院可以裁定变更被执行人，由该继承人在遗产的范围内偿还债务。继承人放弃继承的，人民法院可以直接执行被执行人的遗产。 **《民事执行中变更、追加当事人规定》** **第1-8条**，正文略。
第二百四十四条 【执行回转】执行完毕后，据以执行的判决、裁定和其他法律文书确有错误，被人民法院撤销的，对已被执行的财产，人民法院应当作出裁定，责令取得财产的人返还；拒不返还的，强制执行。 **解读：**执行回转是指执行完毕后，由于出现某种特殊原因，将已经执行了的标的，一部或者全部回复至原有状态。依照本条的规定，发生执行回转的原因主要有以下两种：1. 人民法院作出的先予执行的裁定，在执行完毕后，被生效的判决否定。2. 人民法院制作的判决书、裁定书、调解书已执行完毕，依《民事诉讼法》的有关规定被本	**《民事诉讼法》（2021年修正）** **第240条** 执行完毕后，据以执行的判决、裁定和其他法律文书确有错误，被人民法院撤销的，对已被执行的财产，人民法院应当作出裁定，责令取得财产的人返还；拒不返还的，强制执行。 **《民事诉讼法解释》** **第173条** 人民法院先予执行后，根据发生法律效力的判决，申请人应当返还因先予执行所取得的利益的，适用民事诉讼法第二百四十条的规定。 **第474条** 法律规定由人民法院执行的其他法律文书执行完毕后，该法律文书被有关机关或者组织依法撤销的，经当事人申请，适用民

① 参见最高人民法院执行局编：《执行工作指导·总第71辑》（2019年第3辑），人民法院出版社2020年版。

新《民事诉讼法》及解读等	修改前《民事诉讼法》等关联规定
院或者上级法院依法撤销。实行执行回转，应当符合以下条件：1. 必须是人民法院按照执行程序将生效法律文书执行完毕，如果法律文书尚未执行，不发生执行回转。2. 必须是据以执行的法律文书被依法撤销了。执行回转的法律后果是人民法院应当作出执行回转裁定，责令取得财产的人返还财产，拒不返还的，依法强制执行。 **案例参考：《某证券股份有限公司海口滨海大道（某酒店）证券营业部申请错误执行赔偿案》**① 案例要旨：1. 赔偿请求人以人民法院具有《国家赔偿法》第 38 条规定的违法侵权情形为由申请国家赔偿的，人民法院应就赔偿请求人诉称的司法行为是否违法，以及是否应当承担国家赔偿责任一并予以审查。2. 人民法院审理执行异议案件，因原执行行为所依据的当事人执行和解协议侵犯案外人合法权益，对原执行行为裁定予以撤销，并将被执行财产回复至执行之前状态的，该撤销裁定及执行回转行为不属于《国家赔偿法》第 38 条规定的执行错误。	事诉讼法第二百四十条规定。 **《最高人民法院关于祁某某申请执行回转中国农业银行张掖市分行一案的复函》** 一、关于应否适用执行回转程序 依照本院《关于人民法院执行工作若干问题的规定（试行）》第 109 条的规定，适用执行回转程序的条件为：一是原执行依据中关于给付内容的主文被依法撤销或者变更，二是原执行依据确定的给付内容执行完毕。从你院报告情况看，本院再审判决撤销了原执行依据你院（2007）甘民一终字第 268 号民事判决的全部主文，即原执行依据主文第二项关于祁某某向中国农业银行张掖市分行（以下简称张掖农行）返还财产的给付内容也被撤销。同时，再审判决仍然认定祁某某与张掖农行之间的《抵债资产处置合同》为有效合同，而依据合同，将涉案房地产交付祁某某占有是张掖农行的义务之一。因此，张掖市中级人民法院（以下简称张掖中院）应当裁定执行回转。至于实际上能否回转，则是另外一个问题。

① 参见《最高人民法院关于发布第九批指导性案例的通知》（指导案例 43 号），2014 年 12 月 24 日发布。

新《民事诉讼法》及解读等	修改前《民事诉讼法》等关联规定
案例参考：《北京某集团公司申请执行异议案》[①] 案例要旨：法律文书生效后，一方当事人未申请执行，负有给付义务的一方当事人通过人民法院审判庭履行给付义务，该给付义务具体、明确的，在生效法律文书确定的给付义务经审判监督程序被撤销后，履行给付义务的一方当事人可直接向人民法院申请强制执行，由人民法院参照执行回转的规定予以立案执行。若该给付义务不够具体、明确的，则应由履行给付义务的一方当事人另行提起诉讼，获得执行依据后，再向人民法院申请强制执行。 **案例参考：《安乡某宾馆与常德市某区人民法院因错误执行申请国家赔偿案》**[②] 案例要旨：根据《最高人民法院关于民事、行政诉讼中司法赔偿若干问题的解释》第4条第3项、第4项的规定，违法执行案外人财产且无法执行回转以及明显超过申请数额、范围执行且无法执行回转的	二、关于执行回转的内容 执行回转的实质是将原执行的结果恢复到执行前的状态，因此，执行回转的内容应当根据原执行的内容进行判断。就本案而言，祁某某丧失涉案房产所有权并非法院的执行所造成，而是在进入强制执行程序前，由于相关行政机关的行政行为所致，所以，执行回转不是恢复祁某某对涉案房产的所有权。同样，由于祁某某一直没有取得涉案土地使用权，也不存在恢复其土地使用权的问题。但是祁某某基于与张掖农行之间的合同合法占有涉案房地产，而张掖中院在执行程序中剥夺了其占有，因此可执行回转的内容应该是恢复其对涉案房地产的占有。 三、关于不能恢复对涉案房地产的占有时能否折价抵偿 依照本院《关于人民法院执行工作若干问题的规定（试行）》第110条的规定，当特定物无法执行回转时，适用“折价抵偿”程序的前提，是执行回转的申请人已经取得特定物的所有权或者相关财产权

① 参见最高人民法院中国应用法研究所编：《人民法院案例选·总第122辑》（2018年第4辑），人民法院出版社2018年版。

② 参见最高人民法院中国应用法研究所编：《人民法院案例选·总第111辑》（2017年第5辑），人民法院出版社2017年版。

新《民事诉讼法》及解读等	修改前《民事诉讼法》等关联规定
两种情况应予赔偿。如何认定错误执行以及承担国家赔偿责任成为适用上述规定的关键。 **案例参考：《赵某某诉高某某、王某某、张某某执行异议之诉案》**① 案例要旨：执行回转案件中，根据《民事诉讼法》第240条规定中取得财产的人与最高人民法院《执行工作规定》第65条规定中原申请执行人确定的义务主体不一致时，为维护交易安全和司法公信力，应优先适用《执行工作规定》第65条，责令原申请执行人返还财产及孳息。	利，且该物或者财产权利的价值在执行程序中能够确定。如果需要回转的内容不能以货币折算对价，则只能寻求其他程序解决。本案中，由于在张掖中院执行之前，相关行政机关已经撤销了祁某某对涉案房产的所有权登记，也由于其一直没有取得涉案土地使用权，从而使其对涉案房地产的占有处于对物支配的事实状态，而占有的事实状态无法折算为具体的财产对价，因此，不能适用折价抵偿程序。本案如果无法恢复占有，应当终结执行回转程序。同时，此案中申请执行人的合法权益应当得到保护和救济，请你院监督张掖中院务必做好该案的审、执协调配合工作，向祁某某释明其享有另行提起民事诉讼和行政诉讼要求赔偿的权利。如祁某某另案提起诉讼，应当做到及时立案、审理和执行，避免久拖不决。另将张掖农行的申诉材料一并转你院依法妥处。 **《最高人民法院执行工作办公室关于石油工业出版社申请执行回转一案的复函》** 湖南省高级人民法院： 你院（2002）湘高法执函字第16号《关于石油工业出版社申请执

① 参见孙德国：《执行回转案件中应由原申请执行人承担返还财产责任》，载《人民司法·案例》2022年第20期。

新《民事诉讼法》及解读等	修改前《民事诉讼法》等关联规定
	行回转一案有关问题的请示报告》收悉。经研究，答复如下： 同意你院对本案的第一种处理意见，即不应将深圳凯利集团公司（以下简称凯利公司）列为本执行回转案的被执行人。理由如下： 一、按照《民事诉讼法》第214条和《关于人民法院执行工作若干问题的规定（试行）》第109条规定，“原申请执行人”，是指原执行案件中的申请执行人，才能作为执行回转案中的被执行人。在本案中，原申请执行人是湖南利达国际贸易长沙物资公司（以下简称利达公司），凯利公司并非该案的当事人，故将凯利公司列为执行回转案中的被执行人没有事实和法律依据。 二、凯利公司取得的248万元，是在利达公司对其欠债的情况下，依据长沙市中级人民法院（1997）长中经初字第124号民事调解书，通过执行程序取得的，而且不论利达公司与北京城市合作银行和平里支行、石油工业出版社纠纷案是否按撤诉处理，均不能否定凯利公司对利达公司的债权。 三、利达公司在长沙市中级人民法院（1997）长中经初字第124号民事调解书中，明确表示其将用从

新《民事诉讼法》及解读等	修改前《民事诉讼法》等关联规定
	石油工业出版社执行回的款项清偿其对凯利公司的债务。 四、利达公司与凯利公司的债权债务关系同石油工业出版社与利达公司的债权债务关系是两种不同的法律关系，不能混淆，单独处理前者的债权债务并无不妥。
第二百四十五条　【调解书执行】人民法院制作的调解书的执行，适用本编的规定。 **解读：**本条是关于调解书执行的规定。申请执行的调解书分为经由法院主持调解，并制作民事调解书；还包括经由经人民调解委员会调解达成调解协议，并请求法院司法确认具备强制执行效力调解协议。由上述两种途径形成的调解协议，均可以向法院申请强制执行。	**《民事诉讼法》（2021 年修正）** **第 241 条**　人民法院制作的调解书的执行，适用本编的规定。
第二百四十六条　【检察监督执行】人民检察院有权对民事执行活动实行法律监督。 **解读：**本条是关于人民检察院有权对人民法院的民事执行活动实行法律监督的规定。人民检察院是我国的法律监督机关，可以独立行使检察权，其可以在审判监督程序中对人民法院审判民事案件进行监督；也可以在执行程序中，对执行案件进行监督，保护当事人的合法权益。	**《民事诉讼法》（2021 年修正）** **第 242 条**　人民检察院有权对民事执行活动实行法律监督。 **《民事执行活动法律监督规定》** **第 1 条**　人民检察院依法对民事执行活动实施法律监督。人民法院依法接受人民检察院的法律监督。 **第 3 条**　人民检察院对人民法院执行生效民事判决、裁定、调解书、支付令、仲裁裁决以及公证债权文书等法律文书的活动实施法律监督。

新《民事诉讼法》及解读等	修改前《民事诉讼法》等关联规定
	第7条 具有下列情形之一的民事执行案件，人民检察院应当依职权进行监督： （一）损害国家利益或者社会公共利益的； （二）执行人员在执行该案时有贪污受贿、徇私舞弊、枉法执行等违法行为、司法机关已经立案的； （三）造成重大社会影响的； （四）需要跟进监督的。 **第11条** 人民检察院向人民法院提出民事执行监督检察建议，应当经检察长批准或者检察委员会决定，制作检察建议书，在决定之日起十五日内将检察建议书连同案件卷宗移送同级人民法院。 检察建议书应当载明检察机关查明的事实、监督理由、依据以及建议内容等。 **第13条** 人民法院收到人民检察院的检察建议书后，应当在三个月内将审查处理情况以回复意见函的形式回复人民检察院，并附裁定、决定等相关法律文书。有特殊情况需要延长的，经本院院长批准，可以延长一个月。 回复意见函应当载明人民法院查明的事实、回复意见和理由并加盖院章。不采纳检察建议的，应当说明理由。

新《民事诉讼法》及解读等	修改前《民事诉讼法》等关联规定
第二十章　执行的申请和移送	
第二百四十七条　【执行开始方式】发生法律效力的民事判决、裁定，当事人必须履行。一方拒绝履行的，对方当事人可以向人民法院申请执行，也可以由审判员移送执行员执行。 调解书和其他应当由人民法院执行的法律文书，当事人必须履行。一方拒绝履行的，对方当事人可以向人民法院申请执行。 **解读：**依照本条的规定，执行开始的方式有两种：一是申请执行，二是移送执行。其中申请执行是指生效法律文书的当事人，在对方当事人拒绝履行该法律文书确定的义务的情况下，向人民法院提出申请，请求人民法院强制执行的行为。申请执行须具备以下三个条件：1. 必须是义务人在法律文书确定的履行期间届满仍没有履行义务。2. 必须在本法规定的申请执行期间提出申请，超过法定期间提出申请的，人民法院不予执行。3. 申请执行一般应采用书面形式，递交申请执行书，书写确有困难的，也可以口头申请，由执行员记入笔录。申请执行书应当说明申请执行的事项和理由，提出证据，并应当尽量提供被申请人的	**《民事诉讼法》（2021 年修正）** **第 243 条**　发生法律效力的民事判决、裁定，当事人必须履行。一方拒绝履行的，对方当事人可以向人民法院申请执行，也可以由审判员移送执行员执行。 调解书和其他应当由人民法院执行的法律文书，当事人必须履行。一方拒绝履行的，对方当事人可以向人民法院申请执行。 **《环境民事公益诉讼解释》** **第 32 条**　发生法律效力的环境民事公益诉讼案件的裁判，需要采取强制执行措施的，应当移送执行。 **《执行案件立案、结案意见》** **第 1 条**　本意见所称执行案件包括执行实施类案件和执行审查类案件。 执行实施类案件是指人民法院因申请执行人申请、审判机构移送、受托、提级、指定和依职权，对已发生法律效力且具有可强制执行内容的法律文书所确定的事项予以执行的案件。 执行审查类案件是指在执行过程中，人民法院审查和处理执行异议、复议、申诉、请示、协调以及决定执行管辖权的移转等事项的案件。

新《民事诉讼法》及解读等	修改前《民事诉讼法》等关联规定
的法律文书。移送执行，是指人民法院审判人员审结案件后，将生效的判决书、裁定书移交给执行员执行。该方式是人民法院依职权启动执行程序的方式，对于追索国家财产案件的判决，追索赡养费、抚育费、扶养费案件的判决，人民法院可依职权启动执行程序。移送执行的要满足发生法律效力的民事判决、裁定，当事人必须履行，负有义务的一方拒绝履行的条件。	**第2条** 执行案件统一由人民法院立案机构进行审查立案，人民法庭经授权执行自审案件的，可以自行审查立案，法律、司法解释规定可以移送执行的，相关审判机构可以移送立案机构办理立案登记手续。 立案机构立案后，应当依照法律、司法解释的规定向申请人发出执行案件受理通知书。 **第3条** 人民法院对符合法律、司法解释规定的立案标准的执行案件，应当予以立案，并纳入审判和执行案件统一管理体系。 人民法院不得有审判和执行案件统一管理体系之外的执行案件。 任何案件不得以任何理由未经立案即进入执行程序。
第二百四十八条 【仲裁裁决执行】 对依法设立的仲裁机构的裁决，一方当事人不履行的，对方当事人可以向有管辖权的人民法院申请执行。受申请的人民法院应当执行。 被申请人提出证据证明仲裁裁决有下列情形之一的，经人民法院组成合议庭审查核实，裁定不予执行： （一）当事人在合同中没有订有仲裁条款或者事后没有达成书面仲裁协议的；	**《民事诉讼法》（2021年修正）** **第244条** 对依法设立的仲裁机构的裁决，一方当事人不履行的，对方当事人可以向有管辖权的人民法院申请执行。受申请的人民法院应当执行。 被申请人提出证据证明仲裁裁决有下列情形之一的，经人民法院组成合议庭审查核实，裁定不予执行： （一）当事人在合同中没有订有仲裁条款或者事后没有达成书面仲裁协议的；

新《民事诉讼法》及解读等	修改前《民事诉讼法》等关联规定
（二）裁决的事项不属于仲裁协议的范围或者仲裁机构无权仲裁的； （三）仲裁庭的组成或者仲裁的程序违反法定程序的； （四）裁决所根据的证据是伪造的； （五）对方当事人向仲裁机构隐瞒了足以影响公正裁决的证据的； （六）仲裁员在仲裁该案时有贪污受贿，徇私舞弊，枉法裁决行为的。 人民法院认定执行该裁决违背社会公共利益的，裁定不予执行。 裁定书应当送达双方当事人和仲裁机构。 仲裁裁决被人民法院裁定不予执行的，当事人可以根据双方达成的书面仲裁协议重新申请仲裁，也可以向人民法院起诉。 **解读**：依照本条第1款的规定，仲裁裁决执行的申请采用当事人申请主义，当事人首先要向有管辖权的人民法院提出仲裁裁决的执行申请；有管辖权的人民法院收到仲裁裁决的执行申请后，经审查符合受理条件的，应当依法受理执行。本条第2款规定了仲裁裁决不予执行的情形，具体包括以下七种：1. 当	（二）裁决的事项不属于仲裁协议的范围或者仲裁机构无权仲裁的； （三）仲裁庭的组成或者仲裁的程序违反法定程序的； （四）裁决所根据的证据是伪造的； （五）对方当事人向仲裁机构隐瞒了足以影响公正裁决的证据的； （六）仲裁员在仲裁该案时有贪污受贿，徇私舞弊，枉法裁决行为的。 人民法院认定执行该裁决违背社会公共利益的，裁定不予执行。 裁定书应当送达双方当事人和仲裁机构。 仲裁裁决被人民法院裁定不予执行的，当事人可以根据双方达成的书面仲裁协议重新申请仲裁，也可以向人民法院起诉。 **《仲裁法》** **第62条**　当事人应当履行裁决。一方当事人不履行的，另一方当事人可以依照民事诉讼法的有关规定向人民法院申请执行。受申请的人民法院应当执行。 **第63条**　被申请人提出证据证明裁决有民事诉讼法第二百一十三条第二款规定的情形之一的，经人民法院组成合议庭审查核实，裁定不予执行。

新《民事诉讼法》及解读等	修改前《民事诉讼法》等关联规定
事人在合同中没有订立仲裁条款或者事后没有达成书面仲裁协议的。该种情形是指当事人既未在签订的合同中写明仲裁条款，又未在产生分歧后就仲裁协议达成书面仲裁协议。2. 裁决的事实不属于仲裁协议的范围或者仲裁机构无权裁决的。仲裁机构根据本身性质，只能对其有仲裁权的争议作出仲裁，如果仲裁超越了仲裁机构的权限，则其所作出的仲裁是无效的。3. 仲裁庭的组成或者仲裁活动违反法定程序的。仲裁程序违法所作的裁决，人民法院有权不予执行。4. 裁决所根据的证据是伪造的。作出的仲裁裁决所根据的证据是伪造的，人民法院有权不予执行。5. 对方当事人向仲裁机构隐瞒了足以影响公正裁决的证据的。当事人存在过错，隐瞒足以影响公正裁决证据的，人民法院有权不予执行。6. 仲裁员在仲裁案件时有徇私舞弊、枉法裁判行为的。仲裁员在仲裁时，存在徇私舞弊、枉法裁判的行为的，损害了当事人的合法权益，也会造成仲裁裁决无效。7. 仲裁裁决违背社会公共利益。在此种情形下，人民法院可以依职权径行审查并作出认定该仲裁裁决不予执行。人民法院审查不予	**《民事诉讼法解释》** **第475条** 仲裁机构裁决的事项，部分有民事诉讼法第二百四十四条第二款、第三款规定情形的，人民法院应当裁定对该部分不予执行。 应当不予执行部分与其他部分不可分的，人民法院应当裁定不予执行仲裁裁决。 **第476条** 依照民事诉讼法第二百四十四条第二款、第三款规定，人民法院裁定不予执行仲裁裁决后，当事人对该裁定提出执行异议或者复议的，人民法院不予受理。当事人可以就该民事纠纷重新达成书面仲裁协议申请仲裁，也可以向人民法院起诉。 **《执行工作规定》** 19. 申请执行仲裁机构的仲裁裁决，应当向人民法院提交有仲裁条款的合同书或仲裁协议书。 申请执行国外仲裁机构的仲裁裁决的，应当提交经我国驻外使领馆认证或我国公证机关公证的仲裁裁决书中文本。 **《劳动争议解释一》** **第10条** 当事人不服劳动争议仲裁机构作出的预先支付劳动者劳动报酬、工伤医疗费、经济补偿或者赔偿金的裁决，依法提起诉讼的，人民法院不予受理。

新《民事诉讼法》及解读等	修改前《民事诉讼法》等关联规定
执行仲裁裁决的，应当作出裁定书，并将不予执行仲裁裁决的裁定书送达双方当事人和仲裁机构。仲裁裁决被人民法院裁决不予执行的，当事人可以根据双方达成的书面仲裁协议重新申请仲裁，也可以向人民法院起诉。 **案例参考：《上海某机械制造有限公司与瑞士某公司仲裁裁决执行复议案》①** 案例要旨：当事人向我国法院申请执行发生法律效力的涉外仲裁裁决，发现被申请执行人或者其财产在我国领域内的，我国法院即对该案具有执行管辖权。当事人申请法院强制执行的时效期间，应当自发现被申请执行人或者其财产在我国领域内之日起算。	用人单位不履行上述裁决中的给付义务，劳动者依法申请强制执行的，人民法院应予受理。 **第24条** 当事人申请人民法院执行劳动争议仲裁机构作出的发生法律效力的裁决书、调解书，被申请人提出证据证明劳动争议仲裁裁决书、调解书有下列情形之一，并经审查核实的，人民法院可以根据民事诉讼法第二百三十七条规定，裁定不予执行： （一）裁决的事项不属于劳动争议仲裁范围，或者劳动争议仲裁机构无权仲裁的； （二）适用法律、法规确有错误的； （三）违反法定程序的； （四）裁决所根据的证据是伪造的； （五）对方当事人隐瞒了足以影响公正裁决的证据的； （六）仲裁员在仲裁该案时有索贿受贿、徇私舞弊、枉法裁决行为的； （七）人民法院认定执行该劳动争议仲裁裁决违背社会公共利益的。 人民法院在不予执行的裁定书中，应当告知当事人在收到裁定书之次日起三十日内，可以就该劳动争议事项向人民法院提起诉讼。

① 参见《最高人民法院关于发布第八批指导性案例的通知》（指导案例37号），2014年12月18日发布。

新《民事诉讼法》及解读等	修改前《民事诉讼法》等关联规定
	《仲裁裁决执行案件规定》 **第1条**　本规定所称的仲裁裁决执行案件，是指当事人申请人民法院执行仲裁机构依据仲裁法作出的仲裁裁决或者仲裁调解书的案件。 **第2条**　当事人对仲裁机构作出的仲裁裁决或者仲裁调解书申请执行的，由被执行人住所地或者被执行的财产所在地的中级人民法院管辖。 符合下列条件的，经上级人民法院批准，中级人民法院可以参照民事诉讼法第三十八条的规定指定基层人民法院管辖： （一）执行标的额符合基层人民法院一审民商事案件级别管辖受理范围； （二）被执行人住所地或者被执行的财产所在地在被指定的基层人民法院辖区内。 被执行人、案外人对仲裁裁决执行案件申请不予执行的，负责执行的中级人民法院应当另行立案审查处理；执行案件已指定基层人民法院管辖的，应当于收到不予执行申请后三日内移送原执行法院另行立案审查处理。 **第3条**　仲裁裁决或者仲裁调解书执行内容具有下列情形之一导致无法执行的，人民法院可以裁定

新《民事诉讼法》及解读等	修改前《民事诉讼法》等关联规定
	驳回执行申请；导致部分无法执行的，可以裁定驳回该部分的执行申请；导致部分无法执行且该部分与其他部分不可分的，可以裁定驳回执行申请。 （一）权利义务主体不明确； （二）金钱给付具体数额不明确或者计算方法不明确导致无法计算出具体数额； （三）交付的特定物不明确或者无法确定； （四）行为履行的标准、对象、范围不明确； 仲裁裁决或者仲裁调解书仅确定继续履行合同，但对继续履行的权利义务，以及履行的方式、期限等具体内容不明确，导致无法执行的，依照前款规定处理。
第二百四十九条　【公证债权文书执行】对公证机关依法赋予强制执行效力的债权文书，一方当事人不履行的，对方当事人可以向有管辖权的人民法院申请执行，受申请的人民法院应当执行。 公证债权文书确有错误的，人民法院裁定不予执行，并将裁定书送达双方当事人和公证机关。 **解读：**对于公证机关依法赋予强制执行力的公证债权文书，人民	**《民事诉讼法》（2021 年修正）** **第 245 条**　对公证机关依法赋予强制执行效力的债权文书，一方当事人不履行的，对方当事人可以向有管辖权的人民法院申请执行，受申请的人民法院应当执行。 公证债权文书确有错误的，人民法院裁定不予执行，并将裁定书送达双方当事人和公证机关。 **《民事诉讼法解释》** **第 478 条**　有下列情形之一的，

新《民事诉讼法》及解读等	修改前《民事诉讼法》等关联规定
法院应当予以执行。依照本条的规定，公证债权文书的执行采用的也是当事人申请主义，启动主体应当是公证债权文书中的一方当事人，公证机关和人民法院均不能主动启动执行程序。作为启动主体的一方当事人一般是债权人，有时也可以是债务人。依照本法的规定，公证债权文书执行的管辖应由被执行人住所地或者被执行的财产所在地人民法院执行。公证债权文书确有错误的，人民法院裁定不予执行。依照《民事诉讼法解释》第478条的规定，可以认定公证债权文书确有错误的情形包括四种：1. 公证债权文书属于不得赋予强制执行效力的债权文书的；2. 被执行人一方未亲自或者未委托代理人到场公证等严重违反法律规定的公证程序的；3. 公证债权文书的内容与事实不符或者违反法律强制性规定的；4. 公证债权文书未载明被执行人不履行义务或者不完全履行义务时同意接受强制执行的。人民法院裁定公证债权文书不予执行的，应将裁定书送达双方当事人和公证机关。	可以认定为民事诉讼法第二百四十五条第二款规定的公证债权文书确有错误： （一）公证债权文书属于不得赋予强制执行效力的债权文书的； （二）被执行人一方未亲自或者未委托代理人到场公证等严重违反法律规定的公证程序的； （三）公证债权文书的内容与事实不符或者违反法律强制性规定的； （四）公证债权文书未载明被执行人不履行义务或者不完全履行义务时同意接受强制执行的。 人民法院认定执行该公证债权文书违背社会公共利益的，裁定不予执行。 公证债权文书被裁定不予执行后，当事人、公证事项的利害关系人可以就债权争议提起诉讼。 **第479条** 当事人请求不予执行仲裁裁决或者公证债权文书的，应当在执行终结前向执行法院提出。 **《公证债权文书执行规定》** **第1条** 本规定所称公证债权文书，是指根据公证法第三十七条第一款规定经公证赋予强制执行效力的债权文书。 **第2条** 公证债权文书执行案

新《民事诉讼法》及解读等	修改前《民事诉讼法》等关联规定
	件，由被执行人住所地或者被执行的财产所在地人民法院管辖。 前款规定案件的级别管辖，参照人民法院受理第一审民商事案件级别管辖的规定确定。 **第3条** 债权人申请执行公证债权文书，除应当提交作为执行依据的公证债权文书等申请执行所需的材料外，还应当提交证明履行情况等内容的执行证书。 **第4条** 债权人申请执行的公证债权文书应当包括公证证词、被证明的债权文书等内容。权利义务主体、给付内容应当在公证证词中列明。
第二百五十条 【申请执行期间】 申请执行的期间为二年。申请执行时效的中止、中断，适用法律有关诉讼时效中止、中断的规定。 前款规定的期间，从法律文书规定履行期间的最后一日起计算；法律文书规定分期履行的，从最后一期履行期限届满之日起计算；法律文书未规定履行期间的，从法律文书生效之日起计算。 **解读：** 本条是关于申请执行期间的规定。本条规定申请执行期限为2年。依照本条第2款的规定，两年的起算情形分为三种：一是法律文书规定履行期间的，自最后一日	**《民事诉讼法》（2021年修正）** **第246条** 申请执行的期间为二年。申请执行时效的中止、中断，适用法律有关诉讼时效中止、中断的规定。 前款规定的期间，从法律文书规定履行期间的最后一日起计算；法律文书规定分期履行的，从最后一期履行期限届满之日起计算；法律文书未规定履行期间的，从法律文书生效之日起计算。 **《民事诉讼法解释》** **第481条** 申请执行人超过申请执行时效期间向人民法院申请强制执行的，人民法院应予受理。被

新《民事诉讼法》及解读等	修改前《民事诉讼法》等关联规定
起算；二是法律文书规定分期履行的，从最后一期履行期限届满之日起算；三是法律文书未规定履行期间的，从法律文书生效之日起算。超过2年的申请执行时效的，当事人仍然可以向法院提出执行申请，如果被执行人开始履行义务，未提出执行时效期间的异议，则不能再因为执行时效期间届满而要求执行回转；如果被执行人提出执行时效期间异议的，人民法院经审查异议成立的，则中止、中断执行。中止是指《民事诉讼法执行程序解释》第19条规定的情形，中断则是指上述司法解释第20条规定的情形。执行案件将适用法律有关诉讼时效中止、中断的规定。从中止时效的原因消除或从中断之日起，申请执行时效期间继续或者重新计算。	执行人对申请执行时效期间提出异议，人民法院经审查异议成立的，裁定不予执行。 被执行人履行全部或者部分义务后，又以不知道申请执行时效期间届满为由请求执行回转的，人民法院不予支持。 **《民事诉讼法执行程序解释》** **第19条** 在申请执行时效期间的最后六个月内，因不可抗力或者其他障碍不能行使请求权的，申请执行时效中止。从中止时效的原因消除之日起，申请执行时效期间继续计算。 **第20条** 申请执行时效因申请执行、当事人双方达成和解协议、当事人一方提出履行要求或者同意履行义务而中断。从中断时起，申请执行时效期间重新计算。 **第21条** 生效法律文书规定债务人负有不作为义务的，申请执行时效期间从债务人违反不作为义务之日起计算。 **《最高人民法院关于当事人对人民法院生效法律文书所确定的给付事项超过申请执行期限后又重新就其中的部分给付内容达成新的协议的应否立案的批复》** 当事人就人民法院生效裁判文书所确定的给付事项超过执行期限

新《民事诉讼法》及解读等	修改前《民事诉讼法》等关联规定
	后又重新达成协议的，应当视为当事人之间形成了新的民事法律关系，当事人就该新协议向人民法院提起诉讼的，只要符合《民事诉讼法》立案受理的有关规定的，人民法院应当受理。
第二百五十一条　【执行通知与强制执行】执行员接到申请执行书或者移交执行书，应当向被执行人发出执行通知，并可以立即采取强制执行措施。 **解读：**本条是关于申请执行期间的规定。执行程序启动后，执行员应向被执行人发出执行通知，这是执行员的法定责任。至于执行通知和强制执行措施的先后顺序问题，《民事诉讼法执行程序解释》第22条规定了执行员可以在发出执行通知的同时采取强制执行措施或者先采取强制执行措施后在3日内再发出执行通知。	**《民事诉讼法》（2021年修正）** **第247条**　执行员接到申请执行书或者移交执行书，应当向被执行人发出执行通知，并可以立即采取强制执行措施。 **《民事诉讼法解释》** **第480条**　人民法院应当在收到申请执行书或者移交执行书后十日内发出执行通知。 执行通知中除应责令被执行人履行法律文书确定的义务外，还应通知其承担民事诉讼法第二百六十条规定的迟延履行利息或者迟延履行金。 **《执行工作规定》** 22. 人民法院应当在收到申请执行书或者移交执行书后十日内发出执行通知。 执行通知中除应责令被执行人履行法律文书确定的义务外，还应通知其承担民事诉讼法第二百五十三条规定的迟延履行利息或者迟延履行金。 23. 执行通知书的送达，适用民事诉讼法关于送达的规定。

新《民事诉讼法》及解读等	修改前《民事诉讼法》等关联规定
	24. 被执行人未按执行通知书履行生效法律文书确定的义务的，应当及时采取执行措施。 人民法院采取执行措施，应当制作相应法律文书，送达被执行人。 **《民事诉讼法执行程序解释》** **第22条**　执行员依照民事诉讼法第二百四十条规定立即采取强制执行措施的，可以同时或者自采取强制执行措施之日起三日内发送执行通知书。
第二十一章　执行措施	
第二百五十二条　【被执行人报告财产义务】被执行人未按执行通知履行法律文书确定的义务，应当报告当前以及收到执行通知之日前一年的财产情况。被执行人拒绝报告或者虚假报告的，人民法院可以根据情节轻重对被执行人或者其法定代理人、有关单位的主要负责人或者直接责任人员予以罚款、拘留。 **解读：**依照本条的规定，被执行人有报告财产的义务。财产报告的法定前提条件是，被执行人未按执行通知履行法律文书确定的义务。被执行人只要未按执行通知履行法律文书确定的义务，就必须报告财产状况。债务人在接到法律文书后，未按照法律文书所确定的义务自觉履行债务，经债权人向法院申请强	**《民事诉讼法》（2021年修正）** **第248条**　被执行人未按执行通知履行法律文书确定的义务，应当报告当前以及收到执行通知之日前一年的财产情况。被执行人拒绝报告或者虚假报告的，人民法院可以根据情节轻重对被执行人或者其法定代理人、有关单位的主要负责人或者直接责任人员予以罚款、拘留。 **《民事诉讼法解释》** **第482条**　对必须接受调查询问的被执行人、被执行人的法定代表人、负责人或者实际控制人，经依法传唤无正当理由拒不到场的，人民法院可以拘传其到场。 人民法院应当及时对被拘传人进行调查询问，调查询问的时间不得超过八小时；情况复杂，依法可能

新《民事诉讼法》及解读等	修改前《民事诉讼法》等关联规定
制执行后仍不按执行通知的要求履行。财产报告时间要求是被执行人当前的以及收到执行通知之日前1年的财产情况。对于拒绝报告或者虚假报告的，人民法院可以根据情节轻重对被执行人或者其法定代理人、有关单位的主要负责人或者直接责任人员予以罚款、拘留。被执行人是自然人的，对其本人或者其法定代理人实施处罚；被执行人是单位的，对其主要负责人或者直接责任人员予以处罚。依照《民事执行中财产调查规定》的规定，人民法院可以采取纳入失信被执行人名单的措施。被执行人报告财产制度是保障生效判决、裁定、调解书及其他法律文书得以履行的重要制度，但是仅靠此制度并不能完全调查清楚被执行人的财产。执行员应当采用网络执行查控系统等多种方式调查被执行人的财产，最大限度地帮助当事人实现胜诉利益。 **案例参考：《陶某顺、陶某麟拒不执行判决、裁定案》**① 案例要旨：行为人作为被执行人拒绝报告财产状况，经采取罚款决定后仍然拒不执行，且在执行过	采取拘留措施的，调查询问的时间不得超过二十四小时。 人民法院在本辖区以外采取拘传措施时，可以将被拘传人拘传到当地人民法院，当地人民法院应予协助。 **《民事执行中财产调查规定》** **第1条** 执行过程中，申请执行人应当提供被执行人的财产线索；被执行人应当如实报告财产；人民法院应当通过网络执行查控系统进行调查，根据案件需要应当通过其他方式进行调查的，同时采取其他调查方式。 **第3条** 人民法院依申请执行人的申请或依职权责令被执行人报告财产情况的，应当向其发出报告财产令。金钱债权执行中，报告财产令应当与执行通知同时发出。 人民法院根据案件需要再次责令被执行人报告财产情况的，应当重新向其发出报告财产令。 **第4条** 报告财产令应当载明下列事项： （一）提交财产报告的期限； （二）报告财产的范围、期间； （三）补充报告财产的条件及期间；

① 参见《安徽枞阳宣判一起拒不执行判决、裁定犯罪案》，载《人民法院报》2020年3月12日。

新《民事诉讼法》及解读等	修改前《民事诉讼法》等关联规定
程中将已被依法查封的财产予以出售，转移财产，侵犯人民法院的正常活动，属于有能力执行而拒不执行的情形，情节严重的，其行为构成拒不执行判决、裁定罪。	（四）违反报告财产义务应承担的法律责任； （五）人民法院认为有必要载明的其他事项。 报告财产令应附财产调查表，被执行人必须按照要求逐项填写。 **第6条** 被执行人自收到执行通知之日前一年至提交书面财产报告之日，其财产情况发生下列变动的，应当将变动情况一并报告： （一）转让、出租财产的； （二）在财产上设立担保物权等权利负担的； （三）放弃债权或延长债权清偿期的； （四）支出大额资金的； （五）其他影响生效法律文书确定债权实现的财产变动。 **第7条** 被执行人报告财产后，其财产情况发生变动，影响申请执行人债权实现的，应当自财产变动之日起十日内向人民法院补充报告。
第二百五十三条 【法院有权采取执行措施】被执行人未按执行通知履行法律文书确定的义务，人民法院有权向有关单位查询被执行人的存款、债券、股票、基金份额等财产情况。人民法院有权根据不同情形扣押、冻结、划拨、变价被	**《民事诉讼法》（2021年修正）** **第249条** 被执行人未按执行通知履行法律文书确定的义务，人民法院有权向有关单位查询被执行人的存款、债券、股票、基金份额等财产情况。人民法院有权根据不同情形扣押、冻结、划拨、变价被

新《民事诉讼法》及解读等	修改前《民事诉讼法》等关联规定
执行人的财产。人民法院查询、扣押、冻结、划拨、变价的财产不得超出被执行人应当履行义务的范围。 人民法院决定扣押、冻结、划拨、变价财产，应当作出裁定，并发出协助执行通知书，有关单位必须办理。 **解读：**本条是关于查询、扣押、冻结、划拨、变价被执行人存款、债券、股票、基金份额等财产的规定。被执行人未按照执行通知书履行义务的，人民法院有权向与被执行人有关的金融机构、证券公司、基金管理公司以及有关公司、企业等有关单位，调查询问被执行人存款、债券、股票、基金份额等财产情况，以保障实现申请人的胜诉利益。但是人民法院查询、扣押、冻结、划拨、变价的财产的范围须以被执行人应当履行的义务为限度，人民法院在决定扣押、冻结、划拨、变价财产后，还应当作出裁定，并向有关单位发出协助执行通知书，由有关单位协助执行，有关单位必须办理，不得拒绝。否则，人民法院不仅可以对拒绝或不配合执行的单位进行罚款，还可以对其主要负责人或者直接责任人员予以罚款，并责令改正；拒不改正的，可以予	执行人的财产。人民法院查询、扣押、冻结、划拨、变价的财产不得超出被执行人应当履行义务的范围。 人民法院决定扣押、冻结、划拨、变价财产，应当作出裁定，并发出协助执行通知书，有关单位必须办理。 **《民事诉讼法解释》** **第483条** 人民法院有权查询被执行人的身份信息与财产信息，掌握相关信息的单位和个人必须按照协助执行通知书办理。 **第484条** 对被执行的财产，人民法院非经查封、扣押、冻结不得处分。对银行存款等各类可以直接扣划的财产，人民法院的扣划裁定同时具有冻结的法律效力。 **第485条** 人民法院冻结被执行人的银行存款的期限不得超过一年，查封、扣押动产的期限不得超过两年，查封不动产、冻结其他财产权的期限不得超过三年。 申请执行人申请延长期限的，人民法院应当在查封、扣押、冻结期限届满前办理续行查封、扣押、冻结手续，续行期限不得超过前款规定的期限。 人民法院也可以依职权办理续行查封、扣押、冻结手续。

新《民事诉讼法》及解读等	修改前《民事诉讼法》等关联规定
以拘留；并可以向监察机关或者有关机关提出予以纪律处分的司法建议。	**《最高人民法院关于对被执行人存在银行的凭证式国库券可否采取执行措施问题的批复》** 正文略。 **《最高人民法院、最高人民检察院、公安部、中国证券监督管理委员会关于进一步规范人民法院冻结上市公司质押股票工作的意见》** **第1第、第2条。**正文略。
第二百五十四条　【扣留提取收入】被执行人未按执行通知履行法律文书确定的义务，人民法院有权扣留、提取被执行人应当履行义务部分的收入。但应当保留被执行人及其所扶养家属的生活必需费用。 人民法院扣留、提取收入时，应当作出裁定，并发出协助执行通知书，被执行人所在单位、银行、信用合作社和其他有储蓄业务的单位必须办理。 **解读：**扣留被执行人的收入是指人民法院在民事强制执行过程中依法委托被执行人所在单位或有关单位保存并不准被执行人领取其收入的措施。提取被执行人的收入，是指人民法院通过银行、信用合作社和其他有储蓄业务的单位或者被执行人所在单位将被执行人的收入	**《民事诉讼法》（2021年修正）** **第250条**　被执行人未按执行通知履行法律文书确定的义务，人民法院有权扣留、提取被执行人应当履行义务部分的收入。但应当保留被执行人及其所扶养家属的生活必需费用。 人民法院扣留、提取收入时，应当作出裁定，并发出协助执行通知书，被执行人所在单位、银行、信用合作社和其他有储蓄业务的单位必须办理。 **《民事执行查扣冻规定》** **第3条**　人民法院对被执行人的下列财产不得查封、扣押、冻结： （一）被执行人及其所扶养家属生活所必需的衣服、家具、炊具、餐具及其他家庭生活必需的物品； （二）被执行人及其所扶养家属所必需的生活费用。当地有最低

新《民事诉讼法》及解读等	修改前《民事诉讼法》等关联规定
支取出来，交给申请执行人的执行措施。扣留和提取被执行人收入的范围包括被执行人的工资、奖金、稿酬、农副业收入、股息或红利等合法收入。多数被执行人在较长的时间内积累的劳动收入才能满足清偿全部债务，且劳动收入具有分期性和连续性的特点，因而有必要采取扣留措施，待到留足数额时予以提取。因此，被执行人在其所在单位或有关单位存在劳动收入尚未领取，不论是否一次性足以清偿债务，都可采取扣留、提取强制执行措施。人民法院在扣留、提取的裁定和协助执行通知中可以确定每次扣留、提取的数额，以决定扣留到足额后一次性提取，有关单位必须照此协助执行。有关单位收到人民法院协助执行被执行人收入的通知后，擅自向被执行人或其他人支付的，人民法院有权责令其限期追回；逾期未追回的，应当裁定其在支付的数额内向申请执行人承担责任。人民法院扣留、提取被执行人收入的限制，包括两部分：一是执行不得超出义务范围；二是扣留和提取的须保留被执行人本人的生活必需费用和被执行人抚养家属的生活必需费用。	生活保障标准的，必需的生活费用依照该标准确定； （三）被执行人及其所扶养家属完成义务教育所必需的物品； （四）未公开的发明或者未发表的著作； （五）被执行人及其所扶养家属用于身体缺陷所必需的辅助工具、医疗物品； （六）被执行人所得的勋章及其他荣誉表彰的物品； （七）根据《中华人民共和国缔结条约程序法》，以中华人民共和国、中华人民共和国政府或者中华人民共和国政府部门名义同外国、国际组织缔结的条约、协定和其他具有条约、协定性质的文件中规定免于查封、扣押、冻结的财产； （八）法律或者司法解释规定的其他不得查封、扣押、冻结的财产。 **第5条** 对于超过被执行人及其所扶养家属生活所必需的房屋和生活用品，人民法院根据申请执行人的申请，在保障被执行人及其所扶养家属最低生活标准所必需的居住房屋和普通生活必需品后，可予以执行。

新《民事诉讼法》及解读等	修改前《民事诉讼法》等关联规定
第二百五十五条 【法院合法采取执行措施】被执行人未按执行通知履行法律文书确定的义务，人民法院有权查封、扣押、冻结、拍卖、变卖被执行人应当履行义务部分的财产。但应当保留被执行人及其所扶养家属的生活必需品。 采取前款措施，人民法院应当作出裁定。 **解读：**查封，是指人民法院对被执行人的有关财产加贴封条，予以封存，不准被执行人和其他人转移、处理的临时性措施。扣押财产，是指人民法院把被执行人的财产就地或者运到另外的场所，加以扣留，不准被执行人占有、使用和处分的临时性强制措施。冻结，是指针对被执行人的存款所采取的临时性强制措施。拍卖，是指委托特定机构进行的公开竞价活动。变卖，是指标的物所有人与第三人进行谈判确定价格从而转移标的物的所有权。查封、扣押、冻结措施，是指对被执行人财产实施的强制执行措施，拍卖、变卖是查封、扣押、冻结被执行人财产后进行的财产处置措施。人民法院可以查封、扣押、冻结的范围应包括被执行人占有的动产、登记在被执行人名下的不动产、特	**《民事诉讼法》（2021年修正）** **第251条** 被执行人未按执行通知履行法律文书确定的义务，人民法院有权查封、扣押、冻结、拍卖、变卖被执行人应当履行义务部分的财产。但应当保留被执行人及其所扶养家属的生活必需品。 采取前款措施，人民法院应当作出裁定。 **《执行工作规定》** **31.** 人民法院对被执行人所有的其他人享有抵押权、质押权或留置权的财产，可以采取查封、扣押措施。财产拍卖、变卖后所得价款，应当在抵押权人、质押权人或留置权人优先受偿后，其余额部分用于清偿申请执行人的债权。 **32.** 被执行人或其他人擅自处分已被查封、扣押、冻结财产的，人民法院有权责令责任人限期追回财产或承担相应的赔偿责任。 **33.** 被执行人申请对人民法院查封的财产自行变卖的，人民法院可以准许，但应当监督其按照合理价格在指定的期限内进行，并控制变卖的价款。 **34.** 拍卖、变卖被执行人的财产成交后，必须即时钱物两清。 委托拍卖、组织变卖被执行人财

新《民事诉讼法》及解读等	修改前《民事诉讼法》等关联规定
定动产及其他财产权。未登记的建筑物和土地使用权，依据土地使用权的审批文件和其他相关证据确定权属。对于第三人占有的动产或者登记在第三人名下的不动产、特定动产及其他财产权，第三人书面确认该财产属于被执行人的，人民法院可以查封、扣押、冻结。查封、扣押、冻结被执行人的财产，以其价额足以清偿法律文书确定的债权额及执行费用为限，不得明显超标的额查封、扣押、冻结。发现超标的额查封、扣押、冻结的，人民法院应当根据被执行人的申请或者依职权，及时解除对超标的额部分财产的查封、扣押、冻结，但该财产为不可分物且被执行人无其他可供执行的财产或者其他财产不足以清偿债务的除外。	产所发生的实际费用，从所得价款中优先扣除。所得价款超出执行标的数额和执行费用的部分，应当退还被执行人。 **35.** 被执行人不履行生效法律文书确定的义务，人民法院有权裁定禁止被执行人转让其专利权、注册商标专用权、著作权（财产权部分）等知识产权。上述权利有登记主管部门的，应当同时向有关部门发出协助执行通知书，要求其不得办理财产权转移手续，必要时可以责令被执行人将产权或使用权证照交人民法院保存。 对前款财产权，可以采取拍卖、变卖等执行措施。 **《民事执行查扣冻规定》** **第3-5条**，正文略。
第二百五十六条　【查扣程序】人民法院查封、扣押财产时，被执行人是公民的，应当通知被执行人或者他的成年家属到场；被执行人是法人或者其他组织的，应当通知其法定代表人或者主要负责人到场。拒不到场的，不影响执行。被执行人是公民的，其工作单位或者财产所在地的基层组织应当派人参加。	**《民事诉讼法》（2021年修正）** **第252条**　人民法院查封、扣押财产时，被执行人是公民的，应当通知被执行人或者他的成年家属到场；被执行人是法人或者其他组织的，应当通知其法定代表人或者主要负责人到场。拒不到场的，不影响执行。被执行人是公民的，其工作单位或者财产所在地的基层组织应当派人参加。

新《民事诉讼法》及解读等	修改前《民事诉讼法》等关联规定
对被查封、扣押的财产，执行员必须造具清单，由在场人签名或者盖章后，交被执行人一份。被执行人是公民的，也可以交他的成年家属一份。 **解读：**本条是关于查封、扣押财产的程序的规定。依照本条第1款的规定，人民法院实施查封、扣押财产执行措施的，应视自然人、法人以及其他组织对象的不同而采取不同的执行程序。如果被执行人是公民（自然人）的，应当通知被执行人或者他的成年家属到场。其中被执行人到场是必经程序，执行人员未通知被执行人到场的，则不能强制执行。被执行人的成年家属到场是非必经程序，其不到场的，不影响执行工作的进行。被执行人为自然人的，还要通知被执行人工作单位或者财产所在地的基层组织（居民委员会、村民委员会）派人参加，见证并监督执行工作。如果被执行人是法人或者其他组织的，应当通知其法定代表人或者主要负责人到场。法定代表人或者主要负责人拒不到场的，不影响执行。依照本条第2款的规定，执行员必须造具清单，对被查封财产进行清点、编号、加贴封条，并在清单上注明	对被查封、扣押的财产，执行员必须造具清单，由在场人签名或者盖章后，交被执行人一份。被执行人是公民的，也可以交他的成年家属一份。 **《民事执行查扣冻规定》** **第6条**　查封、扣押动产的，人民法院可以直接控制该项财产。人民法院将查封、扣押的动产交付其他人控制的，应当在该动产上加贴封条或者采取其他足以公示查封、扣押的适当方式。 **第7条**　查封不动产的，人民法院应当张贴封条或者公告，并可以提取保存有关财产权证照。 查封、扣押、冻结已登记的不动产、特定动产及其他财产权，应当通知有关登记机关办理登记手续。未办理登记手续的，不得对抗其他已经办理了登记手续的查封、扣押、冻结行为。 **第8条**　查封尚未进行权属登记的建筑物时，人民法院应当通知其管理人或者该建筑物的实际占有人，并在显著位置张贴公告。 **第9条**　扣押尚未进行权属登记的机动车辆时，人民法院应当在扣押清单上记载该机动车辆的发动机编号。该车辆在扣押期间权利人要

新《民事诉讼法》及解读等	修改前《民事诉讼法》等关联规定
财产的名称、数量、质量和特征。清单应一式两份，一份由被执行人或其成年家属保存，一份由人民法院存档备查。执行员造具的财产清单应当由执行员、被执行人或其成年家属、法定代表人或主要负责人、被执行人工作单位或被执行财产所在地的基层组织代表签名或盖章。	求办理权属登记手续的，人民法院应当准许并及时办理相应的扣押登记手续。 **第18条** 查封、扣押、冻结被执行人的财产时，执行人员应当制作笔录，载明下列内容： （一）执行措施开始及完成的时间； （二）财产的所在地、种类、数量； （三）财产的保管人； （四）其他应当记明的事项。 执行人员及保管人应当在笔录上签名，有民事诉讼法第二百四十五条规定的人员到场的，到场人员也应当在笔录上签名。
第二百五十七条 【查封财产保管】被查封的财产，执行员可以指定被执行人负责保管。因被执行人的过错造成的损失，由被执行人承担。 **解读：**执行人员查封被执行人的财产，尤其是大型动产、不动产的，将这些财产交与作为财产的所有人和保管人，更有利于保管被查封的财产。因此，被查封的财产可以交给被执行人保管，但是若被查封财产适宜人民法院查封的，则应由人民法院进行保管。由被执行人	**《民事诉讼法》（2021年修正）** **第253条** 被查封的财产，执行员可以指定被执行人负责保管。因被执行人的过错造成的损失，由被执行人承担。 **《民事执行查扣冻规定》** **第10条** 查封、扣押的财产不宜由人民法院保管的，人民法院可以指定被执行人负责保管；不宜由被执行人保管的，可以委托第三人或者申请执行人保管。 由人民法院指定被执行人保管的财产，如果继续使用对该财产的

新《民事诉讼法》及解读等	修改前《民事诉讼法》等关联规定
保管的查封财产，若财产遭受损坏或灭失的，被执行人对此有过错的，应由被执行人承担损失赔偿责任。之所以如此规定，一是倒逼被执行人提升审慎保管查封物的注意程度，最大化保护申请执行人利益；二是防止被执行人私自处置查封物，进行逃废债。当然，对于既不适宜由人民法院进行保管，也不适宜由被执行人进行保管的查封财产，可以委托第三人或者申请执行人保管。	价值无重大影响，可以允许被执行人继续使用；由人民法院保管或者委托第三人、申请执行人保管的，保管人不得使用。 **第11条** 查封、扣押、冻结担保物权人占有的担保财产，一般应当指定该担保物权人作为保管人；该财产由人民法院保管的，质权、留置权不因转移占有而消灭。
第二百五十八条 【拍卖与变卖】财产被查封、扣押后，执行员应当责令被执行人在指定期间履行法律文书确定的义务。被执行人逾期不履行的，人民法院应当拍卖被查封、扣押的财产；不适于拍卖或者当事人双方同意不进行拍卖的，人民法院可以委托有关单位变卖或者自行变卖。国家禁止自由买卖的物品，交有关单位按照国家规定的价格收购。 **解读：**本条是关于拍卖、变卖被查封、扣押的财产的规定。理解本条规定，应明确以下三点：第一，明确拍卖、变卖被查封、扣押的财产的前提条件。对被查封、扣押的财产，人民法院并不能直接决定拍卖、变卖，只有在被执行人未在指	**《民事诉讼法》（2021年修正）** **第254条** 财产被查封、扣押后，执行员应当责令被执行人在指定期间履行法律文书确定的义务。被执行人逾期不履行的，人民法院应当拍卖被查封、扣押的财产；不适于拍卖或者当事人双方同意不进行拍卖的，人民法院可以委托有关单位变卖或者自行变卖。国家禁止自由买卖的物品，交有关单位按照国家规定的价格收购。 **《民事诉讼法解释》** **第486条** 依照民事诉讼法第二百五十四条规定，人民法院在执行中需要拍卖被执行人财产的，可以由人民法院自行组织拍卖，也可以交由具备相应资质的拍卖机构拍卖。

新《民事诉讼法》及解读等	修改前《民事诉讼法》等关联规定
定期间履行法律文书确定的义务或者逾期履行时，人民法院应当按照规定拍卖或变卖被查封、扣押的财产。第二，按照法定程序进行拍卖、变卖。按照《网络司法拍卖规定》《委托评估、拍卖和变卖规定》《民事执行中拍卖、变卖规定》的相关规定，人民法院对查封、扣押、冻结的财产进行变价处理时，首先应当采取拍卖的方式，并按照法定的程序进行拍卖。对于变卖而言，实施变卖的情况有两种：一是不适于拍卖；二是当事人双方同意不进行拍卖。这种情况下，人民法院可以委托变卖，也可以自行变卖。在变卖时，应按照《民事执行中拍卖、变卖规定》的规定遵循法定的程序。第三，关于禁止自由买卖的物品的处理。本条规定的国家禁止自由买卖的物品，主要是指金银（不包含金银制品）等物品。如果被查封、扣押的财物属于国家禁止自由买卖的物品，应当交有关单位按照国家规定的价格收购。 **案例参考：《申请人南靖县某机械工业有限公司与被申请人福建省某科技有限公司实现担保物权案》**① 案例要旨：实现担保物权特别	交拍卖机构拍卖的，人民法院应当对拍卖活动进行监督。 **第487条** 拍卖评估需要对现场进行检查、勘验的，人民法院应当责令被执行人、协助义务人予以配合。被执行人、协助义务人不予配合的，人民法院可以强制进行。 **第488条** 人民法院在执行中需要变卖被执行人财产的，可以交有关单位变卖，也可以由人民法院直接变卖。 对变卖的财产，人民法院或者其工作人员不得买受。 **《委托评估、拍卖和变卖规定》** **第13条** 拍卖财产经过评估的，评估价即为第一次拍卖的保留价；未作评估的，保留价由人民法院参照市价确定，并应当征询有关当事人的意见。 **《网络司法拍卖规定》** **第2条** 人民法院以拍卖方式处置财产的，应当采取网络司法拍卖方式，但法律、行政法规和司法解释规定必须通过其他途径处置，或者不宜采用网络拍卖方式处置的除外。 **第3条** 网络司法拍卖应当在互

① 参见最高人民法院中国应用法研究所编：《人民法院案例选·总第85辑》（2013年第3辑），人民法院出版社2014年版。

新《民事诉讼法》及解读等	修改前《民事诉讼法》等关联规定
程序具有非讼性，不适用级别管辖、二审终审等规定。只要具备担保的债权确定，抵押登记和担保物权实现条件成就的证明材料齐备，即可裁定对抵押财产进行拍卖或变卖。	联网拍卖平台上向社会全程公开，接受社会监督。 **《民事执行中拍卖、变卖规定》** **第1条**　在执行程序中，被执行人的财产被查封、扣押、冻结后，人民法院应当及时进行拍卖、变卖或者采取其他执行措施。 **第2条**　人民法院对查封、扣押、冻结的财产进行变价处理时，应当首先采取拍卖的方式，但法律、司法解释另有规定的除外。 **第3条**　人民法院拍卖被执行人财产，应当委托具有相应资质的拍卖机构进行，并对拍卖机构的拍卖进行监督，但法律、司法解释另有规定的除外。 **第4条**　对拟拍卖的财产，人民法院可以委托具有相应资质的评估机构进行价格评估。对于财产价值较低或者价格依照通常方法容易确定的，可以不进行评估。 当事人双方及其他执行债权人申请不进行评估的，人民法院应当准许。 对被执行人的股权进行评估时，人民法院可以责令有关企业提供会计报表等资料；有关企业拒不提供的，可以强制提取。

新《民事诉讼法》及解读等	修改前《民事诉讼法》等关联规定
第二百五十九条　【搜查措施】被执行人不履行法律文书确定的义务，并隐匿财产的，人民法院有权发出搜查令，对被执行人及其住所或者财产隐匿地进行搜查。 采取前款措施，由院长签发搜查令。 **解读：**搜查是执行人员发现被执行人财产线索、获取执行证据的有效手段。实施搜查的前提条件包含三点：一是生效法律文书确定的履行期限已经届满；二是被执行人不履行法律文书确定的义务；三是认为有隐匿财产的行为。人民法院搜查的范围包括：被执行人人身、被执行人住所、财产隐匿地。按照《民事诉讼法解释》的规定，搜查要符合法定程序，具体包括：1. 人民法院决定采取搜查措施，由院长签发搜查令。搜查令中应写明执行搜查人员的姓名和职务；写明搜查的对象，即被执行人的姓名（名称）及其住址（所在地）或者财产隐匿地的具体地址。2. 搜查人员必须按规定着装并出示搜查令和身份证件。3. 搜查对象是公民的，应通知被执行人或者他的成年家属以及基层组织派员到场；搜查对象是法人或者其他组织的，应通知法定	**《民事诉讼法》（2021 年修正）** **第 255 条**　被执行人不履行法律文书确定的义务，并隐匿财产的，人民法院有权发出搜查令，对被执行人及其住所或者财产隐匿地进行搜查。 采取前款措施，由院长签发搜查令。 **《民事诉讼法解释》** **第 494 条**　在执行中，被执行人隐匿财产、会计账簿等资料的，人民法院除可依照民事诉讼法第一百一十四条第一款第六项规定对其处理外，还应责令被执行人交出隐匿的财产、会计账簿等资料。被执行人拒不交出的，人民法院可以采取搜查措施。 **第 495 条**　搜查人员应当按规定着装并出示搜查令和工作证件。 **第 496 条**　人民法院搜查时禁止无关人员进入搜查现场；搜查对象是公民的，应当通知被执行人或者他的成年家属以及基层组织派员到场；搜查对象是法人或者其他组织的，应当通知法定代表人或者主要负责人到场。拒不到场的，不影响搜查。 搜查妇女身体，应当由女执行人员进行。

新《民事诉讼法》及解读等	修改前《民事诉讼法》等关联规定
代表人或者主要负责人到场，拒不到场的，不影响搜查。搜查妇女身体，应由女执行人员进行。4. 搜查应制作搜查笔录，由搜查人员、被搜查人及其他在场人签名或盖章。拒绝签名或者盖章的，在搜查笔录中写明。	**第497条**　搜查中发现应当依法采取查封、扣押措施的财产，依照民事诉讼法第二百五十二条第二款和第二百五十四条规定办理。 **第498条**　搜查应当制作搜查笔录，由搜查人员、被搜查人及其他在场人签名、捺印或者盖章。拒绝签名、捺印或者盖章的，应当记入搜查笔录。
第二百六十条　【交付财物或者票证】法律文书指定交付的财物或者票证，由执行员传唤双方当事人当面交付，或者由执行员转交，并由被交付人签收。 有关单位持有该项财物或者票证的，应当根据人民法院的协助执行通知书转交，并由被交付人签收。 有关公民持有该项财物或者票证的，人民法院通知其交出。拒不交出的，强制执行。 **解读：**法律文书指定交付的财物主要是指动产，法律文书指定交付的票据是指具有财产内容的各项证明文书、执照和支付凭证等，如房产证、土地证、车辆证照、专利证书、商标证书及汇票、支票、本票等票据。依照本条的规定，指定交付财物和票据的，包括三种方式：一是有关财物或票证在被执行人处	**《民事诉讼法》(2021年修正)** **第256条**　法律文书指定交付的财物或者票证，由执行员传唤双方当事人当面交付，或者由执行员转交，并由被交付人签收。 有关单位持有该项财物或者票证的，应当根据人民法院的协助执行通知书转交，并由被交付人签收。 有关公民持有该项财物或者票证的，人民法院通知其交出。拒不交出的，强制执行。 **《民事诉讼法解释》** **第493条**　他人持有法律文书指定交付的财物或者票证，人民法院依照民事诉讼法第二百五十六条第二款、第三款规定发出协助执行通知后，拒不转交的，可以强制执行，并可依照民事诉讼法第一百一十七条、第一百一十八条规定处理。 他人持有期间财物或者票证毁

新《民事诉讼法》及解读等	修改前《民事诉讼法》等关联规定
时，由执行人员传唤双方当事人到场，在其监督下当面交付，或者由被执行人交付执行员，由执行员转交，并由权利人签收。二是有关财物或票证不在被执行人处，而在其他单位处。有关单位持有该项财物或者票证时，人民法院应发出协助执行通知书，由该有关单位转交权利人并签收。三是有关财物或票证不在被执行人处，而在其他人处。有关公民持有该项财物或者票证的，人民法院应通知其交出，或当面交付权利人，或交给执行人员转交给权利人。拒不交出的，人民法院可以强制执行。	损、灭失的，参照本解释第四百九十二条规定处理。 他人主张合法持有财物或者票证的，可以根据民事诉讼法第二百三十四条规定提出执行异议。 **《执行工作规定》** **42.** 有关组织或者个人持有法律文书指定交付的财物或票证，在接到人民法院协助执行通知书或通知书后，协同被执行人转移财物或票证的，人民法院有权责令其限期追回；逾期未追回的，应当裁定其承担赔偿责任。
第二百六十一条　【对不动产执行】 强制迁出房屋或者强制退出土地，由院长签发公告，责令被执行人在指定期间履行。被执行人逾期不履行的，由执行员强制执行。 强制执行时，被执行人是公民的，应当通知被执行人或者他的成年家属到场；被执行人是法人或者其他组织的，应当通知其法定代表人或者主要负责人到场。拒不到场的，不影响执行。被执行人是公民的，其工作单位或者房屋、土地所在地的基层组织应当派人参加。执行员应当将强制执行情况记入笔录，	**《民事诉讼法》（2021年修正）** **第257条**　强制迁出房屋或者强制退出土地，由院长签发公告，责令被执行人在指定期间履行。被执行人逾期不履行的，由执行员强制执行。 强制执行时，被执行人是公民的，应当通知被执行人或者他的成年家属到场；被执行人是法人或者其他组织的，应当通知其法定代表人或者主要负责人到场。拒不到场的，不影响执行。被执行人是公民的，其工作单位或者房屋、土地所在地的基层组织应当派人参加。执

新《民事诉讼法》及解读等	修改前《民事诉讼法》等关联规定
由在场人签名或者盖章。 强制迁出房屋被搬出的财物，由人民法院派人运至指定处所，交给被执行人。被执行人是公民的，也可以交给他的成年家属。因拒绝接收而造成的损失，由被执行人承担。 **解读：**强制迁出房屋或退出土地应遵循法定程序，人民法院采取强制迁出房屋或退出土地的执行措施，由法院院长签发公告，限定期限，责令被执行人在指定的期间履行，逾期仍不履行的，由执行员强制执行。强制执行时，被执行人是公民（自然人）的，要通知被执行人及其成年家属到场。通知后，被执行人或其成年家属拒不到场的，不影响执行工作的进行。还要通知被执行人工作单位或者房屋、土地所在地的基层组织（居民委员会、村民委员会）派人参加。被执行人是法人或者其他组织的，应当通知其法定代表人或者主要负责人到场。拒不到场的，不影响执行。执行员应当将强制执行情况记入笔录，由在场人签名或者盖章。搬迁的财物要详细记录，避免被执行人的合法利益受到损害或者因此可能产生的纠纷。强制迁出房屋被搬出的财物，	行员应当将强制执行情况记入笔录，由在场人签名或者盖章。 强制迁出房屋被搬出的财物，由人民法院派人运至指定处所，交给被执行人。被执行人是公民的，也可以交给他的成年家属。因拒绝接收而造成的损失，由被执行人承担。 **《执行异议和复议规定》** **第20条**　金钱债权执行中，符合下列情形之一，被执行人以执行标的系本人及所扶养家属维持生活必需的居住房屋为由提出异议的，人民法院不予支持： （一）对被执行人有扶养义务的人名下有其他能够维持生活必需的居住房屋的； （二）执行依据生效后，被执行人为逃避债务转让其名下其他房屋的； （三）申请执行人按照当地廉租住房保障面积标准为被执行人及所扶养家属提供居住房屋，或者同意参照当地房屋租赁市场平均租金标准从该房屋的变价款中扣除五至八年租金的。 执行依据确定被执行人交付居住的房屋，自执行通知送达之日起，已经给予三个月的宽限期，被执行人以该房屋系本人及所扶养家属维

新《民事诉讼法》及解读等	修改前《民事诉讼法》等关联规定
由人民法院派人运至指定处所，交给被执行人。被执行人是公民的，也可以交给他的成年家属。在采取执行措施时，如果被执行人拒绝执行或者人为对执行工作设置障碍，造成财产损失，应当由其自己承担。 **案例参考：《许某强等与许某所有权确认纠纷案》**① 案例要旨：涉案不动产被法院执行查封前，执行程序的案外人已经提出不动产确权之诉的，法院对其该项诉讼请求应当实体审理，不宜裁定驳回起诉而要求其必须提起执行异议之诉。在一方当事人提起的涉及不动产的确权之诉中，另一方当事人已经将该不动产抵押给案外第三人并办理完毕登记事项的，此时产生了一方当事人与案外第三人的权利冲突，在民事诉讼中既要处理好当事人之间的法律关系，又要兼顾案外第三人的合法权益。一方当事人可以同时提起行政诉讼，请求法院依法撤销行政机关对另一方当事人的不动产登记行为，但当事人与第三人之间的民事法律关系需要通过民事诉讼才能彻底解决。	持生活的必需品为由提出异议的，人民法院不予支持。 **第25条** 对案外人的异议，人民法院应当按照下列标准判断其是否系权利人： （一）已登记的不动产，按照不动产登记簿判断；未登记的建筑物、构筑物及其附属设施，按照土地使用权登记簿、建设工程规划许可、施工许可等相关证据判断； （二）已登记的机动车、船舶、航空器等特定动产，按照相关管理部门的登记判断；未登记的特定动产和其他动产，按照实际占有情况判断； （三）银行存款和存管在金融机构的有价证券，按照金融机构和登记结算机构登记的账户名称判断；有价证券由具备合法经营资质的托管机构名义持有的，按照该机构登记的实际出资人账户名称判断； （四）股权按照工商行政管理机关的登记和企业信用信息公示系统公示的信息判断； （五）其他财产和权利，有登记的，按照登记机构的登记判断；无登记的，按照合同等证明财产权

① 参见齐晓丹、朱齐家：《涉不动产登记的确权之诉、执行异议之诉与行政诉讼之衔接》，载《人民司法·案例》2020年第5期。

新《民事诉讼法》及解读等	修改前《民事诉讼法》等关联规定
案例参考：《马某某与雷某及营口沿海某房地产开发有限公司案外人执行异议之诉案》① 案例要旨：在金钱债权执行中，买受人对登记在被执行人名下的不动产提出异议，符合下列情形且其权利能够排除执行的，人民法院应予支持，在人民法院查封之前已签订合法有效的书面买卖合同，在人民法院查封之前已合法占有该不动产，已支付全部价款，或者已按照合同约定支付部分价款且将剩余价款按照人民法院的要求交付执行和非因买受人自身原因未办理过户登记。	属或者权利人的证据判断。 案外人依据另案生效法律文书提出排除执行异议，该法律文书认定的执行标的权利人与依照前款规定得出的判断不一致的，依照本规定第二十六条规定处理。 **第28条**　金钱债权执行中，买受人对登记在被执行人名下的不动产提出异议，符合下列情形且其权利能够排除执行的，人民法院应予支持： （一）在人民法院查封之前已签订合法有效的书面买卖合同； （二）在人民法院查封之前已合法占有该不动产； （三）已支付全部价款，或者已按照合同约定支付部分价款且将剩余价款按照人民法院的要求交付执行； （四）非因买受人自身原因未办理过户登记。
第二百六十二条　【证照转移】在执行中，需要办理有关财产权证照转移手续的，人民法院可以向有关单位发出协助执行通知书，有关单位必须办理。	**《民事诉讼法》（2021年修正）** **第258条**　在执行中，需要办理有关财产权证照转移手续的，人民法院可以向有关单位发出协助执行通知书，有关单位必须办理。

① 参见最高人民法院审判监督庭编：《审判监督指导·总第65辑》（2018年第3辑），人民法院出版社2018年版。

新《民事诉讼法》及解读等	修改前《民事诉讼法》等关联规定
解读：财产权证照是表示具有财产内容的不动产或特定动产的财产权凭证。如房产证、土地证、专利证书、商标证书、车辆执照等。证照转移是财产权利实现的保障。人民法院在办理涉及证照转移手续时，可以向有关单位发出协助执行通知书，要求有关单位协助办理。有关单位按照人民法院的协助执行通知书办理证照转移手续是法定义务，必须配合办理。不予协助配合办理证照转移手续的，人民法院可以对其进行处罚。	**《民事诉讼法解释》** **第500条** 人民法院在执行中需要办理房产证、土地证、林权证、专利证书、商标证书、车船执照等有关财产权证照转移手续的，可以依照民事诉讼法第二百五十八条规定办理。
第二百六十三条 【对行为执行】对判决、裁定和其他法律文书指定的行为，被执行人未按执行通知履行的，人民法院可以强制执行或者委托有关单位或者其他人完成，费用由被执行人承担。 **解读：**本条是关于强制执行法律文书指定的行为的规定。强制执行法律文书指定的行为，是由人民法院按照生效的法律文书的规定，通过一定的强制手段，迫使被执行人完成指定的行为的一种强制措施。它是以人的行为作为执行标的的特殊的执行措施。法律文书指定的行为按照是否可以替代，可划分为可替代的行为和不可替代的行为。可	**《民事诉讼法》（2021年修正）** **第259条** 对判决、裁定和其他法律文书指定的行为，被执行人未按执行通知履行的，人民法院可以强制执行或者委托有关单位或者其他人完成，费用由被执行人承担。 **《民事诉讼法解释》** **第501条** 被执行人不履行生效法律文书确定的行为义务，该义务可由他人完成的，人民法院可以选定代履行人；法律、行政法规对履行该行为义务有资格限制的，应当从有资格的人中选定。必要时，可以通过招标的方式确定代履行人。 申请执行人可以在符合条件的人中推荐代履行人，也可以申请自

新《民事诉讼法》及解读等	修改前《民事诉讼法》等关联规定
替代的行为，是指能够由义务人以外的人代替义务人履行，如拆除违章建筑、修理物品等。被执行人拒不履行的是可替代的行为时，人民法院可以委托有关单位或其他人完成，费用由被执行人承担。不可替代的行为，是指只能由义务人自己履行的具有较强的人身性的作为行为，如向权利人赔礼道歉等。	己代为履行，是否准许，由人民法院决定。 **第502条** 代履行费用的数额由人民法院根据案件具体情况确定，并由被执行人在指定期限内预先支付。被执行人未预付的，人民法院可以对该费用强制执行。 代履行结束后，被执行人可以查阅、复制费用清单以及主要凭证。
第二百六十四条 【迟延履行】被执行人未按判决、裁定和其他法律文书指定的期间履行给付金钱义务的，应当加倍支付迟延履行期间的债务利息。被执行人未按判决、裁定和其他法律文书指定的期间履行其他义务的，应当支付迟延履行金。 **解读：**本条是关于强制被执行人加倍支付利息或者支付迟延履行金的规定。被执行人未按判决、裁定和其他法律文书指定的期间履行给付金钱义务的，应当加倍支付迟延履行期间的债务利息。债务利息是指被执行人没有按期履行债务而应当向债权人支付的除债务本金之外的一定费用。迟延履行期间，是指生效法律文书指定期间届满后，到实际履行日止这一段时间，即自判决、裁定和其他法律文书指定的	**《民事诉讼法》（2021年修正）** **第260条** 被执行人未按判决、裁定和其他法律文书指定的期间履行给付金钱义务的，应当加倍支付迟延履行期间的债务利息。被执行人未按判决、裁定和其他法律文书指定的期间履行其他义务的，应当支付迟延履行金。 **《民事诉讼法解释》** **第504条** 被执行人迟延履行的，迟延履行期间的利息或者迟延履行金自判决、裁定和其他法律文书指定的履行期间届满之日起计算。 **第505条** 被执行人未按判决、裁定和其他法律文书指定的期间履行非金钱给付义务的，无论是否已给申请执行人造成损失，都应当支付迟延履行金。已经造成损失的，双倍补偿申请执行人已经受到的损失；没有造成损失的，迟延履行金

新《民事诉讼法》及解读等	修改前《民事诉讼法》等关联规定
履行期间届满的次日起计算。加倍支付迟延履行期间的债务利息，是指在按银行同期贷款最高利率计付的债务利息上增加一倍。被执行人未按判决、裁定和其他法律文书指定的期间履行非金钱给付义务的，无论是否已给申请执行人造成损失，都应当支付迟延履行金。已经造成损失的，双倍补偿申请执行人已经受到的损失；没有造成损失的，迟延履行金可以由人民法院根据具体案件情况决定。 **案例参考：《段某1诉段某2、贺某某、段某3物权保护纠纷案》**① 案例要旨：迟延履行金是指被执行人因未能在生效判决、裁定及其他法律文书确定的期限内履行相应非金钱给付义务而应承担的迟延履行责任，具有经济补偿性、经济惩罚性和法律救济性。迟延履行金不同于迟延履行债务利息，也不同于房屋占有使用费，不能在民事诉讼程序中提出，须在执行程序中提出，由执行法官作出决定。在民事审判程序中提出迟延履行金主张的，法院不予受理；已经受理的，裁定驳回起诉。	可以由人民法院根据具体案件情况决定。 **《民事调解规定》** **第15条** 调解书确定的担保条款条件或者承担民事责任的条件成就时，当事人申请执行的，人民法院应当依法执行。 不履行调解协议的当事人按照前款规定承担了调解书确定的民事责任后，对方当事人又要求其承担民事诉讼法第二百五十三条规定的迟延履行责任的，人民法院不予支持。 **《执行工作规定》** **22.** 人民法院应当在收到申请执行书或者移交执行书后十日内发出执行通知。 执行通知中除应责令被执行人履行法律文书确定的义务外，还应通知其承担民事诉讼法第二百五十三条规定的迟延履行利息或者迟延履行金。 **《最高人民法院关于执行程序中计算迟延履行期间的债务利息适用法律若干问题的解释》** **第1—7条**，正文略。

① 参见范欠歌、陈利梅、陈贝：《迟延履行金与房屋占有使用费的竞合》，载《人民司法·案例》2021年第8期。

新《民事诉讼法》及解读等	修改前《民事诉讼法》等关联规定
案例参考：《成都某实业有限公司与某县某采砂管理工作领导小组办公室、某县人民政府采矿权执行案》① 案例要旨：迟延履行金是法院对不按时履行生效判决义务的被执行人计收的罚息，带有惩罚性质。而法院裁定再审中止执行导致的被执行人未按时履行，是法院的职权行为所导致被执行人不能按时履行，非被执行人自身原因造成，被执行人的这种不能按时履行不应当受到惩罚。因此，再审中止期间计收迟延履行金既无事实依据，也无法律依据。	**《最高人民法院关于在执行工作中如何计算迟延履行期间的债务利息等问题的批复》** 四川省高级人民法院： 你院《关于执行工作几个适用法律问题的请示》（川高法〔2007〕390号）收悉。经研究，批复如下： 一、人民法院根据《中华人民共和国民事诉讼法》第二百二十九条计算“迟延履行期间的债务利息”时，应当按照中国人民银行规定的同期贷款基准利率计算。 二、执行款不足以偿付全部债务的，应当根据并还原则按比例清偿法律文书确定的金钱债务与迟延履行期间的债务利息，但当事人在执行和解中对清偿顺序另有约定的除外。 此复。 附： 具体计算方法 （1）执行款=清偿的法律文书确定的金钱债务+清偿的迟延履行期间的债务利息。 （2）清偿的迟延履行期间的债务利息=清偿的法律文书确定的金钱债务×同期贷款基准利率×2×迟延履行期间。

① 参见最高人民法院中国应用法研究所编：《人民法院案例选·总第88辑》（2014年第2辑），人民法院出版社2015年版。

新《民事诉讼法》及解读等	修改前《民事诉讼法》等关联规定
第二百六十五条　【继续执行】人民法院采取本法第二百五十三条、第二百五十四条、第二百五十五条规定的执行措施后，被执行人仍不能偿还债务的，应当继续履行义务。债权人发现被执行人有其他财产的，可以随时请求人民法院执行。 **解读：**本条是关于继续履行义务及随时申请执行的规定。在执行过程中，人民法院已经实施所有的强制执行措施，被执行人仍无法偿还全部债务的，债务并不因此而消灭，债务人还应当继续履行义务；债权人发现被执行人有其他财产时，可以随时请求人民法院执行。如果申请执行人发现被执行人在人民法院采取执行措施后还有其他可供执行的财产，或者发现被执行人经过一段恢复期后，又获得了新的财产，可以随时请求人民法院执行。	**《民事诉讼法》（2021 年修正）** **第 261 条**　人民法院采取本法第二百四十九条、第二百五十条、第二百五十一条规定的执行措施后，被执行人仍不能偿还债务的，应当继续履行义务。债权人发现被执行人有其他财产的，可以随时请求人民法院执行。 **《民事诉讼法解释》** **第 515 条**　债权人根据民事诉讼法第二百六十一条规定请求人民法院继续执行的，不受民事诉讼法第二百四十六条规定申请执行时效期间的限制。
第二百六十六条　【执行威慑制度】被执行人不履行法律文书确定的义务的，人民法院可以对其采取或者通知有关单位协助采取限制出境，在征信系统记录、通过媒体公布不履行义务信息以及法律规定的其他措施。	**《民事诉讼法》（2021 年修正）** **第 262 条**　被执行人不履行法律文书确定的义务的，人民法院可以对其采取或者通知有关单位协助采取限制出境，在征信系统记录、通过媒体公布不履行义务信息以及法律规定的其他措施。

新《民事诉讼法》及解读等	修改前《民事诉讼法》等关联规定
解读：对不履行法律文书确定的义务的被执行人，人民法院可以采取多种措施对其进行限制。包括：1. 限制出境。有权机关依法对入境的外国人、无国籍人或本国公民采取的阻止其离境的行为。限制出境的对象是被申请执行人，包括自然人、法人的法定代表人和其他组织的主要负责人。被执行人为单位的，可以对其法定代表人、主要负责人或者影响债务履行的直接责任人员限制出境。被执行人为无民事行为能力人或者限制民事行为能力人的，可以对其法定代理人限制出境。对被执行人限制出境的，应当由申请执行人向执行法院提出书面申请；必要时，执行法院可以依职权决定。2. 在征信系统记录。对不履行义务的被执行人在征信系统予以记录，旨在加重逃避、规避执行的成本，倒逼有履行能力的被执行人主动履行。3. 通过媒体公布不履行义务信息。执行法院可以依职权或者依申请执行人的申请，将被执行人不履行法律文书确定义务的信息，通过报纸、广播、电视、互联网等媒体公布。媒体公布的有关费用，由被执行人负担；申请执行人申请在媒体公布的，应当垫付有关费用。4. 法	**《民事诉讼法解释》** **第516条**　被执行人不履行法律文书确定的义务的，人民法院除对被执行人予以处罚外，还可以根据情节将其纳入失信被执行人名单，将被执行人不履行或者不完全履行义务的信息向其所在单位、征信机构以及其他相关机构通报。 **《民事诉讼法执行程序解释》** **第23条**　依照民事诉讼法第二百五十五条规定对被执行人限制出境的，应当由申请执行人向执行法院提出书面申请；必要时，执行法院可以依职权决定。 **第24条**　被执行人为单位的，可以对其法定代表人、主要负责人或者影响债务履行的直接责任人员限制出境。 被执行人为无民事行为能力人或者限制民事行为能力人的，可以对其法定代理人限制出境。 **第25条**　在限制出境期间，被执行人履行法律文书确定的全部债务的，执行法院应当及时解除限制出境措施；被执行人提供充分、有效的担保或者申请执行人同意的，可以解除限制出境措施。 **第26条**　依照民事诉讼法第二百五十五条的规定，执行法院可以依

新《民事诉讼法》及解读等	修改前《民事诉讼法》等关联规定
律规定的其他措施。这是关于对被执行人采取限制措施的兜底规定。 **案例参考：《广东省某县建筑工程总公司与某商贸城（惠东）有限公司工程款纠纷执行案》**① 案例要旨：由于被执行人不履行法律文书确定的义务，执行法院可以依法对被执行人的法定代表人采取限制出境和拘留措施，以促使判决的顺利执行。 **案例参考：《宝山区罗泾镇某村委会申请执行上海某园林公司等土地租赁合同纠纷案》**② 案例要旨：在申请人申请执行土地腾退案件中，法院可通过采取限制被申请人高消费、纳入失信名单等执行措施，让被执行人处处受限，对其形成高压态势。以强大的执行威慑力为后盾，做通被执行人的思想工作，由其配合法院的腾退。 **案例参考：《张某与甲公司、乙公司民间借贷纠纷》**③ 案例要旨：《民事诉讼法》第231条（2007年《民事诉讼法》）对限制出境措施作了原则性规定，适用中	执行法院可以依职权或者依申请执行人的申请，将被执行人不履行法律文书确定义务的信息，通过报纸、广播、电视、互联网等媒体公布。 媒体公布的有关费用，由被执行人负担；申请执行人申请在媒体公布的，应当垫付有关费用。 **《失信被执行人名单信息规定》** **第1条** 被执行人未履行生效法律文书确定的义务，并具有下列情形之一的，人民法院应当将其纳入失信被执行人名单，依法对其进行信用惩戒： （一）有履行能力而拒不履行生效法律文书确定义务的； （二）以伪造证据、暴力、威胁等方法妨碍、抗拒执行的； （三）以虚假诉讼、虚假仲裁或者以隐匿、转移财产等方法规避执行的； （四）违反财产报告制度的； （五）违反限制消费令的； （六）无正当理由拒不履行执行和解协议的。 **第5条** 人民法院向被执行人发

① 参见《最高人民法院关于反规避执行的九起典型案例》（案例5），2011年8月24日发布。
② 参见最高人民法院发布《善意文明执行典型案例》（案例7），2020年1月2日发布。
③ 参见朱建朝、金香平、娄金良：《限制出境（边控）措施的法律适用》，载《人民司法·案例》2012年第18期。

新《民事诉讼法》及解读等	修改前《民事诉讼法》等关联规定
应结合《出入境管理法》及相关司法解释的具体规定。限制出境措施的启动方式以当事人申请为主，法院依职权裁处为辅，采用合法性和效果性的审查标准。适用对象既包括被执行人或被执行单位的法定代表人、主要负责人，也包括可能影响债务履行的直接责任人员。限制出境措施法律性质上属于执行强制措施，被限制人可以通过执行复议程序进行法律救济。	出的执行通知中，应当载明有关纳入失信被执行人名单的风险提示等内容。 申请执行人认为被执行人具有本规定第一条规定情形之一的，可以向人民法院申请将其纳入失信被执行人名单。人民法院应当自收到申请之日起十五日内审查并作出决定。人民法院认为被执行人具有本规定第一条规定情形之一的，也可以依职权决定将其纳入失信被执行人名单。 人民法院决定将被执行人纳入失信被执行人名单的，应当制作决定书，决定书应当写明纳入失信被执行人名单的理由，有纳入期限的，应当写明纳入期限。决定书由院长签发，自作出之日起生效。决定书应当按照民事诉讼法规定的法律文书送达方式送达当事人。 **《限制被执行人高消费及有关消费规定》** **第10—11条**，正文略。
第二十二章 执行中止和终结	
第二百六十七条 【执行中止】有下列情形之一的，人民法院应当裁定中止执行： （一）申请人表示可以延期执行的； （二）案外人对执行标的提出确	**《民事诉讼法》（2021年修正）** **第263条** 有下列情形之一的，人民法院应当裁定中止执行： （一）申请人表示可以延期执行的； （二）案外人对执行标的提出确

新《民事诉讼法》及解读等	修改前《民事诉讼法》等关联规定
有理由的异议的； （三）作为一方当事人的公民死亡，需要等待继承人继承权利或者承担义务的； （四）作为一方当事人的法人或者其他组织终止，尚未确定权利义务承受人的； （五）人民法院认为应当中止执行的其他情形。 中止的情形消失后，恢复执行。 **解读：**执行中止是执行程序开始后，由于出现某种法定原因暂时停止执行，等待法定原因解除后再继续执行。依照本条的规定，需要中止执行的法定原因有：1. 申请延期执行的。申请人愿意延长执行的，在所延长期限届满前，执行程序应当中止。2. 案外人对执行标的提出确有理由的异议。案外人对执行提出确有理由的异议后，法律文书所确认的民事权利义务关系发生了争议，要等待判决作出后再确认能否执行。3. 作为一方当事人的公民死亡，需要等待继承人继承权利或者承担义务。在继承人继承权利或者承担义务之前，执行程序应当中止，等待继承人继承权利或者承担义务之后，执行工作继续进行。4. 作为一方当事人的法人或者其他组织终	有理由的异议的； （三）作为一方当事人的公民死亡，需要等待继承人继承权利或者承担义务的； （四）作为一方当事人的法人或者其他组织终止，尚未确定权利义务承受人的； （五）人民法院认为应当中止执行的其他情形。 中止的情形消失后，恢复执行。 **《民事诉讼法解释》** **第394条** 人民法院对已经发生法律效力的判决、裁定、调解书依法决定再审，依照民事诉讼法第二百一十三条规定，需要中止执行的，应当在再审裁定中同时写明中止原判决、裁定、调解书的执行；情况紧急的，可以将中止执行裁定口头通知负责执行的人民法院，并在通知后十日内发出裁定书。 **第464条** 申请执行人与被执行人达成和解协议后请求中止执行或者撤回执行申请的，人民法院可以裁定中止执行或者终结执行。 **第511条** 在执行中，作为被执行人的企业法人符合企业破产法第二条第一款规定情形的，执行法院经申请执行人之一或者被执行人同意，应当裁定中止对该被执行人

新《民事诉讼法》及解读等	修改前《民事诉讼法》等关联规定
止，尚未确定权利义务承受人。在执行过程中，作为一方当事人的法人或者其他组织终止，应当由承受其权利义务的法人或者其他组织作为当事人继续参与执行程序，履行义务。5. 人民法院认为应当中止执行的其他情形。人民法院对决定中止执行的案件，应当作出裁定，并通知当事人。中止执行只是执行程序的暂时停止，不是执行程序的结束。引起中止执行的情况消除后，应当恢复执行。恢复执行可以由人民法院依职权主动进行，也可以由当事人申请，经法院同意后恢复。	的执行，将执行案件相关材料移送被执行人住所地人民法院。 **《加强虚假诉讼犯罪惩治意见》** **第19条**　人民法院对人民检察院依照本意见第十八条的规定提出再审检察建议或者抗诉的民事案件，应当依照民事诉讼法等法律和相关司法解释的规定处理。按照审判监督程序决定再审、需要中止执行的，裁定中止原判决、裁定、调解书的执行。 **《劳动争议解释一》** **第25条**　劳动争议仲裁机构作出终局裁决，劳动者向人民法院申请执行，用人单位向劳动争议仲裁机构所在地的中级人民法院申请撤销的，人民法院应当裁定中止执行。 用人单位撤回撤销终局裁决申请或者其申请被驳回的，人民法院应当裁定恢复执行。仲裁裁决被撤销的，人民法院应当裁定终结执行。 用人单位向人民法院申请撤销仲裁裁决被驳回后，又在执行程序中以相同理由提出不予执行抗辩的，人民法院不予支持。

新《民事诉讼法》及解读等	修改前《民事诉讼法》等关联规定
第二百六十八条　【执行终结】有下列情形之一的，人民法院裁定终结执行： （一）申请人撤销申请的； （二）据以执行的法律文书被撤销的； （三）作为被执行人的公民死亡，无遗产可供执行，又无义务承担人的； （四）追索赡养费、扶养费、抚养费案件的权利人死亡的； （五）作为被执行人的公民因生活困难无力偿还借款，无收入来源，又丧失劳动能力的； （六）人民法院认为应当终结执行的其他情形。 **解读：**执行终结是指无财产可供执行的案件，执行程序在一定期间无法继续进行，且具备法定事由的，可裁定终结本次执行程序后结案的制度。依照本条的规定，具备法定事由的包含以下六种情形：1. 申请人撤销申请。申请人撤销执行申请，是对其民事实体权利和民事诉讼权利行使处分权，不违反公共利益的，人民法院应当予以准许。在申请执行人撤回执行申请后，执行程序应当终结。2. 据以执行的法律文书被撤销。执行程序要依据合	**《民事诉讼法》（2021年修正）** **第264条**　有下列情形之一的，人民法院裁定终结执行： （一）申请人撤销申请的； （二）据以执行的法律文书被撤销的； （三）作为被执行人的公民死亡，无遗产可供执行，又无义务承担人的； （四）追索赡养费、扶养费、抚养费案件的权利人死亡的； （五）作为被执行人的公民因生活困难无力偿还借款，无收入来源，又丧失劳动能力的； （六）人民法院认为应当终结执行的其他情形。 **《民事诉讼法解释》** **第518条**　因撤销申请而终结执行后，当事人在民事诉讼法第二百四十六条规定的申请执行时效期间内再次申请执行的，人民法院应当受理。 **第519条**　在执行终结六个月内，被执行人或者其他人对已执行的标的有妨害行为的，人民法院可以依申请排除妨害，并可以依照民事诉讼法第一百一十四条规定进行处罚。因妨害行为给执行债权人或者其他人造成损失的，受害人可以另

新《民事诉讼法》及解读等	修改前《民事诉讼法》等关联规定
法有效的执行文书进行。如果执行文书被撤销的，意味着执行依据丧失，执行程序应当终结。3. 作为被执行人的公民死亡，无遗产可供执行，又无义务承担人。如果被执行人在执行过程中死亡，人民法院首先应当裁定中止执行，等待继承人承受义务。如果被执行人的遗产继承人没有放弃继承，人民法院可以裁定变更被执行人，由该继承人在遗产的范围内偿还债务；如果继承人放弃继承，人民法院可以直接执行被执行人的遗产；如果被执行人既无遗产，又无义务承担人，人民法院应当裁定终结执行。4. 追索赡养费、抚养费、抚育费案件的权利人死亡。赡养费、扶养费、抚育费请求权是具有人身属性的，不得继承或者转让，如果享有赡养费、扶养费、抚育费的权利人死亡，那么执行程序就无需进行，人民法院应当裁定终结执行。5. 作为被执行人的公民因生活困难无力偿还借款，无收入来源，又丧失劳动能力。执行程序除了要实现胜诉利益，保护申请人的利益，同样，也要保障被执行人的基本生存、生活权利。如果被执行人一直生活困难，借款无力偿还，既没有收入来源，又丧失了劳动能	行起诉。 **《执行工作规定》** 61. 在执行中，被执行人被人民法院裁定宣告破产的，执行法院应当依照民事诉讼法第二百五十七条第六项的规定，裁定终结执行。 **《终结本次执行程序规定》** **第5条** 终结本次执行程序前，人民法院应当将案件执行情况、采取的财产调查措施、被执行人的财产情况、终结本次执行程序的依据及法律后果等信息告知申请执行人，并听取其对终结本次执行程序的意见。 人民法院应当将申请执行人的意见记录入卷。 **第6条** 终结本次执行程序应当制作裁定书，载明下列内容： （一）申请执行的债权情况； （二）执行经过及采取的执行措施、强制措施； （三）查明的被执行人财产情况； （四）实现的债权情况； （五）申请执行人享有要求被执行人继续履行债务及依法向人民法院申请恢复执行的权利，被执行人负有继续向申请执行人履行债务的义务。

新《民事诉讼法》及解读等	修改前《民事诉讼法》等关联规定
力的，则应当终结执行程序。6. 人民法院认为应当终结执行的其他情形。人民法院认为存在其他情形使执行工作无法进行或者无需进行的，可以终结执行。 **案例参考：《某银行股份有限公司重庆江北支行诉重庆某置业有限公司等确认合同无效纠纷案》**① 案例要旨：申请执行人对法院带租拍卖有异议的，应当在执行程序终结前提出。申请执行人同意带租拍卖，并通过以物抵债方式取得带租赁房屋后，又另行起诉请求确认租赁合同无效的，属于以普通民事诉讼否定人民法院带租拍卖裁定的行为，应当裁定驳回起诉。	终结本次执行程序裁定书送达申请执行人后，执行案件可以作结案处理。人民法院进行相关统计时，应当对以终结本次执行程序方式结案的案件与其他方式结案的案件予以区分。 终结本次执行程序裁定书应当依法在互联网上公开。 **第7条**　当事人、利害关系人认为终结本次执行程序违反法律规定的，可以提出执行异议。人民法院应当依照民事诉讼法第二百二十五条的规定进行审查。
第二百六十九条　【中止和终结裁定的生效】中止和终结执行的裁定，送达当事人后立即生效。 **解读：**本条是关于执行中止、终结裁定生效的规定。中止执行和终结执行的裁定书应当写明中止或终结执行的理由和法律依据。人民法院作出的中止执行或者终结执行的裁定，送达当事人后立即生效，当事人不得对执行中止或者执行终结的裁定提起上诉。	**《民事诉讼法》（2021年修正）** **第265条**　中止和终结执行的裁定，送达当事人后立即生效。 **《最高人民法院关于对人民法院终结执行行为提出执行异议期限问题的批复》** 当事人、利害关系人依照民事诉讼法第二百二十五条规定对终结执行行为提出异议的，应当自收到终结执行法律文书之日起六十日内提出；未收到法律文书的，应当自知

① 参见杨红平、赵颖嘉：《确认合同无效纠纷中重复起诉的认定》，载《人民司法·案例》2022年第14期。

新《民事诉讼法》及解读等	修改前《民事诉讼法》等关联规定
	道或者应当知道人民法院终结执行之日起六十日内提出。批复发布前终结执行的，自批复发布之日起六十日内提出。超出该期限提出执行异议的，人民法院不予受理。
第四编　涉外民事诉讼程序的特别规定	
第二十三章　一般原则	
第二百七十条　【适用本国法】在中华人民共和国领域内进行涉外民事诉讼，适用本编规定。本编没有规定的，适用本法其他有关规定。 **解读：**涉外民事诉讼管辖既关乎我国法院受理涉外民事案件的权限范围，又关乎各级法院或同级法院受理第一审涉外民事案件的分工和权限。在涉外民事诉讼中，管辖具有头等重要的意义：首先，管辖关系到国家的主权。管辖是国家主权在司法问题上的具体体现。其次，管辖是涉外民事诉讼中首先需要解决的问题。只有首先确定了某一涉外民事案件属我国法院管辖后，我国法院才能受理这一案件，才能依法对案件进行审理。最后，管辖与诉讼结果有密切关系。管辖直接涉	**《民事诉讼法》（2021年修正）** **第266条**　在中华人民共和国领域内进行涉外民事诉讼，适用本编规定。本编没有规定的，适用本法其他有关规定。 **《民事诉讼法解释》** **第520条**　有下列情形之一，人民法院可以认定为涉外民事案件： （一）当事人一方或者双方是外国人、无国籍人、外国企业或者组织的； （二）当事人一方或者双方的经常居所地在中华人民共和国领域外的； （三）标的物在中华人民共和国领域外的； （四）产生、变更或者消灭民事关系的法律事实发生在中华人民共和国领域外的；

新《民事诉讼法》及解读等	修改前《民事诉讼法》等关联规定
及实体法的适用。依照本条规定，我国涉外民事案件管辖以适用法院地法律为原则，即在我国领域内进行涉外民事诉讼的，适用本编规定。具体而言，根据本条规定，涉外民事诉讼首先要适用涉外民事诉讼程序的特别规定，在涉外民事诉讼程序的特别规定中未作规定的，则适用《民事诉讼法》其他各编的相关规定。 **案例参考：《陈某1、陈某2诉陈某3、黄某某、陈某4借款合同纠纷案》**① 案例要旨：涉港澳台民商事诉讼涉及的区际平行诉讼的管辖权问题，往往导致一国之内不同法域的区际冲突。就我国台湾地区而言，除我国台湾地区法院的判决、裁定被人民法院承认等阻却事由外，两岸之间就同一争议的民商事案件诉讼管辖权的行使并无限制性规定，因此不影响人民法院就同一争议行使管辖权。涉外民商事诉讼确定案件管辖法院时是否适用不方便法院原则，应从最大限度保护当事人合法权益的角度出发，着重审查受理法院在认定事实和适用法律方面是	（五）可以认定为涉外民事案件的其他情形。 **第549条** 人民法院审理涉及香港、澳门特别行政区和台湾地区的民事诉讼案件，可以参照适用涉外民事诉讼程序的特别规定。 **《涉外民事关系法律适用法解释（一）》** **第1条** 民事关系具有下列情形之一的，人民法院可以认定为涉外民事关系： （一）当事人一方或双方是外国公民、外国法人或者其他组织、无国籍人； （二）当事人一方或双方的经常居所地在中华人民共和国领域外； （三）标的物在中华人民共和国领域外； （四）产生、变更或者消灭民事关系的法律事实发生在中华人民共和国领域外； （五）可以认定为涉外民事关系的其他情形。

① 参见王晓、陈琨：《区际平行诉讼中的管辖确定》，载《人民司法·案例》2020年第26期。

新《民事诉讼法》及解读等	修改前《民事诉讼法》等关联规定
否存在重大困难。如不存在重大困难，则应谨慎适用该原则。	
第二百七十一条　【国际条约优先适用原则】中华人民共和国缔结或者参加的国际条约同本法有不同规定的，适用该国际条约的规定，但中华人民共和国声明保留的条款除外。 **解读：**依照本条规定，当本法与我国缔结或者参加的国际条约有不同规定时，应当适用国际条约。这里所称的国际条约主要是指调整涉外民事诉讼程序关系的有关条约。对于我国参加或缔结的国际条约，我国都承认其在我国领域内的效力，应遵守其规定，承担相应的义务。但是适用国际条约的规定并不是绝对的，而是有条件的。首先，国际条约的效力只及于缔约国或者参加国。人民法院适用的国际条约，必须是我国缔结或者参加的国际条约。否则，对我国无任何约束力，人民法院也不予适用。其次，即使是我国缔结或者参加的国际条约，但我国在缔结或者参加时声明保留的条款，即未予承认和接受的条款，对我国也不发生效力，人民法院在审理涉外案件时不予适用。	**《民事诉讼法》（2021 年修正）** **第 267 条**　中华人民共和国缔结或者参加的国际条约同本法有不同规定的，适用该国际条约的规定，但中华人民共和国声明保留的条款除外。 **《涉外民事关系法律适用法解释（一）》** **第 2 条**　涉外民事关系法律适用法实施以前发生的涉外民事关系，人民法院应当根据该涉外民事关系发生时的有关法律规定确定应当适用的法律；当时法律没有规定的，可以参照涉外民事关系法律适用法的规定确定。

新《民事诉讼法》及解读等	修改前《民事诉讼法》等关联规定
案例参考:《敦某广东分公司等航空运输损害责任纠纷案》① 案例要旨:我国已加入华沙公约,“华沙体系”中的国际条约,在我国的适用应贯彻优先适用与直接适用原则。“优先”是相对于我国法律中的冲突规范而言,指的是国际条约中的实体规范无需冲突规范的指引即可适用。直接适用是指条约被直接并入国内法并且成为当事人向国内权力机构主张权利的直接依据。	
第二百七十二条　【外交特权与豁免】对享有外交特权与豁免的外国人、外国组织或者国际组织提起的民事诉讼,应当依照中华人民共和国有关法律和中华人民共和国缔结或者参加的国际条约的规定办理。 **解读:**外交特权与豁免,是指为了便于外交代表或者具有特殊身份的外交官员有效地执行职务,各国根据其缔结或者参加的国际条约、国际惯例,或者根据平等互惠原则,给予驻在本国的外交代表和以外交官员的身份来本国执行职务的人员	**《民事诉讼法》(2021年修正)** **第268条**　对享有外交特权与豁免的外国人、外国组织或者国际组织提起的民事诉讼,应当依照中华人民共和国有关法律和中华人民共和国缔结或者参加的国际条约的规定办理。 **《领事特权与豁免条例》** **第13条**　领事官员的寓所不受侵犯。 领事官员的文书和信件不受侵犯。 领事官员的财产不受侵犯,但本条例第十四条另有规定的除外。

① 参见白峻:《“华沙体系”优先适用原则及其责任限额条款的效力》,载《人民司法·案例》2011年第8期。

新《民事诉讼法》及解读等	修改前《民事诉讼法》等关联规定
特别权利和优惠待遇。本条所指的享有外交特权与豁免的外国人，主要是外国驻在我国的外交代表（外国驻华使馆的馆长和具有外交官衔的使馆工作人员），还包括来中国访问的外国国家元首、政府首脑、外交部长及其他具有同等身份的官员。此外，与外交代表共同生活的配偶及未成年子女、使馆行政技术人员及与其共同生活的配偶和未成年子女、来我国参加有关国际组织（如联合国）召开的国际会议的代表、临时来我国的有关国际组织的官员和专家，以及途经我国的驻第三国的外交代表等，也在不同程度上享有司法管辖豁免。对享有外交特权与豁免的外国人、外国组织或者国际组织提起的民事诉讼，首先应当依照我国有关法律的规定办理外，在与我国共同缔结或者参加的有关国际条约的缔约国之间，则应当依照国际条约的规定办理。外交人员通常自进入驻在国国境前往就任地点时起，即享有特权与豁免。如果他们原已在驻在国，则从将他的身份通知驻在国外交部并得到承认后开始。在离任时，外交人员自离境之时或离任后的一定时间内即中止其外交特权。外交人员离任时未带走的行李以后托运出境，仍享有免税的待遇。	**第14条**　领事官员和领馆行政技术人员执行职务的行为享有司法和行政管辖豁免。领事官员执行职务以外的行为的管辖豁免，按照中国与外国签订的双边条约、协定或者根据对等原则办理。 领事官员和领馆行政技术人员享有的司法管辖豁免不适用于下列各项民事诉讼： （一）涉及未明示以派遣国代表身份所订的契约的诉讼； （二）涉及在中国境内的私有不动产的诉讼，但以派遣国代表身份所拥有的为领馆使用的不动产不在此限； （三）以私人身份进行的遗产继承的诉讼； （四）因车辆、船舶或者航空器在中国境内造成的事故涉及损害赔偿的诉讼。 **第21条**　与领事官员、领馆行政技术人员、领馆服务人员共同生活的配偶及未成年子女，分别享有领事官员、领馆行政技术人员、领馆服务人员根据本条例第七条、第十七条、第十八条、第十九条的规定所享有的特权与豁免，但身为中国公民或者在中国永久居留的外国人除外。 **《外交特权与豁免条例》** **第1—29条**，正文略。

新《民事诉讼法》及解读等	修改前《民事诉讼法》等关联规定
第二百七十三条　【语言文字】人民法院审理涉外民事案件，应当使用中华人民共和国通用的语言、文字。当事人要求提供翻译的，可以提供，费用由当事人承担。 **解读：**人民法院审理涉外案件时，应当使用我国通用的语言、文字，包括人民法院的审理活动和发布法律文书。即使审判人员通晓外语，也不能使用外语对外国当事人进行询问、审判。外国当事人提供的有关诉讼材料，也必须附有中文译文。外国当事人要求提供翻译的，人民法院可以提供，以方便外国当事人进行诉讼，便于人民法院对案件的审理。因提供翻译所需的费用，由要求提供翻译的当事人承担。	**《民事诉讼法》（2021年修正）** **第269条**　人民法院审理涉外民事案件，应当使用中华人民共和国通用的语言、文字。当事人要求提供翻译的，可以提供，费用由当事人承担。 **《民事诉讼法解释》** **第525条**　当事人向人民法院提交的书面材料是外文的，应当同时向人民法院提交中文翻译件。 当事人对中文翻译件有异议的，应当共同委托翻译机构提供翻译文本；当事人对翻译机构的选择不能达成一致的，由人民法院确定。
第二百七十四条　【中国律师代理】外国人、无国籍人、外国企业和组织在人民法院起诉、应诉，需要委托律师代理诉讼的，必须委托中华人民共和国的律师。 **解读：**外国公民、外国企业和组织在我国进行民事诉讼的，可以委托诉讼代理人代为诉讼。需要委托律师代理出庭诉讼的，必须委托中华人民共和国律师，不能委托外国律师，也就是说，外国律师不能以律师身份在我国进行诉讼活动。	**《民事诉讼法》（2021年修正）** **第270条**　外国人、无国籍人、外国企业和组织在人民法院起诉、应诉，需要委托律师代理诉讼的，必须委托中华人民共和国的律师。 **《民事诉讼法解释》** **第521条**　外国人参加诉讼，应当向人民法院提交护照等用以证明自己身份的证件。 外国企业或者组织参加诉讼，向人民法院提交的身份证明文件，应当经所在国公证机关公证，并经

新《民事诉讼法》及解读等	修改前《民事诉讼法》等关联规定
但是本条规定仅限制外国律师在我国进行诉讼活动，并不排除当事人委托外国律师以非律师身份担任诉讼代理人。也就是说，涉外民事诉讼中的外籍当事人，可以委托本国人为诉讼代理人，也可以委托本国律师以非律师身份担任诉讼代理人；外国驻华使、领馆官员，受本国公民的委托，可以个人名义担任诉讼代理人，但在诉讼中不享有外交特权和豁免权。在涉外民事诉讼中，外国驻华使、领馆授权其本馆官员，在作为当事人的本国国民不在我国领域内的情况下，可以外交代表身份为其本国国民在我国聘请中国律师或中国公民代理民事诉讼。	中华人民共和国驻该国使领馆认证，或者履行中华人民共和国与该所在国订立的有关条约中规定的证明手续。 代表外国企业或者组织参加诉讼的人，应当向人民法院提交其有权作为代表人参加诉讼的证明，该证明应当经所在国公证机关公证，并经中华人民共和国驻该国使领馆认证，或者履行中华人民共和国与该所在国订立的有关条约中规定的证明手续。 本条所称的“所在国”，是指外国企业或者组织的设立登记地国，也可以是办理了营业登记手续的第三国。 **第526条**　涉外民事诉讼中的外籍当事人，可以委托本国人为诉讼代理人，也可以委托本国律师以非律师身份担任诉讼代理人；外国驻华使领馆官员，受本国公民的委托，可以以个人名义担任诉讼代理人，但在诉讼中不享有外交或者领事特权和豁免。 **第527条**　涉外民事诉讼中，外国驻华使领馆授权其本馆官员，在作为当事人的本国国民不在中华人民共和国领域内的情况下，可以以外交代表身份为其本国国民在中华人民共和国聘请中华人民共和国律师或者中华人民共和国公民代理民事诉讼。

新《民事诉讼法》及解读等	修改前《民事诉讼法》等关联规定
第二百七十五条　【公证和认证】在中华人民共和国领域内没有住所的外国人、无国籍人、外国企业和组织委托中华人民共和国律师或者其他人代理诉讼，从中华人民共和国领域外寄交或者托交的授权委托书，应当经所在国公证机关证明，并经中华人民共和国驻该国使领馆认证，或者履行中华人民共和国与该所在国订立的有关条约中规定的证明手续后，才具有效力。 **解读：**本条是关于在我国领域内没有住所的外国当事人委托他人代理诉讼，需办理有关的委托证明手续的规定。依照本条规定，在我国领域内没有住所的外国当事人从我国领域外寄交或者托交的授权委托书要进行必要的公证、认证（即由使领馆在公证证明文件上证明当事人所在国的公证人员和公证机关的签名印章属实）手续，以保证和确认授权委托书的真实性、合法性。适用本条需要满足四个条件：1. 外国人、无国籍人、外国企业和组织在我国领域内没有住所。2. 需要委托中华人民共和国律师或者其他人进行代理诉讼。3. 从中华人民共和国领域外寄交或者托交的授权委托书。4. 授权委托书的证明、认证程	**《民事诉讼法》（2021 年修正）** **第 271 条**　在中华人民共和国领域内没有住所的外国人、无国籍人、外国企业和组织委托中华人民共和国律师或者其他人代理诉讼，从中华人民共和国领域外寄交或者托交的授权委托书，应当经所在国公证机关证明，并经中华人民共和国驻该国使领馆认证，或者履行中华人民共和国与该所在国订立的有关条约中规定的证明手续后，才具有效力。 **《民事诉讼法解释》** **第 523 条**　外国人、外国企业或者组织的代表人在人民法院法官的见证下签署授权委托书，委托代理人进行民事诉讼的，人民法院应予认可。 **第 524 条**　外国人、外国企业或者组织的代表人在中华人民共和国境内签署授权委托书，委托代理人进行民事诉讼，经中华人民共和国公证机构公证的，人民法院应予认可。 **《知识产权民事证据规定》** **第 10 条**　在一审程序中已经根据民事诉讼法第五十九条、第二百六十四条的规定办理授权委托书公证、认证或者其他证明手续的，在

新《民事诉讼法》及解读等	修改前《民事诉讼法》等关联规定
序存在两种方式：第一种是应当经所在国公证机关证明，并经中华人民共和国驻该国使领馆认证；第二种是履行中华人民共和国与该所在国订立的有关条约中规定的证明手续。	后续诉讼程序中，人民法院可以不再要求办理该授权委托书的上述证明手续。
第二十四章　管　　辖	
第二百七十六条　【特殊地域管辖】因涉外民事纠纷，对在中华人民共和国领域内没有住所的被告提起**除身份关系以外**的诉讼，如果合同签订地、合同履行地、诉讼标的物所在地、可供扣押财产所在地、侵权行为地、代表机构住所地位于中华人民共和国领域内的，可以由合同签订地、合同履行地、诉讼标的物所在地、可供扣押财产所在地、侵权行为地、代表机构住所地人民法院管辖。 **除前款规定外，涉外民事纠纷与中华人民共和国存在其他适当联系的，可以由人民法院管辖。** **解读：**本条较原法有三处修改：一是将涉外案件的管辖类型范围扩大为所有除身份关系以外的民事纠纷类型，并不局限于合同或者其他财产权益类纠纷。扩大涉外管辖的案件类型，增加了管辖依据。二是在表述上将“合同在中华人民共和国领域内签订或者履行，或者诉讼	**《民事诉讼法》（2021年修正）** **第272条**　因合同纠纷或者其他财产权益纠纷，对在中华人民共和国领域内没有住所的被告提起的诉讼，如果合同在中华人民共和国领域内签订或者履行，或者诉讼标的物在中华人民共和国领域内，或者被告在中华人民共和国领域内有可供扣押的财产，或者被告在中华人民共和国领域内设有代表机构，可以由合同签订地、合同履行地、诉讼标的物所在地、可供扣押财产所在地、侵权行为地或者代表机构住所地人民法院管辖。 **《民事诉讼法解释》** **第529条**　涉外合同或者其他财产权益纠纷的当事人，可以书面协议选择被告住所地、合同履行地、合同签订地、原告住所地、标的物所在地、侵权行为地等与争议有实际联系地点的外国法院管辖。 根据民事诉讼法第三十四条和第二百七十三条规定，属于中华人

新《民事诉讼法》及解读等	修改前《民事诉讼法》等关联规定
标的物在中华人民共和国领域内，或者被告在中华人民共和国领域内有可供扣押的财产，或者被告在中华人民共和国领域内设有代表机构”简化表述为“如果合同签订地、合同履行地、诉讼标的物所在地、可供扣押财产所在地、侵权行为地、代表机构住所地位于中华人民共和国领域内的”。三是增设涉外民事纠纷与中华人民共和国存在其他适当联系的作为管辖依据，更好地平等保护中外当事人诉权，切实维护我国主权、安全、发展利益，其中的“适当联系”是指不属于第1款规定的几种情形，但是存在其他联系的。本条规定体现了诉讼与法院所在地实际联系的原则，保证了我国人民法院对涉外民事纠纷案件行使审判权。对在我国领域内没有住所的被告提起诉讼的管辖条件有：1. 如果被告在我国境内有住所，我国人民法院均有管辖权。2. 涉及的纠纷种类包含为除身份关系以外的民事纠纷。具体管辖规则为：合同在我国领域内签订或者履行的，由合同签订地或者履行地人民法院管辖；侵权行为发生在我国领域内的，由侵权行为发生地人民法院管辖；被告有财产在我国领域内可供扣押的，由被告可供扣押的财产所在地人民	民共和国法院专属管辖的案件，当事人不得协议选择外国法院管辖，但协议选择仲裁的除外。 **第530条** 涉外民事案件同时符合下列情形的，人民法院可以裁定驳回原告的起诉，告知其向更方便的外国法院提起诉讼： （一）被告提出案件应由更方便外国法院管辖的请求，或者提出管辖异议； （二）当事人之间不存在选择中华人民共和国法院管辖的协议； （三）案件不属于中华人民共和国法院专属管辖； （四）案件不涉及中华人民共和国国家、公民、法人或者其他组织的利益； （五）案件争议的主要事实不是发生在中华人民共和国境内，且案件不适用中华人民共和国法律，人民法院审理案件在认定事实和适用法律方面存在重大困难； （六）外国法院对案件享有管辖权，且审理该案件更加方便。 **《涉外民商事案件诉讼管辖规定》** **第1条** 第一审涉外民商事案件由下列人民法院管辖： （一）国务院批准设立的经济技术开发区人民法院；

新《民事诉讼法》及解读等	修改前《民事诉讼法》等关联规定
法院管辖；被告在我国领域内设有代表机构的，由代表机构所在地人民法院管辖。其他涉外民事争议与中华人民共和国存在其他适当关联的，可以由中华人民共和国人民法院管辖。	（二）省会、自治区首府、直辖市所在地的中级人民法院； （三）经济特区、计划单列市中级人民法院； （四）最高人民法院指定的其他中级人民法院； （五）高级人民法院。 上述中级人民法院的区域管辖范围由所在地的高级人民法院确定。
第二百七十七条　【协议约定管辖】涉外民事纠纷的当事人书面协议选择人民法院管辖的，可以由人民法院管辖。 **解读：**本条是新增规定，增设了可以书面协议选择由我国人民法院管辖的规定，意在帮助多方商事主体（在境外或在中国境内）选择更有利于己方的管辖条款，全面完善了我国法院对涉外案件管辖的法律依据。本条明确了一个基本立场：当事人可以通过合同约定发生纠纷由我国人民法院进行管辖，并且此种约定为有效约定。依据本条的规定，适用协议选择管辖的存在一个隐含条件：与争议有实际联系的地点不在中华人民共和国领域内，包含本法规定的合同签订地、合同履行地、诉讼标的物所在地、可供扣押财产所在地、侵权行为发生地、代	**《民事诉讼法解释》** **第529条**　涉外合同或者其他财产权益纠纷的当事人，可以书面协议选择被告住所地、合同履行地、合同签订地、原告住所地、标的物所在地、侵权行为地等与争议有实际联系地点的外国法院管辖。 根据民事诉讼法第三十四条和第二百七十三条规定，属于中华人民共和国法院专属管辖的案件，当事人不得协议选择外国法院管辖，但协议选择仲裁的除外。 **《民事诉讼法》（2021年修正）** **第266条**　在中华人民共和国领域内进行涉外民事诉讼，适用本编规定。本编没有规定的，适用本法其他有关规定。

新《民事诉讼法》及解读等	修改前《民事诉讼法》等关联规定
表机构住所地均不位于我国领域内。否则，不需要当事人协议约定就可以由我国人民法院进行管辖。当事人书面协议选择中华人民共和国人民法院管辖。当事人在签订合同或者嗣后达成约定，均可由中华人民共和国人民法院管辖。	
第二百七十八条　【应诉管辖】当事人未提出管辖异议，并应诉答辩或者提出反诉的，视为人民法院有管辖权。 **解读：**本条是新增规定，规定了当事人对中华人民共和国人民法院管辖未提出异议，并应诉答辩或者提出反诉的，视为受诉人民法院有管辖权。由于当事人对管辖法院都未提出异议，表明当事人都愿意通过受诉法院解决争议。如此规定是为了便于当事人进行诉讼，提升了国际民商事争议解决的效率、保护诉讼当事人的程序性权益，同时也方便人民法院正确、及时审理案件。	
第二百七十九条　【专属管辖】下列民事案件，由人民法院专属管辖： **（一）因在中华人民共和国领域内设立的法人或者其他组织的设立、解散、清算，以及该法人或者**	**《民事诉讼法》（2021 年修正）** **第 273 条**　因在中华人民共和国履行中外合资经营企业合同、中外合作经营企业合同、中外合作勘探开发自然资源合同发生纠纷提起的诉讼，~~由中华人民共和国人民法院管辖~~。

新《民事诉讼法》及解读等	修改前《民事诉讼法》等关联规定
其他组织作出的决议的效力等纠纷提起的诉讼； **（二）因与在中华人民共和国领域内审查授予的知识产权的有效性有关的纠纷提起的诉讼；** （三）因在中华人民共和国领域内履行中外合资经营企业合同、中外合作经营企业合同、中外合作勘探开发自然资源合同发生纠纷提起的诉讼。 **解读：**本条较原法新增了专属管辖的两种情形：1. 在我国领域内设立的法人或者其他组织的设立、解散、清算以及该法人或者其他组织作出的决议的效力等提起的诉讼。对于该类案件，法人或其他组织在我国设立，其解散、清算、作出公司决议等事宜亦应依照中国法律及公司章程进行。纵然公司解散、清算、作出决议的地点位于境外，或相关主体并非中国国籍，该法人或其他组织作出决议仍然受到中国法律的调整和保护。因此，明确该类特定案件由我国人民法院进行专属管辖，符合国际通行的冲突法规则，避免管辖权争议及其不确定性。2. 因在我国领域内审查授予的知识产权的有效性等提起的诉讼。知识产权具有地域性特征和公共利益属性，一般认为知识产权的有效性和注册	

新《民事诉讼法》及解读等	修改前《民事诉讼法》等关联规定
是注册地法院的“专属”事务，由注册地人民法院进行管辖具有合理性和便利性。除了新增规定以外，本条还规定了我国境内履行的中外合资经营企业合同、中外合作经营企业合同、中外合作勘探开发自然资源合同，适用我国法律，由我国人民法院专属管辖，排除了其他任何国家的法院对此类案件的管辖权。	
第二百八十条　【同时起诉管辖和约定排除管辖效力】当事人之间的同一纠纷，一方当事人向外国法院起诉，另一方当事人向人民法院起诉，或者一方当事人既向外国法院起诉，又向人民法院起诉，人民法院依照本法有管辖权的，可以受理。当事人订立排他性管辖协议选择外国法院管辖且不违反本法对专属管辖的规定，不涉及中华人民共和国主权、安全或者社会公共利益的，人民法院可以裁定不予受理；已经受理的，裁定驳回起诉。 **解读**：本条是新增规定，规定了当事人同时向外国法院起诉和我国人民法院起诉的管辖原则及约定排除我国人民法院管辖条款的效力。对于双方当事人就同一纠纷向我国人民法院和外国法院均提起诉讼的，	

新《民事诉讼法》及解读等	修改前《民事诉讼法》等关联规定
是否予以受理，我国人民法院具有自由裁量权，即我国人民法院可以选择是否予以受理。但是该自由裁量权须以我国法律规定管辖权为依据，具体包括本法第23章中关于涉外管辖的规定。依据上述法律规定，我国人民法院有管辖权的，可以行使自由裁量权进行管辖。存在一种特别情形，即当事人约定产生纠纷选择外国法院进行管辖的，只要该排他性管辖协议不违反专属管辖、协议管辖和危害国家公共利益的，协议有效，受到保护，我国人民法院可以裁定驳回起诉，由外国法院进行管辖；反之，该排他性管辖协议违反专属管辖、协议管辖和危害国家公共利益的，约定无效，应由我国人民法院进行管辖。如果不涉及违反专属管辖、协议管辖和危害国家公共利益的，可以裁定不予受理；对于已经受理的，应当裁定驳回起诉。	
第二百八十一条　【先于受理的中止诉讼及恢复和驳回】人民法院依据前条规定受理案件后，当事人以外国法院已经先于人民法院受理为由，书面申请人民法院中止诉讼的，人民法院可以裁定中止诉讼，但是存在下列情形之一的除外：	

新《民事诉讼法》及解读等	修改前《民事诉讼法》等关联规定
（一）当事人协议选择人民法院管辖，或者纠纷属于人民法院专属管辖； （二）由人民法院审理明显更为方便。 外国法院未采取必要措施审理案件，或者未在合理期限内审结的，依当事人的书面申请，人民法院应当恢复诉讼。 外国法院作出的发生法律效力的判决、裁定，已经被人民法院全部或者部分承认，当事人对已经获得承认的部分又向人民法院起诉的，裁定不予受理；已经受理的，裁定驳回起诉。 **解读：**本条是新增规定，规定了外国法院先于我国人民法院受理案件，符合法定条件的我国人民法院可以中止诉讼，又称涉外管辖的国际“礼让原则”，该原则的含义是，一国法院应以尊重国际交往便利，充分考虑当事人利益、内国利益以及国际社会利益，促进跨国民商事争议的解决为原则，确定管辖法院、承认和执行外国判决。但“礼让原则”应符合一定前提：1. 外国法院先于我国人民法院受理原告起诉；2. 当事人提出书面申请；3. 不符合排除规则，即当事人协议选择我国人民法院管辖，或纠	

新《民事诉讼法》及解读等	修改前《民事诉讼法》等关联规定
纷属于我国的专属管辖、由我国人民法院审理明显更为方便。在同时符合上述要件的前提下，我国人民法院可以中止诉讼，但是并不意味着一定中止诉讼，我国人民法院对符合特定情形的不中止诉讼。最终是否中止诉讼具有自由裁量权。在中止诉讼后，如果发现外国法院未采取必要措施审理案件，或无法在合理期限内审结的，经过当事人的书面申请，我国人民法院可以恢复诉讼。在中止诉讼过程中，如果外国法院已经审理完毕，作出判决和裁定，并且该判决和裁定已经被我国人民法院全部或部分承认的，当事人对已经获得承认的部分又向我国人民法院提起诉讼的，应裁定不予受理，已经受理的裁定也要驳回起诉。	
第二百八十二条　【不方便管辖原则】人民法院受理的涉外民事案件，被告提出管辖异议，且同时有下列情形的，可以裁定驳回起诉，告知原告向更为方便的外国法院提起诉讼： **（一）案件争议的基本事实不是发生在中华人民共和国领域内，人民法院审理案件和当事人参加诉讼均明显不方便；**	**《民事诉讼法解释》** **第530条**　涉外民事案件同时符合下列情形的，人民法院可以裁定驳回原告的起诉，告知其向更方便的外国法院提起诉讼： （一）被告提出案件应由更方便外国法院管辖的请求，或者提出管辖异议； （二）当事人之间不存在选择中华人民共和国法院管辖的协议；

新《民事诉讼法》及解读等	修改前《民事诉讼法》等关联规定
（二）当事人之间不存在选择人民法院管辖的协议； **（三）案件不属于人民法院专属管辖；** **（四）案件不涉及中华人民共和国主权、安全或者社会公共利益；** **（五）外国法院审理案件更为方便。** **裁定驳回起诉后，外国法院对纠纷拒绝行使管辖权，或者未采取必要措施审理案件，或者未在合理期限内审结，当事人又向人民法院起诉的，人民法院应当受理。** **解读：**本条是新增规定，规定了我国法院对有管辖权的案件可以不方便为由不行使管辖权的规定。该条来源于《民事诉讼法解释》第530条的规定，相较司法解释，本条存在以下三处修改：1. 删除了第530条第5项中的“且案件不适用中华人民共和国法律”“适用法律方面存在重大困难”，说明“外国法难以查明”将不再成为中国法院系不方便法院的考量因素。2. 删除了第530条第6项中“外国法院对案件享有管辖权”，外国法院是否具有管辖权将不纳入认定不方便法院时的考量因素，利于提高司法效率。3. 将第530条第4项中“案件不涉	（三）案件不属于中华人民共和国法院专属管辖； （四）案件不涉及中华人民共和国国家、公民、法人或者其他组织的利益； （五）案件争议的主要事实不是发生在中华人民共和国境内，且案件不适用中华人民共和国法律，人民法院审理案件在认定事实和适用法律方面存在重大困难； （六）外国法院对案件享有管辖权，且审理该案件更加方便。

新《民事诉讼法》及解读等	修改前《民事诉讼法》等关联规定
及中华人民共和国国家、公民、法人或者其他组织的利益”修改为“案件不涉及中华人民共和国主权、安全或者社会公共利益”，意味着不方便管辖的审查仅限于“公权利”是否受到侵害，而不再审查“私权利”是否被损害，契合国际礼让原则。依据本条的规定，适用不方便管辖原则须满足一定的前提：一是我国法院具有管辖权；二是同时满足本条规定的排除情形：当事人之间不存在选择我国法院管辖的协议；我国人民法院进行审理和当事人诉讼均不便利；案件不涉及我国主权、安全或者社会公共利益；外国法院对该案享有管辖权，且审理该案件更加方便。我国法院才可以拒绝行使管辖权。	
第二十五章　送达、调查取证、期间	
第二百八十三条　【送达方式】人民法院对在中华人民共和国领域内没有住所的当事人送达诉讼文书，可以采用下列方式： （一）依照受送达人所在国与中华人民共和国缔结或者共同参加的国际条约中规定的方式送达； （二）通过外交途径送达； （三）对具有中华人民共和国	**《民事诉讼法》（2021年修正）** **第274条**　人民法院对在中华人民共和国领域内没有住所的当事人送达诉讼文书，可以采用下列方式： （一）依照受送达人所在国与中华人民共和国缔结或者共同参加的国际条约中规定的方式送达； （二）通过外交途径送达；

新《民事诉讼法》及解读等	修改前《民事诉讼法》等关联规定
国籍的受送达人，可以委托中华人民共和国驻受送达人所在国的使领馆代为送达； （四）向受送达人**在本案中**委托的诉讼代理人送达； （五）向受送达人在中华人民共和国领域内设立的**独资企业**、代表机构、分支机构**或者有权接受送达的**业务代办人送达； **（六）受送达人为外国人、无国籍人，其在中华人民共和国领域内设立的法人或者其他组织担任法定代表人或者主要负责人，且与该法人或者其他组织为共同被告的，向该法人或者其他组织送达；** **（七）受送达人为外国法人或者其他组织，其法定代表人或者主要负责人在中华人民共和国领域内的，向其法定代表人或者主要负责人送达；** （八）受送达人所在国的法律允许邮寄送达的，可以邮寄送达，自邮寄之日起满三个月，送达回证没有退回，但根据各种情况足以认定已经送达的，期间届满之日视为送达； （九）采用能够确认受送达人收悉的**电子**方式送达，**但是受送达人所在国法律禁止的除外**；	（三）对具有中华人民共和国国籍的受送达人，可以委托中华人民共和国驻受送达人所在国的使领馆代为送达； （四）向受送达人委托的~~有权代其接受送达~~的诉讼代理人送达； （五）向受送达人在中华人民共和国领域内设立的代表机构或者有权接受送达的分支机构、业务代办人送达； （六）受送达人所在国的法律允许邮寄送达的，可以邮寄送达，自邮寄之日起满三个月，送达回证没有退回，但根据各种情况足以认定已经送达的，期间届满之日视为送达； （七）采用~~传真、电子邮件等~~能够确认受送达人收悉的方式送达； （八）不能用上述方式送达的，公告送达，自公告之日起满三个月，即视为送达。 **《民事诉讼法解释》** **第532条** 对在中华人民共和国领域内没有住所的当事人，经用公告方式送达诉讼文书，公告期满不应诉，人民法院缺席判决后，仍应当将裁判文书依照民事诉讼法第二百七十四条第八项规定公告送达。自公告送达裁判文书满三个月之日起，经过三十日的上诉期当事人没

新《民事诉讼法》及解读等	修改前《民事诉讼法》等关联规定
（十）以受送达人同意的其他方式送达，但是受送达人所在国法律禁止的除外。 不能用上述方式送达的，公告送达，自发出公告之日起，经过六十日，即视为送达。 **解读：**本条较原法有修改和增加。修改主要存在两处：一是修改了公告送达的时间，缩短为60日，有利于压降审理周期，减少当事人诉累。二是删除了诉讼代理人必须“有权代其接受送达”的限定，明确只要是受送达人在本案中委托的诉讼代理人，都应接受送达。此外，还有五处属于增加内容：一是增加了可以送达的业务代办人的范围，将受送达人在中华人民共和国领域内设立的独资企业加入业务代办人的范畴，同时删除分支机构接受送达须“有权接受送达”的限定。二是按照外国受送达人的身份，将其区分为无国籍人、自然人、法人或非法人组织、独资企业。受送达人为外国自然人、无国籍人，其在中华人民共和国领域内设立的法人或者其他组织担任法定代表人、主要负责人的，且与该法人或者其他组织为共同被告的，向该法人或者其他组织进行送达的，视为向其送达。	有上诉的，一审判决即发生法律效力。 **第533条**　外国人或者外国企业、组织的代表人、主要负责人在中华人民共和国领域内的，人民法院可以向该自然人或者外国企业、组织的代表人、主要负责人送达。 外国企业、组织的主要负责人包括该企业、组织的董事、监事、高级管理人员等。 **第534条**　受送达人所在国允许邮寄送达的，人民法院可以邮寄送达。 邮寄送达时应当附有送达回证。受送达人未在送达回证上签收但在邮件回执上签收的，视为送达，签收日期为送达日期。 自邮寄之日起满三个月，如果未收到送达的证明文件，且根据各种情况不足以认定已经送达的，视为不能用邮寄方式送达。

新《民事诉讼法》及解读等	修改前《民事诉讼法》等关联规定
三是受送达人为外国法人或非法人组织，其法定代表人或主要负责人在中华人民共和国领域内的，可以向其法定代表人或主要负责人送达；在中华人民共和国领域外设立的独资企业，设立该独资企业的自然人、法人或非法人组织在中华人民共和国领域内的，可以向该自然人、法人或非法人组织送达。细化了向不同主体送达的法定情形，提升了送达的准确性和有效性。四是拓宽了电子送达的范围，采用能够确认受送达人收悉的不同电子方式送达，产生送达效力，但是受送达人所在国法律禁止的除外。五是增加以受送达人同意的其他方式送达的规定，但是受送达人所在国法律禁止的除外。以上修改和增加规定，进一步丰富了涉外送达手段，在充分保障受送达人程序权利的前提下，优化涉外送达制度。本条规定的送达方式，仅适用于当事人在我国领域内没有住所的情形。如果当事人在我国领域内有住所，即使是外国当事人，也仍应按照《民事诉讼法》规定的一般送达方式送达；如果当事人在我国领域内没有住所而居于国外，即使具有我国国籍，也要采用本条规定的特殊送达方式。	

新《民事诉讼法》及解读等	修改前《民事诉讼法》等关联规定
第二百八十四条　【申请调取证据】当事人申请人民法院调查收集的证据位于中华人民共和国领域外，人民法院可以依照证据所在国与中华人民共和国缔结或者共同参加的国际条约中规定的方式，或者通过外交途径调查收集。 在所在国法律不禁止的情况下，人民法院可以采用下列方式调查收集： （一）对具有中华人民共和国国籍的当事人、证人，可以委托中华人民共和国驻当事人、证人所在国的使领馆代为取证； （二）经双方当事人同意，通过即时通讯工具取证； （三）以双方当事人同意的其他方式取证。 **解读：**本条是新增规定，增设域外调查取证条款，保障准确查明案件事实。该条是立足于司法实践，满足网络时代司法需求的基础上，尊重所在国法律及双方当事人，明确可以通过即时通信工具或其他方式取证，拓宽法院查明案件事实的渠道。适用本条需要注意以下四点：1. 对具有中华人民共和国国籍的当事人、证人，可以委托中华人民共和国驻当事人、证人所在国的使领	

新《民事诉讼法》及解读等	修改前《民事诉讼法》等关联规定
馆代为调查取证。2. 当事人申请调取的证据所在地为境外，如果证据位于我国境内，就可以按照法律规定进行调取。3. 如果取证的对象为中华人民共和国国籍的当事人、证人，则可以委托中华人民共和国驻证人所在国的使领馆代为取证。4. 在证据和证人所在国法律不禁止的情况下，经双方当事人同意，可以通过即时通信工具等双方当事人同意的方式进行取证。	
第二百八十五条　【答辩期间】被告在中华人民共和国领域内没有住所的，人民法院应当将起诉状副本送达被告，并通知被告在收到起诉状副本后三十日内提出答辩状。被告申请延期的，是否准许，由人民法院决定。 **解读：**本条是对我国领域内没有住所的当事人提出答辩状期间，也就是当事人诉讼行为时间期限的规定。适用本条的规定，需要满足以下要件：1. 被告在我国境内没有住所，否则就可以适用《民事诉讼法》关于我国诉讼案件当事人一般答辩期间的规定。2. 人民法院应当将起诉状副本送达被告，送达可以依照本法第283条规定的送达方式进行。3. 人民法院应在向被告送达起诉状副本时，告知其答辩期间，	**《民事诉讼法》（2021年修正）** **第275条**　被告在中华人民共和国领域内没有住所的，人民法院应当将起诉状副本送达被告，并通知被告在收到起诉状副本后三十日内提出答辩状。被告申请延期的，是否准许，由人民法院决定。

新《民事诉讼法》及解读等	修改前《民事诉讼法》等关联规定
答辩期间为收到起诉状副本后30日。4. 被告可以申请对答辩期间进行延长，但是延期申请最终能否得到准许，由审理人民法院决定。	
第二百八十六条　【上诉期间】在中华人民共和国领域内没有住所的当事人，不服第一审人民法院判决、裁定的，有权在判决书、裁定书送达之日起三十日内提起上诉。被上诉人在收到上诉状副本后，应当在三十日内提出答辩状。当事人不能在法定期间提起上诉或者提出答辩状，申请延期的，是否准许，由人民法院决定。 **解读：**本条是针对在我国领域内没有住所的当事人提起上诉期间的规定。依据本条规定，不同于非涉外民事诉讼的15日、10日期限的规定，当事人不服第一审判决、裁定的，上诉期限为30日，上诉答辩期限为30日。这是考虑到当事人在我国境内没有住所，需要跨国进行送达，送达时间自然要比在国内进行送达更长。如果当事人不能在法定期间内提出答辩状或者提起上诉的，可以向人民法院提出延期申请，经人民法院准许，可以延长法定期间。这些都是便利境外当事人进行诉讼的考量和安排。	**《民事诉讼法》（2021年修正）** **第276条**　在中华人民共和国领域内没有住所的当事人，不服第一审人民法院判决、裁定的，有权在判决书、裁定书送达之日起三十日内提起上诉。被上诉人在收到上诉状副本后，应当在三十日内提出答辩状。当事人不能在法定期间提起上诉或者提出答辩状，申请延期的，是否准许，由人民法院决定。 **《民事诉讼法解释》** **第536条**　不服第一审人民法院判决、裁定的上诉期，对在中华人民共和国领域内有住所的当事人，适用民事诉讼法第一百七十一条规定的期限；对在中华人民共和国领域内没有住所的当事人，适用民事诉讼法第二百七十六条规定的期限。当事人的上诉期均已届满没有上诉的，第一审人民法院的判决、裁定即发生法律效力。

新《民事诉讼法》及解读等	修改前《民事诉讼法》等关联规定
第二百八十七条　【审理期间不受限制】人民法院审理涉外民事案件的期间，不受本法第一百五十二条、第一百八十三条规定的限制。 **解读：**根据本法规定，第一审民事案件在6个月内审结，第二审民事案件在3个月内审结，依据本条的规定，涉外民事案件的审理期限不受上述时间的限制。这主要是考虑到人民法院审理涉外民事案件时，在调查取证、传唤当事人、送达诉讼文书等方面都需要花费比审理非涉外民事案件更多的精力和时间，如此才能保障涉外民事案件审判效果。	**《民事诉讼法》（2021年修正）** **第277条**　人民法院审理涉外民事案件的期间，不受本法第一百五十二条、第一百八十三条规定的限制。 **《民事诉讼法解释》** **第537条**　人民法院对涉外民事案件的当事人申请再审进行审查的期间，不受民事诉讼法第二百一十一条规定的限制。
第二十六章　仲　裁	
第二百八十八条　【涉外仲裁与诉讼关系】涉外经济贸易、运输和海事中发生的纠纷，当事人在合同中订有仲裁条款或者事后达成书面仲裁协议，提交中华人民共和国涉外仲裁机构或者其他仲裁机构仲裁的，当事人不得向人民法院起诉。 当事人在合同中没有订有仲裁条款或者事后没有达成书面仲裁协议的，可以向人民法院起诉。 **解读：**依照本条规定，涉外经济贸易、运输和海事中发生纠纷的，涉外仲裁与诉讼的选择存在两种情	**《民事诉讼法》（2021年修正）** **第278条**　涉外经济贸易、运输和海事中发生的纠纷，当事人在合同中订有仲裁条款或者事后达成书面仲裁协议，提交中华人民共和国涉外仲裁机构或者其他仲裁机构仲裁的，当事人不得向人民法院起诉。 当事人在合同中没有订有仲裁条款或者事后没有达成书面仲裁协议的，可以向人民法院起诉。 **《仲裁法》** **第9条**　仲裁实行一裁终局的

新《民事诉讼法》及解读等	修改前《民事诉讼法》等关联规定
况：1. 当事人在合同中订有仲裁条款或者事后达成书面仲裁协议，提交中华人民共和国涉外仲裁机构或者其他仲裁机构仲裁的，当事人不得向人民法院起诉。这是因为，有效的书面仲裁协议系当事人真实意思表示，对当事人具有法律约束力，具有排除人民法院司法管辖权的法律效力。2. 当事人在合同中没有订有仲裁条款或者事后没有达成书面仲裁协议的，可以向人民法院起诉。如果当事人事先在合同中未约定仲裁条款，发生纠纷后也未达成书面仲裁协议，一方当事人向人民法院起诉的，人民法院自然有权管辖，应当予以受理。	制度。裁决作出后，当事人就同一纠纷再申请仲裁或者向人民法院起诉的，仲裁委员会或者人民法院不予受理。 裁决被人民法院依法裁定撤销或者不予执行的，当事人就该纠纷可以根据双方重新达成的仲裁协议申请仲裁，也可以向人民法院起诉。
第二百八十九条　【涉外仲裁保全】当事人申请采取保全的，中华人民共和国的涉外仲裁机构应当将当事人的申请，提交被申请人住所地或者财产所在地的中级人民法院裁定。 **解读：**当事人申请采取财产保全的，我国涉外仲裁机构应当将当事人的申请提交被申请人住所地或者财产所在地的中级人民法院依照《民事诉讼法》有关保全的规定进行裁定和执行。在证据可能灭失或以后难以取得的情况下，涉外仲裁的当事人可以申请证据保全。只不过证据保全当事人申请证据保全的，应将申请提交我国涉外仲裁机构，	**《民事诉讼法》（2021年修正）** **第279条**　当事人申请采取保全的，中华人民共和国的涉外仲裁机构应当将当事人的申请，提交被申请人住所地或者财产所在地的中级人民法院裁定。 **《民事诉讼法解释》** **第540条**　依照民事诉讼法第二百七十九条规定，中华人民共和国涉外仲裁机构将当事人的保全申请提交人民法院裁定的，人民法院可以进行审查，裁定是否进行保全。裁定保全的，应当责令申请人提供担保，申请人不提供担保的，裁定驳回申请。

新《民事诉讼法》及解读等	修改前《民事诉讼法》等关联规定
然后由该仲裁机构将当事人的申请提交被申请人住所地或者财产所在地的中级人民法院进行裁定。	当事人申请证据保全，人民法院经审查认为无需提供担保的，申请人可以不提供担保。
第二百九十条 【涉外仲裁裁决执行】 经中华人民共和国涉外仲裁机构裁决的，当事人不得向人民法院起诉。一方当事人不履行仲裁裁决的，对方当事人可以向被申请人住所地或者财产所在地的中级人民法院申请执行。 **解读：** 本条规定，经中华人民共和国涉外仲裁机构裁决的，当事人不得向人民法院起诉。依据仲裁管辖排除人民法院司法管辖的原则，当事人就争议的解决达成仲裁协议并由我国涉外仲裁机构解决纠纷，说明相信我国涉外仲裁的公正性，愿意履行仲裁裁决确定的法律义务，排除了人民法院司法管辖权。因此，对于我国涉外仲裁机构裁决的案件，当事人只能选择履行仲裁裁决确定的义务，而不能通过诉讼的方式试图推翻仲裁裁决。因为涉外仲裁机构对仲裁裁决没有执行权力，对裁决的执行只能由人民法院来进行，因此，一方当事人不履行仲裁裁决的，对方当事人则可以向被申请人住所地或者财产所在地的中级人民法院申请执行。	**《民事诉讼法》（2021 年修正）** **第 280 条** 经中华人民共和国涉外仲裁机构裁决的，当事人不得向人民法院起诉。一方当事人不履行仲裁裁决的，对方当事人可以向被申请人住所地或者财产所在地的中级人民法院申请执行。 **《民事诉讼法解释》** **第 538 条** 申请人向人民法院申请执行中华人民共和国涉外仲裁机构的裁决，应当提出书面申请，并附裁决书正本。如申请人为外国当事人，其申请书应当用中文文本提出。

新《民事诉讼法》及解读等	修改前《民事诉讼法》等关联规定
第二百九十一条　【不予执行涉外仲裁裁决】对中华人民共和国涉外仲裁机构作出的裁决，被申请人提出证据证明仲裁裁决有下列情形之一的，经人民法院组成合议庭审查核实，裁定不予执行： （一）当事人在合同中没有订有仲裁条款或者事后没有达成书面仲裁协议的； （二）被申请人没有得到指定仲裁员或者进行仲裁程序的通知，或者由于其他不属于被申请人负责的原因未能陈述意见的； （三）仲裁庭的组成或者仲裁的程序与仲裁规则不符的； （四）裁决的事项不属于仲裁协议的范围或者仲裁机构无权仲裁的。 人民法院认定执行该裁决违背社会公共利益的，裁定不予执行。 **解读：**一方当事人不履行仲裁裁决，如果被申请人能提出证据证明仲裁裁决有法定不予执行的情形，接受申请的人民法院，对涉外仲裁机构作出的裁决应当组成合议庭予以审查核实，经审查认为符合执行条件的，应当按照本法的规定予以执行。经审查认为不符合执行条件的，则应当作出裁定不予执行。依	**《民事诉讼法》（2021 年修正）** **第 281 条**　对中华人民共和国涉外仲裁机构作出的裁决，被申请人提出证据证明仲裁裁决有下列情形之一的，经人民法院组成合议庭审查核实，裁定不予执行： （一）当事人在合同中没有订有仲裁条款或者事后没有达成书面仲裁协议的； （二）被申请人没有得到指定仲裁员或者进行仲裁程序的通知，或者由于其他不属于被申请人负责的原因未能陈述意见的； （三）仲裁庭的组成或者仲裁的程序与仲裁规则不符的； （四）裁决的事项不属于仲裁协议的范围或者仲裁机构无权仲裁的。 人民法院认定执行该裁决违背社会公共利益的，裁定不予执行。 **《民事诉讼法解释》** **第 539 条**　人民法院强制执行涉外仲裁机构的仲裁裁决时，被执行人以有民事诉讼法第二百八十一条第一款规定的情形为由提出抗辩的，人民法院应当对被执行人的抗辩进行审查，并根据审查结果裁定执行或者不予执行。

新《民事诉讼法》及解读等	修改前《民事诉讼法》等关联规定
照本条的规定，不符合执行条件的情形有：1. 当事人在合同中没有订有仲裁条款或者事后没有达成书面仲裁协议的，协议原则是涉外仲裁的主要原则之一。这是因为如果没有当事人的仲裁协议，仲裁机构就不能行使仲裁权。2. 被申请人没有得到指定仲裁员或者进行仲裁程序的通知，或者由于其他不属于被申请人负责的原因未能陈述意见的。3. 仲裁庭的组成或者仲裁的程序与仲裁规则不相符。4. 裁决的事项不属于仲裁协议的范围或者仲裁机构无权仲裁的。以上四项不予执行的法定情形需要被申请人提出证据证明，人民法院审查核实后作出裁定。但是针对裁决违背社会公共利益的情形，人民法院会依职权裁定不予执行。	
第二百九十二条　【不予执行的救济】仲裁裁决被人民法院裁定不予执行的，当事人可以根据双方达成的书面仲裁协议重新申请仲裁，也可以向人民法院起诉。 **解读：**依照本条规定，涉外仲裁裁决被我国人民法院裁定不予执行的，可以采取其他救济手段：1. 当事人可以根据双方达成的书面仲裁协议重新申请仲裁。2. 可以向	**《民事诉讼法》（2021 年修正）** **第 282 条**　仲裁裁决被人民法院裁定不予执行的，当事人可以根据双方达成的书面仲裁协议重新申请仲裁，也可以向人民法院起诉。

新《民事诉讼法》及解读等	修改前《民事诉讼法》等关联规定
人民法院起诉。本条体现了人民法院享有对仲裁裁决的法律监督权，此种法律监督通过不予执行非法仲裁裁决来体现，非法仲裁裁决主要是指程序性违法，这是因为人民法院对涉外仲裁机构的司法审查监督范围，仅限于仲裁程序，而不审查实体问题。	
第二十七章　司法协助	
第二百九十三条　【国际民事司法协助的内容和原则】根据中华人民共和国缔结或者参加的国际条约，或者按照互惠原则，人民法院和外国法院可以相互请求，代为送达文书、调查取证以及进行其他诉讼行为。 外国法院请求协助的事项有损于中华人民共和国的主权、安全或者社会公共利益的，人民法院不予执行。 **解读：**人民法院和外国法院可以相互请求，代为送达文书、调查取证以及进行其他诉讼行为。进行司法协助的依据有两种：一是中华人民共和国缔结或者参加的国际条约。包括国家之间缔结双边协定或协议或者两国共同参加的有关司法协助的多边国际条约。如《中华人	**《民事诉讼法》（2021年修正）** **第283条**　根据中华人民共和国缔结或者参加的国际条约，或者按照互惠原则，人民法院和外国法院可以相互请求，代为送达文书、调查取证以及进行其他诉讼行为。 外国法院请求协助的事项有损于中华人民共和国的主权、安全或者社会公共利益的，人民法院不予执行。 **《最高人民法院关于依据国际公约和双边司法协助条约办理民商事案件司法文书送达和调查取证司法协助请求的规定》** **第1条**　人民法院应当根据便捷、高效的原则确定依据海牙送达公约、海牙取证公约，或者双边民事司法协助条约，对外提出民商事案件司法文书送达和调查取证请求。

新《民事诉讼法》及解读等	修改前《民事诉讼法》等关联规定
民共和国和阿尔及利亚民主人民共和国关于民事和商事司法协助的条约》《关于向国外送达民事或商事司法文书和司法外文书公约》等。二是互惠原则。建有外交关系的国家根据国际惯例，可以按互惠关系形成事实上的司法协助关系，方便两国法院互为对方为一定的诉讼行为。但是，存在两种人民法院不予协助的例外：一是外国法院请求协助的事项有损我国的主权、安全或者社会公共利益的，人民法院不予执行。这符合公共秩序保留原则。二是如果外国法院请求协助的事项不属于人民法院的职权范围，人民法院不予协助。	**最高人民法院《关于依据国际公约和双边司法协助条约办理民商事案件司法文书送达和调查取证司法协助请求的规定实施细则（试行）》** 正文略。 **《最高人民法院、外交部、司法部关于我国法院接受外国法院通过外交途径委托送达法律文书和调查取证收费的通知》** 正文略。
第二百九十四条　【协助途径】请求和提供司法协助，应当依照中华人民共和国缔结或者参加的国际条约所规定的途径进行；没有条约关系的，通过外交途径进行。 外国驻中华人民共和国的使领馆可以向该国公民送达文书和调查取证，但不得违反中华人民共和国的法律，并不得采取强制措施。 除前款规定的情况外，未经中华人民共和国主管机关准许，任何外国机关或者个人不得在中华人民共和国领域内送达文书、调查取证。	**《民事诉讼法》（2021年修正）** **第284条**　请求和提供司法协助，应当依照中华人民共和国缔结或者参加的国际条约所规定的途径进行；没有条约关系的，通过外交途径进行。 外国驻中华人民共和国的使领馆可以向该国公民送达文书和调查取证，但不得违反中华人民共和国的法律，并不得采取强制措施。 除前款规定的情况外，未经中华人民共和国主管机关准许，任何外国机关或者个人不得在中华人民

新《民事诉讼法》及解读等	修改前《民事诉讼法》等关联规定
解读：本条第1款规定了请求提供司法协助的途径，第一，通过公约或者双边条约规定的途径进行司法协助。我国参加的国际公约以及与有关国家签订的司法协助条约中，均对请求和提供司法协助的途径作了规定。第二，在两国没有条约关系的情况下，请求和提供司法协助应当通过外交途径进行。第2款规定了外国驻华使领馆只能向其本国国民，而不得向我国公民或者第三国公民送达文书或者调查取证；且外国驻华使领馆在我国领域内向其本国国民送达文书或者调查取证的行为，除不得违反我国法律外，还不得通过采取强制措施的方式进行。第3款规定了除上述两条规定的情况外，未经我国主管机关准许，任何外国机关或者个人不得在中华人民共和国领域内送达文书、调查取证。	共和国领域内送达文书、调查取证。 **《民事诉讼法解释》** **第547条**　与中华人民共和国没有司法协助条约又无互惠关系的国家的法院，未通过外交途径，直接请求人民法院提供司法协助的，人民法院应予退回，并说明理由。 **《最高人民法院、外交部、司法部关于我国法院和外国法院通过外交途径相互委托送达法律文书若干问题的通知》** 正文略。
第二百九十五条　【文字要求】外国法院请求人民法院提供司法协助的请求书及其所附文件，应当附有中文译本或者国际条约规定的其他文字文本。 人民法院请求外国法院提供司法协助的请求书及其所附文件，应当附有该国文字译本或者国际条约规定的其他文字文本。	**《民事诉讼法》（2021年修正）** **第285条**　外国法院请求人民法院提供司法协助的请求书及其所附文件，应当附有中文译本或者国际条约规定的其他文字文本。 人民法院请求外国法院提供司法协助的请求书及其所附文件，应当附有该国文字译本或者国际条约规定的其他文字文本。

新《民事诉讼法》及解读等	修改前《民事诉讼法》等关联规定
解读：外国法院请求我国人民法院或我国人民法院请求外国法院提供司法协助的请求书及其所附文件，应当附有被请求语言的文字译本或者国际条约规定的其他文字文本。这样规定能够维护我国国家主权，并尊重别国的主权。依据本条规定，外国法院请求我国人民法院提供司法协助的请求书及其所附文件，应当附有中文译本或者国际条约规定的其他文字文本。我国人民法院请求外国法院提供司法协助的请求书及其所附文件，应当附有该国文字译本或者国际条约规定的其他文字文本。当然，如果司法协助申请方和被申请方缔结或者共同参加的国际条约中允许使用第三国文字文本，则可以采用该第三国文字正式译本。	
第二百九十六条　【协助程序】人民法院提供司法协助，依照中华人民共和国法律规定的程序进行。外国法院请求采用特殊方式的，也可以按照其请求的特殊方式进行，但请求采用的特殊方式不得违反中华人民共和国法律。 **解读：**按照国家主权原则的要求，执行外国司法协助请求，一般应当适用被请求国的法定程序。但	**《民事诉讼法》（2021年修正）** **第286条**　人民法院提供司法协助，依照中华人民共和国法律规定的程序进行。外国法院请求采用特殊方式的，也可以按照其请求的特殊方式进行，但请求采用的特殊方式不得违反中华人民共和国法律。

新《民事诉讼法》及解读等	修改前《民事诉讼法》等关联规定
是存在例外，即在特殊情况下，应请求国的请求，适用该请求国法律所规定的程序有助于执行司法协助，且又不违反被请求国法律的基本原则的，被请求国则可以适用请求国的法律程序。即外国法院请求采用特殊方式的，可以按照其请求的特殊方式进行，但请求采用的特殊方式不得违反我国法律。	
第二百九十七条　【申请外国法院承认与执行】人民法院作出的发生法律效力的判决、裁定，如果被执行人或者其财产不在中华人民共和国领域内，当事人请求执行的，可以由当事人直接向有管辖权的外国法院申请承认和执行，也可以由人民法院依照中华人民共和国缔结或者参加的国际条约的规定，或者按照互惠原则，请求外国法院承认和执行。 在中华人民共和国领域内依法作出的发生法律效力的仲裁裁决，当事人请求执行的，如果被执行人或者其财产不在中华人民共和国领域内，当事人**可以**直接向有管辖权的外国法院申请承认和执行。 **解读：**本条是关于请求外国法院承认和执行我国法院的判决、裁定以及仲裁裁决的条件和方式的规	**《民事诉讼法》（2021 年修正）** **第 287 条**　人民法院作出的发生法律效力的判决、裁定，如果被执行人或者其财产不在中华人民共和国领域内，当事人请求执行的，可以由当事人直接向有管辖权的外国法院申请承认和执行，也可以由人民法院依照中华人民共和国缔结或者参加的国际条约的规定，或者按照互惠原则，请求外国法院承认和执行。 中华人民共和国涉外仲裁机构作出的发生法律效力的仲裁裁决，当事人请求执行的，如果被执行人或者其财产不在中华人民共和国领域内，~~应当由~~当事人直接向有管辖权的外国法院申请承认和执行。 **《民事诉讼法解释》** **第 548 条**　当事人在中华人民共和国领域外使用中华人民共和国

新《民事诉讼法》及解读等	修改前《民事诉讼法》等关联规定
定。本条较原法存在两处修改：一是将“中华人民共和国涉外仲裁机构作出的发生法律效力的仲裁裁决”修改为“在中华人民共和国领域内依法作出的发生法律效力的仲裁裁决”，进一步扩大了申请外国承认执行的仲裁裁决的范围，凡是在我国领域内作出的发生法律效力的仲裁裁决都可以申请外国承认执行。二是在表述上将“如果被执行人或者其财产不在中华人民共和国领域内，应当由当事人直接向有管辖权的外国法院申请承认和执行”中的“应当由当事人”修改为“当事人可以”。	法院的判决书、裁定书，要求中华人民共和国法院证明其法律效力的，或者外国法院要求中华人民共和国法院证明判决书、裁定书的法律效力的，作出判决、裁定的中华人民共和国法院，可以本法院的名义出具证明。
第二百九十八条　【向我国法院申请承认和执行外国判决、裁定】外国法院作出的发生法律效力的判决、裁定，需要人民法院承认和执行的，可以由当事人直接向有管辖权的中级人民法院申请承认和执行，也可以由外国法院依照该国与中华人民共和国缔结或者参加的国际条约的规定，或者按照互惠原则，请求人民法院承认和执行。 **解读：**依照本条规定，外国法院作出的发生法律效力的判决、裁定，申请执行的，需要当事人申请我国法院进行承认和执行，途径有两种：一是由当事人直接向中华人	**《民事诉讼法》（2021年修正）** **第288条**　外国法院作出的发生法律效力的判决、裁定，需要~~中华人民共和国~~人民法院承认和执行的，可以由当事人直接向~~中华人民共和国~~有管辖权的中级人民法院申请承认和执行，也可以由外国法院依照该国与中华人民共和国缔结或者参加的国际条约的规定，或者按照互惠原则，请求人民法院承认和执行。 **《民事诉讼法解释》** **第541条**　申请人向人民法院申请承认和执行外国法院作出的发生法律效力的判决、裁定，应当提交申请书，并附外国法院作出的发

新《民事诉讼法》及解读等	修改前《民事诉讼法》等关联规定
民共和国有管辖权的中级人民法院申请承认和执行。二是由外国法院依照该国与中华人民共和国缔结或者参加的国际条约的规定，或者按照互惠原则，请求人民法院承认和执行。人民法院接到当事人申请后，予以立案，根据我国法律或者我国缔结或参加的国际条约的规定，或者按照互惠原则进行形式审查。经审查，对符合条件的，裁定承认其效力并进行执行；对不符合条件的，人民法院不予以承认和执行。但是，如果两国没有共同缔结或参加国际条约，且不存在互惠关系的情况下，对外国法院的判决、裁定的承认和执行，应当按照《民事诉讼法解释》的规定，裁定驳回当事人申请，但当事人向人民法院申请承认外国法院作出的发生法律效力的离婚判决的除外。当事人申请承认和执行的申请被裁定驳回的，当事人可以向人民法院起诉。	生法律效力的判决、裁定正本或者经证明无误的副本以及中文译本。外国法院判决、裁定为缺席判决、裁定的，申请人应当同时提交该外国法院已经合法传唤的证明文件，但判决、裁定已经对此予以明确说明的除外。 　　中华人民共和国缔结或者参加的国际条约对提交文件有规定的，按照规定办理。 　　**第 542 条**　当事人向中华人民共和国有管辖权的中级人民法院申请承认和执行外国法院作出的发生法律效力的判决、裁定的，如果该法院所在国与中华人民共和国没有缔结或者共同参加国际条约，也没有互惠关系的，裁定驳回申请，但当事人向人民法院申请承认外国法院作出的发生法律效力的离婚判决的除外。 　　承认和执行申请被裁定驳回的，当事人可以向人民法院起诉。
第二百九十九条　【审查对外国法院裁判的承认和执行申请】人民法院对申请或者请求承认和执行的外国法院作出的发生法律效力的判决、裁定，依照中华人民共和国缔结或者参加的国际条约，或者按照互惠原则进行审查后，认为不违	**《民事诉讼法》（2021 年修正）** 　　**第 289 条**　人民法院对申请或者请求承认和执行的外国法院作出的发生法律效力的判决、裁定，依照中华人民共和国缔结或者参加的国际条约，或者按照互惠原则进行审查后，认为不违反中华人民共和国

新《民事诉讼法》及解读等	修改前《民事诉讼法》等关联规定
反中华人民共和国法律的基本原则且不损害国家主权、安全、社会公共利益的，裁定承认其效力；需要执行的，发出执行令，依照本法的有关规定执行。 **解读：**由于一国法院的判决只在其境内有效，如果对其境外的人或财产产生效力，则需要取得他国的承认，若要执行则需得到他国的执行许可对外国法院判决、裁定的承认和执行。对外国法院判决、裁定的承认和执行包括承认和执行两方面内容，承认和执行既有联系又相互独立，承认是执行的前提。依照本条的规定，承认和执行外国判决、裁定须满足以下条件：1. 该外国法院的判决、裁定是已发生法律效力的终审判决；2. 当事人直接向有管辖权的中级人民法院提出请求，或者外国法院向我国人民法院提出协助执行的委托；3. 作出判决、裁定的法院所在国须与我国共同缔结或参加国际条约，或者按照互惠原则或存在互惠关系；4. 该外国判决、裁定不得违反我国法律的基本原则且不损害主权、安全、社会公共利益。经审查，对于符合执行条件的外国判决、裁定，我国人民法院作出裁定承认其效力，需要执行的，发出执行令，并依照我国《民	法律的基本原则或者国家主权、安全、社会公共利益的，裁定承认其效力，需要执行的，发出执行令，依照本法的有关规定执行。~~违反中华人民共和国法律的基本原则或者国家主权、安全、社会公共利益的，不予承认和执行。~~

新《民事诉讼法》及解读等	修改前《民事诉讼法》等关联规定
事诉讼法》执行程序的规定予以执行，反之，则不予承认与执行。	
第三百条 【不予承认执行情形】对申请或者请求承认和执行的外国法院作出的发生法律效力的判决、裁定，人民法院经审查，有下列情形之一的，裁定不予承认和执行： （一）依据本法第三百零一条的规定，外国法院对案件无管辖权； （二）被申请人未得到合法传唤或者虽经合法传唤但未获得合理的陈述、辩论机会，或者无诉讼行为能力的当事人未得到适当代理； （三）判决、裁定是通过欺诈方式取得； （四）人民法院已对同一纠纷作出判决、裁定，或者已经承认第三国法院对同一纠纷作出的判决、裁定； （五）违反中华人民共和国法律的基本原则或者损害国家主权、安全、社会公共利益。 **解读：**本条是新增规定，规定了对外国法院作出的发生法律效力的判决、裁定不予承认和执行。本条以负面清单的形式列举了我国对境外判决、裁定不予承认和执行的具体情形，进一步明确了我国对于境外判决和裁定进行承认和执行的范围。对外国法院判决、裁定的承	

新《民事诉讼法》及解读等	修改前《民事诉讼法》等关联规定
认和执行，是指一国法院依一定的法律程序承认外国法院已经生效的判决、裁定，使它在本国境内发生效力并得到执行。依据本条的规定，不予承认和执行外国判决、裁定的法定情形有：1. 依据本法的规定，外国法院对案件无管辖权。外国法院依据其法律对案件没有管辖权，其作出的裁定和判决在我国就不予承认和执行。2. 被申请人未得到合法传唤或者虽经合法传唤但未获得合理的陈述、辩论机会，或者无诉讼行为能力的当事人未得到适当代理。这些情况均属于程序违反且严重损害当事人诉权的情形，自然不能得到我国的承认和执行。3. 判决、裁定系通过欺诈方式取得，说明据以作出的裁定和判决的事实是不存在的，自然不应当被承认和执行。4. 中华人民共和国人民法院已对同一纠纷作出判决、裁定，或已经承认和执行第三国法院对同一纠纷作出的判决、裁定，再对这部分裁定和判决进行执行属于重复执行。5. 违反中华人民共和国法律的基本原则或者国家主权安全、社会公共利益。这与是否承认和执行外国裁定和判决的基本原则相违背，即违反我国法律的基本原则或者侵犯国家主权、安全、社会公共利益。	

新《民事诉讼法》及解读等	修改前《民事诉讼法》等关联规定
第三百零一条　【外国法院无管辖权】有下列情形之一的，人民法院应当认定该外国法院对案件无管辖权： **（一）外国法院依照其法律对案件没有管辖权，或者虽然依照其法律有管辖权但与案件所涉纠纷无适当联系；** **（二）违反本法对专属管辖的规定；** **（三）违反当事人排他性选择法院管辖的协议。** **解读：**本条是新增规定，以负面清单列举了外国法院无管辖权的三种情形：1. 依据该国法律规定不享有管辖权的，外国法院对该案件无管辖权。2. 违反我国关于专属管辖的规定，包括本法第279条规定的三种专属管辖的情形，属于我国专属管辖的案件，外国法院无管辖权。3. 违反当事人排他性选择法院管辖的协议。排他性管辖协议是管辖协议的一种，也称专属的管辖合意。当事人不得向合意选择法院以外的法院诉讼。若外国法院不属于当事人排他性管辖协议约定的管辖法院，该国法院将对案件无管辖权。之所以如此规定，是出于尊重当事人意思自治的考量。本条并未规定	**《民事诉讼法解释》** **第216条**　在人民法院首次开庭前，被告以有书面仲裁协议为由对受理民事案件提出异议的，人民法院应当进行审查。 经审查符合下列情形之一的，人民法院应当裁定驳回起诉： （一）仲裁机构或者人民法院已经确认仲裁协议有效的； （二）当事人没有在仲裁庭首次开庭前对仲裁协议的效力提出异议的； （三）仲裁协议符合仲裁法第十六条规定且不具有仲裁法第十七条规定情形的。 **《第二次全国涉外商事海事审判工作会议纪要》** **7.** 涉外商事合同的当事人之间签订的有效仲裁协议约定了因合同发生的或与合同有关的一切争议均应通过仲裁方式解决，原告就当事人在签订和履行合同过程中发生的纠纷以侵权为由向人民法院提起诉讼的，人民法院不享有管辖权。

新《民事诉讼法》及解读等	修改前《民事诉讼法》等关联规定
兜底条款，意味着不能依据本条规定的情形进行扩大解释，外国法院享有管辖权的禁止规定以本条规定的三种情形为准。	
第三百零二条　【申请对外国法院裁判承认和执行的裁定】当事人向人民法院申请承认和执行外国法院作出的发生法律效力的判决、裁定，该判决、裁定涉及的纠纷与人民法院正在审理的纠纷属于同一纠纷的，人民法院可以裁定中止诉讼。 **外国法院作出的发生法律效力的判决、裁定不符合本法规定的承认条件的，人民法院裁定不予承认和执行，并恢复已经中止的诉讼；符合本法规定的承认条件的，人民法院裁定承认其效力；需要执行的，发出执行令，依照本法的有关规定执行；对已经中止的诉讼，裁定驳回起诉。** **解读：**本条是新增规定，规定了当事人申请承认和执行外国法院判决、裁定，所涉争议与我国法院正在审理案件属于同一争议的，我国法院可以中止审理。这符合国际通行的“礼让”原则，避免了在因外国法院已经作出能够被我国法院承认和执行的判决、裁定的前提下，再对同一纠纷进行重复审理，有利于充分利用司法资源，稳定法律关	

新《民事诉讼法》及解读等	修改前《民事诉讼法》等关联规定
系和当事人预期。但是也应当明确，相关诉讼案件的中止并非强制性规定，本条表述是“可以”裁定中止，说明关于是否裁定中止我国人民法院具有自由裁量权。如果在我国法院已经作出裁定中止诉讼的前提下，经审查，发现以下两种情形的，应分别处理。一是如果发现外国法院作出的发生法律效力的判决、裁定不符合本法规定的承认条件的，我国法院裁定不予承认和执行，并恢复已经中止的诉讼。二是符合本法规定的承认条件的，我国法院裁定承认其效力；需要执行的，发出执行令，依照本法的有关规定执行。承认和执行外国法院已经作出的判决、裁定的，对于中止的诉讼，应裁定驳回起诉，终结当事人的诉讼程序。	
第三百零三条　【不服裁定救济程序】当事人对承认和执行或者不予承认和执行的裁定不服的，可以自裁定送达之日起十日内向上一级人民法院申请复议。 **解读：**本条是新增规定，规定了当事人对于我国人民法院作出的裁定不服的救济程序，明确了当事人可以通过申请复议的方式维护自身权利，有利于规范涉外审判活动，维护涉外当事人权益。本条规定的	

新《民事诉讼法》及解读等	修改前《民事诉讼法》等关联规定
裁定均为涉外裁定，包括本法规定的不予承认和执行外国裁判的裁定。针对我国人民法院作出的以上裁定，当事人不服的，可以自裁定送达之日起10日内向作出裁定的上一级人民法院申请复议。	
第三百零四条　【承认和执行国外仲裁裁决】在中华人民共和国领域外作出的发生法律效力的仲裁裁决，需要人民法院承认和执行的，当事人可以直接向被执行人住所地或者其财产所在地的中级人民法院申请。**被执行人住所地或者其财产不在中华人民共和国领域内的，当事人可以向申请人住所地或者与裁决的纠纷有适当联系的地点的中级人民法院申请。**人民法院应当依照中华人民共和国缔结或者参加的国际条约，或者按照互惠原则办理。 **解读：**本条较原法存在两处修改：一是将“国外仲裁机构的裁决”表述为“在中华人民共和国领域外作出的发生法律效力的仲裁裁决”。二是增加了外国仲裁裁决执行地域的范围，明确在被执行人住所地或者其财产不在中华人民共和国领域内的，申请人住所地或与裁决的纠纷有适当联系的地点的中级人民法院具有执行权，丰富了涉外仲	**《民事诉讼法》（2021年修正）** **第290条**　国外仲裁机构的裁决，需要中华人民共和国人民法院承认和执行的，应当由当事人直接向被执行人住所地或者其财产所在地的中级人民法院申请，人民法院应当依照中华人民共和国缔结或者参加的国际条约，或者按照互惠原则办理。 **《民事诉讼法解释》** **第543条**　对临时仲裁庭在中华人民共和国领域外作出的仲裁裁决，一方当事人向人民法院申请承认和执行的，人民法院应当依照民事诉讼法第二百九十条规定处理。 **《仲裁司法审查案件报核问题规定》** **第2条**　各中级人民法院或者专门人民法院办理涉外涉港澳台仲裁司法审查案件，经审查拟认定仲裁协议无效，不予执行或者撤销我国内地仲裁机构的仲裁裁决，不予认可和执行香港特别行政区、澳门特别行政区、台湾地区仲裁裁决，不

新《民事诉讼法》及解读等	修改前《民事诉讼法》等关联规定
裁裁决的执行体系。依照本条规定，对外国仲裁裁决的承认与执行，由当事人直接向被执行人住所地或者其财产所在地的中级人民法院申请，但是被执行人住所地或者其财产不在中华人民共和国领域内的，当事人还可以向申请人住所地或与裁决的纠纷有适当联系的地点的中级人民法院申请执行，如此就可以便利当事人执行，扩大当事人申请执行的法院范围，帮助当事人尽可能地兑付仲裁权益。人民法院应当依照中华人民共和国缔结或者参加的国际条约，或者按照互惠原则进行承认和执行仲裁裁决，而不必由外国法院请求我国人民法院承认和执行。	予承认和执行外国仲裁裁决，应当向本辖区所属高级人民法院报核；高级人民法院经审查拟同意的，应当向最高人民法院报核。待最高人民法院审核后，方可依最高人民法院的审核意见作出裁定。 各中级人民法院或者专门人民法院办理非涉外涉港澳台仲裁司法审查案件，经审查拟认定仲裁协议无效，不予执行或者撤销我国内地仲裁机构的仲裁裁决，应当向本辖区所属高级人民法院报核；待高级人民法院审核后，方可依高级人民法院的审核意见作出裁定。
第三百零五条　【国家豁免法律衔接】涉及外国国家的民事诉讼，适用中华人民共和国有关外国国家豁免的法律规定；有关法律没有规定的，适用本法。 **解读：**本条是新增规定，规定了涉及外国国家民事诉讼的国家豁免法律衔接问题。对于涉及外国国家的民事诉讼，首先应当适用我国有关外国国家豁免的法律规定。具体应按照 2023 年 9 月 1 日通过并于 2024 年 1 月 1 日开始施行的《外国国	《外国国家豁免法》 第 1-22 条，正文略。

新《民事诉讼法》及解读等	修改前《民事诉讼法》等关联规定
家豁免法》的具体规定。若《外国国家豁免法》及相关法律没有规定的，应当适用本法的规定进行处理。《外国国家豁免法》是我国对外国国家豁免立法的首次尝试，确立了我国的外国国家豁免制度，包括原则、规则和相关机制，将以往的绝对豁免立场改为限制豁免。该法将在我国涉外法律纠纷和对外经贸合作中发挥重要作用。	
第三百零六条　【施行时间】 本法自公布之日起施行，《中华人民共和国民事诉讼法（试行）》同时废止。 **解读：**《立法法》第61条规定："法律应当明确规定施行日期。"法律的施行时间即生效时间，也就是法律效力的起点。一部法律何时开始生效，一般由其具体性质和实际需要决定。实践中，我国通常有三种方式：一是规定该法律自公布之日起施行；二是规定该法律公布后一段期限届至后开始生效，具体时间为期限届至之时；三是直接规定该法律的具体生效日期。而修改后法律的生效时间由修改法律的形式决定，主要也有两种：一是以修订的方式对法律条文进行全面修改，重新公布法律文本以替代原法律文本；二是以修正的方式对法律的部	**《民事诉讼法》(2021年修正)** **第291条**　本法自公布之日起施行，《中华人民共和国民事诉讼法（试行）》同时废止。 **《立法法》** **第61条**　法律应当明确规定施行日期。

新《民事诉讼法》及解读等	修改前《民事诉讼法》等关联规定
分条文予以修改，并以修改决定的形式公布，具体形式是修改决定之后附修正本，将原法律根据这一决定作相应的修改以重新公布，这是我国法律修改最基本、最重要的形式。十四届全国人大常委会第五次会议审议通过的《全国人民代表大会常务委员会关于修改〈中华人民共和国民事诉讼法〉的决定》规定："本决定自2024年1月1日起施行。"因此，经本次修改后的民事诉讼法，应自2024年1月1日起施行，在此之前仍适用本次修改前的《民事诉讼法》。需注意，修正后的《民事诉讼法》最后一条（即本条）规定的"自公布之日起施行"实际上指的是《民事诉讼法》于1991年4月9日第七届全国人民代表大会第四次会议通过公布后的施行，而非针对本次修正。	

图书在版编目（CIP）数据

新民事诉讼法条文对照与重点解读 / 孙政，王夏编著. —北京：中国法制出版社，2023.9

ISBN 978-7-5216-3842-4

Ⅰ.①新… Ⅱ.①孙… ②王… Ⅲ.①中华人民共和国民事诉讼法-法律解释 Ⅳ.①D925.105

中国国家版本馆 CIP 数据核字（2023）第 161841 号

责任编辑：陈　兴　　　　封面设计：周黎明

新民事诉讼法条文对照与重点解读

XIN MINSHI SUSONGFA TIAOWEN DUIZHAO YU ZHONGDIAN JIEDU

编著/孙政，王夏
经销/新华书店
印刷/三河市国英印务有限公司
开本/880 毫米×1230 毫米　32 开　　　　印张/ 19.5　字数/ 461 千
版次/2023 年 9 月第 1 版　　　　2023 年 9 月第 1 次印刷

中国法制出版社出版
书号 ISBN 978-7-5216-3842-4　　　　定价：79.00 元

北京市西城区西便门西里甲 16 号西便门办公区
邮政编码：100053　　　　传真：010-63141600
网址：http：//www.zgfzs.com　　　　**编辑部电话：010-63141784**
市场营销部电话：010-63141612　　　　**印务部电话：010-63141606**